SAS를 통한

회계학연구방법론의 이해와 활용

SAS를 통한 회계학연구방법론의 이해와 활용

전성일·이기세·김정은

신영사

머리말

회계학 전공자들은 기업의 재무자료를 수치적 또는 통계적으로 분석하는 것이 필수적이다. 그러나 주위의 많은 전공자들은 자료수집 이후 통계적 분석방법과 결과해석에 어려움을 겪고 있는 것을 자주 볼 수 있다.

이 책은 회계학 전공자에게 통계분석의 이해를 높이고자 회계학연구방법론에서 주로 응용되고 있는 기본적인 통계적 개념과 SAS 통계프로그램을 이용한 다양한 분석방법들을 소개하고 있다.

일반적으로 처음 SAS 통계프로그램을 접하는 학생들은 복잡한 명령문과 결과해석에 대해 어렵다는 선입견을 가지고 있다. 하지만 본 교재를 통해 경영통계의 기본개념을 이해하고, SAS 통계프로그램을 실습해 본다면 누구나 쉽게 다양한 재무 또는 회계학 분야의 분석방법들을 응용할 수 있다고 판단된다.

또한 독자들의 이해력을 높이고자 대표저자가 회계학 전공 대학원생들에게 가르쳤던 내용들을 바탕으로 여러 회계학적 예제들을 소개하고 이를 통해 재무 또는 회계학연구 분야에서 주로 사용되는 기본적인 통계분석방법을 간단하게 설명하였다.

이런 기본적인 생각으로 다음과 같이 이 책의 내용을 구성하였다.

제1장에서는 SAS를 소개하였고, 제2장과 제3장에서는 기술통계의 기본개념과 SAS를 이용한 자료의 가공 및 요약 방법을 소개하였다. 제4장에서는 통계학의 개념 및 가설설정에 대해 기술하였고 이후 제5장부터 제12장까지는 실제 회계학연구에서 사용되는 여러 가지 통계분석기법들을 소개하였다. 이후 실습사례에서는 이익지속계수, 재량적 발생액, 2단계 회귀분석, 주가붕괴위험 측정치 등 회계학연구에 있어 고급적인 통계분석기법들을 소개하였다. 마지막으로 기업의 재무자료를 추출하기 위해 가장 많이 사용되는 KIS-VALUE의 이용방법을 소개하였다.

이 책을 작성하면서 저자들은 수많은 SAS 통계분석 책들과의 차별성을 높이고자 고민하였다. 이런 생각으로 일반적인 통계학 책도 아니고 어려운 계량경제학 교재도 아닌 여러 실습예제를 통하여 기초통계학과 계량경제학을 쉽게 이해하도록 접목시켰다.

개정작업을 끝냈지만 이 책은 여전히 완벽하지 못하고 어딘가 분명히 있을 오탈자와 기술상의 어색함으로 저자들에게 불만스러운 점이 있으리라 생각된다. 이에 대한 책임은 모두 저자들에게 있으며 계속적인 수정과 보완으로 유익한 교재가 되도록 노력하겠다. 그리고 이 책은 회계학분야의 주요 연구방법만을 선택적으로 다루었음을 주지하기 바란다. 좀더 깊은 경영통계에 대한 지식은 시중에 나와 있는 통계학 책들을 참조하기 바란다.

이 책을 내면서 많은 분들의 도움을 받았다. 교재 내용의 불확실한 부분이나 어려운 부분에 대하여 따뜻한 지적을 해주신 윤성용 교수(경성대), 김기범 교수(목포대), 나형종 박사(성균관대), 배창현 박사(대신경제연구소)에게 감사의 말씀을 전한다.

2020년 3월

저자 대표 전성일

본 교재의 실습에서 사용되는 예제파일은 신영사 홈페이지 (http://www.shinyoungsa.co.kr) 자료실에서 다운로드할 수 있습니다.

차 례

1장 SAS 소개

2장 기술통계

3장 SAS DATA SET

4장 통계학의 개념 및 가설설정

5장 카이제곱(χ^2)검정

6장 분산분석

7장 집단차이분석

8장 비모수집단 차이검정

9장 상관분석

10장 회귀분석

11장 로지스틱 분석

12장 초과수익률

사례 1 이익지속계수 구하기

사례 5 회계학 논문을 통한 SAS 실습

사례 6 Excel을 이용한 변수 만들기

사례 7 KIS-VALUE 이용하기

1장

SAS 소개

SAS(Statistical Analysis System)는 1966년 미국의 SAS Institute에서 개발한 패키지 소프트웨어이다. 초기 SAS의 개발 당시에는 통계분석, 자료처리 등의 제한된 목적으로 사용되었지만, 점차 발전되어 OR, 계량경제학, 품질관리 등 적용가능한 대상범위가 크게 확대되었다.

최근에는 이러한 분석 목적 이외에 시스템 구축 등 사용자 중심의 컴퓨터 언어 또는 종합정보시스템으로까지 역할이 커져가고 있다.

이러한 SAS는 다음과 같은 특징을 지니고 있다.

① 대화형 운영방식 : 해당 명령어를 입력하면 즉각 반응하여 데이터를 처리한다.

② 외부자료와의 호환성 : SAS Data set은 외부의 원시자료(Excel, Text 등)와 호환이 가능하다.

③ 자료관리의 효율성 : 다양한 자료의 입출력이 가능하며, 뛰어난 파일관리 능력으로 자료의 관리 및 처리가 효율적이다. 따라서 보고서 작성에 용이하다.

1. SAS의 화면과 주요 기능

SAS 프로그램을 실행하면 화면 상단에 **메뉴**가 있으며, 그 아래 **명령어 입력상자**와 **도구상자**가 위치해 있다.

SAS 화면은 **탐색기**와 **확장 편집기, 출력, 로그**로 구성되어 있으며, 맨 아랫부분에는 **작업표시줄**이 위치해 있다.

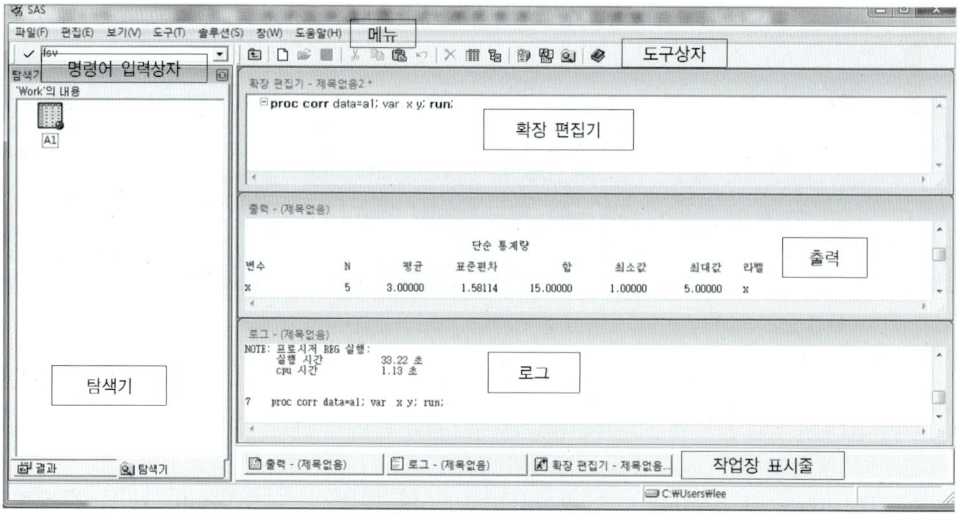

[그림 1-1] SAS 화면

1) 확장 편집기(Enhanced Editor Window)

프로그램을 실행시키기 위한 창이다. 이 창에서는 프로그램 명령어를 입력하고 이를 실행시키며, 또한 명령문을 저장하거나 불러오기가 가능하다.

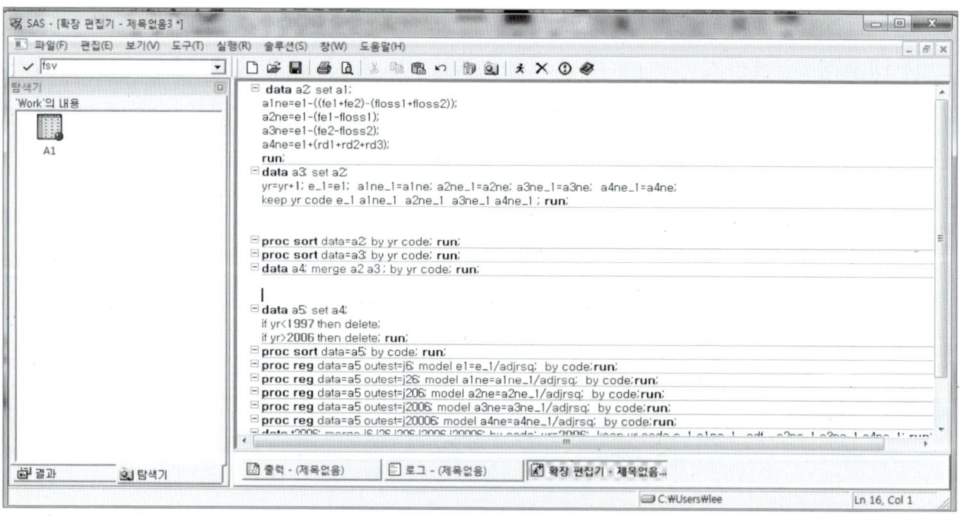

[그림 1-2] 확장 편집기

2) 출력(Results Window)

프로그램을 실행시킨 후 그 결과물을 화면으로 출력해 주는 창이다. 결과물을 저장하거나 출력할 수 있으며, 전체 또는 일부를 복사하여 한글, Excel 등에 붙여넣기가 가능하다.

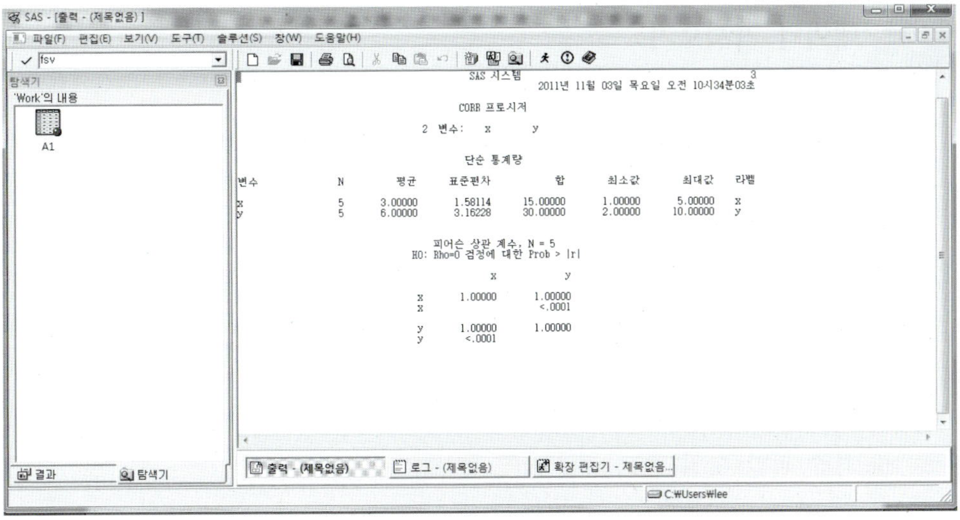

[그림 1-3] 출력

3) 로그(Log Window)

작성한 프로그램에 오류가 있는지 확인할 수 있으며, 만약 오류가 있다면 어느 부분에 오류가 발생하는지를 알 수 있다.

4) 탐색기(Explorer Window)

Data set에 접근하기 위한 하나의 중앙 접근 지점을 제공해 준다. 이 창을 이용하여 SAS 파일을 열 수 있으며 이동, 지움, 복사를 할 수 있다.

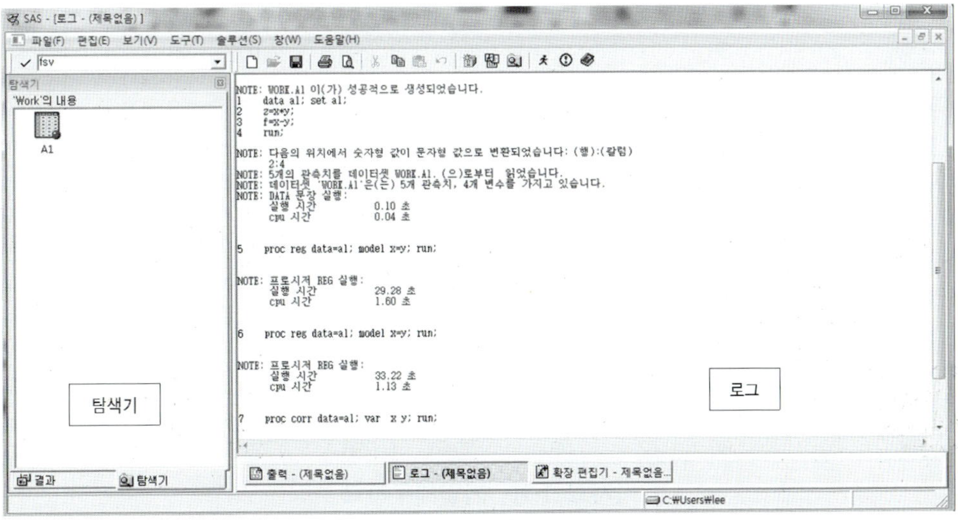

[그림 1-4] 로그와 탐색기

2. 데이터 가져오기

1) Excel 파일을 SAS Data set으로 불러오는 방법

① Excel 자료 가공

② Excel 자료 저장

③ SAS에서 파일 불러오기

④ 변환될 파일 이름 지정하기

⑤ SAS Data set의 생성 및 저장

⑥ 최종 파일 확인

1단계 : Excel 자료 가공(변수명 영문 재지정)

변수정의 : 연도(yr), 기업(code), 기업규모(size), 산업분류(ind), 주가(price), 당기순이익(e), 광고선전비(ad), 매출액(sale), 연구개발비(rd)

A1 fx yr

	A	B	C	D	E	F	G	H	I
1	yr	code	size	ind	price	e	ad	sale	rd
2	2015	15	1	1	160	4,000	2,800	9,600	5,600
3	2014	15	1	1	180	4,500	3,150	10,800	6,300
4	2013	15	1	1	200	5,000	3,500	12,000	7,000
5	2012	15	1	1	250	6,250	4,375	15,000	8,750
6	2015	25	2	2	270	6,750	4,725	16,200	9,450
7	2014	25	2	2	290	7,250	5,075	17,400	10,150
8	2013	25	2	2	300	7,500	5,250	18,000	10,500
9	2012	25	2	2	400	10,000	7,000	24,000	14,000
10	2015	35	1	3	450	11,250	7,875	27,000	15,750
11	2014	35	1	3	480	12,000	8,400	28,800	16,800
12	2013	35	1	3	490	12,250	8,575	29,400	17,150
13	2012	35	1	3	320	8,000	5,600	19,200	11,200
14	2015	45	2	4	330	8,250	5,775	19,800	11,550
15	2014	45	2	4	400	10,000	7,000	24,000	14,000
16	2013	45	2	4	500	12,500	8,750	30,000	17,500
17	2012	45	2	4	540	13,500	9,450	32,400	18,900
18	2015	55	1	5	580	14,500	10,150	34,800	20,300
19	2014	55	1	5	600	15,000	10,500	36,000	21,000
20	2013	55	1	5	80	2,000	1,400	4,800	2,800
21	2012	55	1	5	110	2,750	27,500	6,600	55,000
22	2015	65	2	6	100	2,500	1,750	6,000	3,500
23	2014	65	2	6	120	3,000	2,100	7,200	4,200
24	2013	65	2	6	60	1,500	1,050	3,600	2,100
25	2012	65	2	6	70	1,750	1,225	4,200	2,450

[자료 1-1] 기업재무자료

2단계 : Excel 파일 불러오기
(메뉴에서 파일 – 데이터 가져오기)

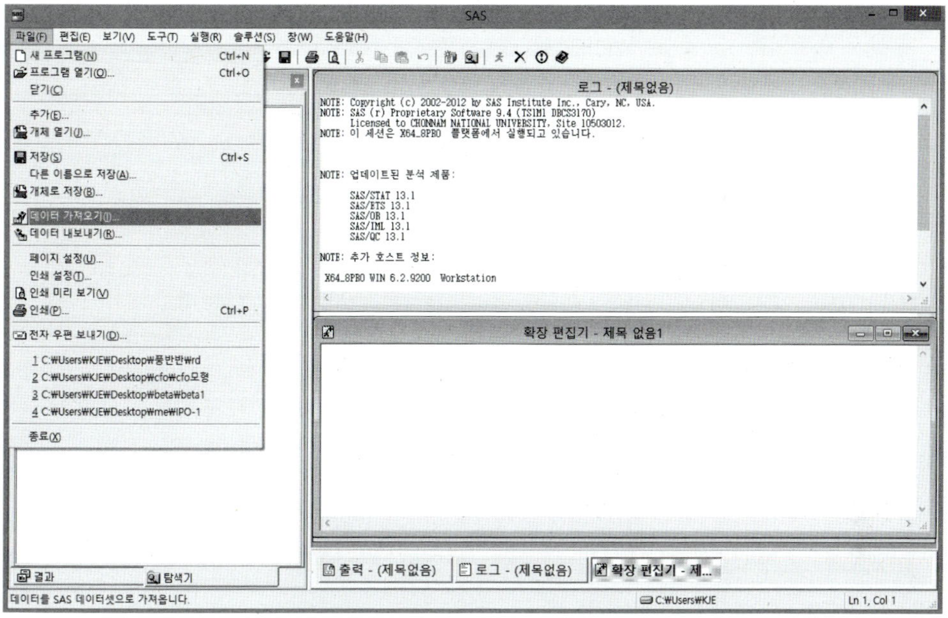

[그림 1-5] 자료 가져오기 2단계

3단계 : 선택한 파일의 형식을 선택 후 Next

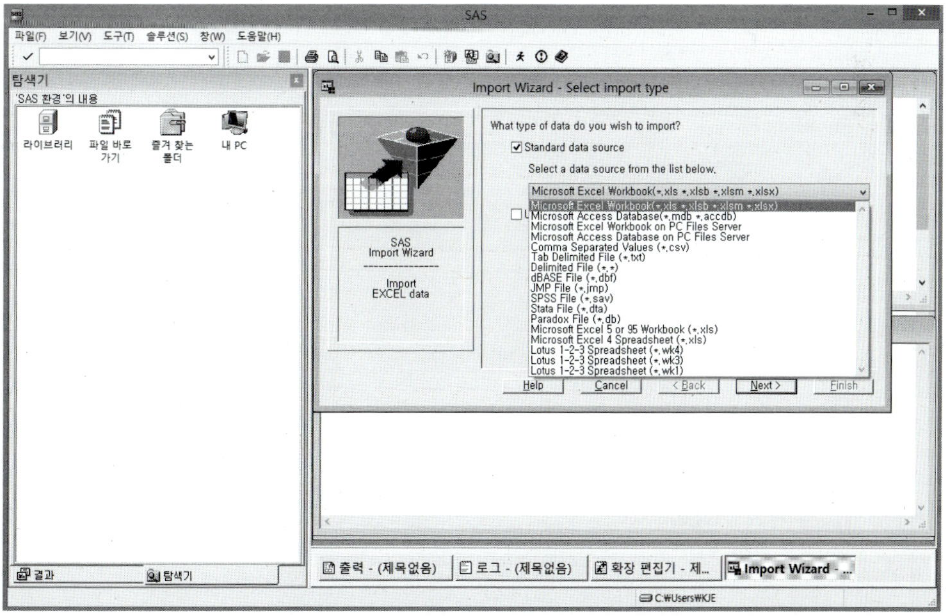

[그림 1-6] 자료 가져오기 3단계

4단계 : 가져오는 파일의 위치선택

Browse → 바탕화면 → 내문서 → SAS 폴더 → 재무자료파일

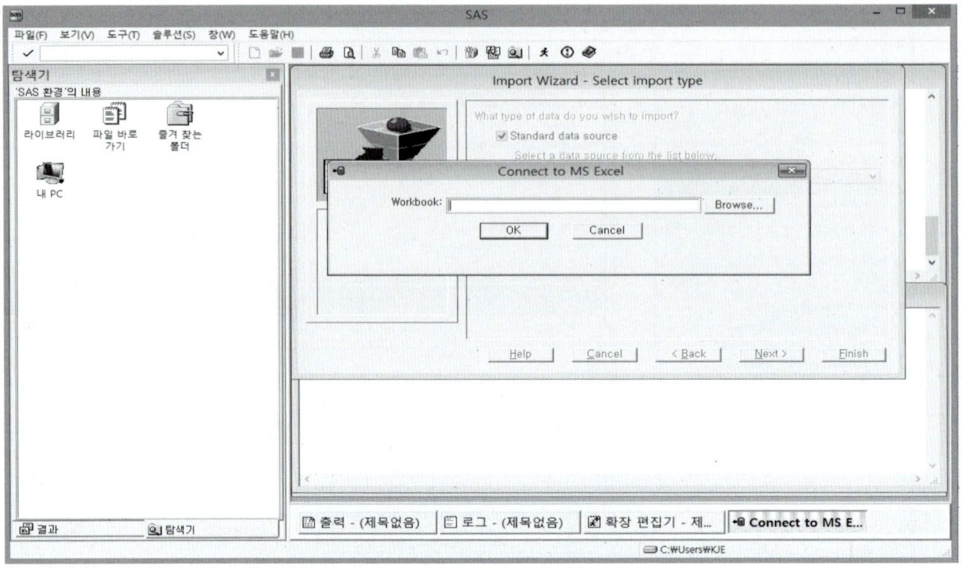

[그림 1-7] 자료 가져오기 4단계

5단계 : 파일선택

바탕화면 → 내문서 → SAS 폴더 → 재무자료 → 열기

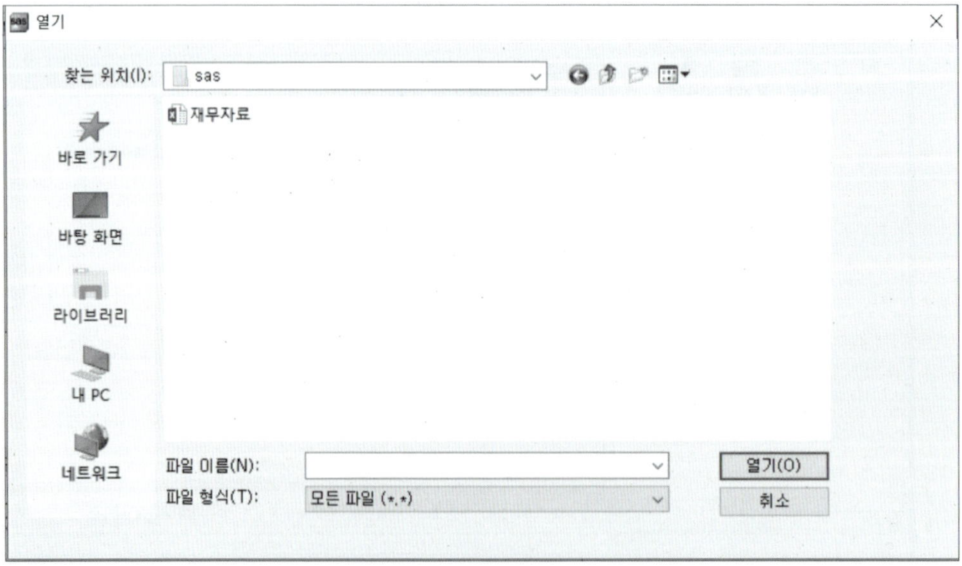

[그림 1-8] 자료 가져오기 5단계

선택할 파일이 보이지 않을 경우 아래와 같이 파일 형식에서 모든 파일을 선택한다.

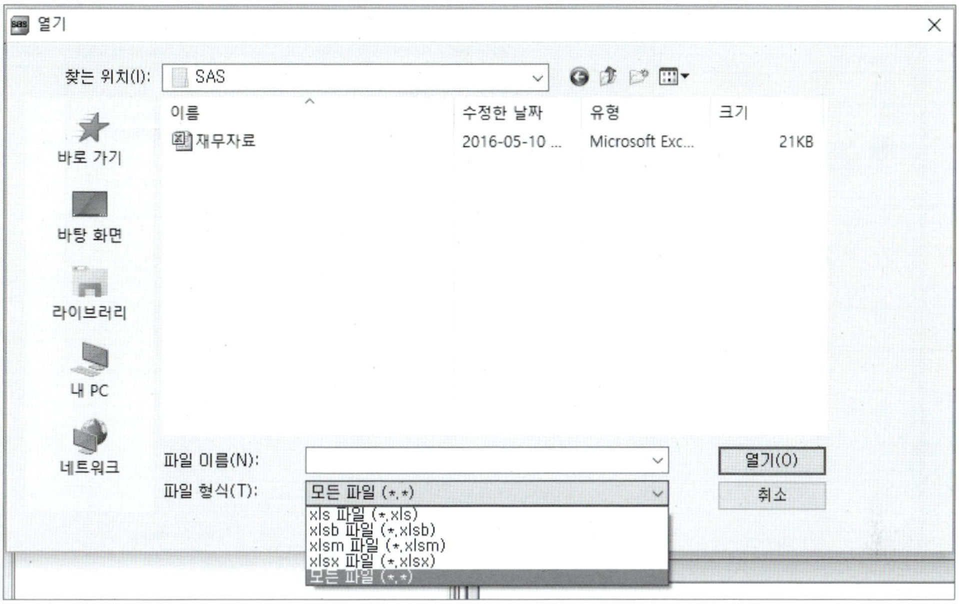

[그림 1-9] 파일 선택하기

6단계 : 파일의 위치를 확인한 다음 OK를 클릭

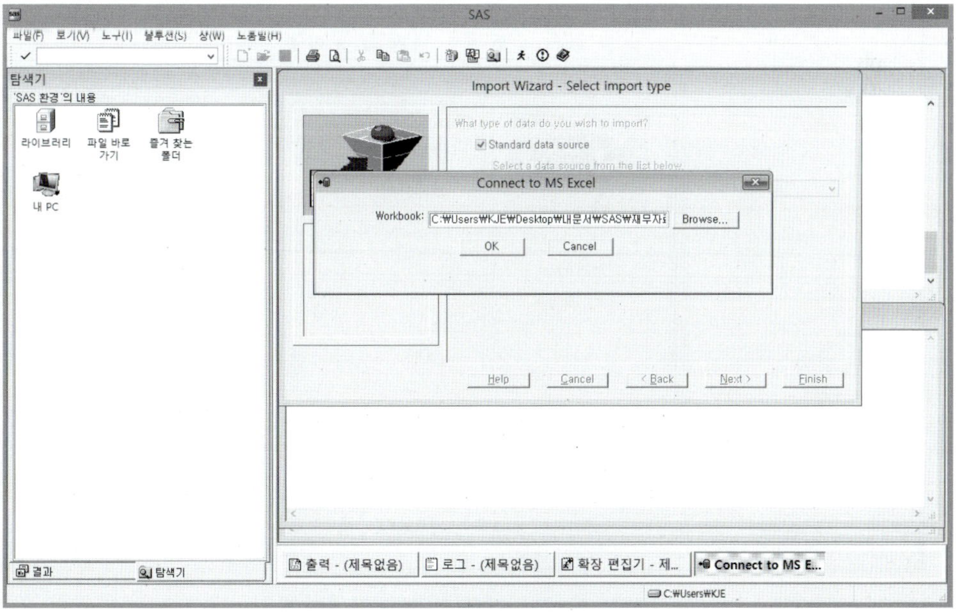

[그림 1-10] 자료 가져오기 6단계

7단계 : 해당 자료의 Sheet를 선택

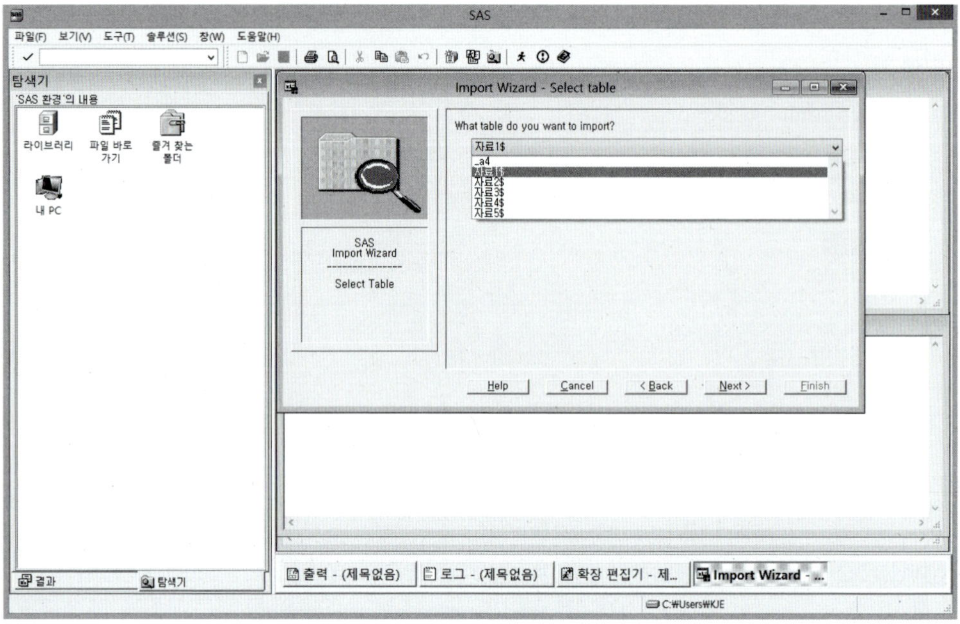

[그림 1-11] 자료 가져오기 7단계

8단계 : SAS Data set으로 변환된 자료 파일의 이름을 지정("A1"으로 지정)

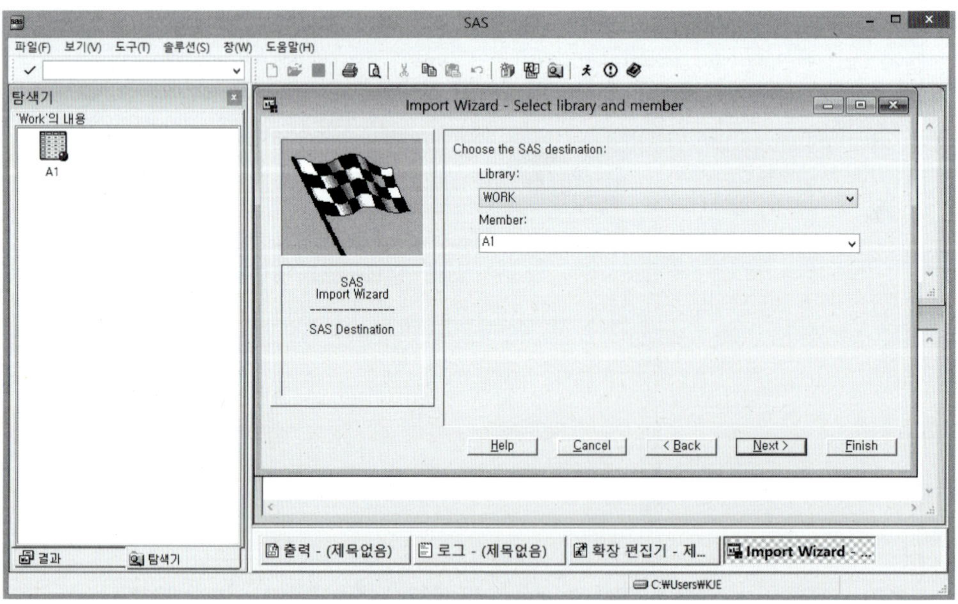

[그림 1-12] 자료 가져오기 8단계

9단계 : Finish 클릭

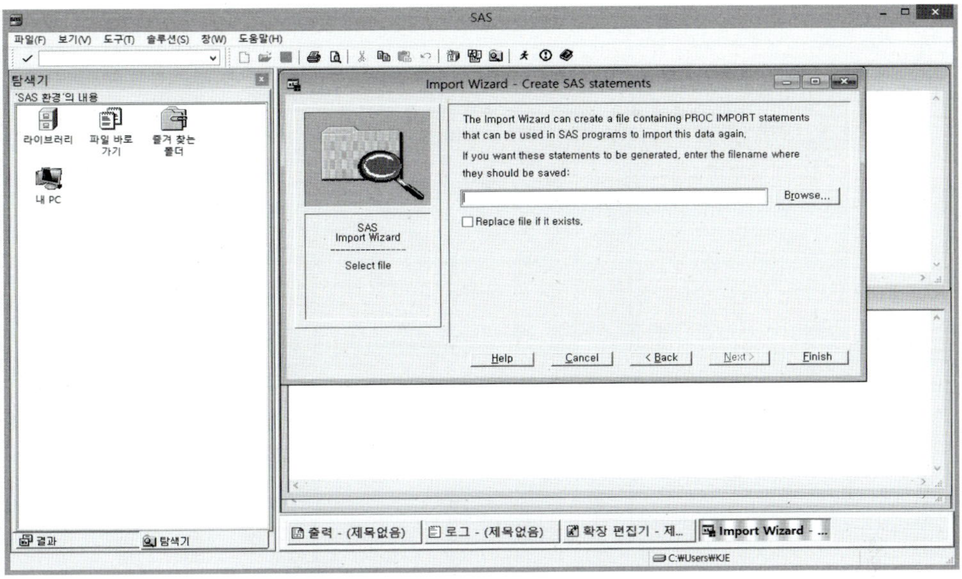

[그림 1-13] 자료 가져오기 9단계

10단계 : 생성된 SAS Data set을 확인

모든 과정이 끝나면 SAS 로그화면에 “NOTE: WORK.A1 데이터 셋을 성공적으로 생성했습니다.”라는 메시지가 나타난다.

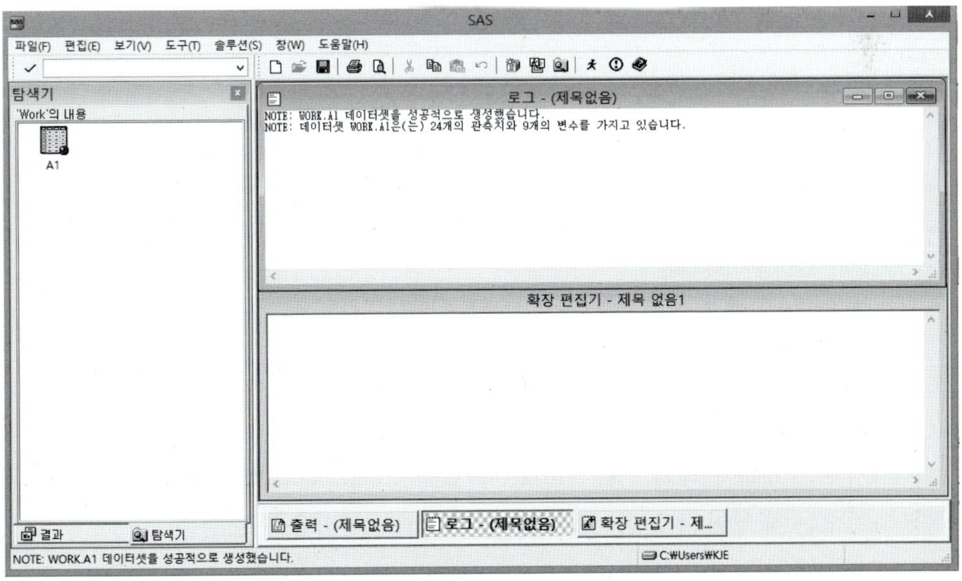

[그림 1-14] 자료 가져오기 10단계

탐색기 창에서 **Library – Work**를 선택하여 생성된 파일 **"A1"**의 이상 유무를 확인한다.

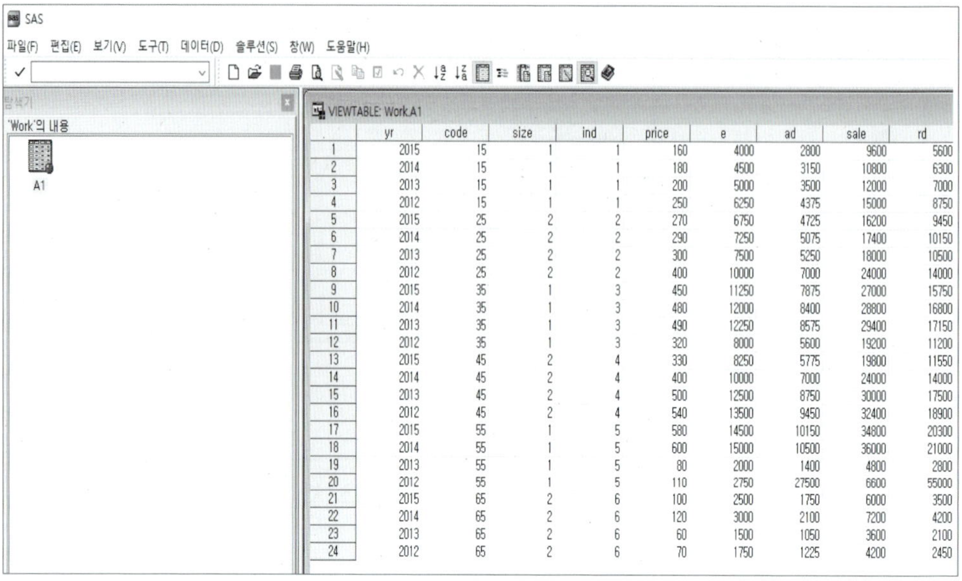

	yr	code	size	ind	price	e	ad	sale	rd
1	2015	15	1	1	160	4000	2800	9600	5600
2	2014	15	1	1	180	4500	3150	10800	6300
3	2013	15	1	1	200	5000	3500	12000	7000
4	2012	15	1	1	250	6250	4375	15000	8750
5	2015	25	2	2	270	6750	4725	16200	9450
6	2014	25	2	2	290	7250	5075	17400	10150
7	2013	25	2	2	300	7500	5250	18000	10500
8	2012	25	2	2	400	10000	7000	24000	14000
9	2015	35	1	3	450	11250	7875	27000	15750
10	2014	35	1	3	480	12000	8400	28800	16800
11	2013	35	1	3	490	12250	8575	29400	17150
12	2012	35	1	3	320	8000	5600	19200	11200
13	2015	45	2	4	330	8250	5775	19800	11550
14	2014	45	2	4	400	10000	7000	24000	14000
15	2013	45	2	4	500	12500	8750	30000	17500
16	2012	45	2	4	540	13500	9450	32400	18900
17	2015	55	1	5	580	14500	10150	34800	20300
18	2014	55	1	5	600	15000	10500	36000	21000
19	2013	55	1	5	80	2000	1400	4800	2800
20	2012	55	1	5	110	2750	27500	6600	55000
21	2015	65	2	6	100	2500	1750	6000	3500
22	2014	65	2	6	120	3000	2100	7200	4200
23	2013	65	2	6	60	1500	1050	3600	2100
24	2012	65	2	6	70	1750	1225	4200	2450

[그림 1-15] 최종 생성된 "A1" 자료

3. 확장 편집기에서 직접 SAS Data set으로 불러오는 방법

확장 편집기에 다음과 같은 명령문을 입력한다.

[명령문]

```
① proc import
② out=work.a1 replace
③ datafile="C:₩Users₩user₩Desktop₩SAS₩재무자료.xls";
④ sheet="A1"; ⑤ run;
```

① data를 가져오기 위한 명령문이다.

② 가져오는 data에 대해 "A1"이라는 파일명을 지정한다.

③ 가져오는 파일이 위치한 곳이며, 'xls'는 파일형식을 의미한다.

④ 엑셀 파일 중 Sheet는 "A1"이라는 "sheet"를 선택한다.

⑤ 실행(run)한다.

[실행결과]

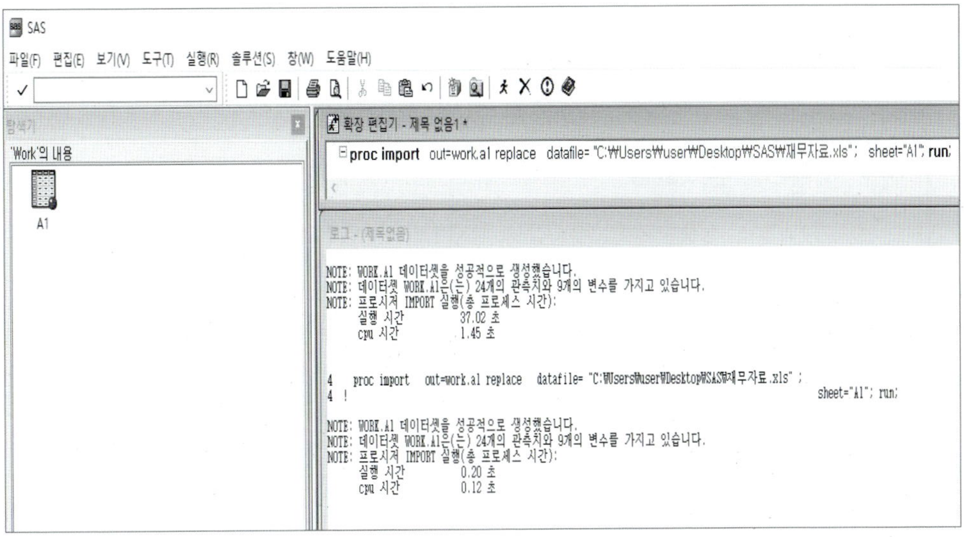

[그림 1-16] 로그 확인

4. SAS에서 자료 내보내기

List1 파일 내보내기

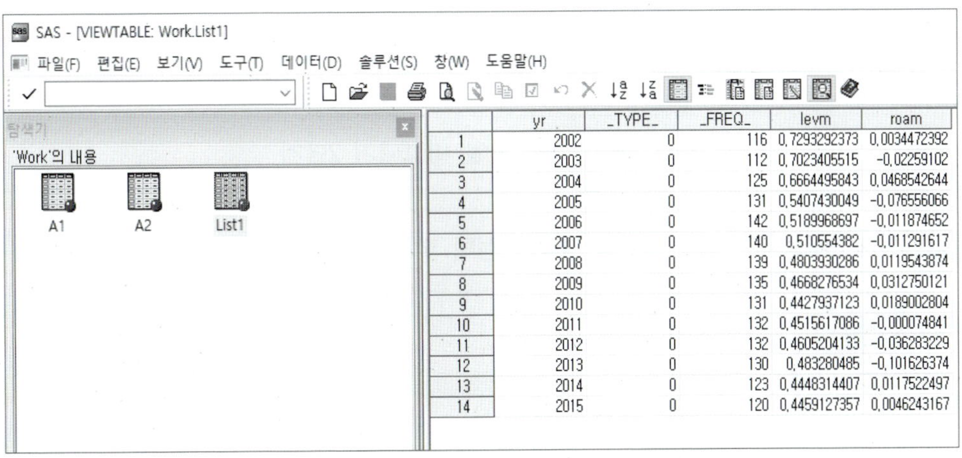

[그림 1-17] List1 파일

1단계 : List1에 오른쪽 마우스를 클릭하여 내보내기(X) 선택

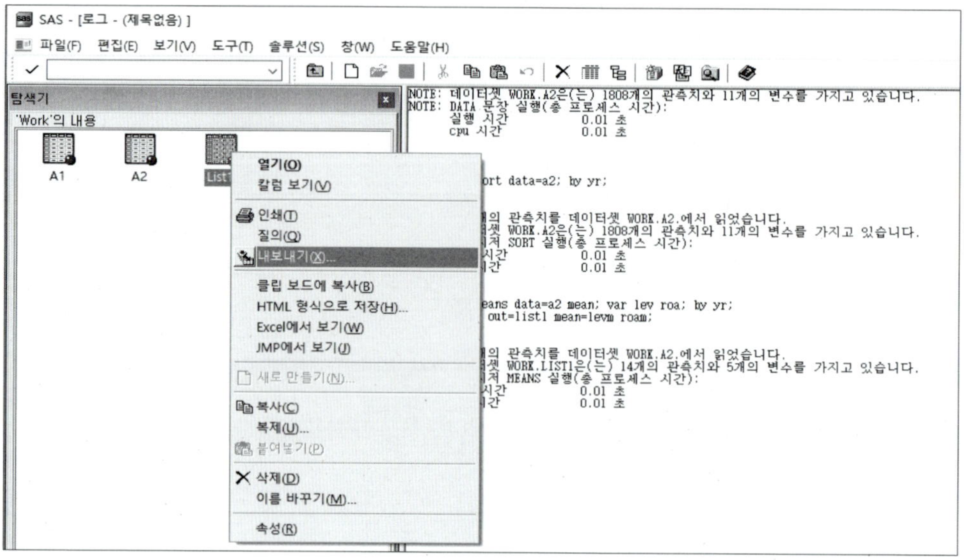

[그림 1-18] 파일 내보내기 1단계

2단계 : 내보내기 대상 파일로 List1을 선택 후 Next

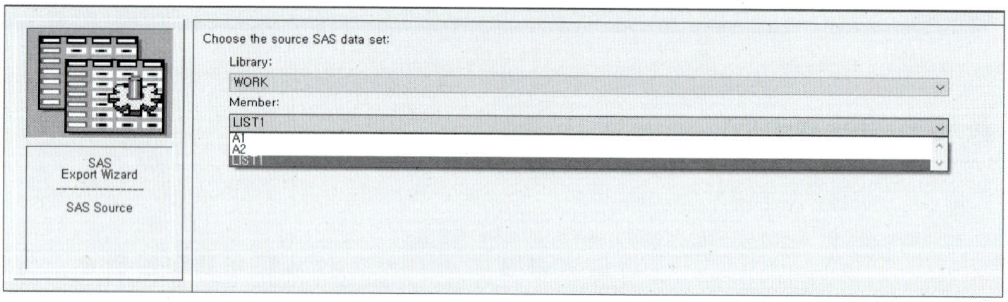

[그림 1-19] 파일 내보내기 2단계

3단계 : 내보내기 대상 파일의 형식을 선택 후 Next

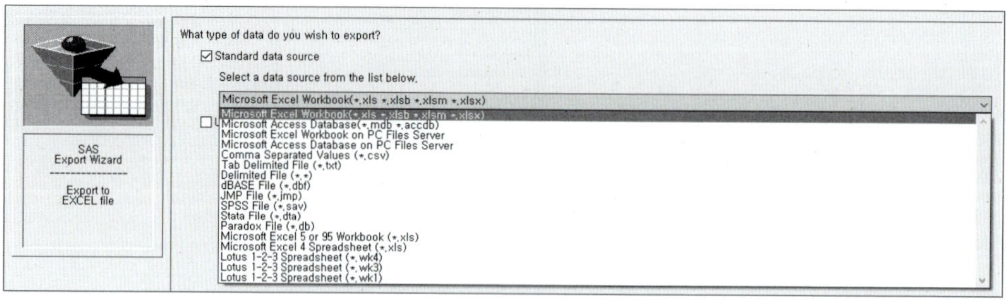

[그림 1-20] 파일 내보내기 3단계

4단계 : 파일을 저장할 위치선택

Browse → 바탕화면 → 내문서 → SAS 폴더

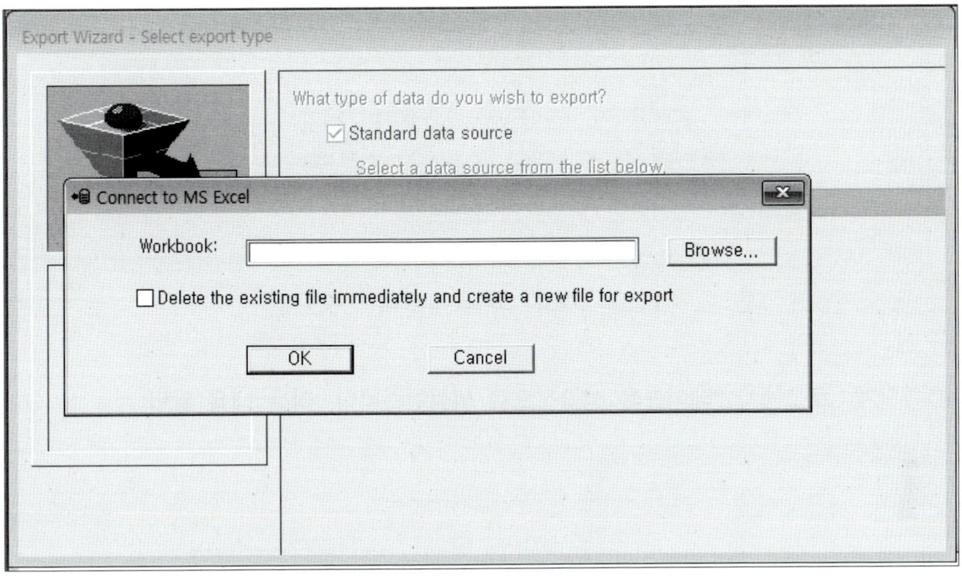

[그림 1-21] 파일 내보내기 4단계

5단계 : 저장할 파일명을 입력한 후 저장

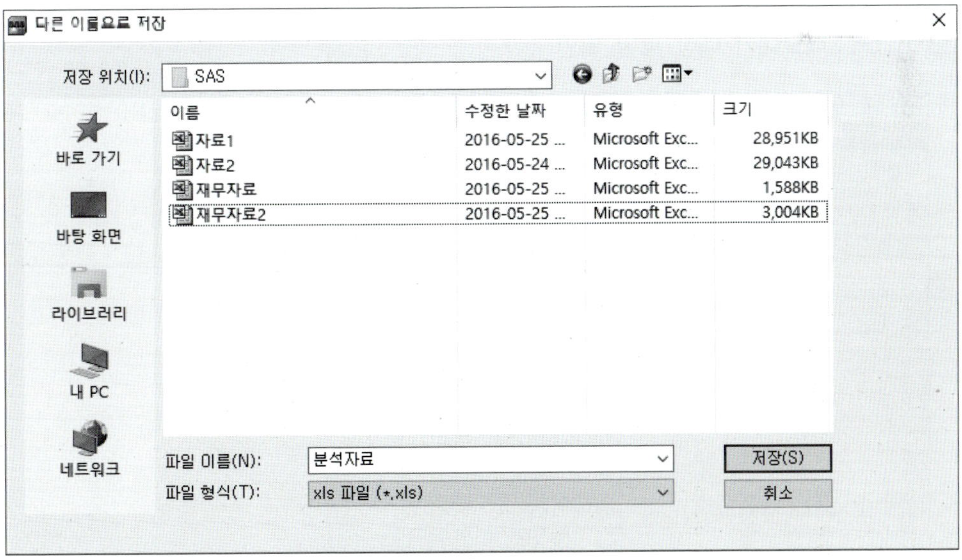

[그림 1-22] 파일 내보내기 5단계

6단계 : 저장할 파일 이름 확인 후 OK-Finish 클릭

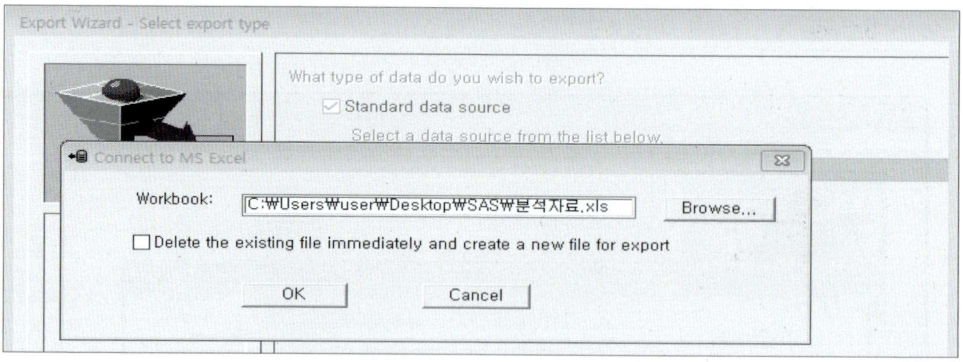

[그림 1-23] 파일 내보내기 6단계

7단계 : 로그에서 "테이블을 성공적으로 생성했습니다."라는 내용 확인

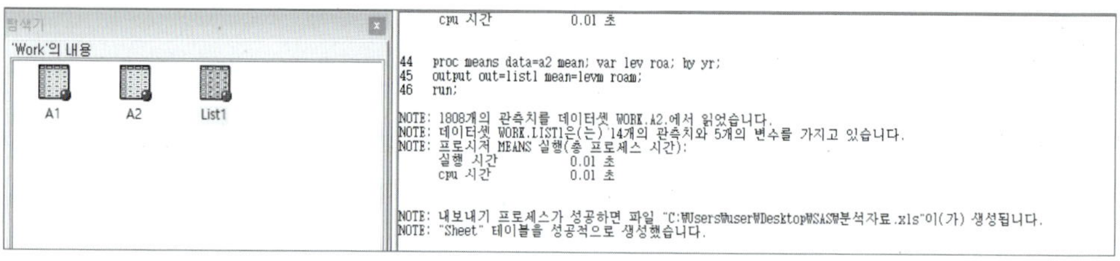

[그림 1-24] 로그 확인

8단계 : 내보내기 대상 파일 확인

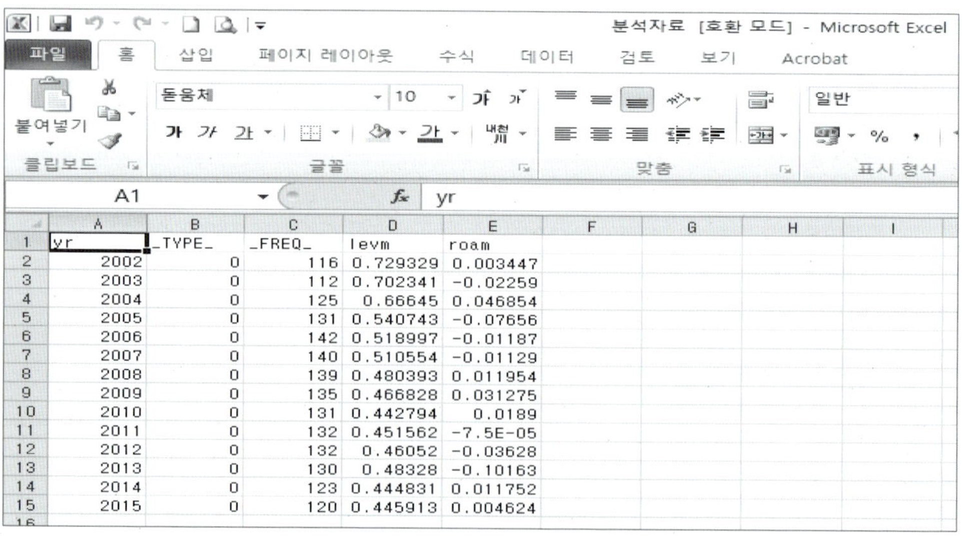

	A	B	C	D	E
1	yr	_TYPE_	_FREQ_	levm	roam
2	2002	0	116	0.729329	0.003447
3	2003	0	112	0.702341	-0.02259
4	2004	0	125	0.66645	0.046854
5	2005	0	131	0.540743	-0.07656
6	2006	0	142	0.518997	-0.01187
7	2007	0	140	0.510554	-0.01129
8	2008	0	139	0.480393	0.011954
9	2009	0	135	0.466828	0.031275
10	2010	0	131	0.442794	0.0189
11	2011	0	132	0.451562	-7.5E-05
12	2012	0	132	0.46052	-0.03628
13	2013	0	130	0.48328	-0.10163
14	2014	0	123	0.444831	0.011752
15	2015	0	120	0.445913	0.004624

[그림 1-25] 파일 확인

5. 확장 편집기에서 직접 내보내는 방법

확장 편집기에 다음과 같은 명령문을 입력한다.

[명령문]

```
① proc export data=list
② outfile="C:\Users\user\Desktop\SAS\분석자료.xls" dbms=excel replace;
③ sheet="A2"; ④ run;
```

① list1을 내보내기 위한 명령문이다.

② 저장할 위치와 파일명, 저장될 파일의 형식을 지정한다. xls는 저장될 파일의 형식을 의미한다.

③ Sheet명은 "A2"로 저장된다.

④ 실행한다.

[실행결과]

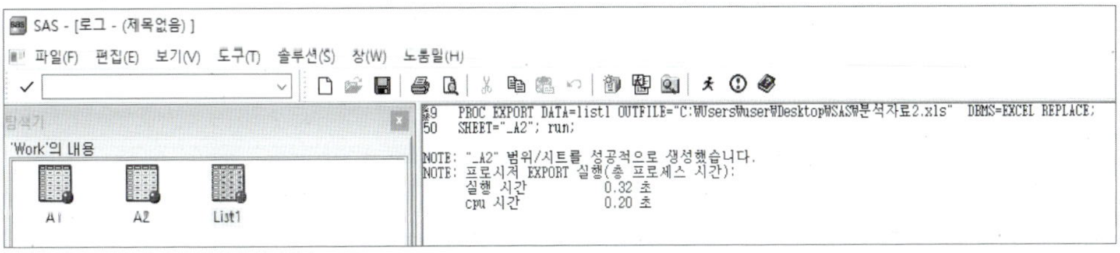

[그림 1-26] 로그 확인

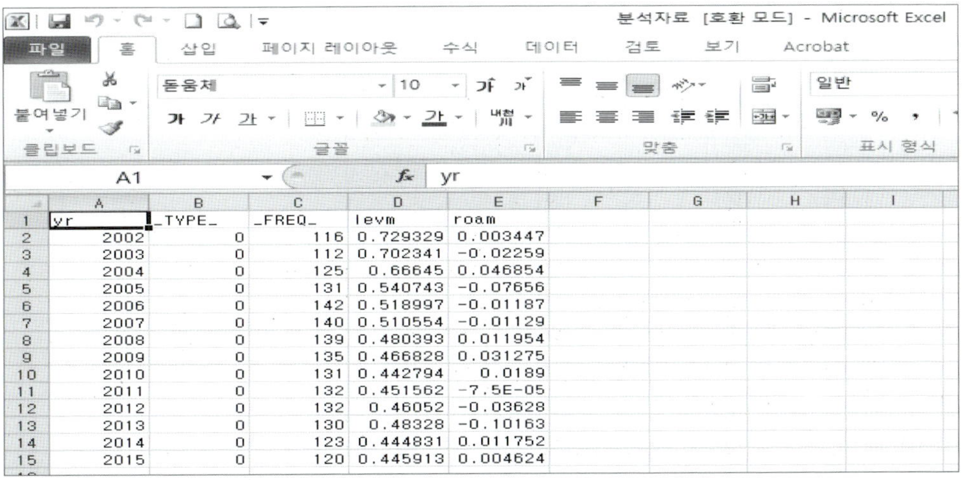

yr	_TYPE_	_FREQ_	levm	roam
2002	0	116	0.729329	0.003447
2003	0	112	0.702341	-0.02259
2004	0	125	0.66645	0.046854
2005	0	131	0.540743	-0.07656
2006	0	142	0.518997	-0.01187
2007	0	140	0.510554	-0.01129
2008	0	139	0.480393	0.011954
2009	0	135	0.466828	0.031275
2010	0	131	0.442794	0.0189
2011	0	132	0.451562	-7.5E-05
2012	0	132	0.46052	-0.03628
2013	0	130	0.48328	-0.10163
2014	0	123	0.444831	0.011752
2015	0	120	0.445913	0.004624

[그림 1-27] 분석자료 파일 확인

6. 엑셀에서 보는 방법

List1 파일에 오른쪽 마우스를 클릭한 후 **Excel에서 보기(W)**를 클릭한다.

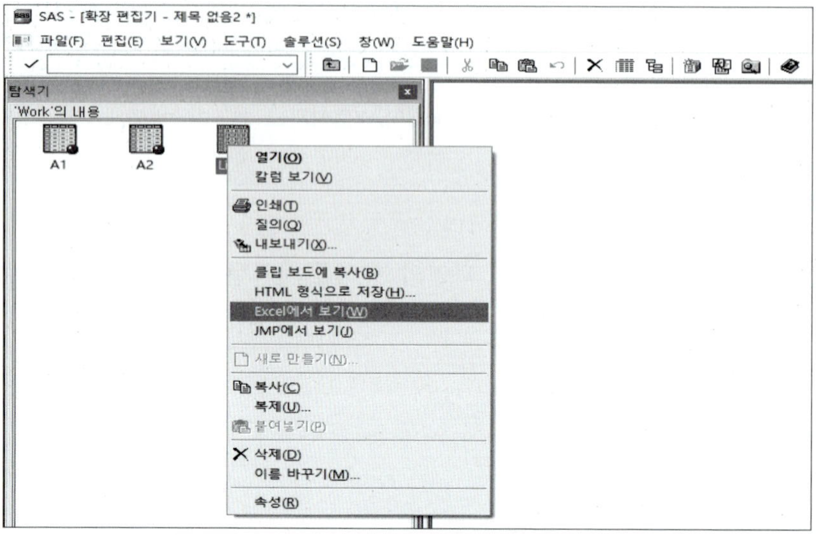

[그림 1-28] Excel에서 보기

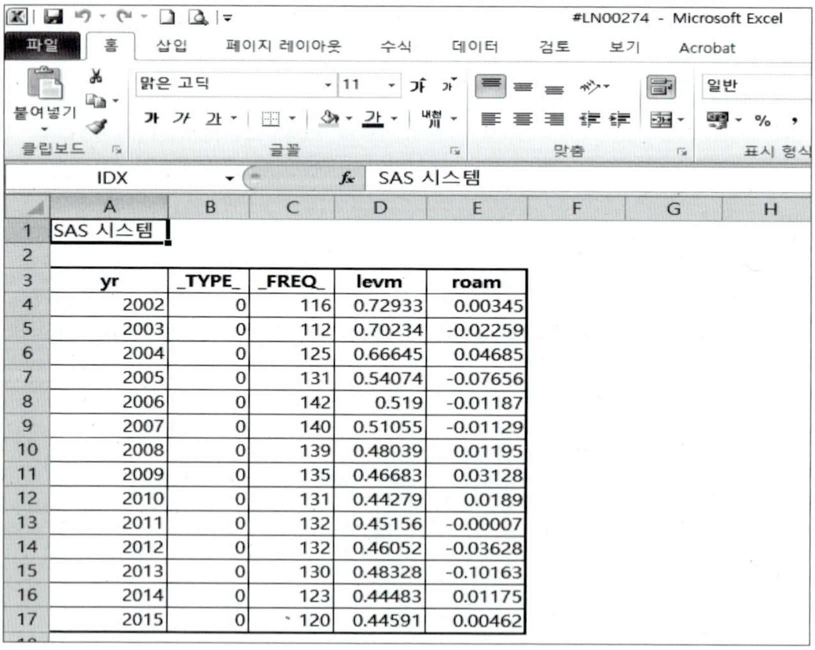

SAS 시스템

yr	_TYPE_	_FREQ_	levm	roam
2002	0	116	0.72933	0.00345
2003	0	112	0.70234	-0.02259
2004	0	125	0.66645	0.04685
2005	0	131	0.54074	-0.07656
2006	0	142	0.519	-0.01187
2007	0	140	0.51055	-0.01129
2008	0	139	0.48039	0.01195
2009	0	135	0.46683	0.03128
2010	0	131	0.44279	0.0189
2011	0	132	0.45156	-0.00007
2012	0	132	0.46052	-0.03628
2013	0	130	0.48328	-0.10163
2014	0	123	0.44483	0.01175
2015	0	120	0.44591	0.00462

[그림 1-29] Excel에서 파일 확인

7. SAS의 환경설정

1) Results Viewer 창 환경설정

SAS에서 연도-산업별 회귀분석의 실행이나 복잡한 명령문을 실행할 경우 모든 결과물이 Results Viewer 창에 생성되도록 환경설정이 되어 있다면 실행시간이 길어진다. 따라서 실행결과에 대해 그 결과물이 Results Viewer 창에 나타나지 않도록 환경설정을 변경해 준다면 실행시간을 많이 줄일 수 있을 것이며 그 방법은 다음과 같다.

① **도구(T)**에서 **옵션(O)**을 선택하고 **우선 설정(P)**을 클릭한다.

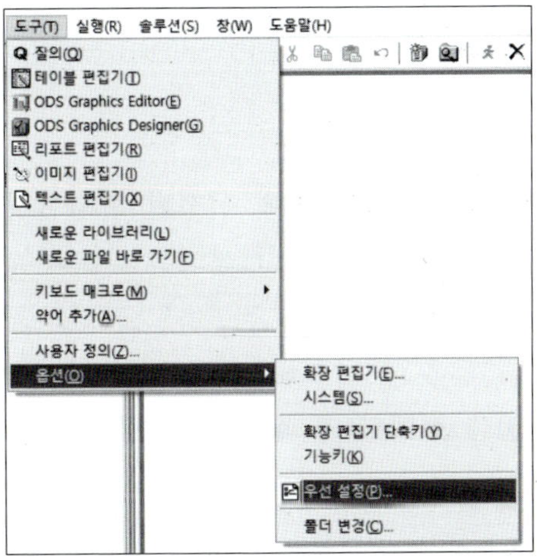

② **우선 설정**에서 **결과**를 클릭하면 다음과 같이 결과물에 대해 옵션을 선택할 수 있다.

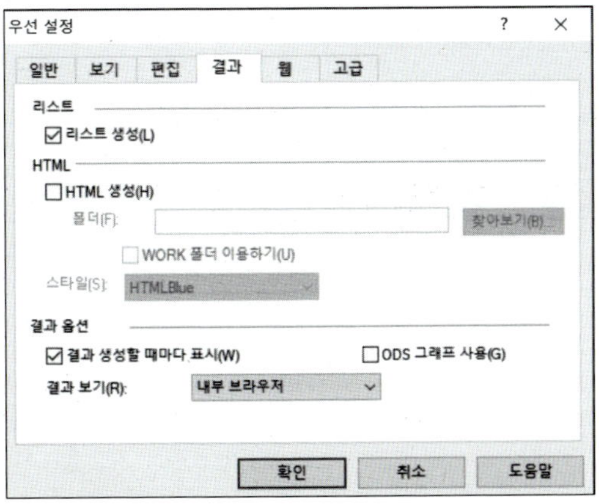

리스트 생성(L)을 체크하면 아래 왼쪽과 같이 출력창에 실행 결과물이 나타나고, HTML 생성(H)을 체크하면 아래 오른쪽과 같이 Results Viewer 창에 실행 결과물이 생성된다.

[리스트 생성(L) : 출력창]

분석 변수 : w

평균	표준편차
-0.0017070	0.0589517

[HTML 생성(H) : Results Viewer 창]

분석 변수 : w	
평균	표준편차
-0.0017070	0.0589517

※ 상관관계나 회귀분석의 결과를 복사하여 Excel에서 〈표〉 형식으로 작성해야 할 경우 리스트 생성(L)보다는 HTML 생성(H)이 〈표〉 형식으로 편집하는 데 있어 더 편리할 수 있다.

2) 확장 편집기 환경설정

확장 편집기(명령문 창)는 SAS 설치시에 설정된 환경설정에 의해 명령문의 글자체, 크기, 배경색이 결정되며 이를 수정하고 싶다면 다음과 같이 환경설정을 통해 변경이 가능하다.

① **도구(T)**에서 **옵션(O)**을 선택한 후 **확장 편집기(E)**를 선택한다.

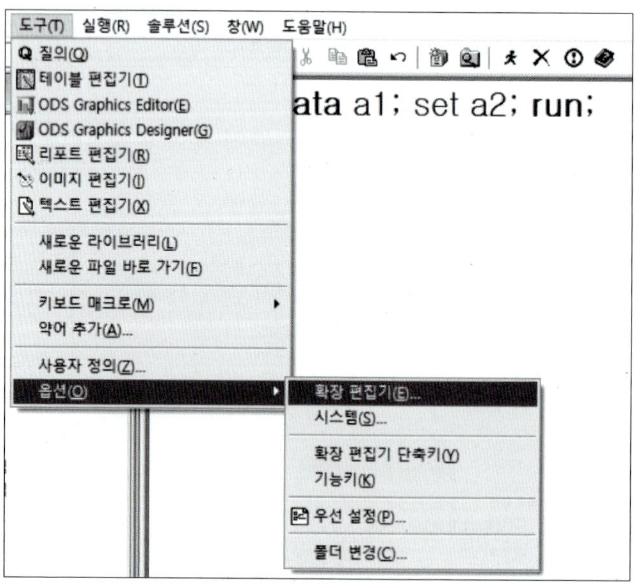

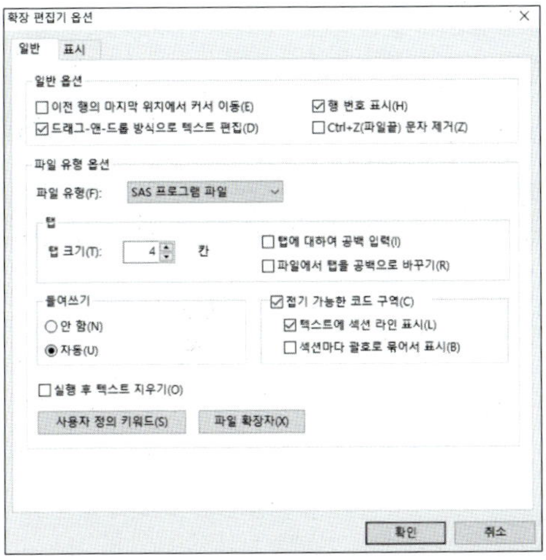

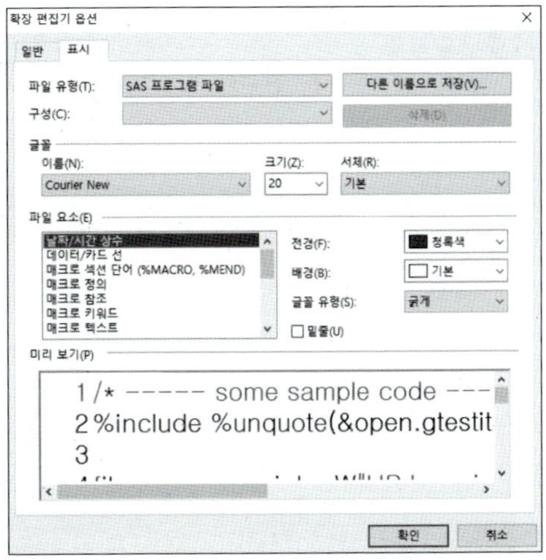

② 일반에서는 **일반 옵션**과 **파일 유형 옵션**의 각 항목 선택을 통해 변경가능하다.

③ 표시에서는 **파일 유형(T)**, **글꼴**, **파일 요소(E)**의 각 항목 선택을 통해 변경가능하고 **미리보기(P)**를 통해 선택된 글꼴과 크기 등이 표시된다.

3) 변수의 Name과 Label의 설정

SAS에는 변수명은 Name명과 동일하지만 간혹 변수명이 보이는 것과 달리 Name의 변수명이 다른 이름으로 지정되어 있을 수 있다.

예를 들어 X^2의 경우 데이터 셋에서는 변수명이 X^2로 보이지만 변수를 클릭하여 살펴보면 Name명은 X_2이고 Label명은 X^2이다. 따라서 X^2라는 변수명을 입력할 경우 명령문은 실행되지 않기 때문에 변수명을 X_2로 입력해야 한다.

[데이터 셋 화면]

	X	X^2
1	1	1
2	2	4
3	3	9
4	4	16
5	5	25
6	6	36
7	7	49
8	8	64
9	9	81
10	10	100
11	11	121
12	12	144

[변수명 클릭 화면]

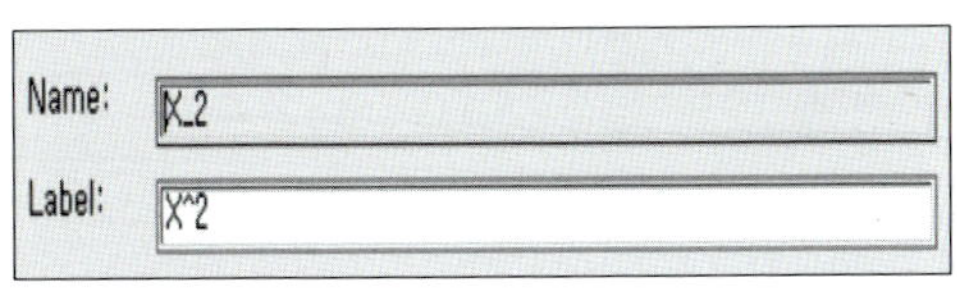

이 장의 SAS 명령문 정리

확장 편집기에서 직접 SAS Data set으로 불러오기

```
proc import out=work.a1 replace
datafile="C:₩Users₩user₩Desktop₩SAS₩재무자료.xls";
sheet="A1"; run;
```

확장 편집기에서 직접 내보내기

```
proc export data=list
outfile="C:₩Users₩user₩Desktop₩SAS₩분석자료.xls" dbms=excel replace;
sheet="A2"; run;
```

2장

기술통계

모집단에 대한 통계적 추론을 위해서는 먼저 주어진 자료에 대해 통계량을 정리하는 것이 필요하다. 모집단 분포의 특성을 추정할 수 있는 것들은 다음과 같다.

1. 자료의 대표치

자료의 대표치는 전체자료를 대표하는 값으로, 자료의 중심 또는 특정 분포의 위치를 나타내는 값을 말한다.

1) 평균

대표치 중에서 가장 많이 이용되는 값으로, 자료 전체의 관측치를 합한 다음 이를 관측치 개수로 나누어 준 값이다.

$$\bar{x} = \frac{\Sigma x_i}{n}$$

$\bar{x}$ = 평균, x_i = 표본의 i번째 데이터 값, n=표본수

주가	50	20	50	70	20	50	80	90	50	180

위 자료를 이용하여 **평균**을 구하면 다음과 같다.

$$\frac{50+20+50+70+20+50+80+90+50+180}{10} = \frac{660}{10} = 66$$

2) 중위수

주어진 값들을 정렬했을 때, 가장 중앙에 위치하는 값을 의미한다. 예를 들어 1, 2, 8의 세 값이 있을 때, 2가 가장 중앙에 위치하고 있어, 2는 중위수가 된다. 총 표본의 수인 n이 홀수일 때는 $\frac{(n+1)}{2}$번째의 변량, n이 짝수일 때는 $\frac{n}{2}$번째와 $\frac{(n+2)}{2}$번째 변량의 산술평균을 말한다.

주가자료를 작은 순서대로 배열하면 다음과 같다.

순서	1	2	3	4	5	6	7	8	9	10
주가	20	20	50	50	50	50	70	80	90	180

관측치수가 짝수이므로, $\frac{10}{2}=5$번째와 $\frac{(10+2)}{2}=6$번째의 산술평균이 중위수이다. 따라서 **중위수**는 $\frac{50+50}{2}=50$이다.

3) 최빈값

자료 중에서 가장 많은 빈도로 발견되는 값을 최빈값이라고 한다. 즉, 가장 많이 발생되는 값이기 때문에 대표성을 갖는다고 할 수 있다.

주가자료의 빈도수를 정리하면 다음과 같다. 여기서 가장 빈도가 높은 50이 **최빈값**에 해당된다.

주가	20	50	70	80	90	180
빈도수	2번	4번	1번	1번	1번	1번

2. 분포도

평균, 중위수, 최빈값처럼 중심성향을 측정하는 척도도 중요하지만, 데이터가 산포되어 있는 정도를 파악하는 것도 중요하다. 이에 데이터가 산포되어 있는 정도를 측정하는 방법을 살펴보자.

1) 범위

가장 큰 값과 작은 값 사이의 차이를 나타낸다. 즉, 변수의 최댓값에서 최솟값을 뺀 값이다.

순서	1	2	3	4	5	6	7	8	9	10
주가	20	20	50	50	50	50	70	80	90	180

최댓값 180에서 최솟값 20을 빼면, 이 자료의 **범위**는 160이 된다.

사분위수는 n개의 관측치를 작은 값부터 크기순으로 배열했을 때, 관측치가 4등분되는 위치에 오는 값을 말한다. 따라서 각 부분에는 25%의 데이터가 포함되며, 2사분위수는 중위수와 같다.

각 분위수는 다음과 같다.

구분	1	2	3	4	5	6	7	8	9	10
주가	20	20	50	50	50	50	70	80	90	180
분위	1%		25%		50%			75%		100%

사분위범위는 3사분위수에서 1사분위수를 차감한 것을 말하며, 여기서는 30(80－50)이 된다.

2) 분산

기장 널리 쓰이는 분포도의 측정치로 n개의 데이터 값과 평균의 차이를 제곱한 값의 평균이다.

표본 데이터의 경우 분산(s^2)을 계산할 때 $(n-1)$로 나누는 것은, 계산된 표본의 분산이 n으로 나눈 값보다 모집단의 분산에 더 좋은 측정치가 되기 때문이다. 이러한 **분산**의 식은 다음과 같다.

$$s^2 = \frac{\Sigma(x_i - \overline{x})^2}{n-1}$$

N	1	2	3	4	5	6	7	8	9	10	합
주가	50	20	50	70	20	50	80	90	50	180	660
$x_i - \overline{x}$	−16	−46	−16	4	−46	−16	14	24	−16	114	0
$(x_i - \overline{x})^2$	256	2,116	256	16	2,116	256	196	576	256	12,996	19,040

위의 자료를 통해 분산을 구하면 다음과 같다.

$$s^2 = \frac{\Sigma(x_i - \overline{x})^2}{n-1} = \frac{19{,}040}{9} = 2{,}115.555$$

3) 표준편차

분산의 양의 제곱근을 **표준편차**라고 한다. 평균으로부터 양쪽으로 일정한 거리 안에 있는 데이터의 비율이 얼마인가를 알 수 있다. 따라서 표준편차가 0일 때 관측값 모두가 동일한 크기이고, 표준편차가 클수록 관측값과 평균 간의 차이가 큰 값이 많이 존재한다. 이러한 표준편차의 식은 다음과 같다.

$$s = \sqrt{s^2}, \quad s = \sqrt{2115.555} = 45.995$$

4) 왜도

자료의 비대칭성을 나타내는 지표이다. 왜도의 값은 양수(+)나 음수(−)가 될 수 있다. 왜도가 음수일 경우에는 왼쪽 부분에 긴 꼬리를 가지며, 중위수를 포함한 자료가 오른쪽에 더 많이 분포해 있다. 왜도가 양수일 때는 오른쪽 부분에 긴 꼬리를 가지며, 중위수를 포함한 자료가 왼쪽에 더 많이 분포해 있다는 것을 의미한다. 그러나 평균과 중위수가 같으면, 왜도는 0이 된다.

이러한 **왜도**의 식은 다음과 같다.

$$\alpha_3 = \frac{n}{(n-1)(n-2)} \sum_{i=1}^{n} \left(\frac{x_i - \bar{x}}{s}\right)^3$$

$\bar{x}$ = 평균, x_i = 표본의 i번째 데이터 값, n=표본수, s=표준편차

아래 자료를 이용하여 왜도를 구하면 다음과 같다.

N	1	2	3	4	5	6	7	8	9	10	합
주가	50	20	50	70	20	50	80	90	50	180	660
$x_i - \bar{x}$	−16	−46	−16	4	−46	−16	14	24	−16	114	0
$\left(\frac{x_i - \bar{x}}{s}\right)^3$	−0.042	−1.000	−0.042	0.001	−1.000	−0.042	0.028	0.142	−0.042	15.226	13.228

$$\text{왜도} = \frac{10}{9 \times 8} \times 13.228 = 1.8372$$

5) 첨도

첨도는 자료들이 중앙에 얼마나 집중되어 있는지 또는 꼬리의 두터운 정도를 나타내는 척도이다. 보통 첨도의 값이 3이면 정규분포에 근사한다. 그러나 첨도가 3보다 크면 정규분포보다 그래프가 뾰족해지고, 3보다 작으면 정규분포보다 납작한 그래프가 된다. 첨도의 식은 다음과 같다.

$$\alpha_4 = \frac{n(n+1)}{(n-1)(n-2)(n-3)} \sum_{i=1}^{n}(\frac{x_i-\overline{x}}{s})^4 - \frac{3(n-1)^2}{(n-2)(n-3)}$$

아래 자료를 이용하여 첨도를 구하면 다음과 같다.

구분 \ 순서	1	2	3	4	5	6	7	8	9	10	합
주가	50	20	50	70	20	50	80	90	50	180	660
$x_i-\overline{x}$	−16	−46	−16	4	−46	−16	14	24	−16	114	0
$(\frac{x_i-\overline{x}}{s})^4$	0.015	1.000	0.015	0.000	1.000	0.015	0.009	0.074	0.015	37.737	39.879

$$\alpha_4 = \frac{10\times 11}{9\times 8\times 7}\times 39.879 - \frac{3\times 9^2}{8\times 7} = 0.2182\times 39.879 - 4.3392 = 4.36456$$

3. PROC UNIVARIATE

변수들의 기본적인 **기술통계량**과 정규분포의 검정을 실행하고자 할 때 사용되는 명령문이다. 앞에서 설명한 자료의 대표치와 분포도를 SAS 명령문을 이용하여 구해 보자.

다음은 기업의 주가(price)와 광고선선비(ad)를 나타낸 자료이다.

	A	B	C	D
1	yr	code	price	ad
2	2015	15	50	20
3	2015	25	20	10
4	2015	35	50	10
5	2015	45	70	30
6	2015	55	20	40
7	2014	65	50	70
8	2014	75	80	90
9	2014	85	90	110
10	2014	95	50	90
11	2014	105	180	40

변수의 기술통계량을 구하기 위해 proc univariate이라는 명령문을 사용한다.

[명령문]

```
proc univariate data=a1; var price; run;
```

[실행결과]

```
                         UNIVARIATE 프로시저
                        변수:  price  (price)

                                적률

N                          10    가중합                     10
평균                       66    관측값 합                 660
표준 편차          45.9951688    분산               2115.55556
왜도               1.83717231    첨도               4.36456437
제곱합                  62600    수정 제곱합             19040
변동계수           69.6896497    평균의 표준 오차   14.5449495

                           기본 통계 측도

             위치측도                       변이측도

        평균      66.00000     표준 편차            45.99517
        중위수    50.00000     분산                     2116
        최빈값    50.00000     범위                160.00000
                               사분위 범위          30.00000

                      위치모수 검정: Mu0=0

         검정              --통계량---    -------p 값-------

         스튜던트의 t     t  4.537658    Pr >  |t|   0.0014
         부호             M         5    Pr >= |M|   0.0020
         부호 순위        S      27.5    Pr >= |S|   0.0020

                           분위수(정의 5)

                      레벨                 분위수

                      100% 최댓값             180
                      99%                     180
                      95%                     180
                      90%                     135
                        75% Q3                 80
                        50% 중위수             50
                        25% Q1                 50
                      10%                      20
                      5%                       20
                      1%                       20
                         0% 최솟값             20

                             극 관측값

                ----최소----          -----최대----

                값    관측값           값    관측값

                20         9           50        10
                20         8           70         5
                50        10           80         4
                50         7           90         3
                50         6          180         1
```

실행결과, 적률은 총 관측치 수(n), 평균, 표준편차, 왜도, 첨도 등의 값을 보여주고 있다. 다음으로 기본통계측도에서 위치측도는 평균, 중위수, 최빈값을 나타내고, 변이측도는 표준편차, 분산, 범위, 사분위 범위를 나타낸다.

위치모수검정은 스튜던트의 t를 통해 변수의 평균값이 0과 같은지, 부호순위 검정을 통해 중위수 값이 0과 같은지를 검정하는 것이다.

4. PROC MEANS

기술통계량을 구할 때 가장 많이 사용하는 명령문으로 평균, 표준편차 등과 같은 요약통계량을 구할 때 proc means 문을 사용한다.

[명령문]

```
proc means data=a1; var price ad; run;
```

[실행결과]

MEANS 프로시저

변수	레이블	N	평균	표준편차	최솟값	최댓값
price	price	10	66.0000000	45.9951688	20.0000000	180.0000000
ad	ad	10	51.0000000	36.3470922	10.0000000	110.0000000

proc means를 실행하면 price와 ad에 관한 관측치 수, 평균, 표준편차, 최솟값, 최댓값을 알 수 있다.

5. PROC SORT와 BY

자료의 기술통계량을 각 연도별 또는 그룹별로 분석하고자 할 때는 by 문을 사용한다. by 문을 사용하기 전에는 반드시 sort 명령문을 실행하여 by에 사용될 변수들을 기준으로 정렬해야 한다.

1) SORT와 BY

특정 변수를 기준으로 정렬을 하고자 할 때는 sort와 by라는 명령문을 사용한다.

[명령문] : 기업 기준

```
① proc sort data=a1; by code; run;
② proc means data=a1; var price ad; by code; run;
```

① 데이터 a1에 있는 변수들을 code를 기준으로 정렬한다.

② 기업별(code)로 price와 ad의 기술통계량을 나타낸다.

[실행결과 : 정렬]

	yr	code	price	ad
1	2014	15	180	40
2	2015	15	50	90
3	2014	25	90	110
4	2015	25	80	90
5	2014	35	70	30
6	2015	35	50	10
7	2014	45	50	70
8	2015	45	20	40
9	2014	55	20	10
10	2015	55	50	20

[실행결과 : 기술통계량]

```
------------------------------------------ code=15 ------------------------------------------

변수      레이블      N            평균          표준편차           최솟값           최댓값
-------------------------------------------------------------------------------------------
price     price       2     115.0000000      91.9238816      50.0000000     180.0000000
ad        ad          2      65.0000000      35.3553391      40.0000000      90.0000000
-------------------------------------------------------------------------------------------

------------------------------------------ code=25 ------------------------------------------

변수      레이블      N            평균          표준편차           최솟값           최댓값
-------------------------------------------------------------------------------------------
price     price       2      85.0000000       7.0710678      80.0000000      90.0000000
ad        ad          2     100.0000000      14.1421356      90.0000000     110.0000000
-------------------------------------------------------------------------------------------

------------------------------------------ code=35 ------------------------------------------

변수      레이블      N            평균          표준편차           최솟값           최댓값
-------------------------------------------------------------------------------------------
price     price       2      60.0000000      14.1421356      50.0000000      70.0000000
ad        ad          2      20.0000000      14.1421356      10.0000000      30.0000000
-------------------------------------------------------------------------------------------
```

[명령문] : 연도기준

```
① proc sort data=a1; by yr; run;
② proc means data=a1; var price ad; by yr; run;
```

① 데이터 a1에 있는 변수들을 yr을 기준으로 정렬한다.

② 연도별(yr)로 price와 ad의 기술통계량을 나타낸다.

[실행결과 : 정렬]

	yr	code	price	ad
1	2014	55	20	10
2	2014	35	70	30
3	2014	45	50	70
4	2014	25	90	110
5	2014	15	180	40
6	2015	55	50	20
7	2015	35	50	10
8	2015	45	20	40
9	2015	25	80	90
10	2015	15	50	90

[실행결과 : 기술통계량]

```
------------------------------------------ yr=2014 ------------------------------------------

                                 MEANS 프로시저

변수     레이블     N          평균          표준편차          최솟값          최댓값
---------------------------------------------------------------------------------------
price    price      5    82.0000000     60.5805249     20.0000000     180.0000000
ad       ad         5    52.0000000     38.9871774     10.0000000     110.0000000
---------------------------------------------------------------------------------------

------------------------------------------ yr=2015 ------------------------------------------

변수     레이블     N          평균          표준편차          최솟값          최댓값
---------------------------------------------------------------------------------------
price    price      5    50.0000000     21.2132034     20.0000000      80.0000000
ad       ad         5    50.0000000     38.0788655     10.0000000      90.0000000
---------------------------------------------------------------------------------------
```

※ by 문을 사용하면 두 개 이상의 기준으로 데이터를 정렬하는 것이 가능하다. 다시 말해서 by 뒤에는 여러 개의 기준 변수를 동시에 사용할 수 있다. 예를 들어, 연도와 기업별로 기술통계량을 구하고자 할 때는 by 뒤에 yr과 code를 동시에 사용하면 된다. 그러나 by 명령문을 사용하기 전에는 반드시 변수들이 sort로 정렬되어 있어야 하며, 변수의 정렬 순서도 동일해야 한다.

6. PROC MEANS의 옵션

proc means 문을 사용하면 기본적인 5가지 기술통계량 이외에 사용자가 원하는 다양한 기술통계량을 추가적으로 볼 수 있다. 이러한 경우 자신이 원하는 기술통계량의 명령문을 직접 입력하면 된다.

[명령문]

```
① proc means data=a1
② n mean std min q1 q3 max; ③ var price ad; run;
```

① 데이터 a1의 기술통계량을 나타낸다.

② n=관측치수, mean=평균, std=표준편차, min=최솟값, q1=1사분위수(25%), q3=3사분위수(75%), max=최댓값을 의미한다.

③ 해당 변수는 price와 ad이다.

[실행결과]

MEANS 프로시저

변수	레이블	N	평균	표준편차	최솟값	제1 사분위수	제3 사분위수	최댓값
price	price	10	66.0000000	45.9951688	20.0000000	50.0000000	80.0000000	180.0000000
ad	ad	10	51.0000000	36.3470922	10.0000000	20.0000000	90.0000000	110.0000000

means를 실행하여 price와 ad에 대해 사용자가 입력한 기술통계량이 출력된다. 명령문 ②에 median(중위수), range(범위), var(분산), cv(변이계수), sum(합계) 등을 추가하면, 보다 다양한 통계치를 구할 수 있다.

또한, 기술통계량 결과는 output out이라는 옵션을 통해 SAS Data set으로 저장할 수 있다.

[명령문]

```
① proc means data=a1; var price ad;
② output out=list1; run;
```

① 데이터 a1의 price와 ad의 기술통계량을 나타낸다.

② list1이라는 이름으로 ①의 결과를 저장한다.

[실행결과 : list1]

	TYPE	_FREQ_	_STAT_	price	ad
1	0	10	N	10	10
2	0	10	MIN	20	10
3	0	10	MAX	180	110
4	0	10	MEAN	66	51
5	0	10	STD	45.995168828	36.347092196

list1을 살펴보면 변수의 관측치 수, 최솟값, 최댓값, 평균, 표준편차가 저장되어 있는 것을 알 수 있다. 이러한 방식 외에도 각 기술통계량에 변수의 이름을 지정하여

저장할 수도 있다.

[명령문]

```
① proc means data=a1 n mean sum; var price;
② output out=list1 n=pn mean=pm sum=ps; run;
```

① 데이터 a1의 price라는 변수에 대한 관측치수, 평균, 관측치 합계를 나타낸다.
② list1이라는 이름으로 관측치수는 pn, 평균은 pm, 관측치 합은 ps로 저장한다.

[실행결과 : list1]

	TYPE	_FREQ_	price	price	price
1	0	10	10	66	660

list1을 살펴보면 기술통계량에 변수의 이름을 지정하여 저장됨을 알 수 있다.

※ 실행결과 변수명이 모두 price로 보이지만 변수를 두 번 클릭하여 Name을 살펴보면 다음과 같이 pn(pm, ps)으로 저장되어 있다.

Name:	pn
Label:	price

7. PROC MEANS를 이용한 변수 만들기

1) 허핀달-허쉬만지수(HHI지수)

Proc means의 output out 옵션을 이용하여 **허핀달-허쉬만지수**(HHI지수 : 산업집중도)를 구해 보도록 하자(손성규 외 2인, 2014; 신일항 외 2인, 2014; 정현욱, 2016).

HHI지수는 산업별로 속한 각 기업의 시장점유율을 %로 계산한 후, 이들 점유율을 제곱하여 모두 합산한 산업지수이다. 이 지수는 산업의 시장집중도 측정변수로 많이 이용되고 있으며 이 값이 클수록 그 산업의 시장집중도가 높음을 의미한다.

[명령문]

```
① proc sort data=a1; by ind; run;
② proc means data=a1 sum; var sale;
③ output out=a2 sum=salesum; by ind; run;
```

① 데이터 a1을 산업별로 정렬한다.

② 각 산업별로 매출액의 합을 구한다.

③ 데이터 a2에 변수명은 salesum으로 저장한다.

[**실행결과** : a2]

	ind	_TYPE_	_FREQ_	sale
1	3	0	4	1,8665046E12
2	10	0	32	2,8679507E13
3	11	0	5	4,3226491E12
4	13	0	7	1,3649194E12
5	14	0	15	7,067862E12
6	15	0	4	633106756000
7	16	0	3	793275778000
8	17	0	18	6,8279489E12
9	19	0	4	2,1776635E13
10	20	0	67	8,2646449E13

[**명령문**]

```
④ proc sort data=a1; by ind; run;
   proc sort data=a2; by ind; run;
⑤ data a3; merge a1 a2; by ind;
⑥ share=sale/salesum;
⑦ sharesqu=share*share; run;
```

④ 데이터 a1과 데이터 a2를 산업별로 정렬한다.

⑤ 데이터 a1과 a2를 산업별로 합하여 데이터 a3을 만든다.

⑥ 각 기업의 시장점유율을 구한다(share=sale/salesum).

⑦ 그리고 시장점유율을 제곱시킨다(sharesqu=share*share).

[**실행결과** : a3]

	yr	code	sale	ind	_TYPE_	_FREQ_	sale	share	sharesqu
1	2017	6040	917357060000	3	0	4	1,8665046E12	0,4914839664	0,2415564892
2	2017	7160	447088617000	3	0	4	1,8665046E12	0,239532562	0,0573758482
3	2017	4970	393387213000	3	0	4	1,8665046E12	0,210761454	0,0444203905
4	2017	30720	108671661000	3	0	4	1,8665046E12	0,0582220177	0,0033898033
5	2017	3960	471851779000	10	0	32	2,8679507E13	0,0164525765	0,0002706873
6	2017	3680	322797363000	10	0	32	2,8679507E13	0,0112553318	0,0001266825
7	2017	11150	164629715000	10	0	32	2,8679507E13	0,0057403259	0,0000329513
8	2017	6090	310186761000	10	0	32	2,8679507E13	0,010815624	0,0001169777
9	2017	36580	987088648000	10	0	32	2,8679507E13	0,0344179088	0,0011845924
10	2017	49770	1,5692049E12	10	0	32	2,8679507E13	0,0547151968	0,0029937528

[명령문]

```
⑧ proc sort data=a3; by ind; run;
⑨ proc means data=a3 sum; var sharesqu;
⑩ output out=a4 sum=HHI; by ind; run;
```

⑧ 데이터 a3을 산업별로 정렬한다.

⑨ 각 기업의 시장점유율의 제곱의 합(sharesqu)을 산업별로 구한다.

⑩ 데이터 a4에 HHI라는 변수(sum=HHI 지정)로 저장한다.

[실행결과 : a4]

	ind	_TYPE_	_FREQ_	HHI
1	3	0	4	0.3467425313
2	10	0	32	0.0694988922
3	11	0	5	0.4298946003
4	13	0	7	0.1878170954
5	14	0	15	0.1188805446
6	15	0	4	0.2831642351
7	16	0	3	0.3435891828
8	17	0	18	0.0988610418
9	19	0	4	0.9209218375
10	20	0	67	0.0974052666

실행결과 데이터 a4에 산업(ind)별로 허핀달 허쉬만지수(HHI지수)가 구해졌음을 알 수 있다. 추가적으로 다년도의 지수를 구하고 싶다면 BY ind 명령문 뒤에 yr(연도변수)을 추가하면 쉽게 구할 수 있다.

2) 산업전문 감사인

산업전문 감사인은 감사인 연구 분야에서 자주 이용되는 변수로 proc means의 output out의 옵션과 더불어 proc rank 문을 이용하여 구할 수 있다.

선행연구들에서는 산업전문 감사인의 정의에 대해 대표적으로 1) 감사법인의 산업별 시장점유율, 2) 산업별 시장점유율이 1위인 감사법인, 3) 산업별 시장점유율이 20% 이상인 감사법인, 4) 산업별 시장점유율이 1위이고 2위와 시장점유율이 10% 이상 차이가 있는 감사법인으로 정의하고 있다(신유진과 노준화, 2015; 신유진과 김정옥, 2017; 배길수 외 2인 2019). 이에 본장에서도 이러한 정의를 중심으로 실습을 진행하도록 한다.

먼저, 산업전문 감사인을 구하기 위해서는 다음과 같이 감사법인별로 고유한 번호(audit)를 지정해 두어야 한다. 자료에서는 감사법인에 대한 고유번호는 임의로 지정하였고 선행연구들에서와 같이 매출액을 이용하여 감사법인의 시장점유율을 계산한다.

	yr	code	ind	aud	audit	sale
1	2018	4970	3	한영	10	337367199000
2	2018	30720	3	안진	20	97686311000
3	2018	6040	3	삼일	70	921593614000
4	2018	7160	3	우리	120	385775974000
5	2018	12320	5	삼일	70	7460898000
6	2018	3580	7	삼영	180	10347565000
7	2018	49770	10	한영	10	1.6326318E12
8	2018	101530	10	한영	10	706368938000
9	2018	5180	10	한영	10	838159210000
10	2018	4370	10	한영	10	1.8578141E12
11	2018	1680	10	한영	10	2.2359243E12
12	2018	1130	10	한영	10	305132946000

[자료 2-1] 감사법인(aud)에 대한 고유번호(audit) 지정

[명령문]

```
① proc sort data=a1; by ind; run;
   proc means data=a1 sum; var sale; output out=a2 sum=salesum; by ind; run;
② data b1; set a2;
   keep ind salesum; run;
```

① 데이터 a1을 산업별로 정렬하여 산업별로 매출액의 합을 데이터 a2로 저장하며 salesum이라는 변수명으로 저장한다.

② 데이터 a2의 자료에서 산업코드(ind)와 매출액의 합(salesum)만을 데이터 b1에 저장한다.

[실행결과 : b1]

	ind	sale
1	3	1.7424231E12
2	5	7460898000
3	7	10347565000
4	10	3.1049752E13
5	11	4.2868218E12
6	12	2.6246161E12
7	13	797408631000
8	14	7.133068E12
9	15	589294776000
10	16	821830874000
11	17	7.0846778E12
12	19	3.1087713E13

[명령문]

```
③ proc sort data=a1; by ind audit; run;
   proc means data=a1 n sum; var sale; output out=a3 n=coden sum=auditsum;
   by ind audit; run;
④ data b2; set a3; keep ind audit coden auditsum; run;
```

③ 데이터 a1을 산업-감사법인별로 정렬하여 산업-감사법인별 매출액의 수와 합을 데이터 a3로 저장하고 매출액의 수는 coden으로, 합은 auditsum이라는 변수명으로 저장한다(여기서 coden은 감사법인의 피감사기업수로 정의될 수 있다).

④ 데이터 a3의 자료에서 산업(ind), 감사법인(audit), 감사법인의 매출액 수(coden), 그리고 감사법인의 매출액 합(auditsum)만을 데이터 b2에 저장한다.

[실행결과 : b2]

	ind	audit	sale	sale
1	3	10	1	337367199000
2	3	20	1	97686311000
3	3	70	1	921593614000
4	3	120	1	385775974000
5	5	70	1	7460898000
6	7	180	1	10347565000
7	10	10	8	9.9884824E12
8	10	20	2	1.2762871E12
9	10	40	6	2.5512831E12
10	10	70	9	1.3204268E13
11	10	90	1	269105522000
12	10	120	1	595492487000

[명령문]

```
⑤ proc sort data=b1; by ind; run;
   proc sort data=b2; by ind; run;
   data b3; merge b1 b2; by ind;
⑥ share=auditsum/salesum; run;
```

⑤ 데이터 b1과 b2를 산업별로 정렬한 후 데이터 b3에 합한다.

⑥ 산업별로 각 감사법인의 시장점유율을 구한다.

[실행결과 : b3]

	ind	audit	sale	sale	sale	share
1	3	10	1	337367199000	1,7424231E12	0,1936195631
2	3	20	1	97686311000	1,7424231E12	0,0560634849
3	3	70	1	921593614000	1,7424231E12	0,5289149433
4	3	120	1	385775974000	1,7424231E12	0,2214020088
5	5	70	1	7460898000	7460898000	1
6	7	180	1	10347565000	10347565000	1
7	10	10	8	9,9884824E12	3,1049752E13	0,3216928219
8	10	20	2	1,2762871E12	3,1049752E13	0,0411045818
9	10	40	6	2,5512831E12	3,1049752E13	0,0821675821
10	10	70	9	1,3204268E13	3,1049752E13	0,4252616098
11	10	90	1	269105522000	3,1049752E13	0,0086669137
12	10	120	1	595492487000	3,1049752E13	0,0191786551

이제 rank 문을 이용하여 감사법인별 시장점유율 순위를 구해보도록 하자.

[명령문]

```
⑦ proc rank data=b3 out=b4 ties=low descending;
   var share; ranks auditrank; by ind; run;
```

⑦ rank 문을 이용하여 감사법인의 시장점유율(share) 순위를 매긴다.
옵션으로 변수의 크기가 큰 것부터 작은 것으로(descending) 순위를 매기고 동일한 순위가 있을 경우 낮은 값을 지정하도록(ties=low) 한다.

[실행결과 : b4]

	ind	audit	sale	sale	sale	share	변수 share의 순위
1	3	70	1	921593614000	1,7424231E12	0,5289149433	1
2	3	120	1	385775974000	1,7424231E12	0,2214020088	2
3	3	10	1	337367199000	1,7424231E12	0,1936195631	3
4	3	20	1	97686311000	1,7424231E12	0,0560634849	4
5	5	70	1	7460898000	7460898000	1	1
6	7	180	1	10347565000	10347565000	1	1
7	10	70	9	1,3204268E13	3,1049752E13	0,4252616098	1
8	10	10	8	9,9884824E12	3,1049752E13	0,3216928219	2
9	10	40	6	2,5512831E12	3,1049752E13	0,0821675821	3
10	10	240	2	2,2652008E12	3,1049752E13	0,0729539102	4
11	10	20	2	1,2762871E12	3,1049752E13	0,0411045818	5
12	10	120	1	595492487000	3,1049752E13	0,0191786551	6

[명령문]

```
⑧ proc sort data=b4; by ind auditrank; run;
   data b5; set b4;
⑨ auditrank=auditrank-1;   backshare=share;
⑩ keep ind auditrank backshare; run;
```

⑧ 데이터 b4를 산업-순위별로 정렬하여 데이터 b5에 복사한다.

⑨ 감사법인의 시장점유율 순위에 대한 시차변수를 만들기 위해 순위에서 1씩 빼주고 share를 backshare라는 변수로 재지정한다.

⑩ 산업(ind), 순위(auditrank), 시장점유율(backshare)만을 남긴다.

[실행결과 : b5]

	ind	변수 share의 순위	backshare
1	3	0	0.5289149433
2	3	1	0.2214020088
3	3	2	0.1936195631
4	3	3	0.0560634849
5	5	0	1
6	7	0	1
7	10	0	0.4252616098
8	10	1	0.3216928219
9	10	2	0.0821675821
10	10	3	0.0729539102
11	10	4	0.0411045818
12	10	5	0.0191786551

[명령문]

```
⑪ proc sort data=b4; by ind auditrank; run;
   proc sort data=b5; by ind auditrank; run;
⑫ data b6; merge b4 b5; by ind auditrank;
   if backshare=. then backshare=0;
⑬ gap=share-backshare;
   if auditrank=0 then delete;
⑭ if auditrank=1 then dummy1=1; else dummy1=0;
⑮ if share>0.2 then dummy2=1; else dummy2=0;
⑯ if auditrank=1 and gap>0.1 then dummy3=1; else dummy3=0; run;
```

⑪ 데이터 b4와 b5를 산업-감사법인별 시장점유율 순위로 정렬한다.

⑫ 데이터 b6과 합하고 차순위 시장점유율(backshare)이 결측값(.)이면 0으로 변경한다.

⑬ 차순위 시장점유율 간의 차이 변수를 만들고(gap), 시장점유율 순위가 0이면 지운다.

⑭ 산업에서 시장점유율이 1순위인 감사법인에게 dummy1은 1의 값을 갖는다.

⑮ 산업에서 시장점유율이 20% 이상인 감사법인에게 dummy2는 1의 값을 갖는다.

⑯ 산업에서 시장점유율이 1순위이고 2순위와의 점유율 차이가 10% 이상인 감사

법인에게 dummy3은 1의 값을 갖는다.

[**실행결과** : b6]

	ind	audit	sale	share	변수 share의 순위	gap	dummy1	dummy2	dummy3
1	3	70	1	0,5289149433	1	0,3075129345	1	1	1
2	3	120	1	0,2214020088	2	0,0277824456	0	1	0
3	3	10	1	0,1936195631	3	0,1375560782	0	0	0
4	3	20	1	0,0560634849	4	0,0560634849	0	0	0
5	5	70	1	1	1	1	1	1	1
6	7	180	1	1	1	1	1	1	1
7	10	70	9	0,4252616098	1	0,1035687879	1	1	1
8	10	10	8	0,3216928219	2	0,2395252398	0	1	0
9	10	40	6	0,0821675821	3	0,0092136719	0	0	0
10	10	240	2	0,0729539102	4	0,0318493284	0	0	0
11	10	20	2	0,0411045818	5	0,0219259266	0	0	0
12	10	120	1	0,0191786551	6	0,0060396967	0	0	0

실행결과에 1) 연속변수인 감사법인의 시장점유율(share)을 사용하거나, 2) 시장점유율이 1순위인 dummy1, 3) 시장점유율이 20% 이상인 감사법인 dummy2, 4) 1순위이면서 2순위와 시장점유율이 10% 이상 차이가 나는 dummy3을 산업전문 감사인 변수로 사용할 수 있다.

8. SAS의 간단한 명령어

SAS에서는 간단한 명령문을 통해 자료의 산술계산은 물론 비교 및 논리 연산 등을 행할 수 있다.

1) 산술 연산 명령문

+ : 더하기   - : 빼기   * : 곱하기   / : 나누기   ** : 지수

[DATA : c1]

VIEWTABLE: Work.C1

	x	y
1	1	2
2	2	4
3	3	6
4	4	8
5	5	10

[**명령문**]

확장 편집기 - 제목없음1 *

```
data c2;set c1;
a=x+y;
b=x-y;
c=x/y;
d=x**2;
e=x**3;run;
```

SAS 명령문 작성시 주의할 점은 모든 SAS 명령문의 문장 뒤에는 반드시 세미콜론 (;)을 입력해야 한다.

a는 x 더하기 y, b는 x 빼기 y, c는 x 나누기 y, d는 x의 제곱, e는 x의 3제곱을 나타낸다.

[실행결과]

VIEWTABLE: Work.C2

	x	y	a	b	c	d	e
1	1	2	3	-1	0.5	1	1
2	2	4	6	-2	0.5	4	8
3	3	6	9	-3	0.5	9	27
4	4	8	12	-4	0.5	16	64
5	5	10	15	-5	0.5	25	125

2) 함수 명령문

SQRT : 제곱근 ABS : 절댓값 LOG : 자연로그 INT : 정수

[DATA : D1]

VIEWTABLE: Work.D1

	X
1	10
2	-10
3	4.5
4	-4.5

[명령문]

확장 편집기 - 제목없음1 *

```
data d2;set d1;
  a=sqrt(x);
  b=abs(x);
  c=log(x);
  d=int(x);
  run;
```

a는 x의 제곱근, b는 x의 절댓값, c는 x의 자연로그, d는 x의 정수를 나타낸다.

[실행결과]

	X	a	b	c	d
1	10	3.1622776602	10	2.302585093	10
2	-10	.	10	.	-10
3	4.5	2.1213203436	4.5	1.5040773968	4
4	-4.5	.	4.5	.	-4

3) IF 명령문

IF 문은 조건에 따라 자료를 가공할 때 사용되며, 다음과 같이 사용한다.

```
if 조건1 then 명령문1: run;
  조건1을 만족시킬 경우 명령문1을 실행
if 조건1 then 명령문1; else 명령문2; run;
  조건1을 만족시킬 경우 명령문1을 그렇지 않을 경우 명령문2를 실행
```

[DATA : A1]

	A	B
1	X	Y
2	2	2
3	4	2
4	6	5
5	8	7
6	10	11
7	12	10
8	14	12

[명령문]

```
data a2; set a1;
if x=y then delete;
if x>y then dummy=1; else dummy=0;
run;
```

먼저, if x=y then delete는 X와 Y가 동일하면 그 행은 지우라는 명령문이며, if x>y then dummy=1; else dummy=0;은 X가 Y보다 크며 dummy는 1의 값을 갖고 그렇지 않으면 0을 값을 갖는다는 명령문이다.

[실행결과]

	X	Y	dummy
1	4	2	1
2	6	5	1
3	8	7	1
4	10	11	0
5	12	10	1
6	14	12	1

4) 비교 연산자 및 논리 연산자 명령문

```
= : 같다   > : 크다   < : 작다
>= : 크거나 같다   <= : 작거나 같다
^= : 같지 않다   ^> : 크지 않다   ^< : 작지 않다
```

[DATA : C1]

VIEWTABLE: Work.C1

	x	y
1	1	2
2	2	4
3	3	6
4	4	8
5	5	10

[명령문]

확장 편집기 - 제목없음1 *

```
data c2;set c1;
if x>=3 then a=1; else a=0;
if x^>=3 then b=1; else b=0;
if x>1 and y>6 then c=1; else c=0;
if x>1 or y>4 then d=1;else d=0;
run;
```

a는 x가 3보다 크거나 같으면 1, 그렇지 않으면 0, b는 x가 3보다 크지 않으면 1, 그렇지 않으면 0, c는 x가 1보다 크고 y가 6보다 크면 1, 그렇지 않으면 0, d는 x가 1보다 크거나 y가 6보다 크면 1, 그렇지 않으면 0을 나타낸다.

[실행결과]

VIEWTABLE: Work.C2

	x	y	a	b	c	d
1	1	2	0	1	0	0
2	2	4	0	1	0	1
3	3	6	1	0	0	1
4	4	8	1	0	1	1
5	5	10	1	0	1	1

5) 변수들 간 평균과 표준편차 구하기

proc 문에서는 means와 univariate를 통해 각각의 변수들에 대한 기술통계치를 살펴볼 수 있었다. 이러한 proc 문 대신 함수문을 이용하게 되면 각각의 변수들뿐 아니라 여러 변수들 간의 합계, 평균, 표준편차 등을 변수생성을 통해 살펴볼 수 있다.

다음은 각 기업의 매출액 대비 광고선전비를 나타낸 것이다.

	A	B	C	D	E	F	G
1	yr	code	adt	adt_1	adt_2	adt_3	adt_4
2	2017	20	0.085	0.077	0.086	0.078	0.096
3	2017	80	0.091	0.097	0.098	0.097	0.083
4	2017	2020	0.082	0.090	0.086	0.103	0.099
5	2017	3550	0.117	0.118	0.126	0.112	0.114
6	2017	6840	0.109	0.129	0.118	0.141	0.213
7	2017	17810	0.104	0.096	0.104	0.080	0.111
8	2017	18250	0.071	0.076	0.073	0.075	0.078
9	2017	32350	0.072	0.088	0.076	0.078	0.070
10	2017	90430	0.083	0.071	0.078	0.083	0.105
11	2017	123690	0.094	0.062	0.046	0.041	0.048
12	2017	181710	0.083	0.155	0.329	0.064	0.048

[자료 2-2] 각 기업의 매출액 대비 광고선전비

이제 각 기업별로 5개년도 광고선전비의 평균과 표준편차, 분산을 함수문을 통해 구해 보도록 하자.

[명령문]

```
data a2; set a1;
admean=① mean(adt, adt_1, adt_2, adt_3, adt_4);
adstd=  ② std(adt, adt_1, adt_2, adt_3, adt_4);
advar=  ③ var(adt, adt_1, adt_2, adt_3, adt_4); run;
```

① 5개년의 광고선전비 평균을 mean 함수를 통해 구하고 이를 admean으로 지정한다.

② 5개년의 광고선전비 표준편차를 std 함수를 통해 구하고 이를 adstd로 지정한다.

③ 5개년의 광고선전비 분산을 var 함수를 통해 구하고 advar이라는 이름으로 지정한다.

[실행결과]

	yr	code	admean	adstd	advar
1	2017	20	0.0845899654	0.0076779135	0.0000589504
2	2017	80	0.093017202	0.0065066177	0.0000423361
3	2017	2020	0.0921300596	0.008773217	0.0000769693
4	2017	3550	0.1174084336	0.0055767302	0.0000310999

이 외에도 최솟값(min), 최댓값(max), 합계(sum), 범위(range) 등의 함수문을 통해 변수들 간의 기술통계량을 구할 수 있다.

추가적으로 관측치가 없는 변수, 즉 변수의 값이 (.)을 가진 변수들이 있을 때 함수문을 이용하여 구한 변수들 간의 기술통계치 값과 직접 계산식을 입력하여 구한 변수들 간의 기술통계치 값이 차이가 있다.

아래 [자료 2-3]을 살펴보면 adt의 변수와 adt_1의 변수는 (.)으로 표시되는 관측치가 없는 행이 존재한다. 이 자료의 함수문을 이용하여 평균과 합계를 구하는 방식과 직접 계산식을 이용하여 구하는 방식이 어떤 차이가 있는지를 살펴보고자 한다.

	yr	code	adt	adt_1	adt_2
1	2017	80	0.090824073	0.0970441931	0.0977205843
2	2017	2020	.	0.0898518137	0.0864798337
3	2017	3550	0.117159664	.	0.12640629
4	2017	18250	0.0713628549	0.0757252967	0.0728236619
5	2017	32350	0.0717349482	.	0.0756221693
6	2017	90430	0.0830843346	0.071170095	0.0784367215

[자료 2-3] 각 기업의 매출액 대비 광고선전비 : 결측값 포함

[명령문]

```
data a2; set a1;
admean1=① mean(adt, adt_1, adt_2); admean2=(adt+adt_1+adt_2)/3;
adsum1= ② sum(adt, adt_1, adt_2); adsum2=(adt+adt_1+adt_2); run;
```

① 3개년 동안의 광고선전비 평균을 mean 함수문을 통해 구하여 admean1의 변수로 지정하고, 직접 계산식을 통해서는 admean2로 지정한다.

② 3개년 동안의 광고선전비 합계를 sum 함수문을 통해 구하여 adsum1의 변수로 지정하고, 직접 계산식을 통해서는 adsum2로 지정한다.

[실행결과]

	adt	adt_1	adt_2	admean1	admean2	adsum1	adsum2
1	0.090824073	0.0970441931	0.0977205843	0.0951962835	0.0951962835	0.2855888504	0.2855888504
2	.	0.0898518137	0.0864798337	0.0881658237	.	0.1763316473	.
3	0.117159664	.	0.12640629	0.121782977	.	0.243565954	.
4	0.0713628549	0.0757252967	0.0728236619	0.0733039378	0.0733039378	0.2199118135	0.2199118135
5	0.0717349482	.	0.0756221693	0.0736785588	.	0.1473571176	.
6	0.0830843346	0.071170095	0.0784367215	0.077563717	0.077563717	0.2326911511	0.2326911511

실행결과를 살펴보면 함수문은 변수의 결측값(.)과 상관없이 계산되지만 직접 명령문을 이용하는 경우 행에 결측값(.)이 존재한다면 이로 인해 계산값이 결측값(.)이 됨을 알 수 있다.

6) 문자형 변수에서 숫자형 변수로 전환

SAS에서 기업(code) 또는 산업(ind)의 변수가 문자형인 경우 이를 숫자형으로 전환하는 방법을 살펴보기로 하자(Excel에서 변수를 문자형에서 숫자형으로 전환하는 방법에 대해서는 사례 7 KIS-VALUE 이용하기 부분에서 자세히 설명하였다).

	A	B
1	code	ind
2	A000040	C26000/전자부품, 컴퓨터, 영상, 음향 및 통신장비 제조업
3	A000070	M71000/전문서비스업
4	A000070	C21000/의료용 물질 및 의약품 제조업
5	A000070	C27000/의료, 정밀, 광학기기 및 시계 제조업
6	A000070	G46000/도매 및 상품중개업
7	A000070	C29000/기타 기계 및 장비 제조업
8	A000070	C13000/섬유제품 제조업; 의복제외
9	A000100	P85000/교육 서비스업
10	A000120	J58000/출판업
11	A000120	C29000/기타 기계 및 장비 제조업
12	A000150	L68000/부동산업

[자료 2-4] 기업별 산업코드(문자형으로 표시)

먼저, code와 ind 변수를 숫자형으로 바꾸기 위해 변수의 첫 글자인 문자(알파벳)를 제거해야 한다. 이를 위해 간단하게 substr이라는 함수문을 사용한다. 이 명령문의 형식은 y=substr(x, 2, 6)로 표시되는데, 이를 설명하면 x라는 변수의 2번째 자리부터 시작하여 6번째까지 선택하여 y의 값으로 지정하는 함수문이라는 것이다.

[명령문]

```
data a2; set a1;  ① code1=substr(code,2,6); ind1=substr(ind,2,2);
```

① code1은 code의 값의 2번째부터 시작하여 6번째까지 선택한 변수이다.
ind1은 ind의 값의 2번째부터 시작하여 2번째까지 선택한 변수이다.

[실행결과 : ①]

	code	ind	code1	ind1
1	A000040	C26000/전자부품, 컴퓨터, 영상, 음향 및 통신장비 제조업	000040	26
2	A000070	M71000/전문서비스업	000070	71
3	A000070	C21000/의료용 물질 및 의약품 제조업	000070	21
4	A000070	C27000/의료, 정밀, 광학기기 및 시계 제조업	000070	27
5	A000070	G46000/도매 및 상품중개업	000070	46
6	A000070	C29000/기타 기계 및 장비 제조업	000070	29
7	A000070	C13000/섬유제품 제조업; 의복제외	000070	13
8	A000100	P85000/교육 서비스업	000100	85
9	A000120	J58000/출판업	000120	58
10	A000120	C29000/기타 기계 및 장비 제조업	000120	29
11	A000150	L68000/부동산업	000150	68

실행결과 각 변수의 앞 문자는 제거되었지만 각 변수를 클릭하면 아래와 같이 아직 문자형 변수임을 알 수 있다.

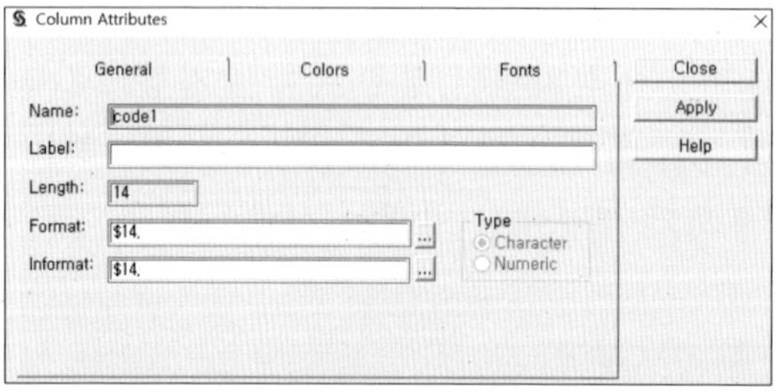

※ code1(ind1)의 Type는 Character이다.

다음 단계에서는 input라는 함수문을 통해 선택된 변수를 숫자형으로 바꿀 수 있으며 함수문의 형식은 y=input(x, 2.)로 x를 2자리 숫자형 변수 y로 바꾸라는 함수문이다.

[명령문]

```
② code2=input(code1,6.); ind2=input(ind1,2.); run;
```

② code2는 문자형의 code1값을 6자리 숫자형으로 바꾼 것이다.
ind2는 문자형의 ind1값을 2자리 숫자형으로 바꾼 것이다.

[실행결과 : ②]

	code	ind	code1	ind1	code2	ind2
1	A000040	C26000/전자부품, 컴퓨터, 영상, 음향 및 통신장비 제조업	000040	26	40	26
2	A000070	M71000/전문서비스업	000070	71	70	71
3	A000070	C21000/의료용 물질 및 의약품 제조업	000070	21	70	21
4	A000070	C27000/의료, 정밀, 광학기기 및 시계 제조업	000070	27	70	27
5	A000070	G46000/도매 및 상품중개업	000070	46	70	46
6	A000070	C29000/기타 기계 및 장비 제조업	000070	29	70	29
7	A000070	C13000/섬유제품 제조업; 의복제외	000070	13	70	13
8	A000100	P85000/교육 서비스업	000100	85	100	85
9	A000120	J58000/출판업	000120	58	120	58
10	A000120	C29000/기타 기계 및 장비 제조업	000120	29	120	29
11	A000150	L68000/부동산업	000150	68	150	68

실행결과 숫자형 변수인 code2와 ind2가 생성되었음을 알 수 있다. 그리고 아래와 같이 code2(ind2)의 Type는 Numeric임을 알 수 있다.

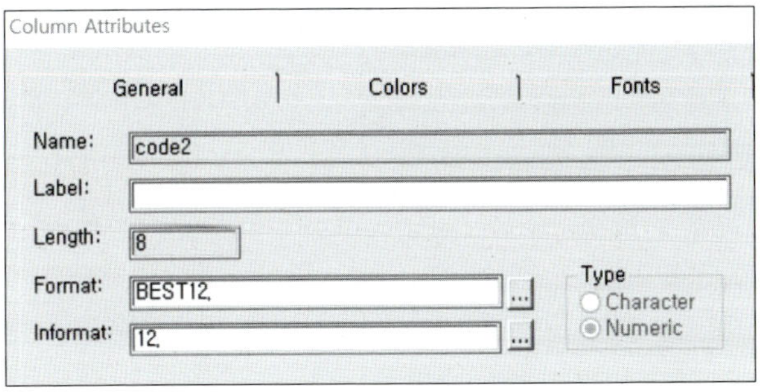

7) LABEL 문을 이용한 변수 이름 지정

변수의 정의는 연구자들에 의해 결정되기 때문에 정확하게 어떻게 변수가 계산되었는지는 알 수 없지만 label 문을 이용한다면 쉽게 변수의 정의를 표시할 수 있다.
아래 [자료 2-5]에서는 종속변수를 score(신용등급)로 하고 독립변수를 roa(자산이익률), lev(부채비율), cfo(영업현금흐름), size(기업규모)를 선정하여 회귀분석을 실시할 예정이다.

	OBS	roa	lev	cfo	size	score
1	1	0.00552	0.3147	0.0428	27.7494	2
2	2	0.04946	0.52203	0.09092	28.6487	2
3	3	0.08138	0.47758	-0.01132	29.3626	2
4	4	0.04054	0.51027	-0.04151	27.6732	1
5	5	0.0221	0.39218	0.18604	30.3302	1
6	6	0.02426	0.56875	0.03271	29.4237	2
7	7	0.04158	0.65724	0.03073	29.5288	2

[자료 2-5] 회귀분석을 위한 변수명

이들 변수명만을 통해서는 roa, lev, cfo, size가 어떻게 계산되었는지 정확하게 알 수 없지만 label 문을 이용한다면 변수이름을 대신하여 산출계산식을 표시할 수 있다.

[명령문]

```
data a2; set a1;
① label roa='당기순이익/자산' lev='부채/자산' cfo='영업현금흐름/자산'
   size='자산에 ln' score='신용등급'; run;
```

① label은 변수의 "label" 값에 roa는 '당기순이익/자산', lev는 '부채/자산', cfo는 '영업현금흐름/자산', size는 '자산에 ln', score는 '신용등급'을 입력하라는 함수문이다. 이 함수문을 통해 다음과 같이 roa의 변수의 Label 값이 "roa"에서 "당기순이익/자산"으로 변경됨을 알 수 있다.

[a1의 roa 변수]

Name:	roa
Label:	roa

[a2의 roa 변수]

Name:	roa
Label:	당기순이익/자산

[실행결과 : a2]

	OBS	당기순이익/자산	부채/자산	영업현금흐름/자산	자산에 ln	신용등급
1	1	0.00552	0.3147	0.0428	27.7494	2
2	2	0.04946	0.52203	0.09092	28.6487	2
3	3	0.08138	0.47758	-0.01132	29.3626	2
4	4	0.04054	0.51027	-0.04151	27.6732	1
5	5	0.0221	0.39218	0.18604	30.3302	1
6	6	0.02426	0.56875	0.03271	29.4237	2
7	7	0.04158	0.65724	0.03073	29.5288	2

proc reg data=a1; model score= roa lev cfo size라는 문을 통해 회귀분석을 실시한 결과에서도 a1은 "Label"의 명과 "Variable"의 명이 동일하다.

[a1의 회귀분석결과]

```
                         Parameter Estimates

                               Parameter     Standard
Variable     Label        DF    Estimate        Error    t Value    Pr > |t|

Intercept    Intercept     1    -8.51580      0.46043     -18.50      <.0001
roa          roa           1     0.92476      0.27426       3.37      0.0008
lev          lev           1    -2.15348      0.14605     -14.74      <.0001
cfo          cfo           1     1.43146      0.31971       4.48      <.0001
size         size          1     0.39578      0.01614      24.53      <.0001
```

이와 달리 a2의 회귀분석결과에서는 "Label"의 명은 "Variable"의 계산방식을 설명해 주고 있다. 이처럼 Label 문을 이용하게 된다면 연구자들은 변수의 계산방식을 쉽게 설명할 수 있다.

[a2의 회귀분석결과]

```
                                  Parameter Estimates

                                        Parameter      Standard
Variable     Label              DF      Estimate          Error    t Value    Pr > |t|

Intercept    Intercept           1      -8.51580        0.46043     -18.50      <.0001
roa          당기순이익/자산      1       0.92476        0.27426       3.37      0.0008
lev          부채/자산            1      -2.15348        0.14605     -14.74      <.0001
cfo          영업현금흐름/자산    1       1.43146        0.31971       4.48      <.0001
size         자산에 ln           1       0.39578        0.01614      24.53      <.0001
```

8) 중복된 행 제거하기

데이터 셋에서 행의 중복된 값이 존재하여 이를 제거하고 싶다면 함수문을 통해 쉽게 제거할 수 있다. 이 방법은 2가지 방식이 있는데, 먼저 nodupkey는 기준이 되는 변수가 중복되면 바로 모든 행을 제거하는 방식이며 noduprecs는 기준이 되는 변수가 중복되더라도 동일한 행(line)에서 나머지 열(column)값이 모두 동일해야 제거가 가능하다.

아래 [자료 2-6]을 통해 기업(code)이 동일한 행이 있다면 이를 제거하는 방법을 2가지 방식으로 실행해 보자.

	A	B	C
1	yr	code	rank
2	2018	1001	BB
3	2017	1001	AA+
4	2018	1002	AAA
5	2018	1002	AAA
6	2018	1003	AA-
7	2018	1003	AA-
8	2018	1004	BBB+
9	2017	1004	BBB+
10	2018	1005	BB-
11	2018	1005	BB-

[자료 2-6] 기업-연도별 신용등급

[명령문]

```
① proc sort nodupkey data=a1 out=a2 dupout=a3; by code; run;
② proc sort noduprecs data=a1 out=a2 dupout=a3; by code; run;
```

① nodupkey 문을 통해 데이터 a1에서 기업(code)이 동일하면 행을 제거하여 제거되지 않은 항은 a2에 저장하고 제거된 행은 a3에 저장하라.

② noduprecs 문은 ①과 동일한 명령문이지만 행을 제거할 때 연도(yr)와 신용등급(rank)이 동일한 것만 제거하라는 함수문이다.

[nodupkey **실행결과** : a2]

	yr	code	rank
1	2018	1001	BB
2	2018	1002	AAA
3	2018	1003	AA-
4	2018	1004	BBB+
5	2018	1005	BB-

[nodupkey **실행결과** : a3]

	yr	code	rank
1	2017	1001	AA+
2	2018	1002	AAA
3	2018	1003	AA-
4	2017	1004	BBB+
5	2018	1005	BB-

nodupkey 문은 다른 열의 값(yr, rank)과 상관없이 기업(code)이 동일한 행은 모두 제거되었다. 그리고 동일한 값을 갖는 행 중에 가장 위에 있는 것은 a2에 남고 나머지 제거된 행들은 a3에 있음을 알 수 있다.

다음으로 noduprecs 문의 아래 실행결과를 살펴보면 code가 동일하더라도 다른 열의 값(yr, rank)이 모두 동일해야지만 행이 제거됨을 알 수 있다.

[noduprecs **실행결과** : a2]

	yr	code	rank
1	2018	1001	BB
2	2017	1001	AA+
3	2018	1002	AAA
4	2018	1003	AA-
5	2018	1004	BBB+
6	2017	1004	BBB+
7	2018	1005	BB-

[noduprecs **실행결과** : a3]

	yr	code	rank
1	2018	1002	AAA
2	2018	1003	AA-
3	2018	1005	BB-

이 장의 SAS 명령문 정리

기술통계

```
proc univariate data=a1; var price; run;
proc means data=a1; var price ad; run;

proc sort data=a1; by code; run;
proc means data=a1; var price ad; by code; run;
proc sort data=a1; by yr; run;
proc means data=a1; var price ad; by yr; run;

proc means data=a1
n mean std min q1 q3 max; var price ad; run;
proc means data=a1; var price ad;
output out=list1; run;

proc means data=a1 n mean sum; var price;
output out=list1 n=pn mean=pm sum=ps; run;
```

허핀달-허쉬만지수(HHI지수)

```
proc sort data=a1; by ind; run;
proc means data=a1 sum; var sale;
output out=a2 sum=salesum; by ind; run;
proc sort data=a1; by ind; run;
proc sort data=a2; by ind; run;
data a3; merge a1 a2; by ind;
share=sale/salesum;
sharesqu=share*share; run;
proc sort data=a3; by ind; run;
proc means data=a3 sum; var sharesqu;
output out=a4 sum=HHI; by ind; run;
```

산업전문 감사인 구하기

```
proc sort data=a1; by ind; run;
proc means data=a1 sum; var sale; output out=a2 sum=salesum; by ind; run;

data b1; set a2;
keep ind salesum; run;

proc sort data=a1; by ind audit; run;
proc means data=a1 n sum; var sale; output out=a3 n=coden sum=auditsum;
by ind audit; run;

data b2; set a3; keep ind audit coden auditsum; run;

proc sort data=b1; by ind; run;
proc sort data=b2; by ind; run;
data b3; merge b1 b2; by ind;
share=auditsum/salesum; run;

proc rank data=b3 out=b4 ties=low descending;
var share; ranks auditrank; by ind; run;

proc sort data=b4; by ind auditrank; run;
data b5; set b4;
auditrank=auditrank-1;  backshare=share;
keep ind auditrank backshare; run;

proc sort data=b4; by ind auditrank; run;
proc sort data=b5; by ind auditrank; run;
data b6; merge b4 b5; by ind auditrank;
if backshare=. then backshare=0;
gap=share-backshare;
if auditrank=0 then delete;
if auditrank=1 then dummy1=1; else dummy1=0;
if share>0.2 then dummy2=1; else dummy2=0;
if auditrank=1 and gap>0.1 then dummy3=1; else dummy3=0; run;
```

SAS의 간단한 함수 명령문

```
data c2; set c1;
a=x+y; b=x-y; c=x/y; d=x**2; e=x**3; run;

data d2; set d1;
a=sqrt(x); b=abs(x); c=log(x); d=int(x); run;

data a2; set a1;
if x=y then delete; if x〉y then dumy=1; else dumy=0; run;

data c2; set c1;
if x〉=3 then a=1; else a=0;
if x^〉=3 then b=1; else b=0;
if x〉1 and y〉6 then c=1; else c=0;
if x〉1 or y〉4 then d=1; else d=0; run;

admean= mean(adt, adt_1, adt_2, adt_3, adt_4);
adstd=  std(adt, adt_1, adt_2, adt_3, adt_4);
advar=  var(adt, adt_1, adt_2, adt_3, adt_4); run;

data a2; set a1;
code1=substr(code,2,6); ind1=substr(ind,2,2);
code2=input(code1,6.); ind2=input(ind1,2.); run;

data a2; set a1;
label roa='당기순이익/자산' lev='부채/자산' cfo='영업현금흐름/자산'
size='자산에 ln' score='신용등급'; run;

proc sort nodupkey data=a1 out=a2 dupout=a3; by code; run;
proc sort noduprecs data=a1 out=a2 dupout=a3; by code; run;
```

3장

SAS DATA SET

1. SET

기존의 자료를 이용하여 새로운 자료를 만들고자 할 때는 set 문을 사용한다. Set 명령문은 원자료를 복사하여, 새로운 데이터 셋을 만들기 때문에 원자료를 그대로 보존할 수 있다.

	A	B	C
1	x	y	
2	1	1	
3	1	3	
4	1	4	
5	1	3	
6	2	3	
7	2	4	
8	2	1	
9			
10			

[자료 3-1] Data a1

[명령문]

```
data a2; set a1; run;
```

데이터 a1을 복사하여, 새로운 데이터 a2를 만든다.

[실행결과]

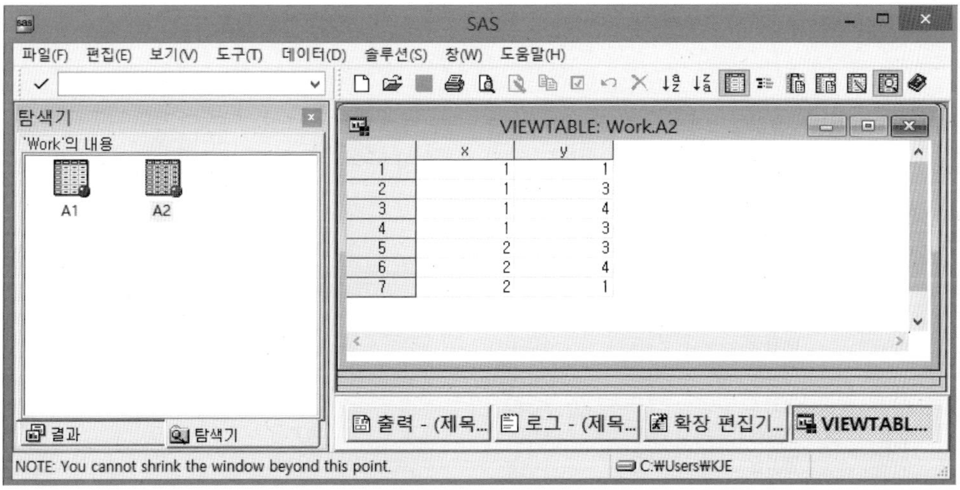

[실행결과]를 통해 데이터 a1이 a2에 복사된 것을 알 수 있다. set 문은 기존의 자료 중 일부 특성만을 추출하거나, 새로운 변수를 생성할 때도 사용된다.

[명령문]

```
data a2; set a1; if x=1 then delete; z=x*y; run;
```

데이터 a1에 있는 자료 중 x값이 1인 자료는 삭제하고, x*y=z라는 새로운 데이터 a2를 생성한다.

[실행결과]

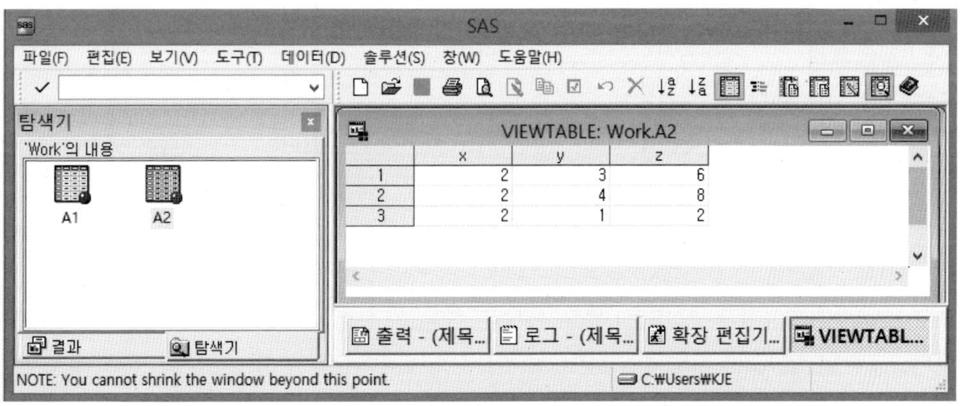

실행결과를 살펴보면, 새로운 데이터 a2에는 x가 1인 자료는 모두 삭제되었으며, x에 y를 곱한 값 z가 생성되었다.

2. MERGE

[자료 3-2]는 기업의 연도별 주가(price)에 관한 자료이고, [자료 3-3]은 기업의 연도별 이익(earn)에 관한 자료이다. 이들 자료를 통합하여 하나의 자료를 만들고자 할 때는 Merge 명령문을 사용한다.

	A	B	C
1	yr	code	price
2	2012	15	100
3	2013	15	120
4	2014	15	130
5	2015	15	150
6	2012	16	100
7	2013	16	90
8	2014	16	70
9	2015	16	40

[자료 3-2] 기업의 주가

	A	B	C
1	yr	code	earn
2	2012	15	80
3	2012	16	80
4	2013	15	90
5	2013	16	75
6	2014	15	95
7	2014	16	60
8	2015	15	115
9	2015	16	30

[자료 3-3] 기업의 이익

[명령문]

```
data a3; merge a1 a2; run;
```

데이터 a1과 a2를 결합하여 새로운 데이터 a3을 생성한다.

[실행결과]

	yr	code	price	earn
1	2012	15	100	80
2	2012	16	120	80
3	2013	15	130	90
4	2013	16	150	75
5	2014	15	100	95
6	2014	16	90	60
7	2015	15	70	115
8	2015	16	40	30

실행결과에서 [자료 3-2]와 [자료 3-3]이 서로 합쳐져 하나의 자료가 된 것을 알 수 있다. 그러나 연도와 기업을 기준으로 이익이 결합되지 않고, 단순히 순서대로만 결합되어, 이를 해결하기 위해서는 by 명령문을 이용해야 한다.

3. MERGE와 BY

이제 by 명령문을 이용하여, 두 자료를 하나로 결합해 보자.

[명령문]

```
① proc sort data=a1; by yr code; run;
   proc sort data=a2; by yr code; run;
② data a3; merge a1 a2; by yr code; run;
```

① 데이터 a1과 a2에 있는 변수들을 yr과 code를 기준으로 정렬한다.

② yr과 code를 기준으로 데이터 a1과 a2를 결합하여, 데이터 a3을 생성한다.

※ 앞에서 언급한 것처럼 by 문을 사용하기 전에는 반드시 proc sort 문을 사용하여 데이터를 정렬해야 한다.

[실행결과]

	yr	code	price	earn
1	2012	15	100	80
2	2012	16	100	80
3	2013	15	120	90
4	2013	16	90	75
5	2014	15	130	95
6	2014	16	70	60
7	2015	15	150	115
8	2015	16	40	30

by 문을 추가하여 merge 문을 실행한 결과, 기업의 price와 earn이 yr과 code를 기준으로 결합된 것을 알 수 있다.

4. MERGE의 응용 : 증가율 변수 만들기

Merge 명령문을 활용하여 증가율 변수를 만들어 보자. 먼저, 증가율 변수에 대한 이해를 돕기 위해 회계학에서 많이 쓰이는 다음의 변수들을 구해보자.

주가수익률 = (t년도 주가 − t−1년도 주가) / t−1년도 주가

이익증가율 = (t년도 이익 − t−1년도 이익) / t−1년도 이익

주가수익률과 이익증가율을 구하기 위해서는 주가와 이익의 전년도 자료가 필요하다. 예를 들어, 2013년도 주가수익률과 이익증가율을 구하기 위해서는 2012년도의 주가와 이익 자료가 필요하다. 아래의 자료를 이용하여 증가율 변수를 구해보자.

	yr	code	price	earn
1	2012	15	100	80
2	2012	16	100	80
3	2013	15	120	90
4	2013	16	90	75
5	2014	15	130	95
6	2014	16	70	60
7	2015	15	150	115
8	2015	16	40	30

[자료 3-4] 기업의 주가와 이익

[명령문]

```
① data b1; set a1;
② yr=yr+1;
③ pricet_1=price; earnt_1=earn;
④ keep yr code pricet_1 earnt_1; run;
```

① 데이터 a1을 복사하여, 데이터 b1을 생성한다.

② yr은 연도에 1을 더한 값으로 재지정한다.

③ price와 earn과 동일한 값을 갖는 pricet_1과 earnt_1을 생성한다.

④ keep 문을 통해 yr code pricet_1 earnt_1만을 선택하여 저장한다.

※ keep은 지정하는 변수만을 선택하여 저장하는 명령문이며, drop은 지정하는 변수만을 제외하여 저장하는 명령문이다. 따라서 “drop price earn;”을 사용해도 동일한 결과를 출력할 수 있다.

[실행결과]

	yr	code	pricet_1	earnt_1
1	2013	15	100	80
2	2013	16	100	80
3	2014	15	120	90
4	2014	16	90	75
5	2015	15	130	95
6	2015	16	70	60
7	2016	15	150	115
8	2016	16	40	30

실행결과, 연도는 1개년도 높아졌지만, 그 외 변수는 **[자료 3-4]**와 동일하다.

이제 데이터 a1에 연도가 1개년도 높아진 데이터 b1을 결합해 보자.

[명령문]

```
① proc sort data=a1; by yr code; run;
   proc sort data=b1; by yr code; run;
② data a3; merge a1 b1; by yr code; run;
```

① by 문을 사용하기 위해 데이터 a1과 b1을 yr과 code를 기준으로 정렬한다.
② yr과 code를 기준으로 데이터 a1과 b1을 결합하여, 데이터 a3을 생성한다.

[실행결과]

	yr	code	price	earn	pricet_1	earnt_1
1	2012	15	100	80	.	.
2	2012	16	100	80	.	.
3	2013	15	120	90	100	80
4	2013	16	90	75	100	80
5	2014	15	130	95	120	90
6	2014	16	70	60	90	75
7	2015	15	150	115	130	95
8	2015	16	40	30	70	60
9	2016	15	.	.	150	115
10	2016	16	.	.	40	30

실행결과를 보면 yr, code, price, earn, pricet_1, earnt_1 변수가 새롭게 생성되었음을 알 수 있다. code를 기준으로 t−1년도 pricet_1과 earnt_1의 값이 t년도 price와 earn값과 동일함을 알 수 있다.

다음은 동일한 자료를 이용하여 t+1년도 price와 earn의 자료를 만들어 보자.

[명령문]

```
① data c1; set a1;
② yr=yr-1;
③ pricet1=price; earnt1=earn;
④ keep yr code pricet1 earnt1; run;
```

[실행결과]

	yr	code	pricet1	earnt1
1	2011	15	100	80
2	2011	16	100	80
3	2012	15	120	90
4	2012	16	90	75
5	2013	15	130	95
6	2013	16	70	60
7	2014	15	150	115
8	2014	16	40	30

실행결과, 연도가 1개년도가 낮아졌다.

이제 데이터 a1과 연도가 1개년도 낮아진 c1을 결합해 보자.

[명령문]

```
① proc sort data=a1; by yr code; run;
   proc sort data=c1; by yr code; run;
② data a3; merge a1 c1; by yr code; run;
```

[실행결과]

	yr	code	price	earn	pricet1	earnt1
1	2011	15	.	.	100	80
2	2011	16	.	.	100	80
3	2012	15	100	80	120	90
4	2012	16	100	80	90	75
5	2013	15	120	90	130	95
6	2013	16	90	75	70	60
7	2014	15	130	95	150	115
8	2014	16	70	60	40	30
9	2015	15	150	115	.	.
10	2015	16	40	30	.	.

지금까지의 명령문을 종합하여 t−1, t, t+1 3개년도의 자료를 만들어 보자.

[명령문]

```
① proc sort data=a1; by yr code; run;
   proc sort data=b1; by yr code; run;
   proc sort data=c1; by yr code; run;
② data d1; merge b1 a1 c1; by yr code; run;
```

[실행결과]

	yr	code	pricet_1	earnt_1	price	earn	pricet1	earnt1
1	2011	15	.	.	.	.	100	80
2	2011	16	.	.	.	.	100	80
3	2012	15	.	.	100	80	120	90
4	2012	16	.	.	100	80	90	75
5	2013	15	100	80	120	90	130	95
6	2013	16	100	80	90	75	70	60
7	2014	15	120	90	130	95	150	115
8	2014	16	90	75	70	60	40	30
9	2015	15	130	95	150	115	.	.
10	2015	16	70	60	40	30	.	.
11	2016	15	150	115	.	.	.	.
12	2016	16	40	30	.	.	.	.

5. PROC RANK

변수의 값이 연도 또는 산업에 따라 순위를 나타내야 하는 경우 proc rank 문을 이용하면 이를 쉽게 구할 수 있다. 이러한 rank 문은 각 변수에 대해 순위를 지정해 주는 명령문으로 다음과 같은 형식을 가지고 있다.

[명령문]

```
proc rank 옵션; var variables; ranks names; by variables;
```

여기서 "옵션"을 살펴보면

out= rank를 적용한 output을 저장할 데이터 셋 명

ties=high : 같은 순위의 관측치에 대해서는 순위의 최댓값을 지정

ties=low : 같은 순위의 관측치에 대해서는 순위의 최솟값을 지정

ties=mean : 같은 순위의 관측치에 대해서는 순위의 평균값을 지정

descending : 크기가 큰 것부터 작은 것으로 순위를 매겨 나간다.

	A	B
1	OBS	y
2	1	1
3	2	1
4	3	2
5	4	2
6	5	3
7	6	3
8	7	4
9	8	4
10	9	5
11	10	5

[자료 3-5] proc rank 예제

[명령문]

```
① proc rank data=a1 out=a2 ties=high; var y; ranks yrank; run;
② proc rank data=a1 out=a2 ties=low; var y; ranks yrank; run;
③ proc rank data=a1 out=a2 ties=mean; var y; ranks yrank; run;
④ proc rank data=a1 out=a2 descending; var y; ranks yrank; run;
```

a1 데이터 셋에 있는 변수 y에 대하여 순위를 지정하여 a2 데이터 셋에 yrank라는 이름으로 지정하여 저장하라. 다음과 같이 옵션을 지정할 수 있다.

① ties=high 옵션은 관측치의 값이 동일하면 순위의 최댓값을 지정한다.
② ties=low 옵션은 관측치의 값이 동일하면 순위의 최솟값을 지정한다.
③ ties=mean 옵션은 관측치의 값이 동일하면 순위의 평균값을 지정한다.
④ descending 옵션은 관측치의 크기가 큰 것부터 작은 것으로 순위를 매겨 나간다.
※ ties라는 옵션을 이용하지 않을 경우 순위는 평균값(mean)으로 계산된다.

[실행결과] ties=high

	obs	y	변수 y의 순위
1	1	1	2
2	2	1	2
3	3	2	4
4	4	2	4
5	5	3	6
6	6	3	6
7	7	4	8
8	8	4	8
9	9	5	10
10	10	5	10

[실행결과] ties=low

	obs	y	변수 y의 순위
1	1	1	1
2	2	1	1
3	3	2	3
4	4	2	3
5	5	3	5
6	6	3	5
7	7	4	7
8	8	4	7
9	9	5	9
10	10	5	9

[실행결과] ties=mean

	obs	y	변수 y의 순위
1	1	1	1.5
2	2	1	1.5
3	3	2	3.5
4	4	2	3.5
5	5	3	5.5
6	6	3	5.5
7	7	4	7.5
8	8	4	7.5
9	9	5	9.5
10	10	5	9.5

[실행결과] descending

	obs	y	변수 y의 순위
1	1	1	9.5
2	2	1	9.5
3	3	2	7.5
4	4	2	7.5
5	5	3	5.5
6	6	3	5.5
7	7	4	3.5
8	8	4	3.5
9	9	5	1.5
10	10	5	1.5

그리고 rank 문은 변수의 전체 순위뿐 아니라 순위의 수(그룹)를 직접 지정하여 특정 수 안에서 순위를 정할 수도 있다. 예를 들어 특정 변수의 순위를 10개로 제한하여 순위를 구하고자 할 때는 group이라는 옵션을 이용하여 순위의 수를 지정해 주면 된다.

	A	B	C
1	code	ind	size
2	1770	24	10.82592
3	1820	26	11.30406
4	2690	24	11.17676
5	4770	26	10.73404
6	4870	26	10.73381
7	6110	24	11.29325
8	7630	26	11.21585
9	8420	24	11.18112
10	8700	26	10.93453
11	8970	24	11.19168
12	9140	26	10.73605

[자료 3-6] 각 기업별 자산규모

위 자료를 이용하여 기업규모(size)의 순위의 수를 5개 그룹으로 제한하고 순위를 구해 보도록 하자.

[명령문]

```
① proc rank data=a1 out=a2 group=5; var size; ranks sizen; run;
② proc sort data=a1; by ind; run;
③ proc rank data=a1 out=a2 group=5; var size; ranks sizen;
   by ind; run;
```

① 데이터 a1에 있는 변수 Size에 대하여 순위를 5개 그룹으로 지정하여(group=5) 데이터 a2에 sizen이라는 순위변수를 저장한다.
(여기서 by라는 옵션을 통해 산업이나 연도별로 순위를 지정할 수 있다)

② 데이터 a1을 먼저 산업(ind)별로 정렬한다.

③ 데이터 a1에 있는 변수 Size에 대하여 산업(ind)별로 5개 그룹으로 지정하고 데이터 a2에 sizen이라는 이름으로 순위변수를 저장한다.

[실행결과 : ①번]

	code	ind	size	변수 size의 순위
1	1770	24	10.825917573	1
2	1820	26	11.304055473	4
3	2690	24	11.176759113	2
4	4770	26	10.734036825	0
5	4870	26	10.733814496	0
6	6110	24	11.293246542	4
7	7630	26	11.215850255	3
8	8420	24	11.181124593	2
9	8700	26	10.934533517	1
10	8970	24	11.191678856	2
11	9140	26	10.736046256	0
12	9190	24	10.965241275	1

[실행결과 : ③번]

	code	ind	size	변수 size의 순위
1	1770	24	10.825917573	0
2	2690	24	11.176759113	1
3	6110	24	11.293246542	3
4	8420	24	11.181124593	1
5	8970	24	11.191678856	2
6	9190	24	10.965241275	0
7	21050	24	11.24164315	2
8	24090	24	11.225163076	2
9	26940	24	11.092705532	1
10	32560	24	11.375551003	4
11	69460	24	10.947782223	0
12	69730	24	11.31267199	3

※ 변수의 순위는 1부터가 아닌 0부터 시작되기 때문에 group=5는 0부터 4까지 순위가 지정된다.

다음 예제로는 Miles and Snow(1978, 2003)의 이론을 기반으로 Bentley *et al.*(2013)이 제시한 방식의 경영전략 점수를 proc rank 명령문을 통해 구해보고자 한다.

이들 연구에서는 총 6가지 요소를 기초로 하여 경영자의 전략점수를 산출하였으며 구체적인 내용은 다음과 같다.

① 연구개발(RDS5) : (연구개발비/매출액) 비율의 최근 5개년 단순평균
(새로운 제품을 찾아내기 위한 성향을 측정)

② 효율성(EMPS5) : (직원수/매출액) 비율의 최근 5개년 단순평균
(제품 또는 서비스를 효율적으로 생산하는 능력을 측정)

③ 성장성(REV5) : 최근 5개년 동안의 매출액 증가율 평균
(성장 또는 투자기회를 의미)

④ 마케팅(SGA5) : (판매관리비/매출액) 비율의 최근 5개년 단순평균
(신제품 또는 신시장을 개척하기 위한 기업의 노력수준)

⑤ 조직안정성(σ(EMP5)) : 최근 5개년 동안 직원수 변동의 표준편차
(기업의 조직 불안정성을 의미)

⑥ 자본집약도(CAP5) : [(유형자산－토지－건설가계정)/총자산] 비율의 최근 5개년 단순평균
(기술적 효율성에 대한 투자 정도를 의미)

이러한 방식으로 산정한 6가지 요소의 측정치에 대하여 그 기업이 속하는 산업(KSIC code상 중분류 기준)에 대하여 연도마다 서열화한 다음 5단계(quintile)로 분류하여 가장 높은 단계에는 5점을, 가장 낮은 단계에는 1점을 부여한다(다만, 자본집약도의 경우에는 그 개념적 특성상 가장 낮은 단계에 5점을, 가장 높은 단계에 1점을 부여한다).

이런 과정을 통해 각 측정요소별로 부여받은 점수를 모두 합산하면 각 기업은 최소 6점에서 최대 30점까지 종합점수가 산출된다. 그리고 이 점수가 24~30(7개 점수)인 경우를 선도형(prospector) 기업으로, 6~12(7개 점수)인 경우 방어형(defender) 기업으로 분류한다. 마지막으로 13~23인 경우를 분석형(analyzer) 기업으로 정의한다.

이제 다음과 같은 자료를 통해 각 기업의 전략점수를 측정해 보기로 한다.

	A	B	C	D	E	F	G	H	I
1	yr	code	ind	indname	person	taas	intaas	land	asing
2	2018	293480	21	의료용 물질 및 의약품 제조업	589	46,313,803,000	5,319,376,000	15,936,934,000	428,653,000
3	2018	234080	21	의료용 물질 및 의약품 제조업	260	128,767,707,000	5,301,694,000	31,794,972,000	5,155,729,000
4	2018	33270	21	의료용 물질 및 의약품 제조업	830	106,537,759,000	5,548,688,000	36,970,129,000	18,748,904,000
5	2018	63160	21	의료용 물질 및 의약품 제조업	349	104,116,494,000	1,905,215,000	50,958,468,000	13,441,832,000
6	2018	69620	21	의료용 물질 및 의약품 제조업	1,395	314,702,142,000	71,528,602,000	49,319,917,000	51,452,137,000
7	2018	68270	21	의료용 물질 및 의약품 제조업	1,688	677,870,723,000	914,462,126,000	265,400,330,000	75,938,749,000
8	2018	5690	21	의료용 물질 및 의약품 제조업	121	18,126,536,000	6,730,680,000	4,654,318,000	0
9	2018	9420	21	의료용 물질 및 의약품 제조업	315	13,762,837,000	5,524,768,000	1,494,104,000	513,937,000
10	2018	3060	21	의료용 물질 및 의약품 제조업	100	16,500,671,000	3,664,889,000	7,041,880,000	0

[자료 3-7] 전략지수 자료

[명령문]

```
① data c2; set c1;
   yr=yr+1; sale_1=sale; person_1=person;
   keep yr code sale_1 person_1; run;
② proc sort data=c1; by yr code; run;  proc sort data=c2; by yr code; run;
③ data c3; merge c1 c2; by yr code;
   rds=(rd/sale); emps=(person/sale); sgas=(sga/sale); cap=(taas-land-asing)/as;
   rev=(sale-sale_1)/sale_1; emp=person-person_1; run;
④ data c4; set c3;
   yr=yr+1; rds_1=rds; emps_1=emps; sgas_1=sgas; cap_1=cap;
   rev_1=rev; emp_1=emp;
   keep yr code rds_1 emps_1 sgas_1 cap_1 rev_1 emp_1; run;
⑤ data c5; set c3;
   yr=yr+2; rds_2=rds; emps_2=emps; sgas_2=sgas; cap_2=cap;
   rev_2=rev; emp_2=emp;
   keep yr code rds_2 emps_2 sgas_2 cap_2 rev_2 emp_2; run;
⑥ data c6; set c3;
   yr=yr+3; rds_3=rds; emps_3=emps; sgas_3=sgas; cap_3=cap;
   rev_3=rev; emp_3=emp;
   keep yr code rds_3 emps_3 sgas_3 cap_3 rev_3 emp_3; run;
⑦ data c7; set c3;
   yr=yr+4; rds_4=rds; emps_4=emps; sgas_4=sgas; cap_4=cap;
   rev_4=rev; emp_4=emp;
   keep yr code rds_4 emps_4 sgas_4 cap_4 rev_4 emp_4; run;
⑧ proc sort data=c3; by yr code; run; proc sort data=c4; by yr code; run;
   proc sort data=c5; by yr code; run; proc sort data=c6; by yr code; run;
   proc sort data=c7; by yr code; run;
⑨ data c8; merge c3 c4 c5 c6 c7; by yr code;
   s1=mean(rds, rds_1, rds_2, rds_3, rds_4);
   s2=mean(emps, emps_1, emps_2, emps_3, emps_4);
   s3=mean(rev, rev_1, rev_2, rev_3, rev_4);
   s4=mean(sgas, sgas_1, sgas_2, sgas_3, sgas_4);
   s5=std(emp, emp_1, emp_2, emp_3, emp_4);
   s6=mean(cap, cap_1, cap_2, cap_3, cap_4); run;
```

① 전략지수를 구하기 위한 변수 설정을 위해 먼저 매출액과 직원수에 대한 전년도 변수를 만들어 준다.
② 전년도 변수와 당해 연도 변수를 합치기 위해 데이터 c1과 데이터 c2를 연도와 기업별로 정렬한다.
③ 전략지수를 구하기 위한 6가지 세부측정치를 위해 변수들을 정의한다.
④~⑦ 정의된 변수들을 t년도부터 t−4년도까지 시차변수를 만들어 준다.
⑧ t년도부터 t−4년도까지 5개년도 시차변수를 연도와 기업별로 정렬시킨다.
⑨ 5개년도 변수가 모두 있는 데이터 c8에서 6가지 측정치를 정의한다.
여기서 변수들의 정의를 자세히 살펴보면
s1=(연구개발비/매출액) 비율의 5개년 단순평균
s2=(직원수/매출액) 비율의 5개년 단순평균
s3=5개년 동안의 매출액 증가율 평균
s4=(판매관리비/매출액) 비율의 5개년 단순평균
s5=5개년 동안 직원수 변동의 표준편차
s6=[(유형자산−토지−건설가계정)/총자산] 비율의 5개년 단순평균을 구한다.

※ mean과 std 명령문은 (괄호) 안의 변수가 (.)인 경우에도 0으로 인식하여 그 값을 산출해 낸다. 따라서 if 명령문을 통해 관측치가 없는 경우 모두 제거해야 한다.
예) if rd=. then delete;

[명령문]

```
⑩ proc sort data=c8; by yr ind; run;
   proc rank data=c8 out=c9  group=5; var s1 s2 s3 s4 s5;
   ranks s1rank s2rank s3rank s4rank s5rank;
   by yr  ind; run;
⑪ proc sort data=c9; by yr ind; run;
   proc rank data=c9 out=c10 descending group=5; var s6; ranks s6rank;
   by yr ind; run;
```

⑩ 데이터 c8을 연도와 산업별로 정렬한 후에 rank라는 명령문을 통해 전체표본의 순위의 수를 5로 정의하고 각각의 변수(s1, s2, s3, s4, s5)에 대해 연도와 산업별로 각각의 순위를 정하여 s1ranks~s5ranks로 변수명을 지정하여 데이터 c9에 저장한다.
⑪ 마지막 측정치 s6에 대해서는 s1~s5와 달리 개념적 특성상 가장 낮은 단계에

높은 점수를 부여하기 때문에 descending의 옵션을 사용하여 순위를 부여한다.

[명령문]

```
⑫ data c11; set c10;
   strategy=s1rank+s2rank+s3rank+s4rank+s5rank+s6rank+6;
   keep yr code ind s1rank s2rank s3rank s4rank s5rank s6rank strategy; run;
⑬ data c12; set c11;
   if strategy>=24 then dummy1=1; "(prosperctor)"
   if strategy>=13 and strategy=<23 then dummy1=2; "(analyzer)"
   if strategy=<12 then dummy1=3; "(defender)" run;
⑭ proc sort data=c12; by yr dummy1; run;
   proc means data=c12 n mean; var strategy; output out=list1 n=strategyn
   mean=strategymean;
   by yr dummy1; run;
```

⑫ 각각의 변수 순위를 합하는데 여기서는 서열화 순위가 0부터 4까지 지정되어 있기 때문에 전체적으로 6을 더해주어 최소점이 6점, 최대점이 30점이 될 수 있도록 한다.

⑬ 전략점수에 따라 각 기업을 선도형, 분석형, 방어형으로 정의한다.

⑭ 각 연도별 전략점수에 따라 선도형, 분석형, 방어형에 대한 기업수와 전략점수의 평균점수를 나타낸다.

[실행결과 : c11]

	yr	code	ind	변수 s1의 순위	변수 s2의 순위	변수 s3의 순위	변수 s4의 순위	변수 s5의 순위	변수 s6의 순위	strategy
1	2012	20	21	0	1	2	2	0	0	11
2	2012	100	21	3	0	3	0	2	3	17
3	2012	220	21	2	3	3	4	1	0	19
4	2012	520	21	3	2	0	3	4	0	18
5	2012	1060	21	2	1	0	1	2	1	13
6	2012	1360	21	0	4	4	2	1	2	19
7	2012	1630	21	3	4	0	4	1	2	20
8	2012	2210	21	1	2	3	4	0	3	19
9	2012	2250	21	1	4	2	3	1	3	20
10	2012	2390	21	3	0	1	1	3	1	15
11	2012	2720	21	0	2	2	2	3	0	15
12	2012	3000	21	3	2	2	2	4	2	21

[실행결과 : list1]

	yr	dummy1	_TYPE_	_FREQ_	strategyn	strategymean
1	2012	1	0	6	6	25.333333333
2	2012	2	0	43	43	17.581395349
3	2012	3	0	3	3	10.666666667
4	2013	1	0	6	6	25.5
5	2013	2	0	41	41	17.634146341
6	2013	3	0	4	4	11.25
7	2014	1	0	6	6	25
8	2014	2	0	40	40	17.725
9	2014	3	0	4	4	11
10	2015	1	0	5	5	25.2
11	2015	2	0	42	42	18.095238095
12	2015	3	0	4	4	11.25
13	2016	1	0	5	5	25.2
14	2016	2	0	44	44	17.363636364
15	2016	3	0	1	1	11
16	2017	1	0	4	4	24.75
17	2017	2	0	44	44	17.795454545
18	2017	3	0	2	2	9.5
19	2018	1	0	3	3	25
20	2018	2	0	47	47	18.085106383
21	2018	3	0	3	3	10

6. PROC RETAIN

개별기업의 수익률과 누적수익률은 회계학 분야에서 공시나 Event-Study에서 매우 중요 변수로 이용되고 있다. 이처럼 변수가 날짜별로 누적하여 계산될 경우에는 retain 문을 이용하면 된다.

아래 자료는 기업별 특별한 공시일 전 · 후(−5일부터 +5일까지) 주가수익률을 나타낸 것이다. 이 자료를 이용하여 공시일 −5일부터 +5일까지 누적주가수익률을 계산해 보자.

	A	B	C
1	eventday	code	ar
2	-5	36460	-0.03
3	-4	36460	-0.01
4	-3	36460	0.0
5	-2	36460	0.01
6	-1	36460	0.02
7	0	36460	0.01
8	1	36460	-0.01
9	2	36460	-0.02
10	3	36460	0.0
11	4	36460	0.03
12	5	36460	0.0

[자료 3-8] 일자별 누적주가수익률

[명령문]

```
① proc sort data=a1; by code; run;
② data a2; set a1; by code;
③ retain car 0;
④ if first.code=1 then car=ar; else car=ar+car; run;
```

① 데이터 a1을 기업별로 정렬한다(기업별로 누적주가수익률을 구하기 위함).

② by라는 옵션을 통해 기업별로 데이터 a2를 만든다.

③ retain이라는 명령문을 위해 car을 0으로 지정해 준다.

④ if first.code=1은 기업의 첫 번째 행에서는 car=ar로 계산하고 그렇지 않으면 car=ar+car로 계산하라는 명령문이다.

[실행결과]

	eventday	code	ar	car
1	-5	31440	-0.01101442	-0.01101442
2	-4	31440	0.00822272	-0.0027917
3	-3	31440	0.00869698	0.00590528
4	-2	31440	0.00467938	0.01058466
5	-1	31440	0.0142729	0.02485756
6	0	31440	-0.00037166	0.0244859
7	1	31440	-0.00065096	0.02383494
8	2	31440	0.04864354	0.07247848
9	3	31440	0.02694141	0.09941989
10	4	31440	0.03162542	0.13104531
11	5	31440	0.00412911	0.13517442
12	-5	33780	0.00200764	0.00200764
13	-4	33780	-0.00387595	-0.00186831

실행결과 기업-eventday별로 전날을 주가수익률과 합한 car(누적주가수익률)이 계산됨을 알 수 있다. 또한 행 12번째는 기업의 코드가 다르기 때문에 주가수익률과 누적주가수익률이 동일함을 알 수 있다(ar=car).

또한 실행결과의 자료를 이용하여 eventday별로 누적주가수익률을 구하고자 한다면 다음과 같은 명령문을 이용한다.

[명령문]

```
① proc sort data=a2; by eventday; run;
② proc means data=a2 mean; var car; output out=a3
   mean=carmean; by eventday; run;
```

① 데이터 a2를 공시일 전・후 날짜별로 정렬한다.

② 날짜별로 누적주가수익률(car)의 평균을 carmean이라는 이름으로 지정하여 데이터 a3에 저장한다.

[실행결과]

	eventday	_TYPE_	_FREQ_	carmean
1	-5	0	3	-0.011363273
2	-4	0	3	-0.01189025
3	-3	0	3	-0.00789518
4	-2	0	3	-0.00040522
5	-1	0	3	0.01329995
6	0	0	3	0.0095082433
7	1	0	3	0.0115952967
8	2	0	3	0.02381483
9	3	0	3	0.03199813
10	4	0	3	0.0508071
11	5	0	3	0.0479722633

실행결과를 통해 eventday별로 기업의 수(_FREQ_)와 함께 누적주가수익률의 평균(carmean)이 계산되었음을 알 수 있다.

7. PROC TRANSPOSE

Proc transpose 명령문은 Excel의 행-열 바꾸기 기능과 같이 행을 열로, 열을 행으로 전치해 주는 명령문이다. 하지만 Excel에서는 행-열 바꾸기는 단지 행과 열의 위치만이 변경되지만 transpose 명령문은 특정 변수를 지정하여 특정 변수별로 행-열 바꾸기가 가능하다.

	A	B	C
1	code	yr	ceo
2	20	2017	유광렬
3	20	2017	윤도준
4	20	2018	윤도준
5	140	2017	김인규
6	140	2018	김인규
7	150	2017	김민철
8	150	2017	동현수
9	150	2017	박정원
10	150	2018	김민철
11	150	2018	동현수
12	150	2018	박정원

[자료 3-9] 각 기업별 CEO 성명

위 [자료 3-9]를 Excel에서 행-열 바꾸기를 실행하면 다음과 같이 실행된다.

code	20	20	20	140	140	150	150
yr	2017	2017	2018	2017	2018	2017	2017
ceo	유광렬	윤도준	윤도준	김인규	김인규	김민철	동현수

하지만 위 자료를 다음 아래와 같이 CEO의 성명을 기업 및 연도별로 옆으로 정렬시키고자 할 때는 Excel에서는 매우 어렵다.

	A	B	C	D	E
1	code	yr	ceo1	ceo2	ceo3
2	20	2017	유광렬	윤도준	
3	20	2018	윤도준		
4	140	2017	김인규		
5	140	2018	김인규		
6	150	2017	김민철	동현수	박정원
7	150	2018	김민철	동현수	박정원
8	230	2017	이정치		
9	230	2018	이정치		
10	240	2017	조현식		
11	240	2018	조현식		
12	430	2017	성열각	허승호	허재철
13	430	2818	성열각	허승호	허재철

그러나 이러한 작업은 transpose라는 명령문을 사용하면 쉽게 해결할 수 있다.

[명령문]

```
proc sort data=a1; by code yr; run;
proc transpose data=a1 out=a2 prefix=ceo; by code yr; var ceo; run;
```

① 데이터 a1을 기업별로 정렬한다.

② 데이터 a1에 있는 변수 ceo를 기업과 연도별로 나타내는데 접두어는 ceo(prefix)로 시작되어 데이터 a2에 저장한다.

[실행결과]

	code	yr	NAME OF FORMER VARIABLE	LABEL OF FORMER VARIABLE	ceo1	ceo2	ceo3
1	20	2017	ceo	ceo	유광렬	윤도준	
2	20	2018	ceo	ceo	윤도준		
3	140	2017	ceo	ceo	김인규		
4	140	2018	ceo	ceo	김인규		
5	150	2017	ceo	ceo	김민철	동현수	박정원
6	150	2018	ceo	ceo	김민철	동현수	박정원
7	230	2017	ceo	ceo	이정치		
8	230	2018	ceo	ceo	이정치		
9	240	2017	ceo	ceo	조현식		
10	240	2018	ceo	ceo	조현식		
11	430	2017	ceo	ceo	성열각	허승호	허재철
12	430	2018	ceo	ceo	성열각	허승호	허재철

실행결과 ceo의 성명이 기업 및 연도별로 열로 전치되었음을 알 수 있다. 그리고 ceo를 접두어로 하여 ceo1(2)(3)의 변수로 지정되었다.

아래 자료는 2018년 1월 2일부터 30일까지 각 기업의 종가를 나타낸 것이다. transpose 문과 retain 문을 이용하여 날짜별로 각 기업의 주가수익률과 누적주가수익률을 구해보도록 하자.

	A	B	C	D	E	F	G	H	I	J	K
1	code	20180102	20180103	20180104	20180105	20180108	20180109	20180110	20180111	20180112	20180115
2	036460	44,350.	43,900.	44,100.	43,450.	43,300.	43,700.	45,100.	44,700.	47,950.	49,000.
3	033780	115,000.	111,500.	112,000.	109,000.	108,500.	108,000.	105,500.	105,500.	106,500.	107,500.
4	033660	6,970.	6,950.	6,920.	6,920.	6,880.	6,940.	6,910.	6,940.	6,970.	6,970.
5	044820	33,400.	32,900.	31,850.	31,900.	31,600.	31,600.	32,550.	33,100.	32,600.	32,900.
6	023810	4,540.	4,535.	4,490.	4,500.	4,500.	4,475.	4,460.	4,480.	4,470.	4,450.
7	025530	4,705.	4,665.	4,600.	4,630.	4,625.	4,620.	4,660.	4,660.	4,620.	4,535.
8	028100	11,750.	11,600.	11,750.	12,000.	11,850.	11,700.	11,800.	11,750.	11,600.	11,850.
9	031820	1,210.	1,220.	1,220.	1,240.	1,230.	1,205.	1,210.	1,220.	1,230.	1,240.
10	039130	104,000.	106,500.	105,000.	105,500.	103,500.	104,000.	111,000.	108,500.	111,000.	113,500.
11	027410	15,500.	15,450.	15,050.	14,600.	14,600.	14,800.	14,600.	14,250.	14,500.	14,350.
12	234080	21,600.	21,750.	21,075.	23,925.	24,725.	24,175.	25,450.	25,150.	25,900.	25,700.

[자료 3-10] 기업별 일별 종가

[명령문]

```
① proc sort data=a1; by code; run;
② proc transpose data=a1 out=a2 prefix=price; by code; run;
```

① 데이터 a1을 기업별로 정렬한다.

② 데이터 a1을 기업별로 열과 행을 전치하고 접두어는 열의 변수는 price(prefix)로 지정하여 데이터 a2에 저장한다.

[실행결과]

	code	NAME OF FORMER VARIABLE	LABEL OF FORMER VARIABLE	price1
1	023810	_0180102	20180102	4540
2	023810	_0180103	20180103	4535
3	023810	_0180104	20180104	4490
4	023810	_0180105	20180105	4500
5	023810	_0180108	20180108	4500
6	023810	_0180109	20180109	4475
7	023810	_0180110	20180110	4460
8	023810	_0180111	20180111	4480
9	023810	_0180112	20180112	4470
10	023810	_0180115	20180115	4450
11	023810	_0180116	20180116	4435
12	023810	_0180117	20180117	4435

실행결과를 살펴보면 기업별로 그리고 날짜별로 종가(price1)가 정렬되어 있다. 즉, 기업별로 각 날짜에 해당되는 종가가 전치되어 있음을 알 수 있다.

[명령문]

```
① proc sort data=a2; by code; run;
② data a3; set a2; by code;
   rename _LABEL_= day;
③ beforprice=lag(price1);
④ if first.code=1 then do; beforprice=. ; end;
⑤ ar=(price1-beforprice)/beforprice; run;
```

① 데이터 a2를 기업별로 정렬한다

② 데이터 a3를 데이터 a2에서 기업별로 불러오는데 _LABEL_이라는 변수를 day로 정의한다.

※ 여기서 변수 LABEL OF FORMER VARIABLE를 더블 클릭하면 다음과 같고 rename을 통해 _LABEL_의 Name이 day로 전환된다.

Name:	_LABEL_
Label:	LABEL OF FORMER VARIABLE

③ lag 함수를 통해 전일 주가를 만들어 준다.

④ if first.code=1을 통해 기업코드가 첫 번째일 경우 beforprice=.으로 표시한다.

⑤ 주가수익률 ar을 계산한다.

[실행결과]

	code	NAME OF FORMER VARIABLE	LABEL OF FORMER VARIABLE	price1	beforprice	ar
1	023810	_0180102	20180102	4540	.	.
2	023810	_0180103	20180103	4535	4540	-0.001101322
3	023810	_0180104	20180104	4490	4535	-0.009922822
4	023810	_0180105	20180105	4500	4490	0.0022271715
5	023810	_0180108	20180108	4500	4500	0
6	023810	_0180109	20180109	4475	4500	-0.005555556
7	023810	_0180110	20180110	4460	4475	-0.003351955
8	023810	_0180111	20180111	4480	4460	0.0044843049
9	023810	_0180112	20180112	4470	4480	-0.002232143
10	023810	_0180115	20180115	4450	4470	-0.004474273
11	023810	_0180116	20180116	4435	4450	-0.003370787
12	023810	_0180117	20180117	4435	4435	0

[명령문]

```
⑥ proc sort data=a3; by code; run;
⑦ data a4; set a3; by code;
⑧ if ar=. then ar=0;
⑨ retain car 0;
⑩ if first.code=1 then car=ar; else car=ar+car; run;
```

⑥ 데이터 a3를 기업별로 정렬한다.

⑦ by라는 옵션을 통해 기업별로 데이터 a4를 만든다.

⑧ 만약 ar=.이면 0으로 값을 지정한다.

⑨ retain이라는 명령문을 위해 car을 0으로 지정해 준다.

⑩ 기업의 첫 번째 행에서는 car=ar이고 그렇지 않으면 car=ar+car로 계산한다.

[실행결과]

	code	NAME OF FORMER VARIABLE	LABEL OF FORMER VARIABLE	price1	beforprice	ar	car
1	023810	_0180102	20180102	4540	.	0	0
2	023810	_0180103	20180103	4535	4540	-0,001101322	-0,001101322
3	023810	_0180104	20180104	4490	4535	-0,009922822	-0,011024144
4	023810	_0180105	20180105	4500	4490	0,0022271715	-0,008796973
5	023810	_0180108	20180108	4500	4500	0	-0,008796973
6	023810	_0180109	20180109	4475	4500	-0,005555556	-0,014352528
7	023810	_0180110	20180110	4460	4475	-0,003351955	-0,017704483
8	023810	_0180111	20180111	4480	4460	0,0044843049	-0,013220179
9	023810	_0180112	20180112	4470	4480	-0,002232143	-0,015452321
10	023810	_0180115	20180115	4450	4470	-0,004474273	-0,019926594
11	023810	_0180116	20180116	4435	4450	-0,003370787	-0,023297381
12	023810	_0180117	20180117	4435	4435	0	-0,023297381

최종 실행결과 데이터 a4에 날짜-기업별 주가수익률(ar)과 누적주가수익률(car)이 구해짐을 알 수 있다.

이 장의 SAS 명령문 정리

SAS Data set

```
data a2; set a1; run;
data a2; set a1; if x=1 then delete; z=x*y; run;

data a3; merge a1 a2; run;

proc sort data=a1; by yr code; run;
proc sort data=a2; by yr code; run;
data a3; merge a1 a2; by yr code; run;
```

Merge를 응용한 증가율 변수 만들기

```
data b1; set a1;
yr=yr+1; pricet_1=price; earnt_1=earn;
keep yr code pricet_1 earnt_1; run;
proc sort data=a1; by yr code; run;
proc sort data=b1; by yr code; run;
data a3; merge a1 b1; by yr code; run;

data c1; set a1;
yr=yr-1; pricet1=price; earnt1=earn;
keep yr code pricet1 earnt1; run;
proc sort data=a1; by yr code; run;
proc sort data=c1; by yr code; run;
data a3; merge a1 c1; by yr code; run;

proc sort data=a1; by yr code; run;
proc sort data=b1; by yr code; run;
proc sort data=c1; by yr code; run;
data d1; merge b1 a1 c1; by yr code; run;
```

PROC RANK

```
proc rank data=a1 out=a2 ties=high; var y; ranks yrank; run;
proc rank data=a1 out=a2 ties=low; var y; ranks yrank; run;
proc rank data=a1 out=a2 ties=mean; var y; ranks yrank; run;
proc rank data=a1 out=a2 descending; var y; ranks yrank; run;

proc rank data=a1 out=a2 group=5; var size; ranks sizen; run;
proc sort data=a1; by ind; run;
proc rank data=a1 out=a2 group=5; var size; ranks sizen;
by ind; run;
```

전략지수 구하기

```
data c2; set c1;
yr=yr+1; sale_1=sale; person_1=person;
keep yr code sale_1 person_1; run;
proc sort data=c1; by yr code; run;
proc sort data=c2; by yr code; run;
data c3; merge c1 c2; by yr code;
rds=(rd/sale);
emps=(person/sale);
sgas=(sga/sale);
cap=(taas-land-asing)/as;
rev=(sale-sale_1)/sale_1;
emp=person-person_1; run;
data c4; set c3;
yr=yr+1; rds_1=rds; emps_1=emps; sgas_1=sgas; cap_1=cap;
rev_1=rev; emp_1=emp;
keep yr code rds_1 emps_1 sgas_1 cap_1 rev_1 emp_1; run;
data c5; set c3;
yr=yr+2; rds_2=rds; emps_2=emps; sgas_2=sgas; cap_2=cap;
rev_2=rev; emp_2=emp;
keep yr code rds_2 emps_2 sgas_2 cap_2 rev_2 emp_2; run;
data c6; set c3;
```

전략지수 구하기

```
yr=yr+3; rds_3=rds; emps_3=emps; sgas_3=sgas; cap_3=cap;
rev_3=rev; emp_3=emp;
keep yr code rds_3 emps_3 sgas_3 cap_3 rev_3 emp_3; run;
data c7; set c3;
yr=yr+4; rds_4=rds; emps_4=emps; sgas_4=sgas; cap_4=cap;
rev_4=rev; emp_4=emp;
keep yr code rds_4 emps_4 sgas_4 cap_4 rev_4 emp_4; run;
proc sort data=c3; by yr code; run; proc sort data=c4;
by yr code; run;
proc sort data=c5; by yr code; run; proc sort data=c6;
by yr code; run;
proc sort data=c7; by yr code; run;
data c8; merge c3 c4 c5 c6 c7; by yr code;
s1=mean(rds, rds_1, rds_2, rds_3, rds_4);
s2=mean(emps, emps_1, emps_2, emps_3, emps_4);
s3=mean(rev, rev_1, rev_2, rev_3, rev_4);
s4=mean(sgas, sgas_1, sgas_2, sgas_3, sgas_4);
s5=std(emp, emp_1, emp_2, emp_3, emp_4);
s6=mean(cap, cap_1, cap_2, cap_3, cap_4); run;
proc sort data=c8; by yr ind; run;
proc rank data=c8 out=c9  group=5; var s1 s2 s3 s4 s5;
ranks s1rank s2rank s3rank s4rank s5rank;
by yr ind; run;
proc sort data=c9; by yr ind; run;
proc rank data=c9 out=c10 descending group=5; var s6;
ranks s6rank; by yr ind; run;
data c11; set c10;
strategy=s1rank+s2rank+s3rank+s4rank+s5rank+s6rank+6;
keep yr code ind s1rank s2rank s3rank s4rank s5rank s6rank
strategy; run;
data c12; set c11;
if strategy〉=24 then dummy1=1; "(prosperctor)"
if strategy〉=13 and strategy=〈23 then dummy1=2; "(analyzer)"
```

전략지수 구하기

```
if strategy=<12 then dummy1=3; "(defender)" run;
proc sort data=c12; by yr dummy1; run;
proc means data=c12 n mean; var strategy; output out=list1 n=strategyn
mean=strategymean;
by yr dummy1; run;
```

PROC RETAIN

```
proc sort data=a1; by code; run;
data a2; set a1; by code;  retain car 0;
if first.code=1 then car=ar; else car=ar+car; run;
proc sort data=a2; by eventday; run;
proc means data=a2 mean; var car; output out=a3  mean=carmean;
by eventday; run;
```

PROC TRANSPOSE

```
proc sort data=a1; by code yr; run;
proc transpose data=a1 out=a2 prefix=ceo; by code yr; var ceo; run;

proc sort data=a1; by code; run;
proc transpose data=a1 out=a2 prefix=price; by code; run;

proc sort data=a2; by code; run;
data a3; set a2; by code;
rename _LABEL_= day;
beforprice=lag(price1);
if first.code=1 then do; beforprice=. ; end;
ar=(price1-beforprice)/beforprice; run;

proc sort data=a3; by code; run;
data a4; set a3; by code;
if ar=. then ar=0;  retain car 0;
if first.code=1 then car=ar; else car=ar+car; run;
```

4장

통계학의 개념 및 가설설정

우리 사회에서 통계학은 모든 분야에서 의사결정을 위한 필수적인 수단으로 사용되고 있다. 이러한 통계학의 가장 중요한 핵심은 자료의 수집과 정리, 자료의 현상을 기술하고 설명하며, 예측하는 것이다. 따라서 통계학이란 연구대상에 대한 자료를 수집하고 정리한 정보를 토대로 효율적인 의사결정방법을 제공하는 학문이라 할 수 있다.

기술통계학은 실험이나 측정에서 수집한 자료를 정리, 요약, 표현 등을 통해 자료의 특성을 규명하는 통계적 방법으로 평균, 분산 등의 분석 이외에 인자분석, 판별분석, 상관분석 등 다양한 분석방법이 존재한다.

다음으로, 추론통계학은 자료에 내포되어 있는 정보를 분석하여 현 상태를 파악하거나 미래를 예측하는 방법으로, 표본 집단의 기술통계를 통해 모집단의 특성 및 가능성 등을 추론해내는 통계적 방법이다.

1. 통계적 주요 개념

1) 모집단(Population)

정보를 얻고자 하는 관심대상의 전체 집합을 말한다. 즉, **모집단**은 추론하고자 하는 사람, 항목 또는 사건의 전체 집합이다. 예를 들어 화장품회사가 고객을 관리하기 위해 화장품의 선호도를 조사한다고 하자. 이 경우 전체 구매 고객이 바로 모집단이다.

2) 표본 집단(Sample)

앞선 설명처럼 화장품 구매 고객의 관리를 위해 모집단을 전수조사하여 선호도를 집계하는 것은 현실적으로 어려운 일이다. 이에 연령대별로 사람들을 추출하여 선호도를 조사하고, 그 결과를 통해 고객을 관리하게 된다. 이때 조사대상이 되는 집단을 **표본 집단**이라 한다. 즉, 모집단의 부분 집합이 표본 집단이다.

3) 모집단과 표본의 관련성

표본은 앞선 설명대로 모집단의 성격을 추론하기 위해 수집된 사람, 항목 또는 사건의 부분 집합이다. 따라서 모집단의 성격을 잘 나타내기 위해서는 표본이 랜덤하고 적절한 크기로 수집되어야 한다. 즉, 표본이 랜덤하고, 충분히 클 경우에만 표본에서 수집한 정보를 사용하여 모집단에 대한 추론을 할 수 있다.

4) 모수

모수는 모집단의 특성(모평균, 모분산 등)을 나타내는 값으로, 이 값은 모집단을 전수조사해야만 알 수 있는 값이다. 그러나 모집단의 크기와 범위가 너무 방대하면, 전수조사를 실시하지 않고 표본조사를 통해 모평균, 모분산 등을 추정할 수 있다.

5) 통계량

수집한 자료에 담긴 정보를 파악하기 위해서는 자료를 간략하게 분석하고, 정리하는 것이 필요하다. 이를 우리는 통계량이라 한다.

주요 **통계량**으로는 자료의 중심경향을 나타내는 평균(Average), 중위수(Median), 최빈값(Mode), 기댓값(Expected Value) 등이 있고, 자료의 분포를 나타내는 통계량으로는 분산(Variance), 표준편차(Standard Deviation), 범위(Range) 등이 있다. 마지막으로 자료의 형태를 나타내는 통계량으로는 왜도(Skewness)와 첨도(Kurtosis) 등이 있다.

2. 변수의 종류

조건에 따라 서로 다른 값을 가지는 특성을 **변수**(Variable)라 한다. 이러한 변수들은 특성에 따라 질적변수와 양적변수로 구분할 수 있다.

1) 질적변수

사물을 구분하기 위해 이름을 부여하는 명목척도에 의해 측정된 변수로, 그룹을 분류하거나 구분하기 위하여 숫자를 부여한다. 이때 숫자는 크기를 갖는 것이 아니라 단순히 구분기호로 사용된다. 종교, 성별 등이 **질적변수**의 예이다.

2) 양적변수

양적변수는 속성뿐 아니라 얼마나 가지고 있는가를 나타내준다. 즉, 변수 사이에 계량 및 계측이 가능하여 수량화로 표현할 수 있는 변수이다. 이러한 **양적변수**는 **이산변수**와 **연속변수**로 나눌 수 있다.

① 이산변수

영화관 관객수, 버스 이용자수 등 정수 값으로 나타낼 수 있는 변수를 말한다.

② 연속변수

사람의 키나 몸무게처럼 정수뿐 아니라 소수점을 가질 수 있는 변수이며, 이들 수치 사이의 간격은 정해져 있지 않다.

3) 측정척도

변수에 특정한 값을 부여하는 것을 측정이라고 한다. 측정된 변수의 값은 성격에 따라 명목, 서열, 구간, 비율 척도로 구분될 수 있다.

① 명목척도(Nominal Scales)

측정대상의 특성을 분류하거나 확인할 목적으로 숫자, 문자 등을 부여하는 척도를 말한다. 분류한 척도에 따라 측정된 수치는 가감승제와 같은 계산이 불가능하고 빈도, 최빈값 등의 통계량만 구하는 것이 가능하다.

예를 들어 A기업은 1, B기업은 2, C기업은 3으로 분류할 때 1, 2, 3은 그 기업이 무엇인지 알게 해주기만 할 뿐 측정대상의 양적·질적인 특성과는 무관하다. 즉, 기업에 부여하는 숫자나 기호는 단지 각각의 범주를 가리키는 이름으로 사용될 뿐이다. 명목척도는 기업, 종교, 성별, 직업 구분 등에 이용된다.

> **명목척도의 예**
>
> 귀하의 종교는 무엇입니까?
>
> ① 기독교 ② 불교 ③ 천주교 ④ 원불교 ⑤ 이슬람교
>
> 귀하의 성별은 무엇입니까?
>
> ① 여자 ② 남자
>
> 귀하의 거주지는 어디입니까?
>
> ① 서울 ② 경기 ③ 충북 ③ 충남 ④ 전북 ⑤ 전남 ⑥ 경북 ⑦ 경남 ⑧ 강원

② 서열척도(Ordinal Scales)

측정대상 간의 순위관계를 나타내는 것으로 측정대상 간의 크고 작고, 높고 낮음 등의 순위를 부여하는 척도를 말한다.

예를 들어 3개 기업에 대해 가장 선호하는 순서대로 1, 2, 3의 숫자를 부여하는 것을 말한다. 이때 3개 기업에 대한 선호도의 순위는 드러나지만, 순위 간의 양적인 평가는 할 수 없다. 즉, 1이 2보다 더 선호되는 것은 알 수 있지만 어느 정도 더 선호되는지 그 강도는 알 수 없다. 서열척도는 직위, 학력, 학점, 선호도 등의 구분에 이용된다.

> **서열척도의 예**
>
> 다음의 4가지 음료 중 당신이 좋아하는 순서에 따라 순위를 부여하세요.
>
> 탄산음료 _①_ 주스 _③_ 우유 _④_ 이온음료 _②_
>
> 군대 계급 서열척도
>
> ① 이병 ② 일병 ③ 상병 ④ 병장
>
> 학점 서열척도
>
> ① A ② B ③ C ④ D ⑤ F

③ 구간척도(Interval Scales)

명목척도와 서열척도의 특성을 모두 가지면서, '크기의 정도'까지 나타낼 수 있는 척도를 말한다. 측정된 자료는 크고 작음, 높고 낮음을 파악할 수 있을 뿐만 아니라 가감의 연산이 가능하다. 각 대상의 거리가 1, 2, 3 등으로 규정됐다면 1과 2, 2와 3의 간격이 1로 동일하다는 것을 의미하지만, 이들 순위 사이의 비율계산은 할 수 없다. 즉, 온도계 측정치에서 섭씨 100°가 섭씨 0°보다 100배 더 뜨겁지 않은 것과 같다. 구간척도는 온도, 서기년도, 물가지수, 생산성 지수 등의 측정에 주로 이용된다.

구간척도의 예

신발크기 구간척도

① 220 ② 230 ③ 240 ④ 250 ⑤ 260

아이큐 구간척도

① 90 ② 100 ③ 110 ④ 120 ⑤ 130

연도 구간척도

① 2010 ② 2011 ③ 2012 ④ 2013 ⑤ 2014

④ 비율척도(Ration Scales)

가장 포괄적인 정보를 제공하는 최상위 수준의 측정척도로 범주, 서열, 거리의 정보에 추가적으로 비율의 정보까지 갖는 척도이다. 절대영점을 가지고 있기 때문에 가감승제의 모든 연산이 가능하다. A사의 매출액이 100, B사의 매출액이 50이라면, A사는 B사보다 매출액이 클 뿐만 아니라 2배의 매출액을 가지고 있다고 할 수 있다. 비율척도는 시장점유율, 가격, 소비자의 수, 생산원가 등 객관적으로 계량화가 가능한 변수 등의 측정에 주로 이용된다.

비율척도의 예

귀하의 나이는 만으로 몇 세입니까? ______세

귀하의 키는 몇 cm입니까? ______cm

귀하의 월 평균 소득은 얼마입니까? ______반원

[각 척도별 변수 특징]

척 도	특 징	예	비 고	변수형
명목척도	측정대상의 분류	성별	숫자가 범주를 나타냄	이산형
서열척도	명목+측정대상을 크기에 따라 순서적으로 배열	등수	크거나 작다는 관계가 성립	
구간척도	명목+서열+등간격	년도	기본 단위가 있음	연속형
비율척도	명목+서열+등간격+절대영점	월소득	절대적 기준값이 있음	

3. 가설검정의 원리 및 검정

가설(hypothesis)검정이란 통계적 추측의 한 분야로 모집단의 실젯값이 "어느 정도일 것이다"라는 추측을 하고, 이러한 주장에 대해 합당성 여부를 판정하는 과정이다.

예를 들어, 소비자 단체에서 음료수가 정량으로 판매되는 것을 확인하기 위해 "한 병에 담긴 음료수는 500ml일 것이다"라는 추측을 하고, 판매되는 음료수에 대해 표본조사를 실시하여, 이러한 주장에 대한 타당성을 확인하는 것이다.

1) 가설검정

가설검정을 위해 가정한 모집단의 실젯값은 얼마인가?라는 주장을 우리는 **연구가설**(research hypothesis)이라고 한다. 이러한 연구가설의 타당성을 검증하기 위해서는 먼저, 서로 상반된 주장을 설정한다. 이때 서로 상반된 주장을 대립가설과 귀무가설이라 한다. **대립가설**(alternative hypothesis)은 연구자가 주장하는 가설을 말하며, **귀무가설**(null hypothesis)은 대립가설과 반대되는 주장을 말한다.

2) 귀무가설과 대립가설

귀무가설은 검정대상이 되는 가설을 말하며, 일반적으로 기각될 것이 예상되어 세워진 가설이다.

대립가설은 귀무가설이 기각될 때 채택되는 가설로 입증하고자 하는 가설을 말하며, 일반적으로 귀무가설은 H_0, 대립가설은 H_1으로 표시한다.

이러한 가설은 통계적인 수치를 통해 귀무가설이 채택되거나 채택되지 않는다. 만약, 귀무가설이 채택되지 않으면 연구가설(대립가설)이 지지되지만, 채택되면 연구가설의 주장은 그 타당성을 잃게 된다.

3) 오류의 종류

가설검정은 표본을 사용하는 것이므로 완전하게 올바른 판정은 기대할 수 없다. 항상 2가지 과오를 범할 가능성이 있다. 첫 번째, 설정된 가설이 옳은데도 불구하고 그것이 틀렸다고 판정하는 경우와 두 번째, 설정된 가설이 틀렸는데도 불구하고 옳다고 판정하는 경우가 존재한다.

[가설검정의 오류]

	귀무가설 채택	귀무가설 기각
귀무가설이 사실	올바른 결정	**제1종 오류**
귀무가설이 거짓	**제2종 오류**	올바른 결정

4) 점 추정(Point Estimation)

모집단의 추정을 하나의 수치로 지정하는 것이다. 즉, 모집단에서 표본을 추출한 후, 이들 집단의 표본평균, 표본분산 등을 토대로 모집단의 평균과 분산을 추정하는 것이다. 예를 들어 A회사 제품의 음료수 n개를 추출하여 조사한 결과, 그 용량의 평균이 500ml였다면, A회사 제품의 음료수 용량은 평균 500ml로 추정하는 것이 **점 추정**이다.

5) 구간추정(Interval Estimation)

모집단의 추정을 특정한 값이 아닌 구간으로 나타내는 것을 말한다. 즉, "A회사 음료수 용량의 평균은 500ml이다"가 아닌 "495ml에서 505ml의 값을 보일 것이다"처럼 구간으로 모집단을 추정하는 것을 말한다.

6) 신뢰구간(Confidence Interval)과 신뢰수준(Confidence Level)

신뢰구간이란 모수에 대한 구간추정치를 구할 때 얻어지는 추정구간을 말하고, **신뢰수준**이란 구간추정치를 구한 후 모수가 이 구간범위에 들어 있을 확률을 말한다. 예를 들어, "A후보의 평균 지지율은 30~35%이고, 이 조사의 신뢰수준은 95%이다"라고 하였다면, 신뢰구간은 30~35%이며, 신뢰수준은 95%라 할 수 있다. 즉, 전체 유권자 중 A후보의 지지율은 신뢰구간 30~35%이며, 이 신뢰구간 안에 지지율이 포함될 확률은 95%인 것이다. 따라서 **구간추정**에서는 신뢰구간이 작을수록, 신뢰수준은 높을수록 정확한 추정이라고 할 수 있다.

7) 유의수준(Significance Level)

신뢰수준과 반대되는 개념으로 모평균이 구간추정 밖에 속할 확률을 **유의수준**이라 한다. 예를 들어, A후보의 지지율 실젯값이 30~35% 안에 속할 확률이 95%라면, 이와 반대로 속하지 않을 확률 5%를 유의수준이라 한다. 즉, 모평균을 잘못 측정할 수 있는 오차가능성의 확률을 말한다. 일반적으로 연구에서 유의수준은 1%, 5%, 10%

등으로 정한다.

8) 유의확률(p-value)

표본집단의 평균과 같은 통계량이 귀무가설(H_0)을 지지하는 정도이다. A후보의 지지율이 실제 30~35%에 속하지 않을 확률을 나타내는 것이다. 즉, p-value의 값이 작아질수록 실제지지율은 30~35% 안에 속할 확률이 더 높아지게 되는 것이다. 따라서 **p-value**가 작을수록, 귀무가설은 기각되고, 연구가설은 채택될 확률이 높아지게 된다.

4. 가설검정의 절차

1단계 : 가설 설정

가설검정은 일반적으로 모숫값에 대하여 서로 상반되는 2개의 가설 중 하나를 채택하고, 다른 하나는 기각하는 방식을 취하며, 이 가운데 검정하려는 가설을 귀무가설, 상반되는 가설을 대립가설이라 한다. 예를 들어, "한국 여성들의 평균 신장은 160cm이다"는 가설을 설정하면 다음과 같다.

$$\text{귀무가설: } H_0 : \mu_x = 160\ , \quad \text{대립가설: } H_1 : \mu_x \neq 160$$

2단계 : 검정통계량 추정

가설을 검정하기 위한 적절한 **검정통계량** 및 분포를 파악하여, 검정통계량의 값을 계산한다. 이를 위해 먼저, 표본의 평균값을 계산하고, 상황에 맞는 검정통계량을 계산한다. 만약 표본이 정규분포를 따른다고 가정하면, 검정통계량 Z값은 다음과 같이 계산된다.

$$Z = (\overline{X} - \mu_0)/(\sigma/\sqrt{n})$$

$\overline{X}$=평균, μ_0=모수의 평균, σ=분산, n=표본수

3단계 : 검정통계량과 임계치(구간추정)를 비교하여 가설 채택여부 결정

검정통계량 값이 구간추정 사이에 존재하면 H_0이 채택되고, 검정통계량 값이 구

간추정보다 작거나 크면 H_0은 기각된다. 이 단계에서는 유의수준을 고려하여 가설 검정을 위한 임계치를 구한다.

4단계 : 의사결정

의사결정이 내려진 결론은 신중히 해석해야 한다. 귀무가설이 채택되었다고 해서 그 가설이 절대적으로 옳다는 뜻은 아니며, 단지 표본조사의 결과로 볼 때 통계적으로 귀무가설을 기각할 만한 충분한 이유가 없다는 것을 의미한다.

예제 4-1 우리나라 대학교 남학생들의 평균 키가 180cm라고 한다. 다음은 어느 대학교 남학생 30명의 키를 조사한 결과이다. 이 자료를 통해 "우리나라 대학교 남학생들의 평균 키는 180cm이다"라는 주장이 맞는지를 검정해 보자.

귀무가설 : 우리나라 대학교 남학생들의 평균 키는 180cm이다. $H_0 : \mu_x = 180$

번호	키	번호	키	번호	키
1	172.0	11	176.5	21	181.9
2	172.5	12	177.7	22	182.0
3	173.7	13	178.2	23	182.4
4	173.9	14	178.3	24	183.0
5	174.0	15	179.5	25	183.5
6	174.2	16	180.0	26	185.0
7	174.7	17	180.2	27	185.6
8	174.9	18	180.7	28	186.0
9	175.0	19	181.0	29	187.7
10	175.5	20	181.4	30	189.0

평균 : 179.3, 표준편차 4.7

1단계 : 임계치와 확률계산

SAS에서 표준정규분포의 **임계치**는 probit, 확률값은 probnorm을 이용하여 구한다. 명령문의 일반형식은 다음과 같다.

PROBIT(Z) / PROBNORM(Z)

[명령문]

```
data a1;
 x1=probit(1-0.01/2); x2=probit(1-0.05/2);
 x3=probit(1-0.1/2); run; proc print; run;
```

표준정규분포의 유의수준 1%, 5%, 10%에 해당되는 임계치를 계산한다.

[실행결과]

OBS	x1	x2	x3
1	2.57583	1.95996	1.64485

실행결과 1%, 5%, 10%의 확률에 대한 임계치는 각각 2.58, 1.96, 1.65임을 알 수 있다. 따라서 1% 유의수준으로 가설을 기각하려면, 표준화된 검정통계량 Z의 값이 2.58 이상이 되어야 하고, 5%, 10% 유의수준이라면, 각각 1.96과 1.65 이상의 값이 되어야 한다.

2단계 : 검정통계량 Z값과 임계치를 통한 가설검정

[명령문]

```
data a1;
① mean=179.3; n=30; x=180; s=4.7;
② z=(x-mean)/(s/sqrt(n));
③ plevel=0.10; p=1-plevel/2; up=probit(p); lower=-up; run;
```

① 집단의 평균(mean), 표본수(n), 검정할 평균(x) 그리고 분산(s)을 지정한다.

② $Z=(\overline{X}-\mu)/(S/\sqrt{n})$ 공식에 의해 검정통계량을 구한다.

③ 유의확률과 양쪽 기각역을 설정한다(유의확률 10%).

[실행결과]

OBS	mean	n	x	s	z	plevel	p	up	lower
1	179.3	30	180	4.7	0.81575	0.1	0.95	1.64485	-1.64485

양쪽 유의확률의 **기각역**은 1.65와 −1.65이다. 즉, Z값이 양쪽 기각역보다 크거나, 작으면 이 가설은 채택되지 않는다. 여기서 검정통계량 Z값은 0.8157로 양쪽 기각역 안에 있어 귀무가설은 채택된다. 즉, 우리나라 대학교 남학생들의 평균 키는 180cm

라고 할 수 있다.

예제 4-2 작년도 대학교 남학생들의 평균 키는 177cm이었다고 한다. 동일한 표본을 통해 작년 대학교 남학생들의 평균 키와 올해 대학교 남학생들의 평균 키는 동일하다는 귀무가설을 설정하고, 이를 검정해 보자.

귀무가설 : 작년과 올해 대학교 남학생들의 평균 키는 동일하다. $H_0 : \mu_x = 177$

[명령문]

```
data a1;
① mean=179.3; n=30; x=177; s=4.7;
② z=(x-mean)/(s/sqrt(n));
③ plevel=0.01; p=1-plevel/2; up=probit(p); lower=-up; run;
```

① 집단의 평균, 표본수, 검정할 평균(x) 그리고 분산을 지정한다.

② $Z=(\overline{X}-\mu)/(S/\sqrt{n})$의 공식에 의해 Z값을 구한다.

③ 유의확률과 양쪽 기각역을 설정한다(유의확률 1%).

[실행결과]

OBS	mean	n	x	s	z	plevel	p	up	lower
1	179.3	30	177	4.7	-2.68034	0.01	0.995	2.57583	-2.57583

양쪽 유의확률의 기각역은 2.58과 −2.58이다. 따라서 Z의 값이 양쪽 기각역보다 크거나 작으면 이 가설은 채택되지 않는다. 여기서 Z의 값이 −2.680으로 한쪽 기각역 밖에 위치한다. 따라서 귀무가설이 기각되고, 대립가설이 채택된다. 즉, 작년 대학생의 평균 키와 올해 대학생의 평균 키는 동일하지 않다는 것을 알 수 있다.

이 장의 SAS 명령문 정리

예제 4-1(임계치와 확률계산) 검정

```
data a1;
x1=probit(1-0.01/2); x2=probit(1-0.05/2);
x3=probit(1-0.1/2); run; proc print; run;

data a1;
mean=179.3; n=30; x=180; s=4.7;
z=(x-mean)/(s/sqrt(n));
plevel=0.10; p=1-plevel/2; up=probit(p); lower=-up; run;
```

예제 4-2 검정

```
data a1;
mean=179.3; n=30; x=177; s=4.7;
z=(x-mean)/(s/sqrt(n));
plevel=0.01; p=1-plevel/2; up=probit(p); lower=-up; run;
```

5장

카이제곱(χ^2)검정

집단차이분석인 t-검정은 주로 점수, 금액 등과 같이 일반적으로 측정가능한 수량변수들이다. 하지만 자료가 일정한 분류기준에 따라 **빈도**(Frequency)로 나타나는 경우가 있을 수 있다. 예를 들어 설문조사를 실시하였을 때 성별에 따른 취미생활이나, 선호하는 차량 등의 자료는 빈도로 분류된다.

이러한 명목변수들 간의 상호관련성 여부는 χ^2검정을 통해 해결할 수 있다. 즉, 둘 이상의 범주에 따라 분류되어 있는 경우 범주들 간의 독립성 여부를 검정하는 것이다.

1. 분할표를 이용한 χ^2검정

변수의 분류기준에 따라 자료의 빈도를 정리한 표를 **분할표**(Contingency table)라 한다. 이 분할표 분석은 범주형 변수들 간의 연관성 유무를 측정하는 검정기법을 말하며, 이 검정이 사용되는 통계적 기법이 **χ^2검정**이다. 예를 들어 남, 여의 취미 선호도를 조사한 분류나 연령대별 선호하는 색상과의 연관성을 확인하고자 하는 경우에 주로 사용된다.

2. χ^2검정의 검정통계량

χ^2검정은 각 변수들이 독립이란 귀무가설이 사실일 때 예상되는 기대도수와 관측도수 간의 차이가 발생하는지를 검정하는 통계량이다.

$$\chi^2 = \sum_{i}^{a}\sum_{j}^{b}\frac{(O_{ij} - M_{ij})^2}{M_{ij}}$$

O_{ij}=i행과 j열의 관측도수, M_{ij}=i행과 j열의 기대도수
M_{ij}=(i행의 합계)*(j열의 합계)/표본크기

이 통계치는 χ^2의 분포를 따르며, χ^2분폿값과 검정통계량을 주어진 유의수준과 비교하여, 가설을 채택 또는 기각한다.

SAS에서 χ^2검정을 위해 사용하는 proc freq 명령문의 일반적인 형식은 다음과 같다.

PROC FREQ ; TABLES(변수) ; 옵션

예제 5-1 다음은 A, B, C 산업에 속한 기업들이 E, F, G 국가에 해외투자를 실시하기 위해 설립한 현지법인의 수를 나타낸다. 산업별에 특징에 따라 특정 국가에 대한 선호도에 차이가 있는지를 검정해 보자.

국가 \ 산업	A	B	C
E	6	28	5
G	10	9	7
F	7	8	14

[명령문]

```
① proc freq data=a1;
② tables nation*industrial/expected deviation chisq; run;
```

① 국가(nation)에 따라 산업(industrial)의 선호도가 차별적인지를 분석한다.

② tables nation*industrial은 국가와 산업의 2차원 분할표 분석을 실행하고, expected(각 범주의 기댓값), deviation(관측도수와 기대도수의 차이), chisq(독립성 검정 χ^2의 값)을 출력한다.

※ 분할표 분석은 변수 X, Y, Z가 있을 때, tables X*(YZ)는 X변수와 Y변수, X변수와 Z변수의 2차원 분할표 분석을 수행하는 명령문이며, tables X*Y*Z는 X변수와 Y변수, Z변수의 3차원 분할표 분석을 수행하라는 명령문이다.

[실행결과]

```
nation(nation)     industrial(industrial)

빈도          |
기대값        |
편차          |
백분율        |
행 백분율     |
칼럼 백분율   |A        |B        |C        |  합계
--------------+---------+---------+---------+
E             |      6  |     28  |      5  |     39
              |  11.31  |  17.55  |  10.14  |
              |  -5.31  |  10.45  |  -5.14  |
              |   6.00  |  28.00  |   5.00  |  39.00
              |  15.38  |  71.79  |  12.82  |
              |  20.69  |  62.22  |  19.23  |
--------------+---------+---------+---------+
F             |     16  |      9  |      7  |     32
              |   9.28  |   14.4  |   8.32  |
              |   6.72  |   -5.4  |  -1.32  |
              |  16.00  |   9.00  |   7.00  |  32.00
              |  50.00  |  28.13  |  21.88  |
              |  55.17  |  20.00  |  26.92  |
--------------+---------+---------+---------+
G             |      7  |      8  |     14  |     29
              |   8.41  |  13.05  |   7.54  |
              |  -1.41  |  -5.05  |   6.46  |
              |   7.00  |   8.00  |  14.00  |  29.00
              |  24.14  |  27.59  |  48.28  |
              |  24.14  |  17.78  |  53.85  |
--------------+---------+---------+---------+
합계                29        45        26       100
                 29.00     45.00     26.00    100.00


        nation * industrial 테이블에 대한 통계량

통계량                           자유도          값        Prob
---------------------------------------------------------------
카이제곱                            4       26.1468      <.0001
우도비 카이제곱                     4       24.9642      <.0001
Mantel-Haenszel 카이제곱            1        1.5955      0.2065
파이 계수                                    0.5113
우발성 계수                                  0.4553
크래머의 V                                   0.3616

                    표본 크기 = 100
```

분석결과, 각각의 셀은 실제빈도와 기댓값(빈도), 편차, 백분율, 행 백분율, 칼럼 백

분율을 순서대로 보여주고 있다. 여기서 기대빈도는 두 변수가 서로 독립이라는 가정하에서 전체 관측치(100)를 각 셀에 배분했을 때, 각각의 셀에 기대되는 빈도수이다. 즉, 전체인원 100명 중 A산업을 선택할 확률이 29%, E국가를 선택할 확률이 39%라면, A산업과 E국가를 선택한(E,A) 셀의 기댓값은 11.31(100*0.39*0.29)개 현지법인이다. 또한 이 기대빈도와 실제빈도의 차이가 바로 편차이다.

χ^2의 검정통계량은 26.1468로, 1% 유의수준에서 유의한 차이를 보였으며, 이는 산업별 특징에 따라 국가에 대한 선호도에 차이가 있음을 나타낸다.

이 장의 SAS 명령문 정리

χ^2(카이제곱)검정

```
proc freq data=a1;
tables nation*industrial/expected deviation chisq; run;
```

6장

분산분석

분산분석(Analysis of Variance)은 두 집단 이상의 차이를 검정하고자 하는 경우 사용되는 기법이다. 이러한 분산분석법의 가장 큰 특징은 정량적인 종속변수와 비정량적인 독립변수들 간의 관계를 분석할 수 있다는 것이다. 즉 독립변수와 종속변수가 모두 범주형 자료인 χ^2검정과 다르게 분산분석의 경우 종속변수는 연속형 자료이다.

분산분석은 각 집단의 표준편차와 분산을 비교하여 가설을 검정하며, 독립변수가 1개인 경우를 **일원분산분석**, 2개인 경우 **이원분산분석**, 3개 이상의 경우 **다원분산분석**이라고 한다.

1. 일원분산분석

두 개 이상의 범주를 갖는 하나의 독립변수가 하나의 종속변수에 미치는 영향을 분석하기 위한 가장 단순한 분석방법이다.

예제 6-1 다음은 기업의 연구개발비 지출규모(group)에 따라 분류한 3그룹의 특허권 수(patent)를 조사한 결과이다. 각 그룹별 특허권 수의 차이를 5% 유의수준에서 검정해 보자.

PATENT		
GROUP 1	GROUP 2	GROUP 3
48	43	53
41	42	49
31	33	43
42	35	49
39	42	49
44	43	47
62	35	56
52	42	48
47	53	55
52	52	50

[명령문]

```
① proc anova data=a1; class group; model patent=group;
② means group/alpha=0.05 lsd; run;
```

① 데이터 a1을 이용하여, 연구개발비 지출규모(group)에 따른 특허권 수(patent)의 차이를 분산분석을 통해 검정한다.

② 모집단의 평균에 대한 다중비교를 유의수준 5%에서 최소유의차(lsd) 방법에 의해 검정한다.

[실행결과]

```
                         The ANOVA Procedure
                 Dependent Variable: patent   patent
                                    Sum of
Source                   DF        Squares    Mean Square    F Value    Pr > F
Model                     2     312.200000     156.100000       3.55    0.0429
Error                    27    1188.500000      44.018519
Corrected Total          29    1500.700000

          R-Square     Coeff Var      Root MSE    patent Mean
          0.208036      14.45456      6.634645       45.90000

Source                   DF       Anova SS    Mean Square    F Value    Pr > F
group                     2    312.2000000    156.1000000       3.55    0.0429
```

분석결과 검정통계량 F는 3.55이고, 유의수준을 나타내는 p-value는 0.0429로 나타났다. 이는 유의수준이 0.05보다 작으므로 "각 그룹별 특허권 수는 모두 같다"는 가설은 기각되며, 각 그룹별 특허권 수의 차이는 유의하게 나타났다.

```
                 Alpha                                 0.05
                 Error Degrees of Freedom                27
                 Error Mean Square                 44.01852
                 Critical Value of t                2.05183
                 Least Significant Difference         6.088

      Means with the same letter are not significantly different.

              t Grouping          Mean      N    group

                       A        49.900     10    3
                       A
                  B    A        45.800     10    1
                  B
                  B             42.000     10    2
```

위의 분석결과는 최소유의차 방법을 이용하여, 연구개발비의 지출규모에 따른 특허권 수의 평균차이를 검정한 결과이다. 그룹 3의 특허권 수 평균은 49.9로 가장 큰 값을 나타냈으며, 그룹 2는 42.0으로 가장 작은 값을 나타냈다. 또한 다중비교 검정결과 그룹 3과 그룹 2만 유의한 차이를 보였으며, 그룹 1과 그룹 3, 그룹 1과 그룹 2 간에는 유의한 차이를 보이지 않았다.

2. 이원분산분석

두 개의 독립변수 인자가 하나의 종속변수에 미치는 영향을 분석하기 위하여 사용되는 분석기법이다.

예제 6-2 다음은 기업의 이익(ni)과 연구개발비의 지출규모(group)에 따른 집단별 특허권 수(patent)를 조사한 자료이다. 이익과 연구개발비 지출규모에 따라 특허권 수에 차이가 있는지를 5% 유의수준에서 검정해 보자.

구분	PATENT		
	GROUP 1	GROUP 2	GROUP 3
H (이익이 큰 집단)	50	43	53
	42	42	49
	33	32	43
	44	36	49
	40	35	47
	47	42	47
	62	43	56
L (이익이 작은 집단)	34	46	49
	45	38	45
	49	39	48
	48	37	47
	52	40	52
	39	42	46
	48	45	50

[명령문]

```
① proc anova data=a1; class ni group;
② model patent=ni group ni*group;
③ means ni group/alpha=0.05 lsd; run;
```

① 이익(ni)과 연구개발비 지출규모(group)에 따른 분산분석을 실시한다.

② 특허권 수(patent)를 종속변수로 하고 이익과 연구개발비 지출규모를 나타내는 두 인자변수들의 교호작용 효과를 분석한다.

③ 두 인자수준에 대해 모집단의 평균에 대한 다중비교를 유의수준 5%에서 실시하고, 최소유의차 방법에 의해 검정한다.

[실행결과]

```
                              The ANOVA Procedure
                     Dependent Variable: patent   patent

                                     Sum of
Source                    DF        Squares     Mean Square    F Value    Pr > F
Model                      5     548.476190      109.695238       3.67    0.0087
Error                     36    1075.428571       29.873016
Corrected Total           41    1623.904762

              R-Square     Coeff Var      Root MSE    patent Mean
              0.337751      12.24952      5.465621       44.61905

Source                    DF       Anova SS     Mean Square    F Value    Pr > F
ni                         1      0.3809524       0.3809524       0.01    0.9107
group                      2    530.3333333     265.1666667       8.88    0.0007
ni*group                   2     17.7619048       8.8809524       0.30    0.7446
```

분석결과, 연구개발비 지출규모의 F값은 8.88, p-value는 0.0007로 유의수준 0.05보다 작다. 따라서 귀무가설은 기각되며, 연구개발비 지출규모에 따라 특허권 수는 유의한 차이를 보인다. 그러나 이익(ni)과 교호작용항(ni*group)은 통계적으로 유의한 차이를 보이지 않았다. 즉, 특허권 수는 이익이 높은 집단과 낮은 집단 간의 유의한 차이가 없다.

```
                 Alpha                                0.05
                 Error Degrees of Freedom               36
                 Error Mean Square                29.87302
                 Critical Value of t               2.02809
                 Least Significant Difference       3.4208

      Means with the same letter are not significantly different.

           t Grouping          Mean       N     ni

                    A        44.714      21     2
                    A
                    A        44.524      21     1
```

위의 분석결과는 이익에 따른 특허권 수의 차이를 최소유의차 방법을 이용하여 검정한 결과이며, 앞선 결과와 같이 이익의 높고, 낮음에 관계없이 특허권 수의 유의한 차이는 없다.

```
                 Alpha                                0.05
                 Error Degrees of Freedom               36
                 Error Mean Square                29.87302
                 Critical Value of t               2.02809
                 Least Significant Difference       4.1897

      Means with the same letter are not significantly different.

           t Grouping          Mean       N     group

                    A        48.643      14     3
                    A
                    A        45.214      14     1

                    B        40.000      14     2
```

다음은 연구개발비 지출규모에 따른 특허권 수에 대한 차이검정 결과이다. 그룹 3과 그룹 1 간에 특허권 수는 유의한 차이를 보이지 않았으나, 그룹 1과 그룹 3의 특허권 수는 그룹 2와 각각 유의한 차이를 보였다.

이 장의 SAS 명령문 정리

일원분산분석

```
proc anova data=a1; class group; model patent=group;
means group/alpha=0.05 lsd; run;
```

이원분산분석

```
proc anova data=a1; class ni group;
model patent=ni group ni*group;
means ni group/alpha=0.05 lsd; run;
```

7장

집단차이분석

1. 모집단의 평균에 대한 검정(단일표본 t-검정)

우리나라의 흡연율을 알아보기 위해 모든 국민들의 조사하는 것은 불가능하고 비경제적이다. 따라서 연구자들은 전체 집단이 아닌 일부분만을 조사하여 이를 분석하게 된다.

이처럼 모집단에 대한 모평균을 추론할 경우 일반적으로 표본조사를 통해 이를 추측하게 되는데 이러한 과정을 통계적 추측이라고 한다.

이러한 예로 우리나라 전체 제약회사들의 한 해 특허권 취득의 수는 5개라고 한다. 이에 연구자는 상장된 제약회사들의 평균 특허권 취득 수와 우리나라 전체 제약회사들의 특허권 취득 수가 동일한지를 살펴보고자 아래와 같이 10개 상장 제약회사의 특허권 취득 수를 측정하였다.

상장 제약회사의 특허권 수 : 3, 3, 5, 6, 7, 8, 2, 1, 4, 5

이때 연구자들은 다음과 같은 가설을 설정할 수 있다.

H_0 : 상장 제약회사의 특허권 취득 수는 5개이다.
H_1 : 상장 제약회사의 특허권 취득 수는 5개가 아니다.

이러한 가설검정을 위해서는 앞선 설명처럼 검정통계량과 유의수준을 통해 귀무가설을 기각 또는 채택하게 된다.

먼저, 모집단이 정규분포 $N(\mu, \sigma^2)$을 따르는 경우 가설검정을 위한 검정통계량은 다음을 따른다.

$$t = \frac{\overline{X} - \mu_0}{s/\sqrt{n}} \sim t(n-1)$$

이러한 계산식에 따라 10개 상장 제약회사의 특허권 수의 평균과 분산은 각각 4.40, 2.21을 보여 이를 검정통계량 식에 대입하면 다음과 같다.

$$t = \frac{4.40 - 5}{2.21/\sqrt{10}} = -0.858$$

검정통계량의 값이 -0.858로 t-분포표(부록 2 : t-분포표 참조)의 기각치인 3.25보다 크지 않으므로 "H_0 : 상장 제약회사의 특허권 수는 5개이다"라는 귀무가설을 기각할 수 없다. 즉, "특허권의 개수는 5개가 아니다"라고 주장할 수 없게 되어 우리나라 전체 제약회사의 특허권 수와 상장 제약회사의 특허권 수는 동일하다고 할 수 있다. 이제 이러한 가설검정방법을 SAS 명령문을 통해 실시해 보자.

1) Proc ttest를 이용

이러한 모집단의 평균추정은 ttest를 이용하여 검정할 수 있다.

[명령문]

```
proc ttest data=patent H0=5; run;
```

patent라는 데이터 셋에 있는 특허권의 수가 5와 동일한지를 검정하라는 명령문이다.

[실행결과]

```
                 The TTEST Procedure
                  Variable:  patent
 N       Mean     Std Dev     Std Err     Minimum     Maximum
10     4.4000      2.2211      0.7024      1.0000      8.0000
    Mean        95% CL Mean         Std Dev      95% CL Std Dev
  4.4000      2.8111   5.9889       2.2211      1.5278   4.0549
                   DF     t Value     Pr > |t|
                    9       -0.85       0.4151
```

실행결과 t값은 -0.85 유의확률은 0.4151로 "H_0 : 상장 제약회사의 특허권 취득 수는 5개이다"라는 귀무가설을 기각할 수 없음을 알 수 있다.

2) Proc univariate를 이용

모집단의 평균추정에 대해 univariate를 이용하여 검정하는 방법은 다음과 같다.

[명령문]

```
proc univariate data=patent mu0=5 alpha=0.05 cibasic; var patent; run;
```

patent라는 데이터 셋에 있는 특허권의 수가 5와 동일한지를 유의수준 5% 수준에서 검정하라는 명령문이다.

[실행결과]

```
모수            추정값          95% 신뢰한계

평균            4.40000      2.81111      5.98889
표준 편차       2.22111      1.52776      4.05488
분산            4.93333      2.33405     16.44207

              위치모수 검정: Mu0=5

검정            --통계량---      -------p 값-------

스튜던트의 t    t  -0.85424      Pr >  |t|    0.4151
부호            M        -1      Pr >= |M|    0.7266
부호 순위       S        -6      Pr >= |S|    0.4844
```

실행결과 앞의 결과와 동일하게 t값은 -0.85 유의확률은 0.4151로 H_0귀무가설을 기각할 수 없음을 알 수 있다. 또한 모평균에 대한 95% 신뢰수준이 2.811~5.988을 보여 표본 집단의 평균인 4.40이 신뢰구간 안에 존재하기 때문에 이를 통해서도 귀무가설이 기각되지 않음을 확인할 수 있다.

2. 집단 간 평균 차이검정(t-검정)

집단 t-검정은 두 집단 간의 평균 차이를 분석하고자 하는 경우 사용하는 통계적 기법이다. 예를 들어, "남녀 간 급여의 차이가 있는가?"를 분석하고자 할 때 두 집단 간 차이는 두 집단의 평균 차이를 비교하는 것과 같다.

예제 7-1 각 기업의 남녀 간 급여에 차이가 있는지를 분석하기 위하여 30개 기업의 남녀 간 평균 급여를 조사하였다. 각 기업의 남녀 간 급여에 차이가 있는지를 5% 유의수준에서 검정해 보자.

남(X)	41	44	42	45	49	46	48	50	42	44	46	46	47	48	47
여(Y)	40	46	42	45	45	46	42	44	40	40	44	46	42	42	44

먼저, 두 그룹의 분산이 동일하다는 가정하에서 검정통계량 t값은 다음과 같이 계산된다.

$$t = \frac{(\overline{X} - \overline{Y}) - (\mu_x - \mu_y)}{\sqrt{\sigma_1^2/n_1 + \sigma_2^2/n_2}}$$

$\overline{X}$=남성의 평균급여, $\overline{Y}$=여성의 평균급여
$\mu_{x,y}$=귀무가설에서 모평균 X, Y의 평균
$n_{1,2}$=남성, 여성의 표본수
$\sigma^2{}_{1,2}$=남성, 여성 평균급여의 분산

이때 분산이 서로 다를 경우 다음과 같은 식에 의해 공분산을 구한다.

$$S_p^2 = \frac{\sum_{i=1}^{n_1}(X_i - \overline{X})^2 + \sum_{i=1}^{n_2}(Y_i - \overline{Y})^2}{n_1 + n_2 - 2} = \frac{(n_1 - 1)S_1^2 + (n_2 - 1)S_2^2}{n_1 + n_2 - 2}$$

이러한 공분산 S_p^2을 구하면, 최종적인 t값은 다음과 같은 식에 의해 구해진다.

$$t = \frac{(\overline{X} - \overline{Y}) - (\mu_x - \mu_y)}{S_p\sqrt{\frac{1}{n_1} + \frac{1}{n_2}}}$$

검정통계량 t값을 구하기 위한 자료는 다음과 같다.

남성급여 : $\overline{X} = 45.67,\ \sum_{i=1}^{n}(X_i - \overline{X})^2 = 99.33$

여성급여 : $\overline{Y} = 43.2,\ \sum_{i=1}^{n}(Y_i - \overline{Y})^2 = 68.40$

귀무가설에서 모평균 간의 차이는 0이므로, 표본평균의 차이를 표준편차로 나누어 검정통계량 t값을 다음과 같이 구한다.

$$S_p^2 = \frac{99.33 + 68.40}{15 + 15 - 2} = 5.990\ ,\quad S_p = \sqrt{S_p^2} = 2.447$$

$$t = \frac{45.67 - 43.2 - 0}{2.447\sqrt{\frac{1}{15} + \frac{1}{15}}} = 2.76$$

계산하여 구한 t값과 임계치를 비교하여 가설의 채택 여부를 결정한다. 여기서 임계치는 자유도가 28이고, 유의수준이 5%인 값을 찾으면 된다(부록 2 : t-분포표 참조). t값(2.76)이 임계치(2.048)보다 높아 "남녀 간 급여는 차이가 없다"라는 가설은 기각된다. 결론적으로 남녀 간 급여의 평균은 차이가 있다.

지금까지 설명한 t-검정은 다음과 같은 SAS 명령문을 통해 검정할 수 있다.

[명령문]

```
proc ttest data=a1; class y; var x; run;
```

데이터 a1에 있는 변수 x(남, 여 급여)를 y(남성=1, 여성=0)값에 따라 분류하여, proc ttest 문을 이용하여 평균 차이분석을 실시한다.

[실행결과]

```
                          The TTEST Procedure
                          Variable:  x  (x)
       y              N        Mean     Std Dev     Std Err     Minimum     Maximum

       0             15     43.2000      2.2104      0.5707     40.0000     46.0000
       1             15     45.6667      2.6637      0.6878     41.0000     50.0000
       Diff (1-2)           -2.4667      2.4475      0.8937
y            Method             Mean     95% CL Mean          Std Dev      95% CL Std Dev

0                            43.2000    41.9759  44.4241      2.2104      1.6183   3.4860
1                            45.6667    44.1916  47.1418      2.6637      1.9502   4.2009
Diff (1-2)   Pooled          -2.4667    -4.2974  -0.6360      2.4475      1.9423   3.3102
Diff (1-2)   Satterthwaite   -2.4667    -4.3002  -0.6332
               Method           Variances        DF    t Value    Pr > |t|

               Pooled           Equal            28      -2.76      0.0101
               Satterthwaite    Unequal      27.079      -2.76      0.0102
                          Equality of Variances
                 Method       Num DF    Den DF    F Value    Pr > F

                 Folded F         14        14       1.45    0.4941
```

t-검정은 두 표본의 분산이 동일하다는 가정이지만 두 표본의 분산이 다르다면, 검정통계량의 분포는 t분포이지만, 자유도는 달라진다. 이에 두 집단 간 차이를 검정하기 전에는 우선 등분산여부를 보여주는 Equality of Variances를 확인해야 한다. 분석결과, F값은 1.45이고, 유의수준인 p-value는 0.4941을 나타내고 있어 등분산성이 채택되었으므로 분산이 equal일 때 분석결과를 선택해야 한다. 따라서 t-검정의 결과는 t값 −2.76, p-value 0.01로 남녀 간 급여에는 유의한 차이가 있다.

다음은 명령문을 이용하여, 남녀 간 급여자료를 히스토그램으로 나타내 보자.

[명령문]

```
proc univariate data=a1;
class y; var x; histogram x/kernel; run;
```

데이터 a1에 있는 변수 x를 y값에 따라 분류하여, 히스토그램으로 나타낸다.

[실행결과]

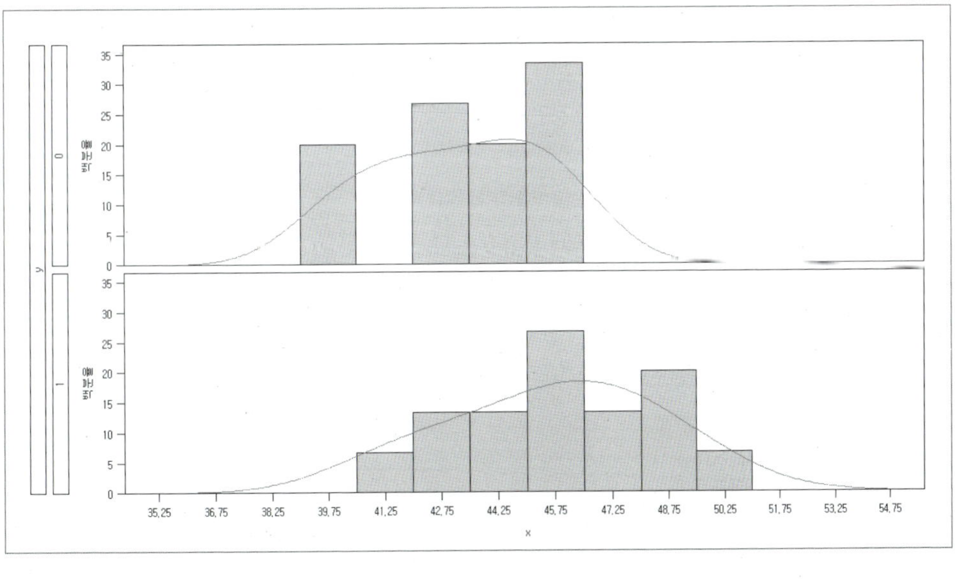

다음으로 SAS 함수명을 통해 이를 살펴보고자 한다. 먼저, 두 집단의 평균에 대한 검정에서 표본의 크기가 충분히 크다면(n>30), 중심극한정리에 따라 정규분포에 가까워져 Z 검정통계량을 이용하게 된다.

$$Z = \frac{\text{표본 평균의 차}}{\text{표준오차}}$$

여기서 모집단의 표준오차는 일반적으로 모집단을 대신하여 표본의 분산 S_1^2과 S_2^2을 이용하게 되어 $\sqrt{S_1^2/n_1+S_2^2/n_2}$를 사용하게 된다. 따라서 Z 검정통계량 값은 다음과 같다.

$$Z=\frac{(\overline{X_1}-\overline{X_2})}{\sqrt{S_1^2/n_1+S_2^2/n_2}}$$

위 식을 통해 Z 검정통계량과 유의수준에 따른 기각역을 비교하여 가설검정을 실시한다.

예제 7-2 A산업과 B산업의 기업들을 무작위로 선택하여, 이 두 산업별 기업들의 수익률을 분석한 결과는 다음과 같다. 이를 통해 A산업과 B산업 간의 수익률 차이가 있는지를 1% 유의수준에서 검정해 보자.

산업	기업의 수	연수익률	표준편차
A산업	50	4.5%	2.1
B산업	45	3.9%	1.5

$$Z=\frac{(\overline{X_1}-\overline{X_2})}{\sqrt{S_1^2/n_1+S_2^2/n_2}}=\frac{(4.5-3.9)}{\sqrt{(2.1)^2/50+(1.5)^2/45}}=\frac{0.6}{\sqrt{0.0882+0.05}}=1.61$$

Z 검정통계량이 2.57 이상이면, 1% 유의수준에서 귀무가설을 기각할 수 있다. 그러나 Z값이 1.61로 2.57보다 작아, 두 산업별 수익률 간에는 유의한 차이가 없다.

[명령문]

```
data a1;
① n1=50; n2=45; x1=4.5; x2=3.9; s1=2.1; s2=1.5; xd=x1-x2;
② ztest=xd/(sqrt(s1**2/n1+s2**2/n2));
③ zscope=probit(0.995); run;
④ proc print data=a1; run;
```

① 두 집단의 표본수, 수익률, 표준편차와 수익률 차이에 대한 변수명을 지정한다.

② 위의 계산식에 의해 Z 검정통계량을 산출한다(sprt는 제곱근, **은 제곱).

③ 1%의 임계치를 zscope로 지정한다.

④ 데이터 a1의 결과를 출력한다.

[실행결과]

OBS	n1	n2	x1	x2	s1	s2	xd	ztest	zscope
1	50	45	4.5	3.9	2.1	1.5	0.6	1.61398	2.57583

실행결과, Z-test(검정통계량)와 Z-scope(임계치)를 비교하면, 임계치가 검정통계량보다 크기 때문에 "두 산업별 수익률 간에는 차이가 없다"는 주장이 채택된다.

3. 쌍을 이루는 두 집단 간 평균 차이검정(쌍체 t-검정)

t-검정이 두 개의 독립된 모집단 간의 평균 차이를 검정하였다면, **쌍체 t-검정**은 한 집단 내에서 훈련효과, 정책효과 등의 처리효과를 분석하고자 하는 경우에 처리 전·후 간 차이에 의미가 있는지를 분석하는 것이다. 이와 같이 대응이 있는 쌍체비교 자료인 경우 실험 전과 후의 자료차이를 구한 후 "이 차이가 0과 같은가?"를 검정하는 형태를 취한다.

통계적인 계산방법으로는 두 변수들 간의 차이를 D라 가정하면, D의 평균과 분산은 다음과 같이 나타낼 수 있다.

$$\overline{D} = \frac{1}{n}\sum_{i=1}^{n} D_i \qquad S_D^2 = \frac{\sum_{i=1}^{n}(D_i - \overline{D})^2}{n-1}$$

두 변수 간의 차이는 평균과 분산을 이용하여, 다음과 같이 t값을 구할 수 있다.

$$t = \frac{\overline{D} - \delta}{S_D / \sqrt{n}}$$

예제 7-3 다음은 2015년도와 2016년도의 각 기업별 당기순이익(NI)을 나타낸다. 두 기간 간 당기순이익의 차이를 쌍체 t-검정을 이용하여 분석해 보자.

기업코드	1	2	3	4	5	6	7	8	9	10	11	12	13	14	15
2015 NI(x)	82	73	70	60	88	84	65	37	91	98	52	78	40	79	59
2016 NI(y)	82	71	95	69	100	71	75	60	95	99	65	83	60	86	62
차이	0	2	−25	−9	−12	13	−10	−23	−4	−1	−13	−5	−20	−7	−3
차이제곱	0	4	625	81	144	169	100	529	16	1	169	25	400	49	9

검정통계량 t값을 구하기 위한 자료는 다음과 같다.

$$\sum_{i=1}^{15} D_i = -117, \quad \sum_{i=1}^{15} D_i^2 = 2{,}321, \quad \overline{D} = -117/15 = -7.8$$

$$S_D^2 = \frac{2{,}321 - (-7.8^2 \times 15)}{15-1} = 100.6, \quad S_D = 10.02, \quad t_{14,\,0.025} = \pm 2.145$$

$$\text{검정통계량 } t = \frac{-7.8 - 0}{10.02/\sqrt{15}} = -3.010$$

검정통계량 t값은 −3.01로 임계치 −2.145보다 작아, 2015년도와 2016년도 당기순이익 간에는 통계적으로 유의한 차이가 있다고 할 수 있다.

지금까지 설명한 쌍체 t-검정은 다음과 같은 2가지 SAS 명령문을 통해 가설검정을 실시할 수 있다.

[명령문]

```
data a2; set a1;
① diff=x-y; run;
② proc means data=a2 mean stderr t prt; var diff; run;
```

① diff는 변수 x와 y 간의 차이를 나타낸다.

② proc means 문을 이용하여 mean(평균), stderr(표준오차), t(t값), prt(p-value)를 통해 쌍체 t-검정통계량을 구한다.

[실행결과]

```
MEANS 프로시저
분석 변수 : diff

   평균값        표준오차       t 값    Pr > |t|
---------------------------------------------------
-7.8000000     2.5897233     -3.01     0.0093
---------------------------------------------------
```

실행결과 앞선 계산식의 결과와 동일한 t값(−3.01)을 보이고 있으며, 쌍체 t-검정을 통해 2015년도와 2016년도의 당기순이익은 1% 유의수준에서 유의한 차이가 있는 것으로 나타났다. 다음은 proc ttest 명령문을 이용한 검정방법이다.

[명령문]

```
proc ttest data=a1; paired x*y; run;
```

proc ttest 문에 paired x*y라는 문을 추가하여 쌍체 t-검정을 실시한다.

[실행결과]

```
                    The TTEST Procedure
                    Difference:  x - y
  N       Mean      Std Dev     Std Err     Minimum     Maximum
 15     -7.8000     10.0300     2.5897     -25.0000     13.0000
     Mean         95% CL Mean         Std Dev       95% CL Std Dev
  -7.8000    -13.3544   -2.2456      10.0300       7.3432   15.8182
                   DF      t Value      Pr > |t|
                   14      -3.01        0.0093
```

실행결과는 앞선 결과들과 동일한 값을 보이고 있다.

4. t-검정의 적용오류

앞의 쌍체 t-검정표본을 대응이 없는 경우로 생각하여 proc ttest를 적용하면, 다음과 같은 오류가 발생한다.

[명령문]

```
proc ttest data=a1; class y; var x; run;
```

[실행결과]

```
                              The TTEST Procedure

                                  Statistics

                               Lower CL           Upper CL  Lower CL            Upper CL
Variable  y               N       Mean     Mean       Mean   Std Dev  Std Dev    Std Dev  Std Err

x                     0   15    70.273     78.2     86.127     10.48   14.314     22.574   3.6958
x                     1   15    60.362     70.4     80.438     13.27   18.126     28.586     4.68
x          Diff (1-2)           -4.415      7.8     20.015     12.96   16.331     22.087   5.9634

                                    T-Tests

             Variable    Method           Variances       DF    t Value    Pr > |t|

             x           Pooled           Equal           28       1.31      0.2015
             x           Satterthwaite    Unequal       26.6       1.31      0.2021

                             Equality of Variances

                Variable    Method      Num DF    Den DF    F Value    Pr > F

                x           Folded F        14        14       1.60    0.3876
```

분석결과, t값은 1.31로 연도별 당기순이익 간의 차이가 없는 것으로 나타났다. 이처럼 t-검정을 실시할 경우 앞의 쌍체 t-검정결과와 다른 결과가 나타날 수 있다.

5. 모비율 추론 및 집단 간 비율검정

1) 모비율에 대한 추론

모집단이 특정한 평균(생산량)이 아닌 비율(불량률)로 표시된다면 모집단의 추론도 평균이 아닌 비율로 추정하게 된다. 이러한 예로 생산과정에서 발생하는 불량률이 어느 정도인지를 파악하고자 할 때는 몇 개의 완성품을 무작위로 추출하여 불량률을 측정하여 이를 통해 모집단의 불량률을 추정하게 된다.

이러한 모비율에 대한 가설검정은 모평균에 대한 가설검정과 유사하며, 표본의 크기가 커질 때 중심극한정리에 따라 표본비율 p에 대한 표본분포는 평균이 모비율 p_0로 표준오차가 $\sqrt{\frac{p_0(1-p_0)}{n}}$인 정규분포를 따르게 된다.

따라서 검정통계량 Z값은 다음과 같이 구한다.

$$Z = \frac{\hat{p} - p_0}{\sqrt{\frac{p_0(1-p_0)}{n}}} \sim N(0,1)$$

예제 7-4 상장기업의 사외이사 연임 비율은 0.3이라고 한다. 정부는 사외이사에 대해서도 경영책임을 부담시키는 정책을 실행하였으며 이 정책이 실행된 후 기업 100곳의 사외이사 연임 비율이 0.2로 나타났다. 정부의 정책으로 인해 사외이사의 연임 비율이 차이가 있는지를 유의수준 0.05에서 검정하라.

검정통계량을 계산하면 다음과 같다.

$$Z = \frac{0.2 - 0.3}{\sqrt{\frac{0.3(1-0.3)}{100}}} = \frac{-0.1}{0.0458} = -2.183$$

표준정규분포표를 통해 유의수준 0.05의 Z 검정통계량의 값(−1.96)과 −2.183의 값을 비교하여 가설채택 여부를 결정한다. 두 값을 비교한 결과 연임 비율은 정부의 새로운 정책으로 인해 하락되었다고 할 수 있다.

이러한 모비율의 추론을 SAS 함수문으로 표시하면 다음과 같다.

[명령문]

```
data one;
phat=20/100; z=(phat-0.3)/sqrt(0.3*0.7/100);
cut=probit(1-0.05/2); p=cdf('normal',z,0,1); run;
proc print data=one; run;
```

[실행결과]

OBS	phat	z	cut	prob
1	0.2	-2.18218	1.95996	0.014548

SAS 함수를 통해 가설검정에서도 Z의 값이 −2.182이고 유의확률이 0.014를 보이고 있어 새로운 정책으로 인해 사외이사의 연임 비율이 하락하였음을 알 수 있다.

2) 두 집단의 비율차이 검정

이제 두 모비율의 차이에 대한 가설검정에 대해 살펴보도록 하자. 일반적으로 이항분포를 따르는 두 모집단의 모비율을 모르고 있을 때에 이들의 모비율은 표본비율에 의해 추정할 수 있다. 따라서 두 모비율의 차이에 대한 동일성 검정은 표본비율의 동일성 검정과 동일하다. 즉, 두 표본이 독립적이라면 두 표본비율의 차이

$(p_1 - p_2)$ 분포는 평균이 $p_1 - p_2$이고 표준오차가 $Z = \sqrt{\frac{\hat{p_1}(1-\hat{p_1})}{n_1} + \frac{\hat{p_2}(1-\hat{p_2})}{n_2}}$ 인 정규분포와 유사한 분포를 가지게 된다. 이에 다음과 같이 검정통계량을 계산하게 된다.

$$Z = \frac{\hat{p_1} - \hat{p_2} - (p_1 - p_2) = 0}{\sqrt{\frac{\hat{p_1}\hat{q_1}}{n_1} + \frac{\hat{p_2}\hat{q_2}}{n_2}}}$$

예제 7-5 BIG4 감사법인에 대한 선호도가 상장여부에 따라 차이가 있는지를 조사하기 위해 무작위로 뽑은 200개의 상장기업 중 120곳은 BIG4 감사법인을 선호하였으며, 100개의 비상장기업 중 45곳만이 BIG4 감사법인을 선호하였다.

상장여부에 따라 BIG4 감사법인에 대한 선호도가 차이가 있는지를 유의수준 0.05에서 검정하여라.

검정통계량은 다음과 같다.

$$Z = \frac{0.6 - 0.45}{\sqrt{\frac{0.6(1-0.6)}{200} + \frac{0.45(1-0.45)}{100}}} = \frac{0.15}{0.060} = 2.474$$

표준정규분포표를 통해 유의수준 0.05의 Z 검정통계량의 값(1.96)과 2.474의 값을 비교하여 가설채택 여부를 결정하게 되고 두 값을 비교한 결과 상장여부에 따라 BIG4 감사법인에 대한 선호도가 차이가 있음을 알 수 있다.

이러한 두 모집단 비율 차이분석에 대한 SAS 함수문은 다음과 같다.

[명령문]

```
data one;
p1=0.6; p2=0.45; n1=200; n2=100;
z=(p1-p2)/sqrt((p1*(1-p1)/n1+(p2*(1-p2)/n2)));
cut=probit(1-0.05/2);
proc=2*(1-cdf('normal',z,0,1));
proc print data=one; run;
```

[실행결과]

OBS	p1	p2	n1	n2	z	cut	proc
1	0.6	0.45	200	100	2.47436	1.95996	0.013348

SAS 함수를 통해 가설검정을 실시한 결과에서도 Z의 값이 2.474로 1.96보다 높아 유의확률이 0.013을 보여 상장여부에 따라 BIG4 감사법인에 대한 선호도가 차이가 있음을 알 수 있다.

3) FREQ 프로시저를 이용한 검정

표준정규분포를 따르는 확률변수 Z의 제곱은 자유도가 1인 χ^2의 분포를 따르게 된다. 따라서 FREQ 프로시저를 이용한다면 모비율에 대한 다양한 형태의 χ^2을 수행할 수 있다.

앞선 기술한 예제에 대해 FREQ 프로시저를 이용한 명령문은 다음과 같다.

[명령문]

```
data one;
input listed $ yesno $ count @@;
cards;
상장 yes 120 상장 no 80
비상장 yes 45 비상장 no 55
; run;
proc freq data=one order=data; weight count;
tables gender*yesno/ chisq fisher nopercent nocol; run;
```

[실행결과]

```
                    FREQ 프로시저

               테이블:listed * yesno

          listed     yesno

          빈도      |
          행 백분율 |yes     |no      |  합계
          ----------+--------+--------+
          상장      |    120 |     80 |   200
                    |  60.00 |  40.00 |
          ----------+--------+--------+
          비상장    |     45 |     55 |   100
                    |  45.00 |  55.00 |
          ----------+--------+--------+
          합계           165      135     300

          listed * yesno 테이블에 대한 통계량

통계량                          자유도        값      Prob
----------------------------------------------------------
카이제곱                           1      6.0606    0.0138
우도비 카이제곱                    1      6.0509    0.0139
연속성 수정 카이제곱               1      5.4697    0.0193
Mantel-Haenszel 카이제곱           1      6.0404    0.0140
파이 계수                                 0.1421
우발성 계수                               0.1407
크래머의 V                                0.1421

                Fisher의 정확 검정
             ----------------------------
             (1,1) 셀 빈도(F)         120
             하단측 p값 Pr <= F    0.9951
             상단측 p값 Pr >= F    0.0097

             테이블 확률 (P)       0.0048
             양측 p값 Pr <= P      0.0191

                  표본 크기 = 300
```

FREQ 프로시저의 명령문을 통해 χ^2검정을 수행한 것으로 다양한 옵션을 적용하여 두 모비율의 차이검정을 실시하였다.

분석결과 먼저, χ^2검정에서는 유의확률이 0.0138을 보였으며 Fisher의 정확검정에서도 양쪽 검정 유의확률이 0.019를 보여 상장여부에 따라 BIG4 감사법인에 대한 선호도가 차이가 있음을 알 수 있다.

4) McNemer 검정 : 두 모비율에 대한 쌍체 검정

앞선 설명에서 두 독립표본에 대한 평균 차이 검정시 이 독립표본이 서로 대응표본인 경우 일반적인 t-검정이 아닌 쌍체 t-검정을 실시해야 함을 알 수 있었다. 이제 대응되는 표본으로부터 표본비율을 얻은 경우에 두 집단 간 비율 차이분석 방법에 대해 살펴보도록 하자.

예를 들어 100곳의 기업이 Big4 감사법인과 non-Big4 감사법인에게 재무 컨설팅을 각각 받은 후에 재무 컨설팅 만족도를 조사하고 다음과 같은 자료를 얻었다고 하자.

		non-Big4		
		만족(1)	불만족(0)	합계
Big4	만족(1)	53	16	69
	불만족(0)	7	24	31
	합계	60	40	100

이때 Big4 감사법인 집단과 non-Big4 감사법인의 선호도 집단은 서로 독립이 아니므로 일반적인 두 집단 간 비율 차이검정을 적용할 수 없다.

따라서 이 경우에는 **McNemer 검정**을 이용하게 되면 명령문은 다음과 같다.

[명령문]

```
data one;
input pre $ post $ count @@;
cards;
Yes Yes 53 Yes No 16
No Yes 7 No  No 24
; run;
proc freq data=one order=data; weight count;
exact mcnem; tables pre*post/ nocol; run;
```

[실행결과]

```
                FREQ 프로시저
            테이블 : pre * post
pre          post

빈도     |
백분율   |
행 백분율|Yes      |No       |   합계
---------+---------+---------+
Yes      |     53  |     16  |     69
         |  53.00  |  16.00  |  69.00
         |  76.81  |  23.19  |
---------+---------+---------+
No       |      7  |     24  |     31
         |   7.00  |  24.00  |  31.00
         |  22.58  |  77.42  |
---------+---------+---------+
합계           60        40      100
            60.00     40.00   100.00

      pre * post 테이블에 대한 통계량

              McNemar 검정
        ----------------------------
        통계량(S)            3.5217
        자유도                    1
        점근적인  Pr >  S    0.0606
        정확한    Pr >= S    0.0931

             단순 카파 계수
        ---------------------------
        카파                 0.5022
        ASE                  0.0884
        95% 신뢰하한         0.3289
        95% 신뢰상한         0.6754

             표본 크기 = 100
```

분석결과를 살펴보면 먼저, McNemar 검정결과 유의확률이 0.060을 보여 0.05의 유의수준에서는 재무 컨설팅에 대한 만족도가 회계감사법인의 규모에 따라 차이가 없음을 알 수 있다. 또한 이항분포에 의한 정확한 유의확률도 0.093을 보여 이를 통해서도 회계감사법인의 규모에 따라 재무 컨설팅의 만족도 차이가 유의하지 않았음을 알 수 있다.

따라서 재무 컨설팅의 만족도의 Big4 감사법인은 69%이며 non-Big4 감사법인은 60%라 하더라도 두 집단 간의 만족도는 유의한 차이가 없음을 알 수 있다.

이 장의 SAS 명령문 정리

단일 모집단 평균 t-검정

```
proc ttest data=patent H0=5; run;
proc univariate data=patent mu0=5 alpha=0.05 cibasic; var patent; run;
```

집단 간 평균 차이 t-검정

```
proc ttest data=a1; class y; var x; run;
```

히스토그램

```
proc univariate data=a1;
class y; var x; histogram x/kernel; run;
```

집단 간 평균 차이 t-검정(함수문)

```
data a1;
n1=50; n2=45; x1=4.5; x2=3.9; s1=2.1; s2=1.5; xd=x1-x2;
ztest=xd/(sqrt(s1**2/n1+s2**2/n2));
zscope=probit(0.995); run;
proc print data=a1; run;
```

쌍을 이루는 두 집단 간 평균 검정

①
```
data a2; set a1;
diff=x-y; run;
proc means data=a2 mean stderr t prt; var diff; run;
```

②
```
proc ttest data=a1; paired x*y; run;
```

모비율에 대한 추론

```
data one;
phat=20/100; z=(phat-0.3)/sqrt(0.3*0.7/100);
cut=probit(1-0.05/2); p=cdf('normal',z,0,1); run;
proc print data=one; run;
```

두 집단 간 비율차이 검정

```
data one;
p1=0.6; p2=0.45; n1=200; n2=100;
z=(p1-p2)/sqrt((p1*(1-p1)/n1+(p2*(1-p2)/n2)));
cut=probit(1-0.05/2);
proc=2*(1-cdf('normal',z,0,1));
proc print data=one; run;
```

FREQ 프로시저를 이용한 검정

```
data one;
input listed $ yesno $ count @@;
cards;
상장 yes 120 상장 no 80
비상장 yes 45 비상장 no 55
; run;
proc freq data=one order=data; weight count;
tables listed*yesno/ chisq fisher nopercent nocol; run;
```

McNemer 검정

```
data one;
input pre $ post $ count @@;
cards;
Yes Yes 53 Yes No 16
No Yes 7 No  No 24
; run;
proc freq data=one order=data; weight count;
exact mcnem; tables pre*post/ nocol; run;
```

8장

비모수집단 차이검정

일반적으로 앞에서 설명한 t-검정의 경우 모집단의 모수나 표본의 통계량은 같은 특정 분포 가정하에 수행된다. 하지만 표본수가 적거나 아니면 명목척도, 서열척도와 같은 질적변수인 경우에는 정규분포 또는 특정 분포를 따른다고 가정할 수 없다. 이러한 경우 비모수통계학에서 이용하는 차이분석 방법을 이용해야 한다.

비모수통계 분석방법은 주로 관측치를 특정한 값과 비교하거나 서로 비교하여 얻은 순위의 상대적 크기, 그리고 순위에 기초한 점수를 이용하여 차이검정을 실시한다.

1. 윌콕슨 순위합 검정(Wilcoxon Rank Sum Test)

t-검정과 대응되는 비모수 검정방법으로 자료가 주로 순위로 구성되어 있거나, 정규분포를 따르지 않을 때 사용하는 검정방법이다. 이 검정방법은 서로 독립적인 두 모집단으로부터 추출한 표본의 중위수 크기를 비교하여 통계적으로 유의한 차이가 있는지를 검정하는 방법이다. 구체적인 과정은 두 집단의 관측치들을 서로 구분하지 않고, 작은 것부터 순서를 부여한 후 두 집단의 관측치가 부여받은 각각의 **순위합**을 검정통계량을 이용하여 차이검정을 실시한다.

예제 8-1 두 광고방식 A, B에 대해 매출액의 차이가 있는지를 조사하려고 한다. 17개의 기업을 대상으로 8개 기업에게는 A방식을, 9개 기업에게는 B방식을 적용한 후 매출액을 조사하였다. 이 자료를 이용하여 윌콕슨 순위합 검정을 수행해 보자.

A	90	86	72	65	44	52	46	38		순위합
순위	17	15	13	11	4.5	8	6.5	2		77

B	80	70	62	53	87	44	42	35	46	
순위	14	12	10	9	16	4.5	3	1	6.5	76

먼저, 두 집단을 서로 통합하여 정렬한 후 각 관측치의 순위를 부여한다. 만일, 동일한 순위일 경우 중간 값을 순위 값으로 정한다. 이후 두 집단을 다시 분류하여 각 집단별 순위의 합을 구한다. 위 〈표〉에서는 각 관측치 아래 순위의 값을 표시하였고, 각 집단별 순위합을 산출하였으며 이를 통해 검정통계량을 계산하게 된다.

이러한 **윌콕슨 순위합 검정**은 다음과 같은 SAS 명령문을 이용하여 검정할 수 있다.

[명령문]

```
proc npar1way wilcoxon data=a1; class group; var x; run;
```

데이터 a1에 있는 변수 x(매출액)에 대하여 group(A, B)을 기준으로 윌콕슨 순위합 검정을 실시한다.

[실행결과]

```
                          The NPAR1WAY Procedure

              Wilcoxon Scores (Rank Sums) for Variable x
                      Classified by Variable group

                          Sum of      Expected       Std Dev          Mean
group          N          Scores      Under H0      Under H0         Score
--------------------------------------------------------------------------
0              8            77.0          72.0     10.379561      9.625000
1              9            76.0          81.0     10.379561      8.444444

                  Average scores were used for ties.

                       Wilcoxon Two-Sample Test

                    Statistic                 77.0000

                    Normal Approximation
                    Z                          0.4335
                    One-Sided Pr >  Z          0.3323
                    Two-Sided Pr > |Z|         0.6646

                    t Approximation
                    One-Sided Pr >  Z          0.3352
                    Two-Sided Pr > |Z|         0.6704

             Z includes a continuity correction of 0.5.

                         Kruskal-Wallis Test

                    Chi-Square                 0.2321
                    DF                              1
                    Pr > Chi-Square            0.6300
```

분석결과, 윌콕슨 순위합 검정의 Z값은 0.4335이며, 양측검정 p-value는 0.6646으로 나타났다. 따라서 두 그룹 간 매출액은 유의한 차이가 없다고 할 수 있다.

2. 윌콕슨 부호순위 검정(Wilcoxon Matched-Pairs Signed-Rank Test)

쌍체 t-검정에 대응되는 비모수적 통계방법으로, 쌍을 이룬 두 집단 간의 차이에 대해 순위를 정한 후 +, − 집단의 순위합을 통해 가설을 검정하는 방법이다. X_i와 Y_i를 각각 두 표본의 i번째 측정치라 하고, D_i를 쌍을 이룬 두 자료의 차이, 즉 $X_i - Y_i$라 하자. D_i의 값에 따라 + 혹은 − 부호를 부여한 다음 $|D_i|$를 작은 순서로 배열하여 순위를 부여한 후, $|D_i|=0$이면 해당 자료는 제외하고, 동순위는 순위의 평균을 부여한다. K+와 K−를 각각 +/−부호를 가진 순위의 합계라 하고, 두 중위수가 동일하다고 하면 K+와 K−는 비슷할 것이다. 하지만 동일하지 않다면 K+와 K−는 비정상적인 분포를 보일 것이다.

예제 8-2 연구개발비를 투자한 기업을 대상으로 연구개발비 투사 전과 후의 각 기업별 특허권 수를 조사하였다. 두 자료의 중위수가 같은지를 검정해 보자.

투자 전(X)	54	49	60	57	59	64	56	58	56	63
투자 후(Y)	51	47	67	59	63	48	56	40	60	60
$\lvert D_i\rvert$	3	2	7	2	4	16	0	18	4	3
부호	+	+	−	−	−	+	+	+	−	+
순위	4.5	2.5	8	2.5	6.5	9	1	10	6.5	4.5

K+ =4.5+2.5+9+1+10+4.5=31.5

K− =8+2.5+6.5+6.5=23.5

윌콕슨 부호순위 검정통계량(31.5 또는 23.5)에 해당하는 유의확률 p-value와 검정하고자 하는 유의수준의 값을 비교한 후 가설을 채택한다.

대응되는 비모수 집단에 대한 **윌콕슨 부호순위 검정**을 위해서는 먼저 두 표본의 차이를 구한 다음 proc univariate를 통해 유의수준을 출력한다.

[명령문]

```
data a2; set a1;
  diff=x-y; run; proc univariate data=a2; var diff; run;
```

diff는 변수 x-y 값을 나타내며, univariate 문을 통해 a2의 변수 diff에 대한 기술통계량을 출력한다.

[실행결과]

```
                    UNIVARIATE 프로시저
                        변수:  diff

                           적률

N                         10    가중합                      10
평균                      2.5    관측치 합                    25
표준편차           8.32999933    분산                69.3888889
왜도              1.12238659    첨도                 0.3341833
제곱합                   687    수정 제곱합               624.5
변동계수          333.199973    평균의 표준오차       2.63417708

                       기본 통계 측도

            위치측도                      변이측도

        평균      2.50000     표준편차            8.33000
        중위수    1.00000     분산               69.38889
        최빈값   -4.00000     범위               25.00000
                              사분위 범위          7.00000

NOTE: 표시된 모드는 2 모드(2 도수를 가지는) 중에 가장 작습니다.

                    위치모수 검정: Mu0=0

      검정              --통계량---       -------p-값-------

      스튜던트의 t      t  0.949063       Pr >  |t|    0.3674
      부호              M       0.5       Pr >= |M|    1.0000
      부호 순위         S         3       Pr >= |S|    0.7656
```

검정결과, 위치모수 검정에서 부호순위의 p-value를 통해 가설을 검정할 수 있다. p값은 0.7656으로 이 두 집단 간 중위수의 차이는 유의하지 않음을 알 수 있다.

3. 독립 k-표본에 대한 순위 분산분석 검정(Kruskal-Wallis Test)

앞에서 설명한 윌콕슨 순위합 검정은 2개의 독립표본에 의한 위치모수의 차이를 검정하였다. 이를 확정하여 3개 이상의 집단에 대해 위치모수의 차이를 검정하는 방

법을 **크러스칼-왈리스 검정**이라고 한다. 이 검정의 강점으로는 분산분석의 경우 각 표본의 관찰치는 등간척도이거나 비율척도로만 측정되었고 동시에 모집단의 분포가 정규분포를 따르면서 표준편차가 동일하다는 가정이 전제된다. 하지만 이 검정은 이러한 전제조건의 가정을 필요로 하지 않는다. 단지 모집단에서 추출된 표본들이 서로 독립적이기만 하면 된다.

크러스칼-왈리스 검정을 설명하기 위해 먼저, n_j개의 표본에서 x_{i1}, x_{i2}, …… x_{in_j}가 위치모수 θ_j를 가지는 k개의 모집단에서 각각 추출되었다고 하자($j=1,\ 2,\cdots k$). 이 경우 가설은 $H_0: \mu_1 = \mu_2 = \cdots = \mu_k$(즉, k개 모집단의 분포는 동일하다)이고 대립가설은 "모집단 중 적어도 하나는 다른 모집단의 분포와 다르다"이다.

이를 위해 먼저, k개 집단들의 관측치를 모두 혼합하여 제일 작은 관측치부터 제일 큰 관측치 순으로 나열한 뒤 순위를 매긴다. 그리고 다시 각 집단별 순위의 합을 구한 다음 아래와 같은 식에 따라 크러스칼-왈리스 검정통계량 K를 구하게 된다.

$$K = \frac{12}{n(n+1)}\sum_{j=1}^{k}\frac{T_j^2}{n_j} - 3(n+1)$$

변수의 정의 : K=집단의 수, n= 총관찰치수
$T_j = j$번째 집단의 순위 합계, $n_j = j$번째 집단의 관찰치수

크러스칼-왈리스 검정의 경우 검정통계량 K는 표본을 구성하고 있는 K개 각 그룹의 관찰치 수가 5 이상이면 χ^2분포에 근사한 분포를 보이기 때문에 가설검정에 필요한 임계값은 χ^2분포표로부터 찾는다.

예제 8-3 광고방식 A, B, C에 따라 매출액의 차이가 있는지를 조사하려고 한다. 상장기업 중 21곳을 무작위로 추출하여 이들의 매출액을 조사한 것이다. 광고방식에 따라 매출액이 동일한지를 크러스칼-왈리스 검정방식에 따라 검정해 보자.

생산방식	생산량							
A	13	19	23	16	20	18		
B	25	17	18	14	22	26	19	18
C	34	26	31	22	30	30	29	

[명령문]

```
proc npar1way wilcoxon data=a1; class way; var output; run;
```

데이터 a1에 있는 변수 output(매출액)에 대하여 way(광고방식 A, B, C)를 기준으로 크러스칼-왈리스 검정을 실시한다.

[실행결과]

```
                    The NPAR1WAY Procedure

        Wilcoxon Scores (Rank Sums) for Variable output
                   Classified by Variable way

                    Sum of      Expected       Std Dev          Mean
way       N         Scores      Under H0      Under H0         Score

A         6          41.50          66.0     12.811825      6.916667
B         8          67.50          88.0     13.772298      8.437500
C         7         122.00          77.0     13.369119     17.428571

              Average scores were used for ties.


                     Kruskal-Wallis Test

                   Chi-Square         11.5368
                   DF                       2
                   Pr > Chi-Square     0.0031
```

분석결과, 크러스칼-왈리스 검정의 Z값은 11.5368이며, p-value는 0.0031로 나타났다. 따라서 광고방식에 따라 매출액의 위치모수 차이는 유의함을 알 수 있다.

이 장의 SAS 명령문 정리

윌콕슨 순위합 검정

```
proc npar1way wilcoxon data=a1; class group; var x; run;
```

윌콕슨 부호순위 검정

```
data a2; set a1;
 diff=x-y; run; proc univariate data=a2; var diff; run;
```

Kruskal-Wallis Test

```
proc npar1way wilcoxon data=a1; class way; var output; run;
```

9장

상관분석

1. 상관분석

상관분석은 변수들 간의 연관성을 파악하기 위한 분석방법 중 하나로 변수들 간의 어떠한 선형적 관계를 가지고 있는지를 분석하는 방법이다. 이때, 변수들 간의 독립적인 관계 또는 서로의 연관성 정도를 상관관계라고 한다.

상관분석은 단순히 두 변수들 간의 어느 정도 강한 관계가 있는가를 측정하는 **단순상관분석**(Simple Correlation Analysis), 3개 이상의 변수들 간의 관계에 대한 강도를 측정하는 **다중상관분석**, 다른 변수들과의 관계를 고정하고, 두 변수만의 관계에 대한 강도를 나타내는 **편상관분석**(Partial Correlation Analysis)으로 구분할 수 있다. 이러한 상관분석은 변수들 간의 연관된 정도만을 나타낼 뿐, 인과관계를 설명하는 것은 아니다. 따라서 두 변수 간의 인과관계를 알아보기 위해서는 10장 회귀분석을 이용한다.

2. 피어슨 상관분석(Pearson Correlation Analysis)

두 변수들 간의 관련성을 구하기 위해 보편적으로 이용하는 방법으로, 변수 X와 Y가 어느 정도(ρ)로, 그리고 어떤 방향(+, −)으로 관련성이 있는지를 분석하는 방법이다. 이러한 **상관계수**는 다음과 같은 식에 의하여 산출된다.

$$\rho_{xy} = \frac{\sum_{i=1}^{n}(X_i - \overline{X})(Y_i - \overline{Y})}{\sqrt{\sum_{i=1}^{n}(X_i - \overline{X})^2}\sqrt{\sum_{i=1}^{n}(Y_i - \overline{Y})^2}} \qquad \rho_{xy} = \frac{\sum_{i=1}^{n}(X_i Y_i - n\overline{X}\,\overline{Y})}{\sqrt{\sum_{i=1}^{n}X_i^2 - n\overline{X^2}}\sqrt{\sum_{i=1}^{n}Y_i^2 - n\overline{Y^2}}}$$

[상관계수의 특성]

① 상관계수(ρ)는 항상 다음과 같은 범위 안에 있다. $-1 \leq \rho \leq 1$

② X와 Y 간의 상관관계가 없으면, $\rho = 0$이다. 연구의 성격과 자료의 특성에 따라 다르나, 대체적으로 0.3 이상이면 상관관계가 있다고 볼 수 있다.

③ 상관계수는 두 변량 간의 선형관계를 나타내는 척도이지, 함수관계를 알아보는 척도는 아니다.

예제 9-1 다음은 20개 지역의 산업화수준(X)과 환경오염수준(Y)을 측정한 결과이다. 아래 자료를 통해 상관계수를 구해보자.

지역코드(n)	X	Y	지역코드(n)	X	Y
1	85	118	11	54	67
2	73	90	12	71	78
3	88	123	13	62	74
4	52	74	14	67	60
5	85	98	15	82	101
6	68	91	16	80	89
7	109	113	17	76	85
8	47	62	18	86	82
9	79	76	19	55	52
10	60	63	20	91	105

[자료 9-1] 지역별 산업화수준 및 환경오염수준

$$\sum_{i=1}^{20} X_i = 1{,}470 \quad \overline{X} = 73.5 \quad \sum_{i=1}^{20} Y_i = 1{,}701 \quad \overline{Y} = 85.05$$

$$\sum_{i=1}^{20} X_i^2 = 112{,}674 \quad \sum_{i=1}^{20} Y_i^2 = 152{,}231 \quad \sum_{i=1}^{20} X_i Y_i = 129{,}898$$

상관관계의 식을 이용하여 상관계수를 구하면 아래와 같은 결과가 산출된다.

$$\rho = \frac{129{,}898 - 20 \times 73.5 \times 85.05}{\sqrt{112{,}674 - 20 \times 73.5^2}\ \sqrt{152{,}321 - 20 \times 85.05^2}} = 0.819,\ \ t = \frac{r}{\sqrt{(1-r^2)/n-2}}$$

자유도가 n－2인 t분포를 따르며, t값은 다음과 같다.

$$t = \frac{0.819}{\sqrt{(1-(0.819)^2)/20-2}} = 6.05$$

이 두 변수의 상관계수는 0.819이고, t값은 6.05로 유의한 양(+)의 상관성을 나타내고 있다. 즉, 산업화수준과 환경오염수준 간에 양(+)의 상관성을 나타내고 있어 산업화수준이 높을수록, 환경오염수준이 높아진다는 것을 알 수 있다. 하지만 여기서 상관계수 0.819는 단순히 상관성의 강도를 설명할 뿐, 회귀분석처럼 산업화수준이 1단계 증가함에 따라 환경오염수준이 0.891 증가되는 것은 아니다.

지금까지 설명한 상관계수는 다음과 같은 SAS 명령문을 이용하여 구할 수 있다.

[명령문]

```
proc corr data=a1; var x y; run;
```

proc corr 문을 이용하여 변수 x와 y의 상관분석을 실행한다.

[실행결과]

```
                         CORR 프로시저
                     2  변수:    X         Y

                          단순 통계량
변수          N         평균      표준편차          합        최소값        최대값    라벨

X            20     73.50000      15.60870        1470      47.00000     109.00000    X
Y            20     85.05000      20.06693        1701      52.00000     123.00000    Y

                    피어슨 상관 계수, N = 20
                  H0: Rho=0 검정에 대한 Prob > |r|

                               X              Y

                    X     1.00000        0.81908
                    X                     <.0001

                    Y     0.81908        1.00000
                    Y      <.0001
```

분석결과, x와 y의 상관계수는 0.819를 나타내며, p-value는 0.0001로 유의한 값을

나타낸다. 또한, 상관계수가 -1 또는 $+1$에 가까울수록 "두 변수의 상관계수가 0이다"라는 가설이 기각되는 확률은 높아진다.

3. 다중상관분석

두 변수들 간의 연관성뿐 아니라 3개 이상의 변수들 간의 관계를 분석할 수 있는데, 이를 **다중상관분석**이라고 한다.

예제 9-2 다음은 20개 지역의 산업화수준(X), 환경오염수준(Y) 및 인구집중도(Z)를 측정한 결과이다. 그리고 W는 Y와 부호가 반대인 변수이다. 각 변수들 간의 상관관계를 구해보자.

지역코드	X	Y	Z	W	지역코드	X	Y	Z	W
1	85	118	40	−118	11	54	67	46	−67
2	73	90	20	−90	12	71	78	89	−78
3	88	123	40	−123	13	62	74	32	−74
4	52	74	50	−74	14	67	60	85	−60
5	85	98	50	−98	15	82	101	33	−101
6	68	91	60	−91	16	80	89	76	−89
7	109	113	70	−113	17	76	85	11	−85
8	47	62	70	−62	18	86	82	40	−82
9	79	76	70	−76	19	55	52	56	−52
10	60	63	89	−63	20	91	105	12	−105

[자료 9-2] 지역별 산업화수준, 환경오염수준 및 인구집중도

[명령문]

```
proc corr data=a1; var x y z w; run;
```

데이터 a1의 변수 x, y, z, w 간의 상관분석을 실행한다.

[실행결과]

CORR 프로시저

4 변수: X Y Z W

단순 통계량

변수	N	평균	표준편차	합	최소값	최대값	라벨
X	20	73.50000	15.60870	1470	47.00000	109.00000	X
Y	20	85.05000	20.06693	1701	52.00000	123.00000	Y
Z	20	51.45000	23.98569	1029	11.00000	89.00000	Z
W	20	-85.05000	20.06693	-1701	-123.00000	-52.00000	W

피어슨 상관 계수, N = 20
H0: Rho=0 검정에 대한 Prob > |r|

	X	Y	Z	W
X X	1.00000	0.81908 <.0001	-0.21024 0.3736	-0.81908 <.0001
Y Y	0.81908 <.0001	1.00000	-0.41262 0.0706	-1.00000 <.0001
Z Z	-0.21024 0.3736	-0.41262 0.0706	1.00000	0.41262 0.0706
W W	-0.81908 <.0001	-1.00000 <.0001	0.41262 0.0706	1.00000

분석결과 x는 y와 높은 양(+)의 상관성(0.819)을, z와는 유의하지 않은 음(−)의 상관성(−0.210)을 보였다. 다음으로 y는 z와 유의한 음(−)의 상관성(−0.413)을 보이고 있으며, y와 w는 완벽한 음(−)의 상관성(−1.000)을 보였다. 이는 y와 w가 부호만 다를 뿐 동일한 값을 보이기 때문이다. 같은 이유로 x, z 변수가 y, w에 갖는 상관계수는 서로 다른 부호를 가지고 있으나, 동일한 값을 가졌다.

통상적으로 상관계수가 ±0.7 이상이면 상관관계가 높음, ±0.4~0.7 사이이면 상관관계가 보통, ±0.2~0.4 사이이면 상관관계가 있으나 낮음, ±0.2 미만이면 상관관계가 거의 없음으로 해석된다. 따라서 상관계수가 1 또는 −1에 가까이 갈수록 상관관계의 유의성은 증가하고, 0에 가까이 갈수록 상관관계의 유의성은 감소하게 된다.

4. 스피어만 상관분석(Spearman Correlation Analysis)

데이터가 서열척도인 경우, 즉 자료의 값 대신 순위를 이용하는 경우의 상관분석으로, 데이터에 순위를 부여하여 상관계수를 구한다. **스피어만 상관분석**은 관측치의 값을 생각하지 않고, 관측치에 순위를 부여하여 서로의 관측치 순위에 대해 상관성이 있는지를 검정하는 것이다. 예를 들면 변수 X와 Y의 상관성을 스피어만으로 분석한다면, 각 변수의 값과 관계없이 순위를 부여하여 서로의 상관성을 검정한다. 주로 독립변수와 종속변수가 서열척도로 구성된 경우이거나, 변수들의 점수가 극단적인 분포를 나타내는 경우, 자료가 30개 이하인 경우 등에서 유용하게 사용된다. 이때 변수 X와 Y의 순위 간에 관련성이 없다면, 상관관계는 0에 가까울 것이고, 관련성이 높다면 ±1에 가까울 것이다.

스피어만 상관계수는 다음과 같은 식으로 구한다.

$$\theta_{XY} = \frac{\Sigma(R_i - \overline{R})(S_i - \overline{S})}{\sqrt{\Sigma(R_i - \overline{R})^2 (S_i - \overline{S})^2}} \quad (-1 \leq \theta_{XY} \leq 1)$$

R_i : X_i의 순위, S_i : Y_i의 순위, $\overline{R}$: X의 순위 평균, $\overline{S}$: Y의 순위 평균

예제 9-3 다음은 각 기업의 재무정보 X, Y와 그 순위를 나타내는 XRANK와 YRANK이다. 각 변수들 간의 상관관계를 구해보자.

기업코드	X	XRANK	Y	YRANK
1	43	10	46	10
2	55	9	54	9
3	60	8	68	7
4	64	7	62	8
5	72	6	70	6
6	75	5	81	4
7	82	4	88	3
8	91	3	80	5
9	94	2	90	2
10	95	1	96	1

우선 스피어만 상관분석을 하기 전에 재무자료의 순위변수들 간의 피어슨 상관분석을 실행해 보자.

[명령문]

```
proc corr data=a1; var XRANK YRANK; run;
```

주요 재무정보 x와 y의 순위변수인 XRANK와 YRANK의 피어슨 상관분석을 실행한다.

[실행결과]

```
                                     단순 통계량

변수             N          평균       표준편차            합         최솟값         최댓값    레이블

XRANK           10       5.50000     3.02765      55.00000       1.00000      10.00000    XRANK
YRANK           10       5.50000     3.02765      55.00000       1.00000      10.00000    YRANK

                              피어슨 상관 계수, N = 10
                            H0: Rho=0 가정하에서 Prob > |r|

                                       XRANK         YRANK

                            XRANK     1.00000       0.95152
                            XRANK                    <.0001

                            YRANK     0.95152       1.00000
                            YRANK      <.0001
```

분석결과 XRANK와 YRANK는 유의한 양(+)의 상관관계이며, 상관계수는 0.9515로 나타났다.

다음으로 재무정보 X와 Y에 대한 스피어만 상관분석을 실시해 보자. SAS에서는 proc corr 문 뒤에 spearman을 추가하여, 스피어만 상관분석을 실행한다.

[명령문]

```
proc corr spearman data=a1; var x y; run;
```

변수 x와 y의 스피어만 상관분석을 실행한다.

[실행결과]

```
                                     단순 통계량

변수             N          평균       표준편차          중위수        최솟값         최댓값    레이블

X               10      73.10000    17.66635      73.50000      43.00000      95.00000    X
Y               10      73.50000    16.32483      75.00000      46.00000      96.00000    Y

                              스피어만 상관 계수, N = 10
                            H0: Rho=0 가정하에서 Prob > |r|

                                          X             Y

                              X       1.00000       0.95152
                              X                      <.0001

                              Y       0.95152       1.00000
                              Y        <.0001
```

분석결과, XRANK와 YRNAK 간의 피어슨 상관분석결과와 동일한 값을 나타냈다. 즉, 순위변수(XRANK, YRNAK)의 피어슨 상관분석은 원변수(X, Y)의 스피어만 상관분석과 동일함을 알 수 있다.

5. 편상관분석(Partial Correlation Analysis)

각 변수들 간의 상관성을 분석할 때 다른 변수의 효과를 통제시키고 분석하는 방법이다. 즉, 다른 변수들의 영향을 제외하고 두 변수(X, Y) 간의 순수한 상관성을 구하고자 할 때 사용되는 기법이다.

예를 들면, 소득과 아이스크림 구매개수 간의 상관계수가 높다고 하여 소득이 증가할수록, 아이스크림의 구매개수가 증가한다고 결론지을 수는 없다. 여기서, 온도(또는 계절)라는 제3의 변수를 통제시킨다면, 두 변수의 상관계수는 달라질 것이다. 즉, 변수 X(소득), Y(온도), Z(아이스크림 구매개수)가 있을 때 온도를 통제하고, 순수하게 소득과 아이스크림 구매개수 간의 상관성을 분석하는 방법이다.

다음은 Y를 통제한 X와 Z의 **편상관계수**($\rho_{XZ,Y}$)를 수식으로 표현한 것이다.

$$\rho_{XZ,Y} = (\rho_{XZ} - \rho_{XY} \cdot \rho_{ZY}) / \sqrt{(1-\rho_{YX}^2)(1-\rho_{YZ}^2)}$$

예제 9-4 다음은 각 지역별 주요 아이스크림 판매량(X), 온도(Y), 그리고 각 지역의 평균 소득분위(Z)를 나타낸다. 각 변수들의 상관관계와 온도를 통제한 후 아이스크림 판매량과 소득분위 간의 상관관계를 각각 구해보자.

지역	X	Y	Z
1	150	29	6
2	160	30	7
3	170	31	8
4	175	31	6
5	170	30	7
6	160	29	6
7	140	28	5
8	170	30	4
9	195	31	8
10	210	32	9
11	240	33	7
12	250	34	10

[명령문]

```
① proc corr data=a1; var x z y; run;
② proc corr data=a1; var x z; partial y; run;
```

① 변수 x y z의 상관분석을 실행한다.

② proc corr 문 뒤에 partial 문을 추가하여, y변수를 통제한 후 x와 z의 편상관분석을 실행한다.

[실행결과 : 상관분석]

```
                                         단순 통계량

 변수            N           평균        표준편차             합          최솟값          최댓값    레이블

 X              12      182.50000      34.60820           2190      140.00000      250.00000    X
 Z              12        6.91667       1.67649       83.00000        4.00000       10.00000    Z
 Y              12       30.66667       1.72328      368.00000       28.00000       34.00000    Y

                                  피어슨 상관 계수, N = 12
                                H0: Rho=0 가정하에서 Prob > |r|

                                     X              Z              Y

                         X     1.00000        0.69333        0.96031
                         X                     0.0124         <.0001

                         Z     0.69333        1.00000        0.74471
                         Z      0.0124                        0.0055

                         Y     0.96031        0.74471        1.00000
                         Y      <.0001         0.0055
```

[실행결과 : 편상관분석]

```
                              1 개의 Partial 변수:    Y
                              2 개의 변수:            X         Z

                                         단순 통계량

                                                                                       부분          부분
 변수         N        평균     표준편차           합        최솟값       최댓값        분산      표준편차   레이블

 Y           12    30.66667      1.72328    368.00000      28.00000     34.00000                               Y
 X           12   182.50000     34.60820         2190     140.00000    250.00000   102.50000     10.12423    X
 Z           12     6.91667      1.67649     83.00000       4.00000     10.00000     1.37704      1.17347    Z

                              피어슨 부분 상관 계수, N = 12
                            H0: 부분 Rho=0 가정하에서 Prob > |r|

                                         X              Z

                             X     1.00000       -0.11724
                             X                     0.7314

                             Z    -0.11724        1.00000
                             Z      0.7314
```

분석결과를 살펴보면, 다중분석에서의 X와 Z의 상관계수는 유의한 양(+)의 상관성을 보였지만, Y변수를 통제한 후의 X와 Z의 편상관계수는 유의하지 않은 음(−)의 상관계수를 보이고 있다. 즉, 온도가 통제되면 아이스크림 판매량과 소득수준의 관련성은 유의하지 않음을 알 수 있다.

이 장의 SAS 명령문 정리

단순상관분석

```
proc corr data=a1; var x y; run;
```

다중상관분석

```
proc corr data=a1; var x y z w; run;
```

스피어만 상관분석

```
proc corr spearman data=a1; var x y; run;
```

편상관분석

```
proc corr data=a1; var x z; partial y; run;
```

10장

회귀분석

회귀분석(Regression Analysis)이란 변수들 간의 인과관계를 분석하는 방법으로, 이를 간단히 식으로 설명하면 $Y = a + bX_1 + cX_2$ 등의 함수식 형태로 표현된다. 여기서 X는 독립변수, Y는 종속변수라 한다. 그리고 독립변수 X의 수가 1개인 경우를 단순회귀분석이라 하고, 2개 이상인 경우를 다중회귀분석이라 부른다.

예를 들어 기업의 연구개발비(X1)와 광고선전비(X2)가 매출액(Y)에 영향을 미친다고 가정하자. 두 독립변수들의 회귀분석을 통해 어떤 변수가 어느 정도로 매출액에 영향을 미치는지 또는 어떤 변수를 어떻게 변화시키면 매출액이 어떻게 변화할지 예측할 수 있다.

1. 단순회귀분석

단순회귀모형(Simple Regression Model)은 하나의 독립변수 X와 종속변수 Y 사이의 관계를 선형적으로 표현한 것이다. 예를 들어 아래와 같이 각 기업의 연구개발비(X)와 매출액(Y)이 제시되었다면, 이들의 관계를 선형식 $Y = a + bX$로 표현하는 방법이다.

연구개발비(X)	60	55	57	59	61	63	72	66	68	75	78	73
매출액(Y)	158	159	161	163	164	165	169	170	176	182	182	182

두 변수의 관계를 선형식으로 표현하기 위해서는 두 변수 간에 어떠한 관계가 있는지를 아래와 같은 **산점도**를 통해 대략적으로 파악해야 한다.

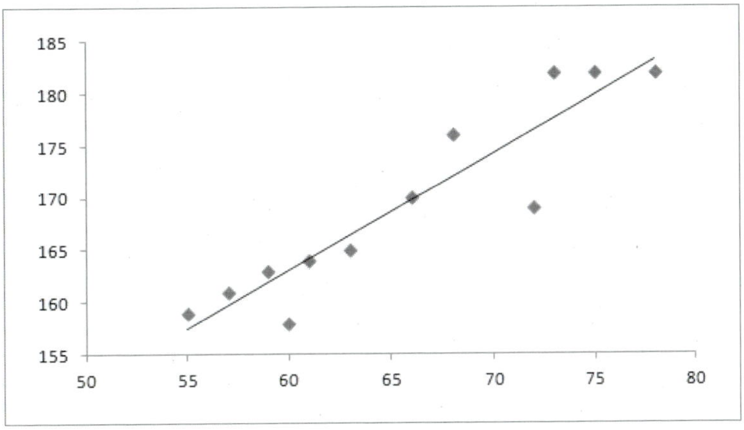

[그림 10-1] 기업별 연구개발비와 매출액 산점도

위 산점도를 통해 연구개발비와 매출액은 양(+)의 **선형관계**에 있음을 알 수 있다. 또한 매출액과 연구개발비의 관계를 잘 표현할 수 있는 직선을 **회귀선**이라 부르며, 이 선을 통해 **회귀모형**을 도출할 수 있다.

1) 최소자승법(Least Square Method)을 통한 회귀모형의 도출

산점도에서 연구개발비와 매출액의 관계를 표현할 수 있는 최적의 회귀선은 개별 관측치들과 회귀선과의 거리가 최소화되어야 하며, 이러한 선을 찾는 가장 대표적인 방법이 **최소자승법**이다.

최소자승법은 회귀선과 관측치들 간의 차이를 제곱하여 모두 더한 값, 즉 오차항의 제곱합이 최소가 될 때 최적의 회귀선이 도출된다. 최적의 회귀선을 도출하는 방법은 다음과 같은 가정을 따른다.

① 오차항의 평균은 0이다.
② 오차항은 모든 독립변수 값에 대해 동일한 분산을 갖는다.
③ 오차항은 독립변수들 간에 서로 상관성이 없어야 한다.
④ 오차항과 독립변수는 서로 독립이다.
⑤ 오차항은 정규분포를 따른다.

2) 회귀식의 추정

회귀선을 추정한다는 것은 $Y_i = \beta_1 + \beta_2 X_i + \varepsilon_i$에서 절편 β_1과 기울기 β_2의 값을 추정한다는 의미이다. 이 추정치를 구하는 방법은 앞서 설명한 최소자승법을 이용한다. 최소자승법은 $Y_i = \beta_1 + \beta_2 X_i + \varepsilon_i$에서 ε_i의 값이 최솟값이 되어야 하므로 오차항의 최소제곱합 E는 다음과 같이 표현할 수 있다.

$$E = \sum_{i=1}^{n} \varepsilon^{2_i} = \sum_{i=1}^{n} (Y_i - \hat{Y}_i)^2 = Min \sum_{i=1}^{n} [Y_i - (\beta_1 + \beta_2 X_i)]^2$$

예제 10-1 각 기업의 연구개발비와 매출액 간의 회귀식을 도출하기 위해 다음과 같이 각각의 평균과 편차를 구하였다. 이를 통해 회귀모형을 추정해 보자.

구분	연구개발비(X)	매출액(Y)	$(X_i - \overline{X})$	$(Y_i - \overline{Y})$	$(X_i - \overline{X})(Y_i - \overline{Y})$	$(X_i - \overline{X})^2$
1	60	158	−5.58	−11.25	62.81	31.17
2	55	159	−10.58	−10.25	108.48	112.01
3	57	161	−8.58	−8.25	70.81	73.67
4	59	163	−6.58	−6.25	41.15	43.34
5	61	164	−4.58	−5.25	24.06	21.01
6	63	165	−2.58	−4.25	10.98	6.67
7	72	169	6.42	−0.25	−1.60	41.17
8	66	170	0.42	0.75	0.31	0.17
9	68	176	2.42	6.75	16.31	5.84
10	75	182	9.42	12.75	120.06	88.67
11	78	182	12.42	12.75	158.31	154.17
12	73	182	7.42	12.75	94.56	55.01
합계	787	2,031	0.00	0.00	706.25	632.92
평균	65.58	169.25				

[자료 10-1] 기업별 연구개발비와 매출액의 평균과 편차

기울기 $\beta_2 = \dfrac{\Sigma(X_i - \overline{X})(Y_i - \overline{Y})}{\Sigma(X_i - \overline{X})^2} = \dfrac{706.25}{632.92} = 1.1159$

절편 $\beta_1 = \overline{Y} - \beta_2 \overline{X} = 169.25 - (1.1159 \times 65.58) = 96.067$

따라서 연구개발비와 매출액 간의 회귀식은 $\hat{Y} = 96.067 + 1.115X_i$로 추정된다.

3) 회귀모형의 설명력

전체편차$(Y_i - \overline{Y})$ 중에서 회귀선이 설명해 줄 수 있는 부분$(\hat{Y}_i - \overline{Y})$을 말한다. 이를 자세히 설명하면 회귀모형에서 종속변수의 평균$(\overline{Y})$을 통해 관측치(Y_i)를 추정하면 편차가 발생하게 된다. 다시 이 편차$(Y_i - \overline{Y})$를 세분화하면 회귀모형을 통해 설명할 수 있는 편차$(\hat{Y}_i - \overline{Y})$와 회귀모형을 통해 설명할 수 없는 편차, 즉 잔차

$(Y_i - \hat{Y}_i)$로 나누어 볼 수 있다.

이러한 편차들은 회귀모형 위에 있는가 또는 아래에 있는가에 따라 양수나 음수가 될 수 있다. 모든 관측치에 대해 이러한 편차들을 단순하게 모두 더한다면, 서로 상쇄되어 총편차의 크기를 정확하게 나타내지 못한다. 따라서 회귀모형의 **설명력**은 각각의 편차들에 모두 제곱을 하여 다음과 같이 구할 수 있다.

$$\Sigma(Y_i - \overline{Y})^2 = \Sigma(Y_i - \hat{Y})^2 + \Sigma(\hat{Y}_i - \overline{Y})^2$$
$$SST \quad = \quad SSE \quad + \quad SSR$$

먼저, 좌변은 **총제곱합**(SST : Sum of Squared Total)을 나타내며, 우변은 회귀선으로 **설명되지 않는 제곱합**(SSE : Sum of Squared Error)과 회귀선으로 **설명되는 제곱합**(SSR : Sum of Squared Regression)을 나타낸다. 따라서 회귀모형의 설명력은 다음과 같이 표시된다.

$$R^2 = \frac{SSR}{SST} = 1 - \frac{SSE}{SST}$$

예제 10-2 기업의 연구개발비와 매출액에 관한 회귀모형의 설명력을 구해보자.

구분	연구개발비(X)	매출액(Y)	$\hat{Y}$	$Y_i - \hat{Y}$	$(Y_i - \hat{Y})^2$	$(Y_i - \overline{Y})^2$
1	60	158	163.02	5.02	25.20	126.56
2	55	159	157.44	1.56	2.43	105.06
3	57	161	159.67	1.33	1.76	68.06
4	59	163	161.90	1.10	1.20	39.06
5	61	164	164.14	−0.14	0.02	27.56
6	63	165	166.37	−1.37	1.87	18.06
7	72	169	176.41	−7.41	54.91	0.06
8	66	170	169.72	0.28	0.08	0.56
9	68	176	171.95	4.05	16.43	45.56
10	75	182	179.76	2.24	5.03	162.56
11	78	182	183.11	−1.11	1.22	162.56
12	73	182	177.53	4.47	20.01	162.56
합계	787	2,031			130.17	918.25

[자료 10-2] 연구개발비와 매출액에 대한 회귀모형의 편차

회귀모형의 설명력을 구하는 공식에 의해 $R^2 = \frac{SSR}{SST} = 1 - \frac{130.17}{918.25} = 0.858$로 계산된다. 따라서 이 회귀모형의 설명력은 85.8%라 할 수 있다.

4) 회귀계수의 유의성 검정

회귀계수의 유의성을 검정하기 위해서는 독립변수 X의 회귀계수가 0과 동일한지 그렇지 않은지 검정해야 한다. 이를 위해 다음과 같은 가설을 설정한다.

$$H_0 : \beta_1 = 0, \qquad H_1 : \beta_1 \neq 0$$

만약 H_0이 채택되면 선형관계는 성립되지 않으며, H_1이 채택되면 선형관계가 성립되고, $\widehat{\beta_1}$의 값은 유의한 값이 될 것이다. 이러한 판단은 t값을 통해 알 수 있다.

$$t = \frac{\widehat{\beta_1}}{S_{\hat{\alpha}}}$$

$\widehat{\beta_1}$: 회귀계수 $S_{\hat{\alpha}}$: $\widehat{\beta_1}$의 표준오차

지금까지 설명한 단순회귀분석은 다음의 SAS 명령문을 통해 분석할 수 있다.

[명령문]

```
① proc reg ② data=a1; model sale=rd; run;
```

① proc reg 문은 회귀분석을 실시하는 명령문이다.

② 데이터 a1에서 rd를 종속변수로 하고, sale을 독립변수로 한 단순회귀분석을 실행한다.

[실행결과]

```
                          The REG Procedure
                           Model: MODEL1
                   Dependent Variable: sale sale

                Number of Observations Read          12
                Number of Observations Used          12

                        Analysis of Variance

                                    Sum of          Mean
Source                  ①DF      ②Squares        Square    F Value    Pr > F

Model                     1      788.08015     788.08015      60.54    <.0001
Error                    10      130.16985      13.01698
Corrected Total          11      918.25000

          Root MSE              3.60791   ③R-Square     0.8582
          Dependent Mean      169.25000    Adj R-Sq     0.8441
          Coeff Var             2.13170

                        Parameter Estimates

                                  ④ Parameter     Standard
Variable     Label        DF      Estimate        Error   ⑤t Value   Pr > |t|

Intercept    Intercept     1      96.06781      9.46285      10.15     <.0001
rd           rd            1       1.11587      0.14341       7.78     <.0001
```

① **DF**(Degree of Freedom) : 자유도를 나타내는 것으로, 1은 독립변수의 개수를 나타내며, 10은 error항의 자유도로 총자료수 12에서 추정하는 계수의 수 2를 뺀 값을 나타낸다. 그리고 11은 자료의 차유도이며, 총자료수 12에서 독립변수의 수 1을 뺀 값이다.

② 자승합(Sum of Square) : 종속변수의 자승합(SST, 918.25)은 모형에 의해 설명되는 부분(SSR, 788.08)과 설명되지 않은 부분(SSE, 130.16)으로 나눌 수 있나.

③ 회귀모형의 설명력을 나타내며, $R^2 = \dfrac{SSR}{SST} = \dfrac{788.080}{918.250} = 0.858$이다.

④ 회귀계수의 값을 나타내고 있으며, 이를 통해 $Y_i = 96.067 + 1.115X_i$의 회귀모형을 추정할 수 있다.

⑤ 회귀계수의 유의성을 검정하기 위한 t값이며, 절편의 t값은 10.15(96.067/9.462)이고, rd의 t값은 7.78(1.115/0.143)이다.

2. 다중회귀분석

단순회귀모형에서 더 나아가 독립변수가 2개 이상인 회귀식을 다중회귀모형이라고 한다. 두 개의 독립변수를 가진 **다중회귀모형**의 식은 다음과 같다.

$$Y_i = \beta_0 + \beta_1 X_{1i} + \beta_2 X_{2i} + \varepsilon_i$$

이 모형에서 β_1은 독립변수 X_2의 값이 고정되어 있을 때 X_1의 값 한 단위 증가 혹은 감소가 종속변수에 미치는 영향으로 해석할 수 있으며, 같은 방법으로 β_2는 X_1의 값이 고정되어 있을 때 X_2가 종속변수에 미치는 영향으로 해석된다.

구분	1	2	3	4	5	6	7	8	9	10
매출액	690	760	850	900	970	690	890	970	800	910
연구개발비	29	34	32	35	40	33	39	35	33	37
광고선전비	9	12	15	19	17	10	18	10	13	19
구분	**11**	**12**	**13**	**14**	**15**	**16**	**17**	**18**	**19**	**20**
매출액	920	890	760	890	970	850	970	730	730	920
연구개발비	39	35	36	35	38	35	41	33	34	29
광고선전비	16	12	9	15	16	14	21	11	9	20

[자료 10-3] 기업의 매출액, 연구개발비, 광고선전비

[명령문]

```
proc reg data=a1; model sale=rd ad; run;
```

proc reg 문을 통해 sale=rd ad에 대한 회귀분석을 실시한다.

[실행결과]

```
                          The REG Procedure
                            Model: MODEL1
                   Dependent Variable: sale sale

              Number of Observations Read          20
              Number of Observations Used          20

                        Analysis of Variance

                                  Sum of          Mean
Source                  DF       Squares        Square  ① F Value    Pr > F

Model                    2        110956         55478      14.32    0.0002
Error                   17         65864    3874.37043
Corrected Total         19        176820

            Root MSE            62.24444    R-Square     0.6275
            Dependent Mean     853.00000  ② Adj R-Sq     0.5837
            Coeff Var            7.29712

                        Parameter Estimates

                                Parameter     Standard
Variable     Label       DF      Estimate        Error    t Value    Pr > |t|

Intercept    Intercept    1     293.21144    155.30657       1.89      0.0762
rd           rd           1      10.16823      4.86181       2.09      0.0518
ad           ad           1      14.23745      4.02967       3.53      0.0026
```

① F검정은 회귀모형의 적합도를 검정하는 것으로, 모든 회귀계수가 0인지 아닌지를 검정하는 방법이다. F검정의 가설은 다음과 같다.

$H_0 : \beta_1 = \beta_2 = \beta_3 .... = 0, \quad H_1 : \beta_1, \beta_2, \beta_3, \cdots$ 이 중 하나는 0이 아니다.

만약 H_0이 채택된다면 회귀계수들은 모두 0이라는 의미이며, 이것은 현재의 회귀모형이 종속변수를 설명하는 데 적합하지 않다는 것을 의미한다. 따라서 F값을 통해 유의성을 판단하여 귀무가설을 기각하거나 채택한다. 여기서 F=14.32(55478/3874.37)를 보여 회귀모형식이 적합함을 알 수 있다.

② R^2은 독립변수의 수가 많을수록 증가하며, 또한 종속변수를 설명하는 데 전혀 기여하지 않아도 감소되지 않는다. 이러한 R^2의 단점을 보완하기 위하여 고안된 것이 **수정된 설명력**($Adjusted\ R^2$)이며, 다음의 식을 통해 구할 수 있다.

$$Adj - R^2 = 1 - \frac{SSE/(n-p-1)}{SST/(n-1)} = \frac{65864/(20-2-1)}{176820/(20-1)} = 0.5837$$

$p=$ 추정하는 계수의 수, $n=$ 총자료의 수

3. 가변수(Dummy Variable)

회귀분석에서 종속변수는 수량화된 변수(예 : 주가, 주당순이익 등)뿐만 아니라, 질적변수(예 : 성별, 감사의견, 경영자교체 등)에 의해서도 영향을 받을 수 있다. 예를 들어 학력에 따라 임금이 차별적인지를 살펴보고자 한다면, 학력과 같은 변수들이 독립변수에 포함되어야 한다. 여기서 학력변수는 고졸 또는 대졸과 같이 속성의 존재여부를 나타내기 때문에 속성을 수량화하여 0 또는 1의 값을 갖는 **가공변수**를 만들어 준다. 즉, 대졸이면 "1" 그렇지 않으면 "0"을 갖는 변수를 설정하는 것이다.

"종업원들의 임금수준(W)은 학력에 따라 차이가 있다"라고 가정하자. 이때 학력수준(D=대졸이면 1, 그렇지 않으면 0)이라는 질적변수를 수량화하여 회귀모형의 독립변수로 설정하면, 다음과 같은 식으로 표현할 수 있다.

$$W_i = \alpha + \beta D_i + \varepsilon_i$$

위 식은 회귀분석의 기본가정을 모두 충족한다고 가정하고, 다음과 같은 2개의 식으로 재구성할 수 있다.

D_i가 0인 경우 $W_i = \alpha + \varepsilon_i$ D_i가 1인 경우 $W_i = \alpha + \beta + \varepsilon_i$

$\therefore E[W_i | D_i = 0] = \alpha$ $\therefore E[W_i | D_i = 1] = \alpha + \beta$

이를 설명하면, 먼저 절편 α는 고졸자의 평균임금 수준을, $\alpha+\beta$는 대졸자의 평균임금 수준을 나타낸다. 그리고 가변수(D_i)의 기울기 계수(β_i)는 두 집단 간 임금차이 $(\alpha+\beta)-\alpha=\beta$를 나타낸다. 따라서 가변수 β_i가 양(+)의 값을 보이면, 대졸 학력자들의 평균임금 수준이 그렇지 않은 학력자들보다 높음을 의미한다.

예제 10-3 A기업의 학력(X)에 따른 임금수준(Y=대졸이면 1, 고졸이면 0)은 다음과 같다. 학력수준에 따라 임금수준에 차이가 있는지를 검정해 보자.

X	0	0	0	0	0	0	0	0	0	0
Y	200	250	300	320	420	600	650	400	370	800

X	1	1	1	1	1	1	1	1	1	1
Y	300	375	450	480	630	900	975	600	555	1200

검정을 위한 회귀모형은 다음과 같다.

$$Y_i = \beta_1 + \beta_2 X_i + \varepsilon_i$$

위 모형에서 예상되는 임금수준의 변화는 다음과 같다.

$$E[Y_i] = \beta_1 \quad : X_i = 0\ (\text{고졸자의 평균임금})$$
$$\beta_1 + \beta_2 : X_i = 1\ (\text{대졸자의 평균임금})$$

[명령문]

```
proc reg data=a1; model y=x; run;
```

proc reg 문을 이용하여, y=x의 회귀분석을 실행한다.

[실행결과]

```
                              The REG Procedure
                                Model: MODEL1
                           Dependent Variable: y y

                   Number of Observations Read          20
                   Number of Observations Used          20

                             Analysis of Variance

                                       Sum of           Mean
Source                    DF          Squares         Square    F Value    Pr > F

Model                      1           232201         232201       3.86    0.0650
Error                     18          1082543          60141
Corrected Total           19          1314744

             Root MSE            245.23713    R-Square     0.1766
             Dependent Mean      538.75000    Adj R-Sq     0.1309
             Coeff Var            45.51965

                             Parameter Estimates

                                    Parameter       Standard
Variable      Label          DF      Estimate          Error    t Value    Pr > |t|

Intercept     Intercept       1     431.00000       77.55079       5.56      <.0001
x             x               1     215.50000      109.67338       1.96      0.0650
```

분석결과 회귀계수 x의 t값은 1.96으로 유의한 양(+)의 값을 보였으며, 학력수준에 따라 임금수준에 차이가 있음을 알 수 있다. 여기서 절편은 고졸자들의 평균임금이며, 절편(431.0)과 x의 회귀계수(215.5)의 합(646.5)은 대졸자들의 평균임금을 나타낸다. 즉, 대졸자의 임금수준이 고졸자에 비해 215.5만원 높은 것을 알 수 있다.

앞에서 가변수를 대졸에게 1, 고졸에게 0을 부여하였다. 그러나 이를 반대로 고졸에게 1, 대졸에게 0을 부여할 수도 있다. 이러한 경우 대졸자 임금이 고졸자보다 높아, x의 회귀계수는 음(−)의 값을 예상할 수 있다.

[실행결과]

```
                         The REG Procedure
                           Model: MODEL1
                      Dependent Variable: y y

              Number of Observations Read          20
              Number of Observations Used          20

                        Analysis of Variance

                                  Sum of           Mean
Source                  DF       Squares         Square    F Value    Pr > F

Model                    1        232201         232201       3.86    0.0650
Error                   18       1082543          60141
Corrected Total         19       1314744

          Root MSE            245.23713    R-Square     0.1766
          Dependent Mean      538.75000    Adj R-Sq     0.1309
          Coeff Var            45.51965

                        Parameter Estimates

                                Parameter       Standard
Variable     Label        DF     Estimate          Error    t Value    Pr > |t|

Intercept    Intercept     1    646.50000       77.55079       8.34      <.0001
x            x             1   -215.50000      109.67338      -1.96      0.0650
```

분석결과, 앞의 결과와 반대로 x의 회귀계수는 음(−)의 값을 보이고 있다. 즉, 고졸자의 임금이 대졸자에 비해 215.5만원 작다는 것을 알 수 있다. 또한 절편은 대졸자의 평균임금, 절편과 x의 회귀계수의 합은 고졸자의 평균임금을 나타낸다.

다음은 각 기업의 매출액과 광고선전비를 조사한 결과이며, **가변수**는 신문광고를 하는 경우 0, TV광고를 하는 경우를 1로 설정하였다.

구분	1	2	3	4	5	6	7	8	9	10
매출액	690	760	850	900	970	690	890	970	800	910
광고선전비	9	12	15	19	17	10	18	10	13	19
가변수	0	1	0	1	1	0	0	1	0	1

구분	11	12	13	14	15	16	17	18	19	20
매출액	920	890	760	890	970	850	970	730	730	920
광고선전비	16	12	9	15	16	14	21	11	9	20
가변수	0	1	0	1	1	0	1	0	0	1

[자료 10-4] 기업의 매출액, 광고선전비 및 광고매체 현황

가변수를 이용하여 신문광고와 TV광고 중 어느 매체가 매출액에 더 높은 영향을 보이는지를 검정해 보자.

[명령문]

```
proc reg data=a1; model sale=ad z; run;
```

광고매체를 나타내는 z라는 가변수를 회귀모형에 포함시켜, 광고매체에 따라 광고 선전비가 매출액에 미치는 영향을 분석한다.

[실행결과]

```
                              The REG Procedure
                                Model: MODEL1
                       Dependent Variable: sale sale

                   Number of Observations Read          20
                   Number of Observations Used          20


                             Analysis of Variance

                                      Sum of           Mean
Source                    DF         Squares         Square    F Value    Pr > F

Model                      2          115795          57897      16.13    0.0001
Error                     17           61025     3589.71332
Corrected Total           19          176820


              Root MSE             59.91422    R-Square     0.6549
              Dependent Mean      853.00000    Adj R-Sq     0.6143
              Coeff Var             7.02394


                             Parameter Estimates

                                   Parameter       Standard
Variable     Label          DF      Estimate          Error    t Value    Pr > |t|

Intercept    Intercept       1     628.03329       52.99844      11.85      <.0001
ad           ad              1      13.14248        3.99162       3.29      0.0043
z            z               1      75.37284       30.59519       2.46      0.0247
```

분석결과 Z의 회귀계수는 75.373을 나타냈으며, 통계적으로 유의한 값을 보이고 있다($t=2.46$). 따라서 신문광고를 하는 회사보다 TV광고를 하는 회사의 매출액이 75.373 더 높음을 알 수 있다. 이러한 결과를 선형회귀선으로 나타내면 다음과 같다.

TV광고를 하는 회사의 회귀식　$SALE = 628.033 + 13.142 \times AD + 75.373 \times Z$

신문광고를 하는 회사의 회귀식　$SALE = 628.033 + 13.142 \times AD$

여기서 두 회귀식의 절편 차이가 바로 가변수 Z의 값인 75.373이라 할 수 있다.

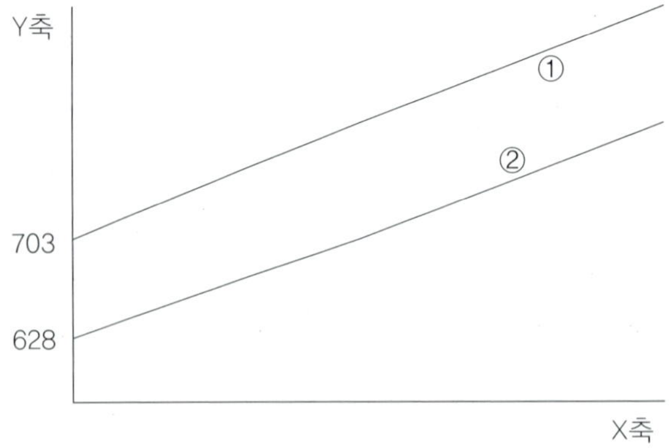

[그림 10-2] 가변수와 절편의 차이

고졸과 대졸, 두 범주를 구분하기 위해서는 가변수 하나가 도입되었다. 즉, "X는 대졸이면 1, 고졸이면 0"처럼 두 개의 범주를 구분하기 위해서는 하나의 가변수가 필요하다. 다음과 같은 식이 있다고 가정하자.

$$Y_i = a_1 + a_2 D_{2i} + a_3 D_{3i} + \beta X_i + e$$

종속변수 Y는 임금이며, D_{2i}와 D_{3i}는 각각 대졸이면 1, 그렇지 않으면 0과, 고졸이면 1, 그렇지 않으면 0을 의미하는 가변수이다. 이러한 식은 추정가능한가?

답은 추정이 불가능하며, 그 이유는 D_{2i}와 D_{3i}가 완전 상관관계를 보이기 때문이다. 즉, $D_{2i} = 1 - D_{3i}$이고, $D_{3i} = 1 - D_{2i}$임에 따라 이 두 변수 간에는 완전 다중공선성이 발생하여 회귀분석의 추정이 불가능하다.

따라서 이 문제를 해결하기 위해서는 두 가지 범주를 갖는 질적변수에 대해 단 하나의 가변수만 사용해야 한다. 즉, 질적변수의 범주가 m개이면, 포함시켜야 할 가변수는 m−1개이다. 예를 들어, 2010년도부터 2015년도까지 6개연도의 연도더미변수를 회귀모형에 포함시키고자 할 경우 5개연도의 연도더미변수만을 회귀모형에 포함시켜야 한다. 이때, 6개연도 모두 변수에 포함시킬 경우 회귀분석은 실행되지 않는다.

4. 상호작용변수

가변수를 통해 기울기는 같으나, 절편이 각각 다른 회귀식을 얻을 수 있었다. 여기서 한 걸음 더 나아가 절편뿐 아니라 기울기도 다른 모형을 설정할 수 있으며, 이러한 모형을 **상호작용모형**이라 한다.

상호작용효과란 둘 이상의 변수가 결합되어 발생하는 상승 혹은 상쇄효과를 말한다. 예를 들어 광고선전비와 광고매체 간의 상호작용효과가 존재한다고 가정하자. 광고선전비가 높고, TV광고를 실시하는 기업이 그렇지 않은 기업보다 매출액에 많은 영향을 주는지를 검정하는 경우이다. 이 상호작용효과는 다음과 같이 설정할 수 있다.

$$Y_i = \beta_0 + \beta_1 X_{1i} + \beta_2 X_{2i} + \beta_3 X_1 X_2 + \varepsilon_i$$

$X_2 = 0$ 일 때 : $E[Y] = \beta_0 + \beta_1 X_1$

$X_2 = 1$ 일 때 : $E[Y] = (\beta_0 + \beta_2) + (\beta_1 + \beta_3) X_1$

이처럼 가변수의 값에 따라 회귀식은 절편(β_0, $\beta_0 + \beta_2$)뿐만 아니라 기울기(β_1, $\beta_1 + \beta_3$)도 달라질 수 있다. 여기서 $\beta_3 X_1 X_2$는 직접 입력할 수 없으므로, 선형화하기 위해 $X_1 X_2$는 X_3라 하고, 아래와 같은 식을 이용하여 분석해 보자.

$$Y_i = \beta_1 + \beta_1 X_{1i} + \beta_2 X_{2i} + \beta_3 X_3 + \varepsilon_i$$

앞 예제의 광고선전비와 광고매체를 **상호작용변수**로 설정하여 매출액에 미치는 영향을 분석해 보자.

[명령문]

```
① data a2; set a1; adz=ad*z; run;
② proc reg data=a2; model sale=ad z adz; run;
```

① 광고선전비와 광고매체 가변수를 곱한 adz를 상호작용변수로 설정한다.
② 데이터 a2를 이용하여 상호작용변수 adz를 포함한 회귀분석을 실행한다.

[실행결과]

```
                         The REG Procedure
                           Model: MODEL1
                  Dependent Variable: sale sale

           Number of Observations Read          20
           Number of Observations Used          20

                        Analysis of Variance

                                 Sum of          Mean
Source               DF         Squares        Square    F Value    Pr > F

Model                 3          133532         44511      16.45    <.0001
Error                16           43288    2705.50546
Corrected Total      19          176820

         Root MSE             52.01447    R-Square     0.7552
         Dependent Mean      853.00000    Adj R-Sq     0.7093
         Coeff Var             6.09783

                        Parameter Estimates

                                Parameter       Standard
Variable     Label        DF     Estimate          Error    t Value    Pr > |t|

Intercept    Intercept     1    500.80913       67.71918       7.40      <.0001
ad           ad            1     23.40249        5.29768       4.42      0.0004
z            z             1    326.13424      101.47435       3.21      0.0054
adz                        1    -17.93313        7.00390      -2.56      0.0210
```

분석결과 Z의 회귀계수는 326.134(t=3.21)로 유의한 양(+)의 값을 보여, TV광고를 이용하는 기업이 신문광고를 이용하는 기업보다 매출액이 높은 것으로 나타났다. 그러나 adz의 회귀계수는 −17.933(t=−2.56)으로 유의한 음(−)의 값을 보여, TV광고를 이용하여 광고 지출이 많은 기업은 오히려 그렇지 않은 기업보다 매출액이 더 낮음을 알 수 있다.

5. 가변수(Dummy)에 대한 Chow 검정

가변수(Dummy)의 설명에서 질적변수들은 절편에만 영향을 미치고, 기울기 계수에는 영향을 미치지 않는다고 가정하였다. 그러나 질적변수에 따라 기울기가 상이하다면, 절편의 차이에 대한 검정은 무의미할 것이다. 이러한 두 회귀모형 사이의 절편 또는 기울기에 차이가 있는지, 아니면 둘 다 차이가 있는지를 살펴보는 방법 중 하나가 **Chow 검정**이다.

예제 10-4 다음은 Chow 검정을 이용하여 A기업의 근무연수(Z)와 임금(Y)의 관계가 직원들의 학력수준(A=대졸이면 1, 고졸이면 0)에 따라 차이가 있는지를 검정해 보자.

X	0	0	0	0	0	0	0	0	0	0
Z	3	7	9	12	15	14	17	20	25	30
Y	220	260	310	335	375	380	390	430	485	570

X	1	1	1	1	1	1	1	1	1	1
Z	1	5	7	10	13	12	15	18	23	28
Y	280	370	410	470	520	495	560	620	715	820

아래의 식과 같이 고졸과 대졸의 임금을 정의한다.

고졸의 임금 : $Y_i = a_1 + a_2 Z_i + e$ 　대졸의 임금 : $Y_i = \beta_1 + \beta_2 Z_i + e$

Chow 검정 1단계 : 고졸과 대졸을 모두 합하여 단일의 "합동" 회귀를 실시한다.

$$Y_i = a_1 + \beta_2 Z_i + e$$

이 회귀식으로부터 잔차자승합(RSS)을 구하며, 이때 잔차자승합을 S_1이라 하자.

Chow 검정 2단계 : 이 단계에서는 고졸의 임금과 대졸의 임금을 개별적으로 회귀분석하고, 각각의 잔차자승합계 S_2와 S_3을 구한다. 이 둘을 더하면 두 회귀식의 잔차자승합계인 $S_4(S_2+S_3)$를 구할 수 있다.

Chow 검정 3단계 : 1단계에서 구한 S_1에서 2단계에서 구한 S_4를 뺀 후(S_5) 이 값을 통해 Chow 검정의 가정하에 F값을 측정한다.

$$F = \frac{S_5/k}{S_4/(n_1+n_2-2k)}$$

k= 추정되는 모수의 수(여기서는 2)
n_1= 고졸임금의 관측치 수, 　n_2= 대졸임금의 관측치 수

만약 위 식에 의해 계산된 F값의 유의수준이 임계치보다 크다면, 두 회귀식이 동일하다는 가설은 기각된다. 각 단계에서 구해진 잔차자승의 합은 다음과 같다.

$$S_1 = 180{,}783,\quad S_2 = 1{,}059.405,\quad S_3 = 231.046,\quad S_4 = 1{,}290,\quad S_5 = 179{,}493$$

$$F = \frac{179{,}493/2}{179{,}493/(10+10-4)} = \frac{89{,}746}{11{,}218} = 8.00$$

F값이 임계치보다 크다면, 근무연수와 임금의 관계에서 고졸과 대졸의 회귀식은 동일하지 않다고 주장할 수 있다.

이러한 다단계 Chow 검정 절차는 가변수를 사용함으로써 간단하게 분석할 수 있다. 앞의 예제를 다음과 같은 회귀식으로 추정해 보자.

$$Y_i = \alpha_1 + \alpha_2 Z_i + \alpha_3 X_i + \alpha_4 (Z_i \times X_i) + e$$

여기서, X=대졸이면 1, 고졸이면 0, Z=근무연수, Y=임금을 나타내며, 고졸 직원의 임금은 $Y_i = \alpha_1 + \alpha_2 Z_i$, 대졸 직원의 임금은 $Y_i = (\alpha_1 + \alpha_3) + (\alpha_2 + \alpha_4) Z_i$을 나타낸다.

위 식에서 α_3는 절편의 격차를 나타내고, α_4는 기울기의 격차를 나타내고 있다.

분석결과 아래와 같이 절편(185.024)과 기울기(7.108)의 격차 변수가 모두 통계적으로 유의한 값을 보이고 있어, 학력수준에 따라 회귀식이 다르다는 것을 알 수 있다.

[실행결과]

```
                              The REG Procedure
                                Model: MODEL1
                          Dependent Variable: y y

                   Number of Observations Read           20
                   Number of Observations Used           20

                            Analysis of Variance

                                     Sum of           Mean
Source                   DF         Squares         Square    F Value    Pr > F

Model                     3          443023         147674    1830.95    <.0001
Error                    16      1290.47070       80.65442
Corrected Total          19          444314

           Root MSE              8.98078    R-Square     0.9971
           Dependent Mean      450.75000    Adj R-Sq     0.9966
           Coeff Var             1.99241

                            Parameter Estimates

                                   Parameter       Standard
Variable     Label         DF       Estimate          Error    t Value    Pr > |t|

Intercept    Intercept      1      185.02469        6.22369      29.73      <.0001
x            x              1       81.73305        8.36235       9.77      <.0001
z            z              1       12.53127        0.36434      34.39      <.0001
zx                          1        7.10829        0.51525      13.80      <.0001
```

위 결과를 통해 고졸의 임금 Y=185.024+12.531×Z이며, 대졸의 임금 Y=(185.024+81.733)+(12.531+7.108)×Z로 표현할 수 있다.

이처럼 Chow 검정과 비교하여 가변수 검정은 다음과 같은 장점이 있다.

① 하나의 추정된 회귀식을 통해 절편과 기울기의 차이를 검정할 수 있다.

② 단일 회귀식으로 다양한 가설들을 검정할 수 있다. 즉, Chow 검정은 두 기간 동안 어느 계수가 상이한지를 알 수 없지만, 가변수를 이용하는 경우에는 절편이 통계적으로 차이가 있는지, 기울기의 계수가 통계적으로 차이가 있는지를 검정할 수 있다.

6. 구조변화에 대한 검정(Test of Structural Change)

다음으로 Chow 검정을 통해 두 그룹(또는 기간)을 대상으로 동일한 회귀모형을 적용하였을 경우 각 그룹(기간) 간 전체 회귀계수가 차이가 있는지를 검정하는 방법에 대해 소개하고자 한다.

예를 들어 우리나라 상장기업들을 대상으로 장부가치(BV_{t-1})와 당기순이익(E_t)이 주가(P_{t+1})에 미치는 영향을 분석하고자 다음과 같은 식(1)의 연구모형을 설계하였다고 가정하자. 이때 상장기업을 연구개발비가 높은 집단과 낮은 집단으로 분류하여 각각 회귀분석을 실시하였을 경우 두 집단 간 회귀계수가 동일한지를 검정하고자 할 때 사용할 수 있는 방법이 **Chow-test**이다.

$$P_{t+1} = a_0 + a_1 BV_{t-1} + a_2 E_t + a_3 NEG_t + e_t \qquad \text{식(1)}$$

변수의 정의 : P_{t+1}=t+1년도 3월말 주가

BV_{t-1}=t−1년도 주당 장부가치(순자산)

E_t=t년도 주당 당기순이익

NEG_t=t년도 E가 0보다 크면 0, 아니면 E

이처럼 두 집단 간 회귀계수의 동일성을 검정하기 위한 Chow-test 검정에 대해 통계적 배경은 생략하고 검정방식에 대해서만 이를 설명하고자 한다.

먼저, 그룹 1(연구개발비가 0인 집단)의 관찰치가 n_1개이고 그룹 2(연구개발비가 0보다 큰 집단)의 관찰치가 n_2개일 때 선형회귀모형은 각각 다음과 같다.

$$그룹\ 1 : P_{t+1} = a_0 + a_1 BV_{t-1} + a_2 E_t + a_3 NEG_t + e_t$$
$$그룹\ 2 : P_{t+1} = \beta_0 + \beta_1 BV_{t-1} + \beta_2 E_t + \beta_3 NEG_t + e_t$$

이 검정에서 $H_0 : \alpha_0 = \beta_0,\ \alpha_1 = \beta_2,\ \alpha_2 = \beta_2,\ \alpha_3 = \beta_3$라는 가설이 기각되지 않았을 때는 두 집단을 통합하여 회귀분석을 실시하는 것이 더 효율적일 것이다. 하지만 가설이 기각되었을 경우에는 두 그룹 간에 최소한 하나 이상 독립변수의 설명력이 차이가 있다는 것을 의미한다.

Chow-test의 검정방식을 소개하면 먼저, ① 그룹 1과 그룹 2를 통합한 후 회귀분석을 실시하여 오차제곱합(SSE_T)을 구한다. 그 다음 ② 각각의 그룹별로 회귀분석을 실시한 후, 그룹 1의 오차제곱합(SSE_1)과 그룹 2의 오차제곱합(SSE_2)을 구하여 두 그룹의 오차제곱합($SSE_1 + SSE_2$)을 합한다.

마지막으로 ③ 통합식의 오차제곱합(SSE_T)과 두 그룹의 오차제곱합($SSE_1 + SSE_2$), 각 그룹의 관찰치(n_1, n_2) 그리고 변수의 수(k)를 통해 F검정을 실시하여 두 집단의 회귀계수의 동일성 여부를 판단하게 되고 이에 대한 F검정통계량은 다음과 같다.

$$F = \frac{(SSE_T - (SSE_1 + SSE_2))/k}{(SSE_1 + SSE_2)/(n_1 + n_2 - 2k)}$$

변수의 정의 : SSE_T= 두 집단을 통합하였을 경우 오차제곱합
SSE_1=그룹 1의 오차제곱합
SSE_2=그룹 2의 오차제곱합
n_1=그룹 1의 수, n_2=그룹 2의 수, k=변수의 수

예제를 통해 두 집단 간 전체 회귀계수의 차이를 Chow-test 검정을 통해 실시해 보도록 하자. 아래의 결과들은 전체 집단과 전체 집단을 연구개발비 유무에 따라 분류하였을 경우 식(1)에 회귀분석결과를 나타낸 것이다. 연구개발비의 유무에 따라 두 집단 간 전체 회귀계수가 유의한 차이를 보이는지 살펴보도록 하자.

집단 1 : 전체 집단에 대한 식(1)의 회귀분석결과

```
                              The REG Procedure
                                Model: MODEL1
                        Dependent Variable: price pt+1

                  Number of Observations Read          652
                  Number of Observations Used          652

                             Analysis of Variance

                                    Sum of           Mean
Source                    DF       Squares         Square    F Value    Pr > F

Model                      3    3.81368E12     1.271227E12    338.79    <.0001
Error                    648    2.431446E12    3752230806
Corrected Total          651    6.245125E12

            Root MSE                61255    R-Square     0.6107
            Dependent Mean          44972    Adj R-Sq     0.6089
            Coeff Var           136.20788

                             Parameter Estimates

                                   Parameter       Standard
Variable     Label          DF      Estimate          Error    t Value    Pr > |t|

Intercept    Intercept       1    4626.19475     2825.15185       1.64      0.1020
bvt_1        bvt_1           1       0.53416        0.03496      15.28      <.0001
Et           Et              1       7.23890        0.50381      14.37      <.0001
NEGt         NEGt            1     -10.68210        5.04848      -2.12      0.0347
```

집단 2 : 연구개발비가 0인 집단에 대한 식(1)의 회귀분석결과

```
                              The REG Procedure
                                Model: MODEL1
                        Dependent Variable: price pt+1

                  Number of Observations Read          298
                  Number of Observations Used          298

                             Analysis of Variance

                                    Sum of           Mean
Source                    DF       Squares         Square    F Value    Pr > F

Model                      3    2.223149E12    7.410498E11    292.13    <.0001
Error                    294    7.458027E11     2536743969
Corrected Total          297    2.968952E12

            Root MSE                50366    R-Square     0.7488
            Dependent Mean          43971    Adj R-Sq     0.7462
            Coeff Var           114.54399

                             Parameter Estimates

                                   Parameter       Standard
Variable     Label          DF      Estimate          Error    t Value    Pr > |t|

Intercept    Intercept       1     710.80461     3431.49162       0.21      0.8360
bvt_1        bvt_1           1       0.61456        0.03668      16.75      <.0001
Et           Et              1       6.11150        0.64695       9.45      <.0001
NEGt         NEGt            1     -11.72747        6.23150      -1.88      0.0608
```

집단 3 : 연구개발비가 0보다 큰 집단에 대한 식(1)의 회귀분석결과

```
                              The REG Procedure
                               Model: MODEL1
                      Dependent Variable: price pt+1

                 Number of Observations Read          354
                 Number of Observations Used          354

                            Analysis of Variance

                                     Sum of           Mean
     Source                 DF      Squares         Square    F Value    Pr > F

     Model                   3   1.626455E12   5.421518E11     115.06    <.0001
     Error                 350   1.649168E12    4711907873
     Corrected Total       353   3.275623E12

               Root MSE              68643    R-Square     0.4965
               Dependent Mean        45815    Adj R-Sq     0.4922
               Coeff Var         149.82805

                            Parameter Estimates

                                   Parameter       Standard
   Variable     Label        DF     Estimate          Error    t Value    Pr > |t|

   Intercept    Intercept     1   9051.44703     4335.40844       2.09      0.0375
   bvt_1        bvt_1         1      0.41268        0.06629       6.23      <.0001
   Et           Et            1      8.22047        0.74662      11.01      <.0001
   NEGt         NEGt          1    -11.35977        7.63353      -1.49      0.1376
```

회귀분석결과 **F검정**을 위해 각 집단의 오차제곱합과 관측치의 수, 변수의 수는 다음과 같다.

$$SSE_T = 2{,}431{,}446{,}000{,}000,\ \ SSE_1 = 745{,}802{,}700{,}000,\ \ SSE_2 = 1{,}649{,}168{,}000{,}000$$
$$n_1 = 298,\ \ n_2 = 354,\ \ k = 4$$

이를 통해 F검정통계량을 구하면 $F = \dfrac{9,118,825,000}{3,718,898,602} = 2.45$를 보이게 된다. 이러한 결과를 통해 두 집단의 전체 회귀계수는 유의한 차이를 보인다고 할 수 있다.

7. J-Test

앞선 Chow-test를 통해서는 동일한 회귀모형을 각각의 집단에 적용하였을 경우 각 집단 간 계수의 차이가 유의한가를 검정하였다.

다음으로는 아래와 같이 종속변수가 동일한 두 가지 단순선형모형에 대해 설명력 차이검정의 방법을 살펴보고자 한다.

$$H_0 : P_{t+1} = a_0 + a_1 BV_{t-1} + e_t \quad \text{식(1)}$$

$$H_1 : P_{t+1} = a_0 + a_1 NE_t + e_t \quad \text{식(2)}$$

변수의 정의 : P_{t+1}=t+1년도 3월말 주가
BV_{t-1}=t−1년도 주당 장부가치(순자산)
NE_t=t년도 주당 당기순이익

식(1)과 식(2)는 종속변수(P_{t+1})가 동일하지만 독립변수는 서로 다른 모형이다. 그러면 식(1)의 독립변수(BV_{t-1})와 식(2)의 독립변수(NE_t) 중 어떤 모형이 종속변수(P_{t+1})를 더 잘 설명할 수 있을까?

이처럼 종속변수가 동일하나 독립변수가 서로 다를 경우 이에 대한 설명력 차이검증 방법은 Vuong의 Z-test, Clarke-test 등 여러 가지 방법이 있다. 그러나 본장에서는 Davidson and Mackinnon(1981)이 제시한 **J-test**를 간단하게 소개하고자 한다.

다시 식(1)과 식(2)을 살펴보고자 한다(참고로 아래 두 모형식에서 BV_{t-1} 모형식의 독립변수의 수와 NE_t 모형식의 독립변수의 수가 동일할 필요는 없다).

$$H_0 : P_{t+1} = a_0 + a_1 BV_{t-1} + e_0$$

$$H_1 : P_{t+1} = a_0 + a_1 NE_t + e_1$$

이제 두 모형을 다음과 같이 복합 모형으로 표시해 보자.

$$P_{t+1} = (1-\alpha) a_1 BV_{t-1} + (\alpha) NE_t + e \quad \text{식(3)}$$

이 복합 모형에서 H_0을 기각하지 못한다는 것은 $\alpha = 0$을 의미하며 H_0을 기각한다는 것은 $1-\alpha = 0$이라는 것을 의미한다. 두 모형 중 어느 모형의 설명력이 더 높을 것인가에 대한 검정절차는 다음과 같다.

1) $H_0 : P_{t+1} = a_0 + a_1 BV_{t-1} + e_0$에 대한 H: $\alpha = 0$에 대한 검정절차

(1) $P_{t+1} = a_0 + a_1 NE_t + e_1$의 모형을 실행하여 추정된 주가($\hat{P}$)를 구한다.

(2) 식(1)에 추정된 주가($\hat{P}$)를 대입하면 $P_{t+1} = a_0 + a_1 BV_{t-1} + \beta_2 \hat{P} + e_0$

(3) β_2의 회귀계수의 유의성을 파악하여 H_0를 검정한다.

2) $H_1 : P_{t+1} = a_0 + a_1 NE_{t-1} + e_1$에 대한 $H: 1-\alpha = 0$에 대한 검정절차

(1) $P_{t+1} = a_0 + aBV_{t-1} + e_0$의 모형을 실행하여 추정된 주가($\hat{P}$)를 구한다.

(2) 식(2)에 추정된 주가($\hat{P}$)를 대입하면 $P_{t+1} = a_0 + a_1 NE_t + \gamma_2 \hat{P} + e_0$

(3) γ_2의 회귀계수의 유의성을 파악하여 H_1을 검정한다.

위의 두 가지 검정을 모두 실시한 다음 먼저, $P_{t+1} = a_0 + a_1 BV_{t-1} + \beta_2 \hat{P} + e_0$에서 β_2의 회귀계수가 유의하나 $P_{t+1} = a_0 + a_1 NE_t + \gamma_2 \hat{P} + e_0$에서는 γ_2의 회귀계수가 유의하지 않다면 두 모형 중 $P_{t+1} = a_0 + a_1 NE_t + e_0$ 모형이 종속변수를 더 잘 설명하고 있다고 결론 지을 수 있다. 이와 반대로 β_2의 회귀계수가 유의하지 않고 γ_2의 회귀계수가 유의하다면 $P_{t+1} = a_0 + a_1 BV_{t-1} + e_0$ 모형이 종속변수를 더 잘 설명하고 있다고 할 수 있다.

그러나 두 모형에서 β_2, γ_2의 회귀계수가 모두 유의하거나, 모두 유의하지 않다면 어떠한 결론도 내릴 수 없게 된다.

예제 10-5 다음은 2017년 상장기업을 대상으로 식(1)과 식(2)의 회귀분석결과이다.

모형 1 : $P_{t+1} = a_0 + a_1 BV_{t-1} + e_0$

```
                      The REG Procedure
                        Model: MODEL1
               Dependent Variable: price price

           Number of Observations Read          666
           Number of Observations Used          666

                    Analysis of Variance

                                 Sum of           Mean
Source                  DF      Squares         Square    F Value    Pr > F

Model                    1   6.532107E12   6.532107E12    1147.94    <.0001
Error                  664   3.778355E12    5690294262
Corrected Total        665   1.031046E13

         Root MSE              75434    R-Square     0.6335
         Dependent Mean        49800    Adj R-Sq     0.6330
         Coeff Var         151.47534

                    Parameter Estimates

                                Parameter     Standard
Variable     Label        DF     Estimate        Error    t Value    Pr > |t|

Intercept    Intercept     1        14479   3103.34383       4.67      <.0001
bvt_1        bvt_1         1      0.76291      0.02252      33.88      <.0001
```

모형 2 : $P_{t+1} = a_0 + a_1 NE_t + e_1$

```
                              The REG Procedure
                                Model: MODEL1
                     Dependent Variable: price price

                  Number of Observations Read          666
                  Number of Observations Used          666

                            Analysis of Variance

                                      Sum of           Mean
Source                    DF         Squares         Square    F Value    Pr > F

Model                      1     2.723648E12    2.723648E12     238.37    <.0001
Error                    664     7.586814E12    11425924807
Corrected Total          665     1.031046E13

           Root MSE               106892    R-Square     0.2642
           Dependent Mean          49800    Adj R-Sq     0.2631
           Coeff Var           214.64474

                            Parameter Estimates

                                  Parameter       Standard
Variable     Label        DF       Estimate          Error    t Value    Pr > |t|

Intercept    Intercept     1          32761     4286.48774       7.64      <.0001
net          net           1        4.70036        0.30444      15.44      <.0001
```

회귀분석결과 식(1)의 설명력은 0.6330이며, 식(2)의 설명력은 0.2631을 나타내고 있다. 이제 두 설명력 차이검정을 J-test를 통해 실시해 보자.

[명령문]

```
proc autoreq data=a1;
① model price=bvt_1; output out=model1 p=chat1;
② model price=net; output out=model2 p=chat2; run;
③ data a2; set; a1 set model1; set model2; run;
   proc autoreg data=a2;
④ model price=net chat1;
⑤ model price=bvt_1 chat2; run;
```

① 식(1)의 모형을 통해 예측치 chat1을 구한다.

② 식(2)의 모형을 통해 예측치 chat2를 구한다.

③ A2에 그리고 A1과 각 모형의 예측치 chat1과 chat2를 합한다.

④ 식(2)에 식(1)에 의해 추정된 주가($\hat{P}$)를 대입하여 회귀분석을 다시 실시한다.

⑤ 식(1)에 식(2)에 의해 추정된 주가($\hat{P}$)를 대입하여 회귀분석을 다시 실시한다.

[실행결과 : ④]

```
                         The AUTOREG Procedure

                    Dependent Variable      price
                                            price

                    Ordinary Least Squares Estimates

        SSE               3.76427E12   DFE                    663
        MSE               5677629986   Root MSE             75350
        SBC               16864.7498   AIC              16851.246
        MAE               31000.3412   AICC            16851.2822
        MAPE              299.307452   HQC              16856.478
        Durbin-Watson         2.1527   Total R-Square      0.6349

                          Parameter Estimates

                                     Standard               Approx    Variable
Variable       DF      Estimate         Error    t Value    Pr > |t|  Label

Intercept       1      230.3758          3271       0.07    0.9439
net             1        0.4261        0.2705       1.58    0.1157    net
chat1           1        0.9644        0.0372      25.95    <.0001
```

[실행결과 : ⑤]

```
                         The AUTOREG Procedure

                    Dependent Variable      price
                                            price

                    Ordinary Least Squares Estimates

        SSE               3.76427E12   DFE                    663
        MSE               5677629986   Root MSE             75350
        SBC               16864.7498   AIC              16851.246
        MAE               31000.3412   AICC            16851.2822
        MAPE              299.307452   HQC              16856.478
        Durbin-Watson         2.1527   Total R-Square      0.6349

                          Parameter Estimates

                                     Standard               Approx    Variable
Variable       DF      Estimate         Error    t Value    Pr > |t|  Label

Intercept       1         11223          3726       3.01    0.0027
bvt_1           1        0.7357        0.0284      25.95    <.0001    bvt_1
chat2           1        0.0907        0.0576       1.58    0.1157
```

분석결과 chat1은 유의한 계수를 보였으나, chat2는 유의하지 않는 계수를 보여 식(1)의 설명력이 식(2)의 설명력보다 통계적으로 더 높음을 확인할 수 있다.

8. 두 회귀계수의 차이검정

아래 회귀분석결과는 [자료 10-3]에서 광고선전비(AD)와 연구개발비(RD)가 매출액(SALE)에 미치는 영향을 나타낸 것이다.

[실행결과]

```
                          The REG Procedure
                            Model: MODEL1
                  Dependent Variable: sale sale

            Number of Observations Read           20
            Number of Observations Used           20

                        Analysis of Variance

                                  Sum of           Mean
Source                DF         Squares         Square    F Value    Pr > F

Model                  2          110956          55478      14.32    0.0002
Error                 17           65864     3874.37043
Corrected Total       19          176820

             Root MSE             62.24444    R-Square     0.6275
             Dependent Mean      853.00000    Adj R-Sq     0.5837
             Coeff Var             7.29712

                        Parameter Estimates

                                  Parameter       Standard
Variable     Label        DF       Estimate          Error    t Value    Pr > |t|

Intercept    Intercept     1      293.21144      155.30657       1.89      0.0762
rd           rd            1       10.16823        4.86181       2.09      0.0518
ad           ad            1       14.23745        4.02967       3.53      0.0026
```

분석결과 연구개발비와 광고선전비 모두 유의한 양(+)의 회귀계수를 보이고 있다. 그렇다면, 이 두 회귀계수 중 어느 값이 더 크다고 할 수 있을까? 회귀계수가 커 보일지라도 통계적으로는 차이를 보이지 않을 수 있다. 이를 검정하기 위해 다음과 같은 가설을 설정한다.

$$H_0 : \beta_2 = \beta_3 \quad \text{or} \quad H_1 : \beta_2 \neq \beta_3$$

이러한 가설검정은 **F검정**을 따르며, 일반적인 가정은 다음과 같다. 예를 들어 제약받지 않은 모형(광고선전비와 연구개발비 모두 포함)과, 제약모형(광고선전비만 포함)이 있다고 하자. 제약받지 않은 모형과 제약모형에서 각각의 결정계수 R_{UR}^2과 R_R^2을 얻을 수 있고, 이를 통해 두 회귀계수의 차이를 검정하기 위한 F값은 다음과 같이 정의할 수 있다.

$$F = \frac{(R_{UR}^2 - R_R^2)/m}{(1 - R_{UR}^2)/(n-k)}$$

m : 제약된 모형의 독립변수 개수
k : 제약받지 않은 모형의 독립변수 개수

위 식을 통해 산출된 F검정통계량은 두 회귀계수의 차이가 통계적으로 유의한 차이를 보이는지 판단할 수 있게 한다.

가설 $H_1 : \beta_2 \neq \beta_3$는 다시 $H_0 : \beta_2 - \beta_3 \neq 0$로 정의할 수 있다. SAS 명령문에서는 proc reg 뒤에 "test 변수−변수=0"을 추가하여 두 회귀계수의 차이를 검정한다.

[명령문]

```
proc reg data=a1; model sale=rd ad; test rd-ad=0; run;
```

test 문을 이용하여, ad와 rd의 회귀계수가 동일한지를 검정한다.

[실행결과]

```
                          The REG Procedure
                           Model: MODEL1

             Test 1 Results for Dependent Variable SALE

                                         Mean
Source                   DF            Square     F Value     Pr > F

Numerator                 1        1128.39958        0.29     0.5964
Denominator              17        3874.37043
```

분석결과, F값은 0.29, 유의수준은 0.5964로 ad와 rd의 회귀계수는 통계적으로 유의한 차이가 없다. 즉, F검정은 회귀계수가 서로 다른 값을 보일 때 이들이 통계적으로 유의한 차이가 있는지를 검정해 준다.

9. 집단 간 회귀계수의 차이검정

앞 장에서는 F검정을 통해 한 집단에서 두 변수 간 회귀계수 차이검정을 실시하였다. 이제 두 집단 간 동일한 변수에 대해 회귀계수의 차이검정을 대해 생각해 보자.

예를 들어 전체 표본이 고성장 기업과 그렇지 않은 기업으로 이루어졌다고 한다면 연구자는 연구개발비에 대해 주가배수가 고성장 기업과 그렇지 않은 기업 중 어느 집단에서 더 높은지를 살펴보고자 한다. 이러한 경우 다음과 같이 2가지 방식으로 이를 검정할 수 있다.

1) 상호작용변수

상호작용변수를 이용하는 방식은 전체기업을 대상으로 하여 고성장 기업 여부를 더미변수로 설정한 다음 고성장 기업 여부와 연구개발비에 대한 주가배수를 상호작용하여 이 변수에 대한 회귀계수의 유의성을 분석하여 두 집단 간 연구개발비의 주가배수가 차이가 있는지를 살펴보는 것이다. 이를 위해 아래와 같은 회귀모형을 설계하였다.

$$P_{t+1} = a_0 + a_1 BV_{t-1} + a_2 ANE_t + a_3 NRD_t + a_4 Grow_t + a_5 NRD_t \times Grow_t + a_6 NEG_t + e_0$$

변수의 정의 : P_{t+1}=t+1년도 3월말 종가
BV_{t-1}=t−1년도 주당 장부가치
ANE_t=t년도 연구개발비를 고려한 주당 이익
NRD_t=t년도 주당 연구개발비
$Grow_t$=t년도 고성장 기업 여부(고성장이면 1, 아니면 0)
$NRD_t \times Grow_t$=t년도 고성장 기업과 연구개발비의 상호작용변수

[명령문]

```
data a2; set a1;
① if ne>0 then neg=0; else neg=ne;
② dummy=nrd*grow; run;
③ proc reg data-a2; model price=nbv_1 anc nrd grow dummy neg; run;
```

① neg변수를 만들어 준다.
② 두 집단의 주가배수 차이를 살펴보기 위한 더미변수를 만드다
③ 회귀분석을 실시한다.

[실행결과]

Parameter Estimates

Variable	Label	DF	Parameter Estimate	Standard Error	t Value	Pr > |t|
Intercept	Intercept	1	9099.65937	650.20103	14.00	<.0001
nbv_1	nbv_1	1	0.49302	0.00912	54.04	<.0001
ane	ane	1	2.94901	0.12122	24.33	<.0001
nrd	nrd	1	-8.86351	0.39000	-22.73	<.0001
grow	grow	1	4949.95325	2557.42373	1.94	0.0530
dummy		1	36.08535	2.32683	15.51	<.0001
neg		1	-2.70495	0.41146	-6.57	<.0001

회귀분석결과 dummy의 회귀계수가 36.085로 유의한 양(+)의 값을 보여 고성장 기업이 그렇지 않은 기업보다 연구개발비의 주가배수가 더 높다는 것을 확인할 수 있다.

2) Asymptotic T-test

전체 집단을 두 집단으로 분리하여 각각 회귀분석을 실시한 경우 집단 간의 동일한 회귀계수의 차이분석 검정방법은 **Asymptotic T-test**이다. 이 방식은 일반적으로 시행하는 T-test라는 동일한 방법과 원리를 통해 두 집단 간 회계계수의 차이를 검정할 수 있으며 구체적인 계산방식은 다음과 같다.

먼저, 각 집단의 두 추정계수를 β_1과 β_2라 하면 다음과 같은 귀무가설을 설정할 수 있다.

$$H_0: \beta_1 - \beta_2 = 0$$

따라서 귀무가설이 기각되는 검정통계량에서 두 추정계수의 차이는 유의미하다고 할 수 있으며 이러한 검정통계량은 다음과 같이 계산된다.

$$t = \frac{\beta_1 - \beta_2}{\sqrt{se(\beta_1)^2 + se(\beta_2)^2}}$$

변수의 정의 : $\beta_1 = \beta_1$의 회귀계수
$\beta_2 = \beta_2$의 회귀계수
$se(\beta_1)^2 = \beta_1$의 회귀계수에 대한 표준편차의 제곱 값
$se(\beta_2)^2 = \beta_2$의 회귀계수에 대한 표준편차의 제곱 값

이제 이 식을 통해 고성장 기업 여부에 따른 연구개발비의 주가배수가 유의한 차이가 있는지를 살펴보고자 한다.

[명령문]

```
① proc sort data=a2; by grow; run;
② proc reg data=a2; model price=nbv_1 ane nrd neg; by grow; run;
```

① a2를 grow의 변수로 정렬한다.

② 두 집단의 연구개발비 주가배수 차이를 살펴보기 위해 집단별 회귀분석을 실시한다.

[실행결과]

변수	고성장 아닌 기업		고성장 기업	
	Estimate	s.e	Estimate	s.e
절편	9,440	607	3,889	4,050
nbv_1	0.495	0.009	0.802	0.105
ane	2.590	0.117	7.637	0.758
nrd	−8.003	0.370	15.712	3.802
neg	−2.293	0.386	−9.012	11.684

각 집단의 회귀계수가 위와 같은 값을 보였을 경우 연구개발비의 주가배수 차이를 검정하기 위해서는 두 집단의 nrd 회귀계수 값과 표준편차를 이용하여 다음과 같이 검정통계량을 계산하면 된다.

$$t = \frac{\beta_1 - \beta_2}{\sqrt{se(\beta_1)^2 + se(\beta_2)^2}} = \frac{(-8.003) - (15.712)}{\sqrt{(0.370)^2 + (3.802)^2}} = \frac{-23.71}{\sqrt{14.592}} = -6.208$$

t통계량이 −6.208로 두 집단의 귀무가설을 기각할 수 있다. 즉, 두 집단 간 연구개발비의 주가배수는 통계적으로 유의한 차이가 있다고 할 수 있다.

10. 표준화 회귀계수

다중회귀분석에서 추정된 회귀계수는 종속변수와 독립변수 간의 측정단위와 밀접한 관련성이 있다. 예를 들어 같은 연구개발비라도 이를 측정하는 단위(주당 연구개발비, 매출액 대비 연구개발비 등)에 따라 회귀계수의 값은 크게 달라진다. 만약, 독립변수의 측정단위가 높아진다면 상대적으로 회귀계수는 작은 값을 보인다. 이처럼 회귀계수는 측정단위에 따라 그 값이 달라지기 때문에 각 변수들 간 상대적인 영향력의 차이를 비교할 수 없다.

표준화 회귀계수는 종속변수와 독립변수의 평균이 모두 0이고, 표준편차가 1인 변수로 표준화되었을 때의 회귀계수이다. 이러한 표준화 회귀계수는 독립변수의 측정단위와 무관하게 독립변수들의 상대적인 영향력을 살펴볼 수 있다.

따라서 표준화 회귀계수는 일반적인 회귀계수와 다르게 다음과 같은 2가지 큰 특징을 가지고 있다.

① 일반회귀계수는 기울기의 의미로 독립변수가 1단위 증가할 때 종속변수의 변화량으로 해석된다. 하지만 표준화 회귀계수는 독립변수가 1표준편차만큼 증감하였을 때, 종속변수의 표준편차 변화량으로 해석된다.

② 일반회귀분석에서는 각 독립변수의 회귀계수가 종속변수에 미치는 영향력의 크기를 상대적으로 비교할 수 없다. 그러나 표준화 회귀계수는 상대적 영향력을 비교하는 정보를 제공한다.

아래의 자료를 이용하여 광고선전비와 매출액 대비 연구개발비율(연구개발비/매출액)이 매출액에 미치는 영향을 회귀분석하면 다음과 같다.

구분	1	2	3	4	5	6	7	8	9	10
SALE	690	760	850	900	970	690	890	970	800	910
AD	29	34	32	35	40	33	39	35	33	37
RD/SALE	0.013	0.016	0.018	0.021	0.018	0.014	0.020	0.010	0.016	0.021

구분	11	12	13	14	15	16	17	18	19	20
SALE	920	890	760	890	970	850	970	730	730	920
AD	39	35	36	35	38	35	41	33	34	29
RD/SALE	0.017	0.013	0.012	0.017	0.016	0.016	0.022	0.015	0.012	0.022

[자료 10-5] 기업의 매출액, 광고비, 연구개발비율

[명령문]

```
proc reg data=a1; model sale=ad rdsale; run;
```

[실행결과]

```
                         The REG Procedure
                          Model: MODEL1
                  Dependent Variable: sale sale

          Number of Observations Read              20
          Number of Observations Used              20

                       Analysis of Variance

                                 Sum of           Mean
Source                 DF       Squares         Square    F Value    Pr > F

Model                   2         82622          41311       7.46    0.0047
Error                  17         94198     5541.07410
Corrected Total        19        176820

            Root MSE             74.43839    R-Square     0.4673
            Dependent Mean      853.00000    Adj R-Sq     0.4046
            Coeff Var             8.72666

                       Parameter Estimates

                                 Parameter      Standard
Variable     Label        DF      Estimate         Error    t Value    Pr > |t|

Intercept    Intercept     1     168.12884     187.98105       0.89      0.3836
ad           ad            1      14.80811       5.44356       2.72      0.0145
rdsale       rdsale        1    9988.46374    5253.51505       1.90      0.0744
```

분석결과 ad의 회귀계수는 14.808로 두 자릿수의 회귀계수를 보이지만 rdsale은 9988.463으로 네 자릿수의 회귀계수를 보이고 있다. 이는 앞선 설명처럼 ad(금액)와 rdsale(비율)의 측정단위가 상이하기 때문이다. 즉, 측정단위가 작을수록 더 높은 회귀계수 값을 보인다. 이처럼 변수들의 측정 차이로 인해 발생되는 회귀계수의 차이는 표준화된 회귀계수를 통해 보완할 수 있다.

SAS에서는 회귀모형의 옵션 stb 문을 이용하여 표준화 회귀계수를 함께 출력할 수 있다.

[명령문]

```
proc reg data=a1; model sale=ad rdsale/stb; run;
```

proc reg 문 뒤에 stb 옵션을 추가하여, 독립변수의 표준화된 회귀계수를 구한다.

분석결과, ad와 rdsale의 표준화된 회귀계수는 각각 0.500, 0.350으로 나타났다. 즉, 표준화된 회귀계수를 통해 광고선전비가 매출액 대비 연구개발비보다 매출액에 미치는 영향이 더 높음을 알 수 있다.

[실행결과]

The REG Procedure
Model: MODEL1
Dependent Variable: sale sale

Number of Observations Read	20
Number of Observations Used	20

Analysis of Variance

Source	DF	Sum of Squares	Mean Square	F Value	Pr > F
Model	2	82622	41311	7.46	0.0047
Error	17	94198	5541.07410		
Corrected Total	19	176820			

Root MSE	74.43839	R-Square	0.4673
Dependent Mean	853.00000	Adj R-Sq	0.4046
Coeff Var	8.72666		

Parameter Estimates

Variable	Label	DF	Parameter Estimate	Standard Error	t Value	Pr > |t|	Standardized Estimate
Intercept	Intercept	1	168.12884	187.98105	0.89	0.3836	0
ad	ad	1	14.80811	5.44356	2.72	0.0145	0.50026
rdsale	rdsale	1	9988.46374	5253.51505	1.90	0.0744	0.34964

또한, 일반회귀계수의 결과 광고선전비 1원의 증가는 매출액 14.8원의 증가를 나타냈고, 매출액 대비 연구개발비 1%의 증가는 매출액 9988.5원의 증가를 나타냈다. 반

면에, 표준화된 회귀계수는 광고선전비가 1표준편차 증가하면 매출액은 0.500표준편차만큼 증가하고, 매출액 대비 연구개발비가 1표준편차 증가하면 매출액은 0.350표준편차만큼 증가하여, 상대적으로 광고비가 매출액에 미치는 영향이 더 크다고 판단할 수 있다.

11. 다중공선성(Multicollinearity)

독립변수들 사이에 선형관계가 있는 경우 한 독립변수의 추정계수가 다른 독립변수의 추정계수에 상당한 영향을 미치는 것을 말한다. 이러한 **다중공선성**이 있는 경우, 다른 독립변수들에 영향을 받는 독립변수는 회귀모형 내에서 독자적인 정보를 제공하지 못하는 결과를 낳는다.

다중공선성은 다음과 같은 특성을 보인다.

① 독립변수들 간의 상관계수가 아주 높을 때

② 한 독립변수를 모형에 추가/제거시 추정된 회귀계수의 크기나 부호에 큰 변화를 줄 때

③ 영향력이 높을 것이라 예상되는 독립변수의 검정결과가 유의하지 않을 때

④ 모형의 신뢰도를 나타내는 F값은 유의하나, 검정통계량인 t값이 의미 없을 때

1) 분산확대지수(VIF, Variance Inflation Factors)

다중공선성을 확인하는 데 유용한 변수로 '**분산확대인자**' 또는 '**분산팽창계수**'로 불린다. 계산방법은 먼저, i번째 변수의 분산확대지수를 $1/(1-R_i^2)$으로 정의하며, 여기서 R_i^2은 i번째 독립변수를 종속변수로 하고, 나머지 독립변수들을 독립변수로 한 모형의 설명력 값이다.

이 모형에서 R_i^2의 값은 0에서 1의 값을 가지므로, **VIF**는 1에서 무한대의 범위를 갖는다. 따라서 결정계수 R_i^2이 0에 가깝다는 것은 입력변수 i가 다른 입력변수들과 상관성이 거의 없다는 것을 의미하고, R_i^2이 1에 가깝다는 것은 입력변수 i가 다른 입력변수들과 상관성, 즉 다중공선성이 크다는 것을 의미한다. 즉, VIF 값이 1에 가까울수록 다중공선성의 정도가 작은 것이며, 반대로 값이 커질수록 다중공선성이 큰 것을 의미한다. 그리고 일반적으로 VIF 값이 10 이상인 경우 해당 변수에 다중공선성이 있다고 판단한다.

예제 10-6 다음은 일조일 수, 강우량, 일조시간에 따른 수확량 현황을 나타내고 있다. 일조일 수와 강우량, 일조시간이 수확량에 미치는 영향을 회귀분석하고, 각 변수들 간의 다중공선성을 확인해 보자.

수확량 (Y)	51	63	76	88	48	60	74	83	28	48	65	73
일조일수(X1)	11	12	13	14	11	12	13	14	11	12	13	14
강우량(X2)	10	10	10	10	20	20	20	20	30	30	30	30
일조시간(X3)	5	6	7	8	4	6	7	8	2	5	6	7

[명령문]

```
proc reg data=a1; model y=x1 x2 x3/vif; run;
```

proc reg 문에서 vif 옵션을 추가하여 분산확대지수를 구한다.

※ collin 옵션의 Eigenvalue(0.01 이하)와 Condition Number(30 이상)를 통해서도 다중공선성의 정도를 확인할 수 있다.

[실행결과]

```
                          The REG Procedure
                            Model: MODEL1
                        Dependent Variable: y

               Number of Observations Read          12
               Number of Observations Used          12

                         Analysis of Variance

                                 Sum of           Mean
Source                 DF       Squares         Square    F Value    Pr > F

Model                   3    3199.40942     1066.46981     179.59    <.0001
Error                   8      47.50725        5.93841
Corrected Total        11    3246.91667

          Root MSE              2.43688    R-Square     0.9854
          Dependent Mean       63.08333    Adj R-Sq     0.9799
          Coeff Var             3.86296

                         Parameter Estimates
                                                                      ①
                  Parameter      Standard                           Variance
Variable    DF     Estimate         Error    t Value    Pr > |t|    Inflation

Intercept    1    -38.45290      14.71116      -2.61      0.0309            0
x1           1      6.24275       1.91533       3.26      0.0115      9.26630
x2           1     -0.40054       0.13533      -2.96      0.0182      2.46739
x3           1      5.32609       1.39156       3.83      0.0050     10.73370
```

분석결과, 일조시간(x3)의 VIF가 10.7337로 다중공선성이 매우 높음을 알 수 있다. 이러한 다중공선성을 해결하는 방법으로는 다음 3가지 방법을 고려할 수 있다.

① 다중공선성을 가장 크게 유발하는 독립변수를 회귀모형에서 제거한다. 이 방법은 변수선택을 통해 다중공선성의 문제를 해결하는 방법으로, 중요한 것은 회귀모형에 반드시 포함해야 하는 변수는 제거하면 안 된다.

② 자료의 부족에서 생기는 경우가 있으므로 좀 더 넓은 독립변수들의 영역에 걸쳐서 추가적인 자료 수집을 실시한다.

③ **능형회귀분석**(Ridge Regression)이나 **주성분회귀분석**(Principal Components Regression) 등의 **편의추정법**(Biased Estimation Method)을 사용할 수 있는데, 이 방법들은 상당수준의 전문성이 요구된다.

여기서는 첫 번째 방법, 다중공선성이 가장 높은 독립변수를 제거하는 회귀분석을 실시하였으며, 분석결과는 다음과 같다.

[실행결과]

```
                              The REG Procedure
                                Model: MODEL1
                           Dependent Variable: Y Y

                  Number of Observations Read            12
                  Number of Observations Used            12

                            Analysis of Variance

                                   Sum of          Mean
Source                   DF       Squares        Square    F Value    Pr > F

Model                     2    3112.41667    1556.20833     104.13    <.0001
Error                     9     134.50000      14.94444
Corrected Total          11    3246.91667

           Root MSE              3.86580    R-Square     0.9586
           Dependent Mean       63.08333    Adj R-Sq     0.9494
           Coeff Var             6.12809

                            Parameter Estimates
                                                                               ①
                                Parameter     Standard                          Variance
Variable     Label        DF     Estimate        Error    t Value    Pr > |t|    Inflation

Intercept    Intercept     1    -85.50000     12.82142      -6.67      <.0001            0
X1           X1            1     13.16667      0.99815      13.19      <.0001      1.00000
X2           X2            1     -0.80000      0.13668      -5.85      0.0002      1.00000
```

분석결과를 살펴보면, x3의 변수를 제거한 결과 다른 변수들의 VIF가 1.00으로 낮아짐을 알 수 있다. 이처럼 x3과 x1의 VIF가 높았던 이유는 다음 상관분석을 통해 알 수 있다.

[명령문]

```
proc corr data=a1; var x1 x2 x3; run;
```

[실행결과]

```
                              CORR 프로시저

                    3 변수:    x1        x2        x3

                              단순 통계량

변수            N        평균      표준편차          합        최소값        최대값

x1             12    12.50000     1.16775   150.00000    11.00000    14.00000
x2             12    20.00000     8.52803   240.00000    10.00000    30.00000
x3             12     5.91667     1.72986    71.00000     2.00000     8.00000

                        피어슨 상관 계수, N = 12
                      H0: Rho=0 검정에 대한 Prob > |r|

                          x1            x2            x3

              x1     1.00000       0.00000   ① 0.87757
                                    1.0000       0.0002

              x2     0.00000       1.00000      -0.36974
                      1.0000                      0.2368

              x3     0.87757      -0.36974       1.00000
                      0.0002        0.2368
```

분석결과, x1과 x3의 상관관계가 0.877로 높음을 알 수 있다. 따라서 두 변수를 모두 회귀분석의 독립변수로 포함시킬 경우 다중공선성이 발생하게 된다.

12. 이상치 제거

표본의 분포에서 비정상적으로 벗어난 값은 자료의 분석결과를 왜곡시킬 수 있다. 즉, **이상치**(outlier)는 다른 표본에 비해 극단적으로 크거나 작은 표본으로 이러한 값이 포함된 자료의 분석은 이상치로 인해 분석결과의 왜곡을 초래한다. 따라서 다중회귀분석에서 이러한 이상치는 미리 제거하는 것이 좋다.

이상치를 제거하는 방법으로는 자료의 최솟값, 최댓값을 고려하여 이상치가 의심되는 값을 임의적으로 제거하는 방법과 기초통계량을 이용하여 정확한 기준(예 : 상하 1%)에 의해 제거하는 방법 등이 있다.

예제 10-7 다음은 각 기업의 연도별 주가(price) 및 주당순이익(ne), 주당순자산(nbv_1)을 나타내고 있다. Ohlson(1995)모형에 대한 회귀분석을 이상치 제거 전과 후로 각각 실시한 후 그 분석결과를 비교해 보자.

	A	B	C	D	E
1	yr	code	price	ne	nbv_1
2	2014	71930	506.	-194.545	265.9886
3	2014	59210	4,050.	-261.499	2452.879
4	2014	39020	4,950.	-604.111	6442.02
5	2014	36480	70,300.	5374.529	51883.5
6	2014	39230	1,265.	-73.8249	1118.364
7	2014	84110	61,200.	1545.285	10101.83
8	2014	44960	4,175.	92.25757	1562.689
9	2014	67080	12,300.	106.1679	3385.843
10	2014	92460	5,620.	489.5801	5824.346
11	2014	54950	64,500.	1487.691	14475.79
12	2014	54300	1,455.	-46.7298	313.54

1) 이상치 제거 전 회귀분석

[명령문]

```
① data a2; set a1; if ne>0 then neg=0; else neg=ne;
② proc reg data=a2; model price=nbv_1 ne neg; run;
```

① if 문을 이용하여 회귀모형에 필요한 변수 neg(음의 이익)를 생성한다.

② proc reg 문을 통해 Ohlson(1995)모형에 대한 회귀분석을 실시한다.

[실행결과]

```
                          The REG Procedure
                            Model: MODEL1
                   Dependent Variable: price price

                Number of Observations Read         2035
                Number of Observations Used         2035

                         Analysis of Variance

                                  Sum of          Mean
Source               DF          Squares        Square    F Value    Pr > F

Model                 3      3.503168E11   1.167723E11     316.34    <.0001
Error              2031      7.497219E11     369139302
Corrected Total    2034      1.100039E12

              Root MSE               19213    R-Square     0.3185
              Dependent Mean         11903    Adj R-Sq     0.3175
              Coeff Var          161.41833

                         Parameter Estimates

                                 Parameter      Standard
Variable     Label        DF      Estimate         Error    t Value    Pr > |t|

Intercept    Intercept     1    5361.84174     507.39667      10.57      <.0001
nbv_1        nbv_1         1       0.48677       0.06146       7.92      <.0001
ne           ne            1       6.83584       0.44332      15.42      <.0001
neg                        1      -7.81876       0.78606      -9.95      <.0001
```

실행결과 총표본수는 2,035개이며, 모형의 적합도(F Value)는 316.34로 유의한 값을 나타냈다. 모형의 설명력을 나타내는 Adj R-Sq는 31.75%를 보였으며, 회귀계수값(t값)은 각각 0.4868(7.92), 6,8358(15.42), −7.8188(−9.95)로 유의한 p값을 나타냈다.

2) 상 · 하 1%를 기준으로 이상치 제거

이상치의 기준을 각 변수의 상 · 하 1%의 값으로 인식하여, 기준값 이상 또는 이하인 값을 제거하여 회귀분석을 실시해 보자.

[명령문]

```
① proc sort data=a2; by yr; run;
   proc means data=a2 p1 p99; var ne nbv_1; output out=list1
   p1=nep1 nbv_1p1 p99=nep99 nbv_1p99; by yr; run;
② proc sort data=a2; by yr; run;  proc sort data=list1; by yr; run;
   data a3; merge a2 list1; by yr;
③ if ne<=nep1 then delete; if ne>=nep99 then delete;
   if nbv_1<=nbv_1p1 then delete; if nbv_1>=nbv_1p99 then delete; run;
④ proc reg data=a3; model price=nbv_1 ne neg; run;
```

① a2를 연도를 기준으로 정렬한 후, proc means 문을 이용하여 ne와 nbv_1의 1%와 99%값을 list1에 각각 nep1 nbv_1p1와 nep99 nbv_1p99로 저장한다.
② 연도를 기준으로 a2와 list1을 정렬한 후 결합하여 a3에 저장한다.
③ if 문을 통해 ne와 nbv_1의 값이 1% 이하이거나, 99% 이상이면 삭제한다.
④ proc reg 문을 통해 Ohlson(1995)모형에 대한 회귀분석을 실시한다.

[실행결과]

```
                          The REG Procedure
                            Model: MODEL1
                   Dependent Variable: price price

              Number of Observations Read        1961
              Number of Observations Used        1961


                        Analysis of Variance

                                  Sum of           Mean
Source                  DF       Squares         Square    F Value    Pr > F

Model                    3    1.57607E11    52535673844     341.57    <.0001
Error                 1957    3.009964E11     153804983
Corrected Total       1960    4.586034E11

           Root MSE              12402    R-Square     0.3437
           Dependent Mean        10505    Adj R-Sq     0.3427
           Coeff Var         118.05448

                        Parameter Estimates

                                Parameter       Standard
Variable     Label        DF     Estimate          Error    t Value    Pr > |t|

Intercept    Intercept     1   2843.10551      407.08496       6.98      <.0001
nbv_1        nbv_1         1      0.80669        0.06283      12.84      <.0001
ne           ne            1      9.27085        0.55428      16.73      <.0001
neg                        1     -9.06792        1.08617      -8.35      <.0001
```

실행결과, 총표본수는 이상치 제거로 74개의 표본이 줄어 1,961개이며, 모형의 적합도(F Value)와 설명력(Adj R-Sq)은 341.57과 34.27%로 이상치 제거 전의 회귀분석 결과보다 각각 25.23과 2.52%p 증가하였다. 또한, 회귀계수값(t값)은 0.8067(12.84), 9.2709(16.73), −9.0679(−8.35)로 이상치 제거 전보다 계수값과 t값 모두 증가하였음을 알 수 있다.

3) 상 · 하 1%를 기준으로 Winsorize를 실시하여 이상치 제거

이상치 기준을 상 · 하한 1%로 정한 후 기준을 넘는 값에 대해 모두 1% 상 · 하한 값으로 정의해 주는 방법이다. 표본수가 감소하지 않고, 이상치를 제거한다는 점에서 좋은 방법이라 할 수 있지만, 원래의 값을 조정한다는 측면은 단점이 된다.

[명령문]

```
proc sort data=a2; by yr; run;
proc means data=a2 p1 p99; var ne nbv_1; output out=list1
p1=nep1 nbv_1p1 p99=nep99 nbv_1p99; by yr; run;
proc sort data=a2; by yr; run; proc sort data=list1; by yr; run;
data a3; merge a2 list1; by yr;
① if ne<=nep1 then ne=nep1; if ne>=nep99 then ne=nep99;
  if nbv_1<=nbv_1p1 then nbv_1=nbv_1p1;
  if nbv_1>=nbv_1p99 then nbv_1=nbv_1p99; run;
  proc reg data=a3; model price=nbv_1 ne neg; run;
```

① if 문을 통해 ne와 nbv_1의 값이 1% 이하이거나, 99% 이상이면, 각각 nep1(nbv_1p1)과 nep99(nbv_1p99)로 변경한다.

[실행결과]

```
                              The REG Procedure
                                Model: MODEL1
                        Dependent Variable: price price

                    Number of Observations Read         2035
                    Number of Observations Used         2035

                              Analysis of Variance

                                    Sum of          Mean
Source                 DF          Squares        Square    F Value    Pr > F

Model                   3      3.631746E11   1.210582E11     333.67    <.0001
Error                2031      7.368642E11     362808553
Corrected Total      2034      1.100039E12

         Root MSE                  19048    R-Square     0.3301
         Dependent Mean            11903    Adj R-Sq     0.3292
         Coeff Var             160.02818

                              Parameter Estimates

                                  Parameter      Standard
Variable     Label        DF      Estimate         Error    t Value    Pr > |t|

Intercept    Intercept     1    3990.48212     553.45398       7.21      <.0001
nbv_1        nbv_1         1       0.65314       0.07793       8.38      <.0001
ne           ne            1      10.63156       0.54707      19.43      <.0001
neg                        1      -6.37417       0.67845      -9.40      <.0001
```

실행결과 이상치 제거 전과 표본의 수는 동일하지만, 모형의 적합도(F=333.67)와 수정된 설명력(Adj R−Sq=32.92%)은 각각 17.33과 1.17%p 증가하였다. 또한 절편을 제외한 모든 변수의 회귀계수와 t값은 이상치 제거 전보다 증가하였음을 알 수 있다.

4) 평균 ±(3×표준편차)를 기준으로 이상치 제거

이상치의 기준을 각 변수의 평균 ±(3×표준편차)로 인식하여, 기준값 이상 또는 이하인 값을 제거한 후 회귀분석을 실시해 보자.

[명령문]

```
   proc sort data=a2; by yr; run;
① proc means data=a2 mean std; var ne nbv_1; output out=list1
   mean=nemean nbv_1mean std=nestd nbv_1std; by yr; run;
   proc sort data=a2; by yr; run; proc sort data=list1; by yr; run;
   data a3; merge a2 list1; by yr;
② if ne〈=nemean-(nestd*3) then delete;
   if ne〉=nemean+(nestd*3) then delete;
   if nbv_1〈=nbv_1mean-(nbv_1std*3) then delete;
   if nbv_1〉=nbv_1mean+(nbv_1std*3) then delete;
   proc reg data=a3; model price=nbv_1 ne neg; run;
```

① proc means 문을 이용하여 ne와 nbv_1의 평균(mean)과 표준편차(std)를 list1에 각각 nemean(nbv_1mean), nestd(nbv_1std)이라는 변수명으로 저장한다.

② ne와 nbv_1의 값이 평균 ±(3×표준편차) 이상 또는 이하이면 삭제한다.

[실행결과]

```
                              The REG Procedure
                                Model: MODEL1
                        Dependent Variable: price price

                     Number of Observations Read          1981
                     Number of Observations Used          1981

                             Analysis of Variance

                                      Sum of           Mean
   Source                   DF       Squares         Square    F Value    Pr > F

   Model                     3   1.292895E11    43096487536     304.91    <.0001
   Error                  1977   2.794306E11      141340711
   Corrected Total        1980    4.0872E11

               Root MSE              11889    R-Square     0.3163
               Dependent Mean        10168    Adj R-Sq     0.3153
               Coeff Var         116.91731

                             Parameter Estimates

                                     Parameter       Standard
  Variable     Label          DF      Estimate          Error    t Value    Pr > |t|

  Intercept    Intercept       1    3028.03457      397.61688       7.62      <.0001
  nbv_1        nbv_1           1       0.73418        0.06857      10.71      <.0001
  ne           ne              1       9.86102        0.57199      17.24      <.0001
  neg                          1      -9.63580        0.98254      -9.81      <.0001
```

실행결과, 총표본수는 이상치 제거로 54개 줄어 1,981개를 나타냈으며, 모형의 적합도와 설명력은 304.91과 31.5%로 이상치 제거 전의 회귀분석결과보다 오히려 감소하였다. 그러나 회귀계수값은 이상치 제거 전보다 증가하였다.

13. 이분산성

회귀분석에서는 여러 가정 중 오차항의 등분산을 가정하고 있다. 즉, 오차항들의 분산이 일정하다는 것을 의미한다. 하지만 **등분산 가정**이 만족되지 않으면, 이분산성이 발생한다. 이는 **오차항**의 분산이 독립변수나 다른 원인에 의해 영향을 받아 일정하지 않은 경우를 말하며, 독립변수의 값이 커질수록 종속변수의 분산이 커진다면 이분산성이 발생하고 있다고 할 수 있다. 따라서 이분산성이 발생하게 된다면 회귀분석의 추정계수는 올바른 값이 아닐 수 있다. 이에 **이분산성**의 검정방법과 이를 해결하는 방안에 대해 알아보자.

1) White General Test

이분산성을 검정하는 방법으로 오차항의 분산과 모형에 포함된 독립변수 그리고 변수들의 2차항 사이에 상관관계가 나타나는지를 검정하는 방법이다.

1단계 : 최소자승법을 이용하여 회귀모형을 추정하고, 잔차항을 도출한다.

2단계 : 잔차항의 제곱을 상수항과 설명변수 그리고 설명변수들의 2차항에 대해 회귀분석을 한다.

3단계 : 검정통계량을 이용하여, 오차항에 대한 추정치(잔차항)가 설명변수들과 체계적인 상관관계가 있는지를 판단한다.

예제 10-8 다음은 317개 상장기업을 대상으로 각 기업의 장부가치(nbv_1), 당기순이익(ne), 광고선전비(nad)와 연구개발비(nrd)가 주가(price)에 미치는 영향을 분석한 결과이다. 분석결과에 이분산성이 존재하는지를 White general test를 통해 검정해 보자.

[실행결과]

```
                          The REG Procedure
                            Model: MODEL1
                   Dependent Variable: price price

               Number of Observations Read         317
               Number of Observations Used         317


                         Analysis of Variance

                                  Sum of           Mean
Source                   DF      Squares         Square    F Value    Pr > F

Model                     4   4.405053E12    1.101263E12     216.96    <.0001
Error                   312   1.583673E12     5075875826
Corrected Total         316   5.988726E12

           Root MSE               71245    R-Square     0.7356
           Dependent Mean         59776    Adj R-Sq     0.7322
           Coeff Var          119.18645

                         Parameter Estimates

                                Parameter       Standard
Variable     Label         DF    Estimate          Error    t Value    Pr > |t|

Intercept    Intercept      1       12018     4346.31321       2.77      0.0060
nbv_1        nbv_1          1     0.43011        0.03439      12.51      <.0001
ne           ne             1     2.10924        0.62530       3.37      0.0008
nad          nad            1    29.19180        2.53606      11.51      <.0001
nrd          nrd            1     9.01506        1.07300       8.40      <.0001
```

[명령문]

① White test 1단계 : 오차항 추정

```
proc reg data=a1;
model price=nbv_1 ne nrd nad; output out=test r=r; run;
quit;
```

② White test 2단계 : 잔차의 제곱과 설명변수들의 2차항에 대한 변수 생성

```
data test1; set test;
sqr=r*r; sqbv=nbv_1*nbv_1; sqne=ne*ne; sqad=nad*nad; sqrd=nrd*nrd;
bve=nbv_1*ne; bvad=nbv_1*nad; bvrd=nbv_1*nrd; ead=ne*nad; erd=ne*nrd; run;
```

③ White test 3단계 : 오차항을 종속변수로 한 설명변수들 간의 이분산성 검정

```
proc glm data=test1;
model sqr=nbv_1 ne nad nrd sqbv sqne sqad sqrd bve bvad bvrd ead
erd/solution; run;
quit;
```

[실행결과]

Source	DF	Sum of Squares	Mean Square	F Value	Pr > F
Model	13	8.558744E22	6.5836492E21	6.23	<.0001
Error	303	3.2025172E23	1.0569364E21		
Corrected Total	316	4.0583916E23			

F검정통계량이 유의수준보다 클 경우 이분산성은 없다고 할 수 있다. 분석결과를 살펴보면, F값은 6.23, p-value는 <0.001로 이 회귀모형식은 이분산성이 존재함을 알 수 있다.

2) Spec 옵션을 이용한 이분산성 검정

[명령문]

```
proc reg data=a1;
 model price=nbv_1 ne nad nrd/spec acov; run;
```

[실행결과]

Test of First and Second
Moment Specification

DF	Chi-Square	Pr > ChiSq
14	32.11	0.0039

분석결과, Chi-Square값은 32.11이고, 이에 대한 p-value는 0.0039로 나타났다. 따라서 오차항의 등분산은 1% 유의수준에서 이분산성이 있는 것으로 확인되었다. 즉, Pr > ChiSq가 0.1보다 크다면 이분산성은 존재하지 않으며, 이보다 작다면 이분산성은 존재한다.

3) 이분산성을 고려한 회귀분석

이분산성이 존재하는 경우의 회귀분석시 White 옵션을 추가하여 이분산성을 고려한 수정된 표준오차를 계산할 수 있다.

[명령문]

```
proc reg data=a1;
 model price=nbv_1 ne nad nrd/white; run;
```

proc reg 문에서 white 옵션을 추가하여 이분산성을 고려한 회귀분석을 실시한다.

[실행결과]

```
                              The REG Procedure
                                Model: MODEL1
                        Dependent Variable: price price

                     Number of Observations Read         317
                     Number of Observations Used         317


                             Analysis of Variance

                                    Sum of           Mean
         Source              DF     Squares         Square    F Value    Pr > F

         Model                4   4.405053E12    1.101263E12   216.96    <.0001
         Error              312   1.583673E12     5075875826
         Corrected Total    316   5.988726E12


                   Root MSE               71245    R-Square    0.7356
                   Dependent Mean         59776    Adj R-Sq    0.7322
                   Coeff Var          119.18645


                             Parameter Estimates

                                                                         ---Heteroscedasticity Consistent--
                        Parameter    Standard                               Standard
Variable  Label      DF  Estimate       Error   t Value  Pr > |t|              Error   t Value  Pr > |t|

Intercept Intercept   1     12018  4346.31321      2.77    0.0060         3414.08037      3.52    0.0005
nbv_1     nbv_1       1   0.43011     0.03439     12.51    <.0001            0.03475     12.38    <.0001
ne        ne          1   2.10924     0.62530      3.37    0.0008            0.99746      2.11    0.0353
nad       nad         1  29.19180     2.53606     11.51    <.0001           10.91703      2.67    0.0079
nrd       nrd         1   9.01506     1.07300      8.40    <.0001            1.85747      4.85    <.0001
```

분석결과를 살펴보면, 각 독립변수에 대해 이분산성을 고려한 수정된 표준오차(Heteroscedasticity Consistent Standard Error)를 알 수 있다. 이분산성을 고려한 White' t값은 5% 유의수준에서 모두 유의한 양(+)의 값을 보였다. 이분산성은 존재하였지만, 이분산성을 고려한 회귀계수의 유의성은 크게 변화하지 않았다. 그러나 nad의 경우 이분산성을 고려한 표준오차가 2.53에서 10.91로 크게 증가함에 따라, White' t값은 11.51에서 2.67로 크게 감소하였다.

이 장의 SAS 명령문 정리

단순, 다중회귀분석

```
proc reg data=a1 model sale=rd; run;
proc reg data=a1 model sale=rd ad; run;
```

가변수와의 상호작용효과

```
proc reg data=a1; model y=x; run;
proc reg data=a1; model sale=ad z; run;
data a2; set a1; adz=ad*z; run;
proc reg data=a2; model sale=ad z adz; run;
```

J-Test

```
proc autoreg data=a1;
model price=bvt_1; output out=model1 p=chat1;
model price=net; output out=model2 p=chat2; run;
data a2; set; a1; set model1; set model2; run;
proc autoreg data-a2;
model price=net chat1;
model price=bvt_1 chat2; run;
```

회귀계수 차이분석

```
proc reg data=a1; model sale=rd ad; test rd-ad=0; run;
```

집단 간 회귀계수 차이검정

```
data a2; set a1;
if ne>0 then neg=0; else neg=ne;
dummy=nrd*grow; run;
proc reg data=a2; model price=nbv_1 ane nrd grow dummy neg; run;
```

표준화 회귀계수

```
proc reg data=a1; model sale=ad rdsale/stb; run;
```

다중공선성

```
proc reg data=a1; model y=x1 x2 x3/vif; run;
```

이상치 제거 : 상 · 하 1%를 기준으로

```
proc sort data=a2; by yr; run;
proc means data=a2 p1 p99; var ne nbv_1; output out=list1
p1=nep1 nbv_1p1 p99=nep99 nbv_1p99; by yr; run;
proc sort data=a2; by yr; run; proc sort data=list1; by yr; run;
data a3; merge a2 list1; by yr;
if ne<=nep1 then delete; if ne>=nep99 then delete;
if nbv_1<=nbv_1p1 then delete; if nbv_1>=nbv_1p99 then delete; run;
proc reg data=a3; model price=nbv_1 ne neg; run;
```

이상치 제거 : 상 · 하 1%를 기준으로 Winsorize

```
proc sort data=a2; by yr; run;
proc means data=a2 p1 p99; var ne nbv_1; output out=list1
p1=nep1 nbv_1p1 p99=nep99 nbv_1p99; by yr; run;
proc sort data=a2; by yr; run; proc sort data=list1; by yr; run;
data a3; merge a2 list1; by yr;
if ne<=nep1 then ne=nep1; if ne>=nep99 then ne=nep99;
if nbv_1<=nbv_1p1 then nbv_1=nbv_1p1;
if nbv_1>=nbv_1p99 then nbv_1=nbv_1p99; run;
proc reg data=a3; model price=nbv_1 ne neg; run;
```

이상치 제거 : 평균 ±(3×표준편차)를 기준으로

```
proc sort data=a2; by yr; run;
proc means data=a2 mean std; var ne nbv_1; output out=list1
mean=nemean nbv_1mean std=nestd nbv_1std; by yr; run;
proc sort data=a2; by yr; run; proc sort data=list1; by yr; run;
data a3; merge a2 list1; by yr;
if ne<=nemean-(nestd*3) then delete;
if ne>=nemean+(nestd*3) then delete;
if nbv_1<=nbv_1mean-(nbv_1std*3) then delete;
if nbv_1>=nbv_1mean+(nbv_1std*3) then delete;
proc reg data=a3; model price=nbv_1 ne neg; run;
```

White General Test를 이용한 이분산성 검정

```
proc reg data=a1;
 model price=nbv_1 ne nrd nad; output out=test r=r; run;
 quit;
data test1; set test;
 sqr=r*r; sqbv=nbv_1*nbv_1; sqne=ne*ne; sqad=nad*nad; sqrd=nrd*nrd;
 bve=nbv_1*ne; bvad=nbv_1*nad; bvrd=nbv_1*nrd; ead=ne*nad; erd=ne*nrd; run;
proc glm data=test1;
 model sqr=nbv_1 ne nad nrd sqbv sqne sqad sqrd bve bvad bvrd ead
 erd/solution; run;
 quit;
```

spec 옵션을 이용한 이분산성 검정

```
proc reg data=a1;
 model price=nbv_1 ne nad nrd/spec acov; run;
```

이분산성을 고려한 회귀분석

```
proc reg data=a1;
 model price=nbv_1 ne nad nrd/white; run;
```

11장

로지스틱 분석

1. 로지스틱 분석

회귀분석은 종속변수가 연속적인 변수인 경우에만 가능하다. 따라서 종속변수가 연속변수가 아님에도 불구하고 회귀분석을 적용시키면, 잘못된 분석결과가 도출될 수 있다.

예를 들어 흡연여부에 따른 폐암 발생 확률이나, 기업의 부도율 예측 등의 경우 종속변수는 양적인 의미는 전혀 없고 단지 두 결과 중 하나를 구분하기 위한 표시에 불과하다. 이러한 경우 **로지스틱 분석**을 이용해야 한다.

1) 로지스틱 모형

종속변수가 순서형(1, 0)의 범주를 갖고, 독립변수들이 연속형 변수를 가질 때 이용되는 분석이다.

따라서 확률변수 Y가 0 또는 1의 값을 갖고, 설명변수가 X일 때 Y가 1일 확률이 $P_r(Y_1 = 1) = P_i$ 이면 로지스틱 모형은 다음과 같다.

$$\log\left(\frac{P_i}{1-P_i}\right) = \beta_0 + \beta_1 X_{i1} + \beta_2 X_{i2} + \cdots \beta_k X_{ik}$$

2) 로지스틱 모형의 도출

예를 들어 기업의 부채비율(X_1), 유동비율(X_2), 자산순이익률(X_3), 매출액(X_4), 영업현금흐름(X_5) 등에 따라 부도가 발생하거나($Y=1$), 발생하지 않거나($Y=0$) 2가지로 나타난다고 가정해 보자.

로지스틱 분석은 독립변수(X)에 따른 성공의 확률, $P(Y=1|X)$를 추정하는데 이러한 경우 $P(Y=1|X_1, X_2, X_3, X_4, X_5)$는 다섯 개의 독립변수에 따른 기업부도 발생률이다.

이처럼 오직 가능한 결과가 2가지이고, 이 결과가 독립적일 때 이 시험은 베르누이 시행이 된다. 따라서 성공의 확률을 $P(Y=1)=\pi$라 하면, Y의 평균은 $E(Y)=\pi$이고, 분산은 $Var(Y)=\pi(1-\pi)$이다.

이러한 실험을 n번 수행하였을 때 성공횟수의 확률분포는 이항분포가 되고 $\pi(x)$는 다음과 같은 로지스틱 모형을 따르게 된다.

$$\pi(x)=\frac{\exp(\beta_0+\beta_1X_{i1}+\beta_2X_{i2}+\beta_kX_{ik})}{1+\exp(\beta_0+\beta_1X_{i1}+\beta_2X_{i2}+\beta_kX_{ik})}$$

이러한 로지스틱 모형은 $\pi(x)=\beta_0+\beta_1x$와 같은 일반회귀모형을 통해서 구할 수 있다. 이를 위해 이진형 변수들의 로지스틱형 변수 변환(Logistic)을 Maximum Likelihood(ML)법에 의해 추정하면, 다음과 같은 식으로 표현할 수 있다.

$$\ln(odds)=\ln\frac{\pi(x)}{1-\pi(x)}=\mathrm{log}it(\pi(x))=\beta_0+\beta_1X$$

예제 11-1 어느 벤처기업의 연구원 1인당 연구개발비(RD)와 광고선전비(AD)가 기업의 특허권 성공 유무(PATENT)에 미치는 영향을 로지스틱 분석을 통해 분석해 보자.

PATENT	RD	AD	PATENT	RD	AD
1	22.45	40.6	1	23.4	0.2
1	7.25	35.3	0	25.35	13.75
1	6.75	39.9	1	10.7	38
0	18.1	10.4	0	44.45	19.85
1	28.75	43.2	0	37.85	16.95
1	1.75	12.8	1	0.9	43.4
1	23.25	8.75	1	2.4	40.95
1	41.5	0.7	0	37.45	2.75
0	42.25	2.25	0	44.85	9.4
0	1.25	1.75	1	23.2	39.45

[명령문]

```
① proc logistic data=a1;
② model patent=rd ad/noint; run;
```

① proc logistic 문을 이용하여 로지스틱 분석을 실시한다.
② 설명변수가 2개이고, 절편이 없는(noint) 로지스틱 분석을 실시한다.

[실행결과]

```
                    Model Fit Statistics

                              Without         With
              Criterion     Covariates     Covariates

              AIC               27.726         21.771
              SC                27.726         23.763
              -2 Log L          27.726         17.771

              Testing Global Null Hypothesis: BETA=0

         Test                 Chi-Square       DF     Pr > ChiSq

         Likelihood Ratio         9.9547        2         0.0069
         Score                    8.3252        2         0.0156
         Wald                     5.2760        2         0.0715

             Analysis of Maximum Likelihood Estimates

                                        Standard          Wald
     Parameter    DF     Estimate         Error     Chi-Square     Pr > ChiSq

     RD            1       0.0476        0.0256         3.4599         0.0629
     AD            1      -0.0840        0.0382         4.8263         0.0280
```

① 설명변수들의 값이 모두 0이라는 귀무가설을 검정한 결과 우도비 카이제곱 검정통계량의 p-value는 0.0069로 귀무가설을 기각한다. 즉 변수들을 통해 매출액의 확률을 설명하는 데 유의한 변수가 포함되어 있다고 판단할 수 있다.
② 계수들을 통해 적합한 예측모형을 설계할 수 있다. 여기서 적합한 예측모형은 $\log(P/1-P) = 0.0476 \times RD - 0.0840 \times AD$로 표현된다.

3) 로지스틱 분석에서의 변수 선택

로지스틱 분석에서는 독립변수가 많을 경우 최적 모형을 설정하기 위해 이러한 다수의 독립변수 중에서 종속변수에 영향을 미칠 수 있는 소수의 독립변수만을 선택할 수 있다.

이를 위해 SAS에서는 선택명령문 selection 뒤에 s 또는 b, f를 추가하여 stepwise(단계선택법), backward(후진제거법), forward(전진선택법)를 선택할 수 있다. 일반적인 회귀분석에서 t값이 유의한 계수만이 선택된 결과를 출력하는 것이다.

예제 11-2 기업파산에 대한 예측모형을 개발하기 위하여 CFO(영업현금흐름/자산), ROA(순이익/자산), CAL(유동자산/유동부채), TURN(매출액/유동자산) 등 4가지 재무비율을 고려한다. 예측모형을 추정하기 위하여 정상기업 117개와 부도기업 83개를 대상으로 로지스틱 판별 분석을 실시하여, 어떤 변수가 부도예측모형에 유용한 변수인지를 검정해 보자. (종속변수는 부도기업이면 1, 정상기업이면 0)

[명령문]

```
① proc logistic descending data=a1; model Y=CFO ROA CAL TURN/
② stb selection=stepwise
③ ctable pprob=0.5;
④ output out=a2 p=predicts; run;
```

① 재무비율을 이용하여 로지스틱 판별함수를 추정하라는 명령문이다. (여기서 descending은 Y가 1인 기업을 부도기업으로 인식시키기 위한 명령어이다)

② stb는 표준화 회귀계수를 나타내는 것으로 분석에서 설명변수가 종속변수에 미치는 상대적 영향력을 나타낸다. selection=stepwise는 통계적으로 유의한 변수를 stepwise법(단계선택법)을 이용하여 선택하라는 옵션이다.

③ ctable pprob=0.5는 분류기준(부도, 정상 여부) 확률 0.5를 기준으로 분류표를 출력한다.

④ 각 집단에 속할 사후확률의 이름을 predicts로 지정하여 a2에 저장한다.

[실행결과]

```
              Response Profile

 Ordered                          Total
   Value              Y       Frequency

       1              1              83
       2              0             117

         Probability modeled is Y=1.
```

Y가 1인 기업을 부도기업, 0인 기업을 정상기업으로 인식하였다.

Step	Effect Entered	Effect Removed	DF	Number In	Score Chi-Square	Wald Chi-Square	Pr > ChiSq	Variable Label
1	CFO		1	1	53.1796		<.0001	CFO
2	CAL		1	2	27.0639		<.0001	CAL
3	ROA		1	3	12.5562		0.0004	ROA

Summary of Stepwise Selection

로지스틱 판별모형의 stepwise법에 의해 CFO, CAL, ROA가 모형에 선택되었다.

Testing Global Null Hypothesis: BETA=0

Test	Chi-Square	DF	Pr > ChiSq
Likelihood Ratio	139.6419	3	<.0001
Score	63.7347	3	<.0001
Wald	45.3846	3	<.0001

Residual Chi-Square Test

Chi-Square	DF	Pr > ChiSq
0.2828	1	0.5948

우도비 검정통계량의 Chi-Square는 139.6419를 나타내고, p값은 <.0001로 유의수준 0.05보다 작은 값을 나타냈다. 따라서 이 모형은 부도기업을 예측하는 데 유용한 판별함수라 판단할 수 있다.

Analysis of Maximum Likelihood Estimates

Parameter	DF	Estimate	Standard Error	Wald Chi-Square	Pr > ChiSq	Standardized Estimate
Intercept	1	1.5166	0.3460	19.2081	<.0001	
CFO	1	-26.9694	4.1822	41.5848	<.0001	-2.2156
ROA	1	-11.7973	2.3659	24.8649	<.0001	-1.1270
CAL	1	-0.0491	0.0182	7.2694	0.0070	-0.2520

최대 우도 추정법(ML)에 의해 추정된 로지스틱 판별함수는 다음과 같다.

$$\pi(X) = \frac{\exp(1.52 - 26.97 \times CFO_i - 11.80 \times ROA_i - 0.05 \times CAL_i)}{1 + \exp(1.52 - 26.97 \times CFO_i - 11.80 \times ROA_i - 0.05 \times CAL_i)}$$

Classification Table

Prob Level	Correct Event	Correct Non-Event	Incorrect Event	Incorrect Non-Event	Percentages Correct	Sensi-tivity	Speci-ficity	False POS	False NEG
0.500	63	102	15	20	82.5	75.9	87.2	19.2	16.4

분류기준 0.500을 기준으로, 기업의 부도예측을 위한 판별분석은 82.5%만이 정확히 예측되었다. 또한 부도기업 중 15개(19.2%), 정상기업 중 20개(16.4%)는 예측이 정확하지 않음을 알 수 있다.

4) 종속변수가 3개 이상의 집단일 경우

앞의 설명에서는 로지스틱 모형은 종속변수가 2개 집단으로만 나누어져 있었다. 이제 종속변수가 3개 이상의 집단이면서 **순서형 반응**(ordinal response)의 모형을 실행해 보고자 한다.

예제 11-3 다음은 각 기업들의 ROA(순이익/자산), LEV(부채/자산) CFO(영업현금흐름/자산), SIZE(자산규모) 4가지 재무변수들이 종속변수 SCORE(신용등급 0부터 3까지)에 미치는 영향을 분석하고자 한다.

SAS에서는 <PROC LOGISTIC> 프로시저를 통해 종속변수가 2가지인 경우에 **Binary Logit Model**로써 분석을 실시하고 3개 이상일 때는 자동적으로 **Ordered Logit Model**로 분석이 실시된다.

[명령문]

```
① proc logistic descending data=a1; model  score=size roa cfo lev/
② stb selection=stepwise
③ ctable pprob=0.5;
④ output out=a2 p=predicts; run;
```

① 재무변수를 이용하여 로지스틱 판별함수를 추정하라는 명령문이다.

② stb는 표준화 회귀계수를 나타내는 것으로 회귀분석에서 설명변수가 종속변수에 미치는 상대적 영향력을 나타낸다. selection=stepwise는 통계적으로 유의한 변수를 stepwise법(단계선택법)을 이용하여 선택하라는 옵션이다.

③ ctable pprob=0.5는 분류기준(부도, 정상 여부) 확률 0.5를 기준으로 분류표를 출력한다.

④ 각 집단에 속할 사후확률의 이름을 predicts로 지정하여 a2에 저장한다.

[실행결과]

Summary of Stepwise Selection

Step	Effect Entered	Effect Removed	DF	Number In	Score Chi-Square	Wald Chi-Square	Pr > ChiSq	Variable Label
1	size		1	1	252.5304		<.0001	size
2	lev		1	2	230.6440		<.0001	lev
3	cfo		1	3	24.0020		<.0001	cfo
4	roa		1	4	7.1661		0.0074	roa

실행결과 4개의 변수들이 모두 선택됨을 알 수 있으며 신용등급에 가장 영향이 큰 변수는 SIZE(기업규모)임을 알 수 있다.

Analysis of Maximum Likelihood Estimates

Parameter	DF	Estimate	Standard Error	Wald Chi-Square	Pr > ChiSq	Standardized Estimate
Intercept 3	1	-45.7362	2.8049	265.8735	<.0001	
Intercept 2	1	-41.6716	2.6532	246.6815	<.0001	
Intercept 1	1	-38.7944	2.5672	228.3529	<.0001	
size	1	1.6597	0.1010	270.1386	<.0001	1.3132
roa	1	4.4204	1.5636	7.9921	0.0047	0.2234
cfo	1	5.0517	1.3414	14.1820	0.0002	0.2140
lev	1	-8.7863	0.7082	153.9308	<.0001	-0.8353

각 변수들의 부호로는 SIZE와 ROA 그리고 CFO가 유의한 양(+)의 부호를 보였으며, LEV는 유의한 음(−)의 부호를 보여 기업의 규모가 크고 자산수익률이 높으며 영업현금흐름이 좋을수록 신용등급은 상승하며, 부채비율이 높을수록 신용등급이 하락함을 알 수 있다.

마지막으로 종속변수가 신용등급처럼 순서형이 아니고 명목형(nominal, 이러한 예로 종속변수가 제품 A, B, C 또는 교통수단으로 자동차, 기차, 버스 등)을 따르는 명목형 반응변수의 경우 **다항 로지스틱회귀모형**(multinomial logistic regression model)을 실시해야 하므로 proc logistic 문이 아닌 proc catmod 문을 이용하게 된다.

본장에서는 간단한 명령문만으로 이를 설명하고자 한다.

[명령문]

```
① proc catmod data=a1;
② direct size roa cfo lev;
③ model score=size roa cfo lev/ml nogls pred=prob; run;
```

① 종속변수가 명목형이기 때문에 catmod 문을 이용한다.

② 독립변수들에서 연속변수로 가정하고자 하는 변수들을 지정해 준다.

③ ml : 최대우도량을 지정해 주고,

nogls : 일반 최소자승법에 의한 추정치의 계산을 프린트하지 않는다.

pred=prob : 각 모집단의 반응함수의 관측치와 예측치를 프린트한다.

2. 회귀분석과 로지스틱 분석의 차이

종속변수가 연속변수인 경우에는 회귀분석을, 범주형 변수인 경우에는 로지스틱 분석을 실시해야 함을 알 수 있다. 그러나 종속변수가 범주형 변수일 때, 이를 연속변수로 착각하여 회귀분석을 실시할 경우 분석결과는 매우 달라질 수 있다.

다음 자료는 종속변수가 범주형(1이면 투자등급, 0이면 투기등급)으로 구성되어 있다. 이 자료를 통해 회귀분석과 로지스틱 분석을 각각 실시하였을 경우 분석결과에 어떠한 차이가 발생하는지 비교해 보자.

	A	B	C	D	E	F	G	H
1	yr	score	credit	ni	cfo	size	lev	for
2	2000	0	12	-0.03277	0.012247	26.16732	0.454127	0.3
3	2000	1	7	0.026879	0.088451	27.77883	0.605706	3.9
4	2000	1	6	0.062251	0.051015	27.01139	0.398891	8.6
5	2000	0	10	0.039875	0.210772	28.19566	0.649513	68.1
6	2000	0	10	0.003524	-0.0254	28.84177	0.695429	7.5
7	2000	1	8	0.012007	0.165325	28.82369	0.533734	10.1

[자료 11-1] 기업의 신용등급과 주요 재무변수

[명령문]

```
proc reg data=a1; model score=ni cfo size lev for; run;
```

[실행결과]

The REG Procedure
Model: MODEL1
Dependent Variable: score score

Number of Observations Read	440
Number of Observations Used	440

Analysis of Variance

Source	DF	Sum of Squares	Mean Square	F Value	Pr > F
Model	5	33.31511	6.66302	38.26	<.0001
Error	434	75.58489	0.17416		
Corrected Total	439	108.90000			

Root MSE	0.41732	R-Square	0.3059
Dependent Mean	0.55000	Adj R-Sq	0.2979
Coeff Var	75.87696		

Parameter Estimates

Variable	Label	DF	Parameter Estimate	Standard Error	t Value	Pr > |t|
Intercept	Intercept	1	-2.56549	0.40882	-6.28	<.0001
ni	ni	1	0.13532	0.16501	0.82	0.4126
cfo	cfo	1	0.55991	0.22460	2.49	0.0130
size	size	1	0.13546	0.01615	8.39	<.0001
lev	lev	1	-1.01033	0.13767	-7.34	<.0001
for	for	1	0.00121	0.00164	0.74	0.4595

회귀분석결과, ni와 for 변수는 유의하지 않은 회귀계수 값을 보이고 있으며, cfo, size, lev 변수는 유의한 회귀계수를 나타냄에 따라 이들 변수만이 신용등급과 유의한 관련성이 있음을 알 수 있다.

[명령문]

```
proc logistic descending data=a1;
model score=ni cfo size lev for/stb selection=stepwise noint; run;
```

[실행결과]

Analysis of Maximum Likelihood Estimates

Parameter	DF	Estimate	Standard Error	Wald Chi-Square	Pr > ChiSq	Standardized Estimate
ni	1	4.5071	1.6454	7.5029	0.0062	0.3518
cfo	1	3.8204	1.4028	7.4163	0.0065	0.2092
size	1	0.0752	0.0187	16.2148	<.0001	0.0604
lev	1	-4.0389	0.8099	24.8687	<.0001	-0.3756
for	1	0.0432	0.0118	13.3128	0.0003	0.3304

Odds Ratio Estimates

Effect	Point Estimate	95% Wald Confidence Limits	
ni	90.656	3.604	>999.999
cfo	45.621	2.918	713.293
size	1.078	1.039	1.118

로지스틱 분석에서는 stepwise법을 통해 신용등급과 유의한 관련성이 있는 변수를 선택한 결과 앞의 회귀분석결과와 다르게 ni, cfo, size, lev, for 변수 모두가 신용등급과 유의한 관련성이 있는 것으로 나타났다.

stb를 통해 산출된 표준화 회귀계수의 결과에서는 lev가 −0.3756으로 가장 높은 음(−)의 영향을 미치는 것으로 나타났으며, 일반회귀계수와 다르게 for이 0.33으로 cfo와 size보다 상대적으로 많은 영향을 미치는 것으로 나타났다. 결론적으로 회귀분석과 로지스틱 분석의 결과가 서로 상이함을 알 수 있다.

이 장의 SAS 명령문 정리

로지스틱 분석

```
proc logistic data=a1;
model patent=rd ad/noint; run;
```

로지스틱 분석 (종속변수가 2개 집단)

```
proc logistic descending data=a1; model Y=CFO ROA CAL TURN/
stb selection=stepwise
ctable pprob=0.5;
output out=a2 p=predicts; run;
```

로지스틱 분석 (종속변수가 3개 이상 집단의 순서형)

```
proc logistic descending data=a1; model score=size roa cfo lev/
stb selection=stepwise
ctable pprob=0.5;
output out=a2 p=predicts; run;
```

로지스틱 분석 (종속변수가 3개 이상 집단의 명목형)

```
proc catmod data=a1;
 direct size roa cfo lev;
 model score=size roa cfo lev/ml nogls pred=prob; run;
```

로지스틱 분석과 회귀분석의 차이

```
proc reg data=a1; model score=ni cfo size lev for; run;

proc logistic descending data=a1;
 model score=ni cfo size lev for/stb selection=stepwise noint; run;
```

12장

초과수익률

주식시장에서 회계공시의 적정성을 검정하기 위해서는 특정 회계정보가 공시된 시점에서의 주식시장의 반응을 측정하게 된다. 이러한 시장반응을 분석하기 위해 가장 널리 사용되는 측정치로 초과수익률과 누적초과수익률이 있다.

1. 초과수익률의 정의

초과수익률(Abnormal Return)은 실제수익률에서 기대수익률을 차감하여 산정된다. 여기서 실제수익률은 관찰가능한 변수가 되고, 기대수익률은 산정방법에 따라 다르다.

예를 들어 자신이 보유한 기업의 주식이 전월 대비 5% 상승하였다면, 이 투자자는 5%의 수익률을 얻었다고 할 수 있다. 그러나 같은 기간 동안 주식시장의 모든 기업들이 10%의 수익률을 기록하였다면 이 투자자는 −5%의 초과수익률을 얻었다고 할 수 있다. 이처럼 초과수익률은 기대수익률에 따라 양(+) 또는 음(−)의 값을 가질 수 있다.

초과수익률(AR)은 기대수익률의 종류에 따라 **시장조정 초과수익률**, 시장모형을 이용한 **위험조정 초과수익률**, **규모조정 초과수익률** 등이 있다. 그리고 초과수익률을 사건기간 동안 누적시킨 수익률을 **누적초과수익률**(Cumulative Abnormal Return)이라 한다.

2. 시장조정 초과수익률

시장조정 초과수익률은 각 기업의 수익률에서 시장수익률을 차감하여 계산되며, 다음과 같이 표현된다.

$$\text{시장조정 초과수익률} = \text{실제수익률} - \text{기대수익률}$$

$$= \frac{\text{당일종가} - \text{전일종가}}{\text{전일종가}} - \frac{\text{KOSPI 당일지수} - \text{KOSPI 전일지수}}{\text{KOSPI 전일지수}}$$

만약, 기업의 수익률이 0.085이고, 그 시점의 시장수익률이 0.025였다면, 이 기업의 시장조정 초과수익률은 다음과 같이 계산된다.

$$\text{시장조정 초과수익률} = \text{기업수익률} - \text{시장수익률} = 0.085 - 0.025 = 0.060$$

3. 규모조정 초과수익률

다음 자료는 기업코드 1235번 기업의 각 날짜별 주가(price), 시장지수(index) 그리고 이 기업이 속한 포트폴리오 그룹의 수익률(SIZE)을 나타내고 있다. 이 자료를 이용하여 이 기업의 규모조정 초과수익률을 구해보자.

	A	B	C	D	E
1	day	code	price	index	SIZE
2	20150102	1235	18,100.	1926.44	0.011
3	20150105	1235	17,900.	1915.75	-0.042
4	20150106	1235	17,500.	1882.45	-0.003
5	20150107	1235	17,500.	1883.83	-0.006
6	20150108	1235	17,350.	1904.65	0.011
7	20150109	1235	17,650.	1924.7	0.003
8	20150112	1235	17,850.	1920.95	0.001
9	20150113	1235	17,650.	1917.14	-0.007
10	20150114	1235	17,550.	1913.66	0.013
11	20150115	1235	17,950.	1914.14	0.048
12	20150116	1235	19,000.	1888.13	0.052
13	20150119	1235	19,800.	1902.62	0.046
14	20150120	1235	21,100.	1918.31	0.002

[자료 12-1] 주가와 종합주가지수

Excel을 통해 각 날짜별 기업수익률(AR)과 시장지수수익률(MAR)을 구하면 다음과 같다.

예) 2015년 1월 5일
(17,900−18,100)/18,100

예) 2015년 1월 5일
(1915.75−1926.44)/1926.4

day	code	price	index	SIZE	AR	MAR
20150102	1235	18,100	1926.44	0.011		
20150105	1235	17,900	1915.75	-0.042	-0.0110	-0.0055
20150106	1235	17,500	1882.45	-0.003	-0.0223	-0.0174
20150107	1235	17,500	1883.83	-0.006	0.0000	0.0007
20150108	1235	17,350	1904.65	0.011	-0.0086	0.0111
20150109	1235	17,650	1924.70	0.003	0.0173	0.0105
20150112	1235	17,850	1920.95	0.001	0.0113	-0.0019
20150113	1235	17,650	1917.14	-0.007	-0.0112	-0.0020
20150114	1235	17,550	1913.66	0.013	-0.0057	-0.0018
20150115	1235	17,950	1914.14	0.048	0.0228	0.0003
20150116	1235	19,000	1888.13	0.052	0.0585	-0.0136
20150119	1235	19,800	1902.62	0.046	0.0421	0.0077
20150120	1235	21,100	1918.31	0.002	0.0657	0.0082

이를 바탕으로 시장조정 초과수익률, 누적평균 초과수익률, 누적초과수익률, 규모조정 초과수익률을 구하면 다음과 같다.

E	F	G	H	I	K	L
SIZE	AR	MAR	시장조정수익률	누적평균초과수익률	누적초과수익률	규모조정수익률
0.011						
-0.042	-0.011	-0.006	-0.006			0.0313
-0.003	-0.022	-0.017	-0.005			-0.0193
-0.006	0.000	0.001	-0.001			0.0056
0.011	-0.009	0.011	-0.020			-0.0199
0.003	0.017	0.011	0.007			0.0140
0.001	0.011	-0.002	0.013			0.0101
-0.007	-0.011	-0.002	-0.009			-0.0045
0.013	-0.006	-0.002	-0.004			-0.0185
0.048	0.023	0.000	0.023			-0.0257
0.052	0.058	-0.014	0.072			0.0064
0.046	0.042	0.008	0.034			-0.0036
0.002	0.066	0.008	0.057	0.163	0.170	0.0637

AR−MAR

AR−SIZE

$\sum$ AR−MAR

Π ((AR−MAR)+1) −1

지금까지 설명한 수익률들은 다음과 같은 SAS 명령문을 이용하여 구할 수 있다.

[명령문]

```
① data a2; set a1;
   beforprice=lag(price); beforindex=lag(index);
   if first.code then do; beforprice=. ; beforindex=. ; end;
② ar=(price-beforprice)/beforprice; mar=(index-beforindex)/beforindex;
   ar1=ar-mar; if ar=. then ar=0; if ar1=. then ar1=0;
③ ar2=ar-size; run;
```

① lag 함수를 이용하여 일별 전일주가(beforprice)와 전일시장지수(beforindex)를 생성한다.

② 기업수익률(ar)에서 시장지수수익률을 차감하여 시장조정 초과수익률(ar1)을 생성하며, ar과 ar1이 결측(.)이거나 0일 경우의 자료는 삭제한다.

③ 기업수익률(ar)에서 기업이 속한 포트폴리오 수익률(size)을 차감하여 규모조정 초과수익률(ar2)을 생성한다.

[실행결과 : a2]

	day	code	SIZE	ar	mar	ar1	ar2
1	20150102	1235	0,0110497238	0	.	0	-0,011049724
2	20150105	1235	-0,042346369	-0,011049724	-0,005549096	-0,005500628	0,031296645
3	20150106	1235	-0,003	-0,022346369	-0,017382226	-0,004964142	-0,019346369
4	20150107	1235	-0,005571429	0	0,0007330872	-0,000733087	0,0055714286
5	20150108	1235	0,0112910663	-0,008571429	0,0110519527	-0,019623381	-0,019862495
6	20150109	1235	0,0033314448	0,0172910663	0,0105268685	0,0067641978	0,0139596215
7	20150112	1235	0,0012044818	0,0113314448	-0,001948356	0,0132798003	0,010126963
8	20150113	1235	-0,006665722	-0,011204482	-0,001983394	-0,009221088	-0,004538759
9	20150114	1235	0,0127920228	-0,005665722	-0,001815204	-0,003850518	-0,018457745
10	20150115	1235	0,0484958217	0,0227920228	0,0002508283	0,0225411945	-0,025703799
11	20150116	1235	0,0521052632	0,0584958217	-0,013588348	0,0720841695	0,0063905586
12	20150119	1235	0,0456565657	0,0421052632	0,0076742597	0,0344310034	-0,003551302
13	20150120	1235	0,002	0,0656565657	0,0082465232	0,0574100424	0,0636565657

다음은 추가적인 명령문으로, 기업별 주가수익률을 이용하여 기업의 규모별로 주가수익률의 평균을 계산하는 방법이다. 계산된 그룹별 평균 주가수익률은 시장조정 초과수익률 산출시 시장수익률을 대신하여 사용할 수 있으며 이렇게 계산된 초과수익률을 규모조정 초과수익률이라 한다.

[명령문 : 기업규모에 따른 평균수익률 구하기]

```
① proc rank data=a2 out=b1 group=10; var size; ranks group; run;
   proc sort data=b1; by group; run;
② proc means data=b1 mean; var ar; by group;
   output out=list1; mean=sizear; run;
③ proc sort data=b1; by group; run;
   proc sort data=list1; by group; run;
   data b3; merge b1 list1; by group; run;
```

① proc rank 문을 이용하여 기업규모(size)에 따라 10개의 group을 지정한 후, 그 변수를 ranks로 지정하여 b1에 저장한다.

② 각 그룹별 수익률의 평균을 sizear이라는 변수명으로 list1에 저장한다.

③ group을 기준으로 원자료(b1)와 그룹별 평균수익률(list1)을 정렬하고, 결합한다.

4. 누적초과수익률

앞의 초과수익률(AR)을 기간별로 누적시킨 수익률을 누적초과수익률(CAR)이라 한다. 누적초과수익률의 계산방법은 단순히 각 날짜별 초과수익률을 모두 더하는 계산방법과 각 날짜별 초과수익률에 1을 더하여 모두 곱한 후 다시 1을 빼는 방법이 있다.

[명령문]

```
data a3; set a2;
  if ar1=. then ar1=0;
① retain stock car 0;
   if stock^= code then do; car=0; end;
   car=car+ar1; stock=code;
② retain stock1 car1 1;
   if stock1^= code then do; car1=1; end;
   car1=car1*(1+ar1); stock1=code; car2=car1-1;
   keep day code ar1 car car2; run;
```

① 각 날짜별 초과수익률을 덧셈을 통해 누적시킨 누적평균 초과수익률

② 각 날짜별 초과수익률에 1을 더하고, 곱한 후 1을 뺀 누적초과수익률

[실행결과 : a3]

	day	code	ar1	car	car2
1	20150102	1235	0	0	0
2	20150105	1235	-0.005500628	-0.005500628	-0.005500628
3	20150106	1235	-0.004964142	-0.01046477	-0.010437465
4	20150107	1235	-0.000733087	-0.011197858	-0.0111629
5	20150108	1235	-0.019623381	-0.030821239	-0.030567228
6	20150109	1235	0.0067641978	-0.024057041	-0.024009793
7	20150112	1235	0.0132798003	-0.010777241	-0.011048837
8	20150113	1235	-0.009221088	-0.019998329	-0.020168043
9	20150114	1235	-0.003850518	-0.023848847	-0.023940904
10	20150115	1235	0.0225411945	-0.001307653	-0.001939366
11	20150116	1235	0.0720841695	0.0707765167	0.0700050055
12	20150119	1235	0.0344310034	0.1052075201	0.1068463515
13	20150120	1235	0.0574100424	0.1626175626	0.1703904475

실행결과를 살펴보면 Excel의 실행결과와 동일한 누적평균 초과수익률(0.163)과 누적초과수익률(0.170) 값을 보이고 있다.

5. 시장모형을 이용한 위험조정 초과수익률

기업의 초과수익률을 산정함에 있어서 가장 널리 사용되는 시장모형을 이용한 위험조정 초과수익률은 과거 일정기간의 기업수익률을 종속변수로 시장수익률을 독립변수로 하는 회귀분석을 통해 추정한다. 이를 식으로 표현하면 다음과 같다.

$$R_{it} = \alpha_i + \beta_i \times R_{mt} + \epsilon_{it}$$

추정된 시장모형의 모수를 각각 $\widehat{\alpha_i}$와 $\widehat{\beta_i}$이라 하면, 시장모형을 이용한 위험조정 초과수익률은 다음과 같이 산정된다.

$$\widehat{\epsilon_{it}} = R - (\widehat{\alpha_i} + \widehat{\beta_i} \times R_{mt})$$

기업의 초과수익률은 연구대상사건과 시장수익률이 독립적이라는 가정하에서 그 사건의 효과가 모두 잔차항에 나타나게 된다. 예를 들어, 어떤 기업의 합병발표효과를 시장모형을 이용한 위험조정 초과수익률로 측정해 보자.

합병발표 전 120일간(연구자의 기준) 기업의 일별수익률과 시장수익률을 통한 회귀분석결과는 다음과 같다.

$$R = 0.05 + 1.75 R_{mt}$$

만약, 합병발표일의 시장수익률이 0.05이고, 합병기업의 수익률이 0.015라면, 그 기업의 초과수익률은 위 식의 잔차가 된다.

$$\text{초과수익률} = 0.015 - (0.05 + 1.75 \times 0.05) = -0.1225$$

예제 12-1 다음 자료는 A기업의 일별 주가자료와 C사건의 공시일을 나타내고 있다. 이 자료를 이용하여 시장모형을 이용한 위험조정 초과수익률을 계산해 보자.

	yr	code	day	price	eventday
1	2015	10805	20150102	18950	20150715
2	2015	10805	20150105	18800	20150715
3	2015	10805	20150106	17700	20150715
4	2015	10805	20150107	17300	20150715
5	2015	10805	20150108	16000	20150715
6	2015	10805	20150109	16150	20150715

[명령문]

```
① proc sort data=a1; by day; run; proc sort data=a2; by day; run;
   data a3; merge a1 a2; by day; run;
   proc sort data=a3; by code; run;
   data a4; set a3;
   beforprice=lag(price); beforindex=lag(index);
   if first.code or first.yr then do; beforprice=. ; beforindex=. ; end;
   ar=(price-beforprice)/beforprice; indexar=(index-beforindex)/beforindex;
② RYEAR=int(day/10000); Rmon=day-Ryear*10000;
③ Rmonth=int(Rmon/100); Rday=Rmon-Rmonth*100;
④ format Rdate yymmdd6.; Rdate=mdy(Rmonth,Rday,Ryear);
⑤ RYEAR1=int(eventday/10000); Rmon1=eventday-Ryear1*10000;
   Rmonth1=int(Rmon1/100); Rday1=Rmon1-Rmonth1*100;
   format Rdate1 yymmdd6.; Rdate1=mdy(Rmonth1,Rday1,Ryear1);
⑥ diff=rdate-rdate1; run;
```

① 각 기업의 일별 주가자료(a1)와 시장지수(a2)를 날짜별로 정렬하고, 결합하여 일별 주식수익률(ar)과 시장수익률(indexar)을 구한다.

② RYEAR는 day를 10000으로 나눈 후의 정숫값을 나타내며, day가 "20150101"이라면 2015라는 정수만 남게 된다. 다음으로 Rmon은 day에서 Ryear*10000을 뺀 값으로 20150101－(2015*10000)＝101이 된다.

③ Rmonth는 Rmon을 100으로 나눈 후의 정숫값을 나타내며, Rmon이 101이라면 1이라는 정수만 남게 된다. 다음으로 Rday는 Rmon에서 Rmon*100을 뺀 값으로 101－(1*100)＝1이 된다.

④ format 문을 이용하여 Rdate라는 날짜변수를 6자리의 yymmdd 변수로 설정한다. 이때 m은 Rmonth, d는 Rday, y는 Ryear를 통해 설정되며, day 20150101은 Rdate 150101로 설정된다.

⑤ eventday의 날짜변수도 ②, ③, ④와 같은 방식으로 변환하여, Rdate1로 설정한다.

⑥ diff(날짜차이)는 각 day와 eventday의 날짜차이를 나타낸다.

[실행결과]

yr	code	day	eventday	ar	indexar	diff
2015	10805	20150708	20150715	0.0365	−0.011802	−7
2015	10805	20150709	20150715	−0.01174	0.005753	−6
2015	10805	20150710	20150715	0.04988	0.001657	−5
2015	10805	20150713	20150715	0	0.014942	−2
2015	10805	20150714	20150715	0.02489	−0.001111	−1
2015	10805	20150715	20150715	−0.00221	0.006643	0
2015	10805	20150716	20150715	0.00664	0.007227	1
2015	10805	20150717	20150715	−0.02198	−0.005316	2
2015	10805	20150720	20150715	0.01124	−0.001676	5

이제 시장모형을 이용한 위험조정 초과수익률을 구하기 위해 사건일 전 120일간의 기업수익률과 시장수익률 자료를 선택한다.

[명령문]

```
① data a5; set a4; if diff>0 then delete; run;
   proc sort data=a5; by code eventday ② descending diff; run;
③ data a6; set a5; by code eventday;
   if first.eventday then cnt=0; retain cnt; output; cnt=cnt-1;
   keep yr code day ar diff eventday cnt indexar; run;
```

① 날짜차이(diff)가 0 이상인 자료는 모두 삭제한다.
② diff(날짜차이)를 기준으로 아래차순 정렬을 실시한다.
③ 기업(code)과 공시일(eventday)을 기준으로 정렬한 후, 첫 번째 eventday는 0이라는 변수명을 cnt로 지정하고, cnt=cnt-1문을 통해 그 다음 관측치는 cnt에서 1씩 늘어난다.

[실행결과]

yr	code	day	eventday	ar	indexar	diff	cnt
2015	10805	20150715	20150715	−0.00221	0.006643	0	0
2015	10805	20150714	20150715	0.02489	−0.001111	−1	−1
2015	10805	20150713	20150715	0	0.014942	−2	−2
2015	10805	20150710	20150715	0.04988	0.001657	−5	−3
2015	10805	20150709	20150715	−0.01174	0.005753	−6	−4
2015	10805	20150708	20150715	0.0365	−0.011802	−7	−5
2015	10805	20150707	20150715	−0.0464	−0.006641	−8	−6
2015	10805	20150706	20150715	−0.02489	−0.023988	−9	−7

이제 공시일 전 120일간의 자료를 이용하여 기업수익률과 시장수익률 간의 회귀분석을 실시하고, 절편과 회귀계수를 구한다.

[명령문]

```
① data a7; set a6;
   if cnt ge -121 and cnt le -1; run;
② proc sort; by yr code eventday; run;
   proc reg data=a7 outest=beta1; model ar=indexar; by yr code eventday;
   run; quit;
```

① 공시일(cnt) 전 121일부터(ge) 1일(le)까지의 자료를 선택하여 a7에 저장한다.
② 연도, 기업, 공시일을 기준으로 정렬한 다음, "기업수익률=시장수익률"이라는 모형의 회귀분석을 실시하고, 절편과 회귀계수를 beta1에 저장한다.

[실행결과 : beta1]

	Label of model	Type of statistics	Dependent variable	Root mean squared error	Intercept	indexar	ar
1	MODEL1	PARMS	ar	0.0305893638	0.0029210751	0.7456861091	-1

마지막으로, 초과수익률을 구하기 위해 공시일의 기업수익률과 시장수익률 자료를 결합시킨다.

[**명령문**]

```
① data beta2; set beta1;
   alpha=intercept; beta=indexar; keep code alpha beta; run;
② data a8; set a6; if cnt^=0 then delete; run;
③ data beta3; merge a8 beta2; return=ar-(alpha+beta*indexar); run;
```

① 절편은 alpha, 시장수익률은 beta로 지정하고, keep 문을 이용하여 기업, 절편, 시장수익률만 선택한다.
② 데이터 a6에서 공시일의 기업주가 자료만을 남기고 모두 삭제한다.
③ 두 자료를 결합하여, 시장모형을 이용한 위험조정 초과수익률을 구한다.

[**실행결과** : beta3]

day	eventday	ar	indexar	diff	cnt	alpha	beta	return
20150715	20150715	-0,002207506	0,0066432599	0	0	0,0029210751	0,7456861091	-0,010082367

이 장의 SAS 명령문 정리

규모조정 초과수익률

```
data a2; set a1;
 beforprice=lag(price); beforindex=lag(index);
 if first.code then do; beforprice=. ; beforindex=. ; end;
 ar=(price-beforprice)/beforprice; mar=(index-beforindex)/beforindex;
 ar1=ar-mar; if ar=. then ar=0; if ar1=. then ar1=0;
 ar2=ar-size; run;
```

규모에 따른 기업의 포트폴리오 지정

```
proc rank data=a2 out=b1 group=10; var size; ranks group; run;
proc sort data=b1; by group; run;
proc means data=b1 mean; var ar; by group;
output out=list1; mean=sizear; run;
proc sort data=b1; by group; run;
proc sort data=list1; by group; run;
data b3; merge b1 list1; by group; run;
```

누적초과수익률

```
data a3; set a2;
 if ar1=. then ar1=0;
 retain stock car 0;
 if stock^= code then do; car=0; end;
 car=car+ar1; stock=code;
 retain stock1 car1 1;
 if stock1^= code then do; car1=1; end;
 car1=car1*(1+ar1); stock1=code; car2=car1-1;
 keep day code ar1 car car2; run;
```

시장모형을 이용한 위험조정 초과수익률 구하기

```
proc sort data=a1; by day; run; proc sort data=a2; by day; run;
data a3; merge a1 a2; by day; run;
proc sort data=a3; by code; run;
data a4; set a3;
 beforprice=lag(price); beforindex=lag(index);
 if first.code or first.yr then do; beforprice=. ; beforindex=. ; end;
 ar=(price-beforprice)/beforprice; indexar=(index-beforindex)/beforindex;
 RYEAR=int(day/10000); Rmon=day-Ryear*10000;
 Rmonth=int(Rmon/100); Rday=Rmon-Rmonth*100;
 format Rdate yymmdd6.; Rdate=mdy(Rmonth,Rday,Ryear);
 RYEAR1=int(eventday/10000); Rmon1=eventday-Ryear1*10000;
 Rmonth1=int(Rmon1/100); Rday1=Rmon1-Rmonth1*100;
 format Rdate1 yymmdd6.; Rdate1=mdy(Rmonth1,Rday1,Ryear1);
 diff=rdate-rdate1; run;

data a5; set a4; if diff>0 then delete; run;
proc sort data=a5; by code eventday descending diff; run;
data a6; set a5; by code eventday;
 if first.eventday then cnt=0; retain cnt; output; cnt=cnt-1;
 keep yr code day ar diff eventday cnt indexar; run;

data a7; set a6;
 if cnt ge -121 and cnt le -1; run;
proc sort; by yr code eventday; run;
proc reg data=a7 outest=beta1; model ar=indexar; by yr code eventday; run; quit;

data beta2; set beta1;
 alpha=intercept; beta=indexar; keep code alpha beta; run;
data a8; set a6; if cnt^=0 then delete; run;
data beta3; merge a8 beta2; return=ar-(alpha+beta*indexar); run;
```

사례 1 이익지속계수 구하기

1. 이익지속계수

이익지속성이란 당기순이익이 미래에도 계속적으로 유지되는 정도를 말하며, 기업의 특성에 따라 이익지속성은 차이가 있다. 예를 들어 기업의 특별항목이나 중단된 영업 등으로 일어나는 비경상적이고 비반복적인 항목을 제외하고, 정상적인 영업활동으로 얻어질 수 있는 이익수준이 반복적이라면, 그 기업의 이익지속성은 높다고 할 수 있다.

이러한 이익지속계수(ω_1)는 Ohlson(1995)모형을 이용하여 다음과 같이 연속된 두 기간에서 이익의 1차 자기상관계수를 기업별 시계열 자료로부터 추정하여 구한다.

$$E_{t+1} = \omega_0 + \omega_1 E_t + e_t$$

E_t = t년도의 주당순이익, e_t=오차항

위 식에서 ω_1이 이익지속계수이다. 이는 주로 기업별 최근 10년간의 시계열 자료를 이용하여 추정하게 된다. 예를 들어 A기업의 2009년도 이익지속계수는 동 기업의 2000년도부터 2009년도까지의 10개 연도 자료를 이용하여 추정된다.

2. 이익지속계수 추정하기

사례 1-1 어느 기업의 2000년도부터 2015년도까지의 재무자료이다. 2010년도의 이익지속계수를 추정해 보자.

yr	code	e	n
2000	11	94,451,534,000.	77,284,510.
2001	11	296,865,802,000.	77,284,510.
2002	11	298,328,724,000.	77,284,510.
2003	11	288,317,786,000.	77,284,510.
2004	11	323,056,651,000.	77,284,510.
2005	11	246,414,491,000.	77,284,510.
2006	11	240,456,246,000.	77,284,510.
2007	11	364,760,537,000.	77,284,510.
2008	11	330,783,921,000.	77,284,510.
2009	11	238,003,182,000.	77,284,510.
2010	11	206,216,054,000.	77,284,510.
2011	11	208,398,967,000.	77,284,510.
2012	11	505,723,847,000.	77,284,510.
2013	11	−267,179,193,000.	92,313,000.
2014	11	93,007,739,000.	92,313,000.
2015	11	55,741,545,000.	92,313,000.

1단계 : 1차 자기회귀과정을 위한 준비

[명령문]

```
① data a2; set a1;
   ne=e/n; run;
② data a3; set a2;
   yr=yr+1; ne_1=ne;
   keep yr code ne_1; run;
③ proc sort data=a2; by yr code; run;
   proc sort data=a3; by yr code; run;
   data a3; merge a2 a3; by yr code; run;
```

① 당기순이익(e)을 발행주식수(n)로 나누어 주당순이익(ne)을 구한다.

② 전년도 주당순이익(ne_1) 자료를 만든다.

③ 회귀분석을 실시하기 위해 당해연도(a2)와 전년도(a3) 자료를 결합한다.

[실행결과]

	yr	code	e	n	ne	ne_1
1	2001	11	296865802000	77284510	3841.2070155	1222.1276165
2	2002	11	298328724000	77284510	3860.1360609	3841.2070155
3	2003	11	288317786000	77284510	3730.6024972	3860.1360609
4	2004	11	323056651000	77284510	4180.0957398	3730.6024972
5	2005	11	246414491000	77284510	3188.4072371	4180.0957398
6	2006	11	240456246000	77284510	3111.3122927	3188.4072371
7	2007	11	364760537000	77284510	4719.7108062	3111.3122927
8	2008	11	330783921000	77284510	4280.0804586	4719.7108062
9	2009	11	238003182000	77284510	3079.5715985	4280.0804586
10	2010	11	206216054000	77284510	2668.2714816	3079.5715985
11	2011	11	208398967000	77284510	2696.516637	2668.2714816
12	2012	11	505723847000	77284510	6543.6637562	2696.516637
13	2013	11	-2.671792E11	92313000	-2894.274837	6543.6637562
14	2014	11	93007739000	92313000	1007.5259064	-2894.274837
15	2015	11	55741545000	92313000	603.83201716	1007.5259064

2단계 : 시계열 자료를 통한 회귀분석 실시

[명령문]

```
① data a4; set a3;
   if yr<2001 then delete; if yr>2010 then delete; run;
② proc sort data=a4; by code; run;
③ proc reg data=a4 outest=j1;
   model ne=ne_1/adjrsq; by code; run;
```

① if 문을 이용하여, 2001년도부터 2010년도까지 10개 연도의 자료를 선택한다.
② 기업별로 회귀분석을 실시하기 위해 기업을 기준으로 정렬한다.
③ 회귀분석결과를 j1에 저장한다.

[실행결과 : j1]

code	Label of model	...	Intercept	ne_1	…	Error degrees of freedom	R-squared	Adjusted r-squared
11	MODEL1	…	3683.22	-0.00491	…	8	0.00006	-0.12494
12	MODEL1	…	228.3	0.71802	…	8	0.44496	0.37558
13	MODEL1	…	3132.06	0.00331	…	6	0.00004	-0.16662

j1을 통해 기업별 회귀계수와 관측치 수(EDF), 설명력 등을 알 수 있다.

3단계 : 이익지속계수 지정하기

[명령문]

```
① data j2; set j1; yr=2010;
② if _edf_<8 then delete;
③ keep yr code ne_1 _edf_; rename ne_1=w; run;
```

① 회귀분석결과에 yr=2010이라는 연도를 추가한다.

② 시계열의 안정성을 위해 10개 연도의 자료가 필요하므로 _edf_(자유도)가 8개 미만인 기업은 모두 삭제한다.

③ 최종적으로 연도, 기업코드, 이익지속계수와 _edf_만을 선택하고, rename 문을 이용하여 이익지속계수를 w로 재지정한다.

[실행결과 : j2]

	code	w	Error degrees of freedom	yr
1	11	-0.004907472	8	2010
2	12	0.7180195397	8	2010

실행결과 2010년도 기업별 이익지속계수 w가 나타난다.

다음으로 2011년도의 이익지속계수를 추정해 보자.

[명령문]

```
data a4; set a3;
① if yr<2002 then delete; if yr>2011 then delete; run;
   proc sort data=a4; by code; run;
   proc reg data=a4 outest=j1; model ne=ne_1/adjrsq; by code; run;
   data j3; set j1;
② yr=2011; if _edf_<8 then delete;
   keep yr code ne_1 _edf_; rename ne_1=w; run;
```

앞의 설명과 동일하며 ①과 ②에서 연도를 조정하면, 2011년도 이익지속계수가 다음과 같이 산출된다.

[실행결과 : j3]

	code	w	Error degrees of freedom	yr
1	11	0.3659876601	8	2011
2	12	0.7220058275	8	2011

3. 매크로를 이용하여 이익지속계수 추정하기

연도별 이익지속계수를 추정하는 명령문을 살펴보면, 연도는 변하지만 이 외의 명령문들은 동일하다. 이처럼 동일한 명령문은 매크로를 이용할 경우 매우 유용하다.

사례 1-2 매크로 기능을 이용하여 2010년도부터 2015년도까지의 각 기업의 이익지속계수를 추정해 보자.

매크로 기능은 동일한 명령문을 저장한 다음 그 명령문의 자리에 매크로를 표시하는 것이다. 따라서 위의 명령문 중에서 각 연도별 동일한 명령문을 먼저 찾는 작업을 실시해야 한다. 여기서 동일한 명령문은 다음과 같다.

① proc sort data=a4; by code;
  proc reg data=a4 outest=j1; model ne=ne_1/adjrsq; by code;

② if _edf_<8 then delete; keep yr code ne_1 _edf_; rename ne_1=w;

위의 명령문을 매크로 기능을 이용하여 SAS 프로그램으로 작성해 보자.

1단계 : 각 연도 조정하여 그룹 만들기

[명령문]

```
data a4; set a3;
 if yr>2000  and yr<2011 then group1=1; else group1=0;
 if yr>2001  and yr<2012 then group2=1; else group2=0;
 if yr>2002  and yr<2013 then group3=1; else group3=0;
 if yr>2003  and yr<2014 then group4=1; else group4=0;
 if yr>2004  and yr<2015 then group5=1; else group5=0;
 if yr>2005  and yr<2016 then group6=1; else group6=0; run;
```

위 명령문을 이용하여 2010년도 이익지속계수를 추정하기 위한 그룹은 group1이 1인 집단으로 지정해 준다. 이러한 방식으로 각 연도별 이익지속계수를 추정하기 위한 집단을 지정한다.

2단계 : 매크로 지정

[명령문]

```
① %macro aa;
   proc sort; by code; proc reg outest=j1; model ne=ne_1/adjrsq; by code;
   %mend;
② %macro ab;
   if _edf_〈8 then delete; keep yr code ne_1 _edf_; rename ne_1=w;
   %mend;
```

① 기업별로 회귀계수를 추정하는 명령문은 aa로 저장한다.
② 관측치가 10개 미만인 기업은 제외하고, 기업의 이익지속계수를 w로 재지정하는 명령문은 ab로 저장한다.

3단계 : 2010년도부터 2015년도까지 회귀계수 추정하기

[명령문]

```
① data a5; set a4; if group1=1;
② %aa; run;
③ data j10; set j1; yr=2010;
④ %ab; run;
⑤ data a5; set a4; if group2=1; %aa; run; data j11; set j1; yr=2011; %ab; run;
   data a5; set a4; if group3=1; %aa; run; data j12; set j1; yr=2012; %ab; run;
   data a5; set a4; if group4=1; %aa; run; data j13; set j1; yr=2013; %ab; run;
   data a5; set a4; if group5=1; %aa; run; data j14; set j1; yr=2014; %ab; run;
   data a5; set a4; if group6=1; %aa; run; data j15; set j1; yr=2015; %ab; run;
```

① group1=1인 집단, 즉 2001년도부터 2010년도까지 집단만을 선택한다.
② 매크로 aa를 실시한다.
③ 2010년도의 회귀분석결과 j1을 j10으로 저장한다.
④ 매크로 ab를 실시한다.
⑤ 각각의 연도별로 동일한 분석을 실시한다.

[명령문]

```
① proc sort data=j10; by yr code; run;
   proc sort data=j11; by yr code; run;
   proc sort data=j12; by yr code; run;
   proc sort data=j13; by yr code; run;
   proc sort data=j14; by yr code; run;
   proc sort data=j15; by yr code; run;
② data ta; merge j10 j11 j12 j13 j14 j15; by yr code; run;
```

① 연도와 기업을 기준으로 정렬하고, ② 결합하여 ta에 저장한다.

[실행결과 : ta]

	code	w	Error degrees of freedom	yr
1	11	-0,004907472	8	2010
2	11	0,3659876601	8	2011
3	11	-0,288936069	8	2012
4	11	-1,551950924	8	2013
5	11	-0,134241381	8	2014
6	11	-0,063069072	8	2015
7	12	0,7180195397	8	2010
8	12	0,7220058275	8	2011
9	12	0,6629053748	8	2012
10	12	0,8180935879	8	2013
11	12	0,6927623457	8	2014
12	12	0,6016139056	8	2015

이 장의 SAS 명령문 정리

이익지속계수 추정하기

```
data a2; set a1;
 ne=e/n; run;
data a3; set a2;
 yr=yr+1; ne_1=ne;
 keep yr code ne_1; run;
proc sort data=a2; by yr code; run;
proc sort data=a3; by yr code; run;
data a3; merge a2 a3; by yr code; run;

data a4; set a3;
 if yr〈2001 then delete; if yr〉2010 then delete; run;
proc sort data=a4; by code; run;
proc reg data=a4 outest=j1;
 model ne=ne_1/adjrsq; by code; run;

data j2; set j1;
 yr=2010;
 if _edf_〈8 then delete;
 keep yr code ne_1 _edf_; rename ne_1=w; run;

data a4; set a3;
 if yr〈2002 then delete; if yr〉2011 then delete; run;
proc sort data=a4; by code; run;
proc reg data=a4 outest=j1; model ne=ne_1/adjrsq; by code; run;
data j3; set j1;
 yr=2011; if _edf_〈8 then delete;
 keep yr code ne_1 _edf_; rename ne_1=w; run;
```

매크로 기능을 이용한 이익지속계수 추정하기

```
data a4; set a3;
 if yr>2000  and yr<2011 then group1=1; else group1=0;
 if yr>2001  and yr<2012 then group2=1; else group2=0;
 if yr>2002  and yr<2013 then group3=1; else group3=0;
 if yr>2003  and yr<2014 then group4=1; else group4=0;
 if yr>2004  and yr<2015 then group5=1; else group5=0;
 if yr>2005  and yr<2016 then group6=1; else group6=0; run;

%macro aa;
 proc sort ; by code; proc reg outest=j1; model ne=ne_1/adjrsq; by code;
%mend;
%macro ab;
 if _edf_<8 then delete;  keep yr code ne_1 _edf_;  rename ne_1=w;
%mend;
data a5; set a4; if group1=1;%aa; run; data j10; set j1; yr=2010;%ab; run;
data a5; set a4; if group2=1;%aa; run; data j11; set j1; yr=2011;%ab; run;
data a5; set a4; if group3=1;%aa; run; data j12; set j1; yr=2012;%ab; run;
data a5; set a4; if group4=1;%aa; run; data j13; set j1; yr=2013;%ab; run;
data a5; set a4; if group5=1;%aa; run; data j14; set j1; yr=2014;%ab; run;
data a5; set a4; if group6=1;%aa; run; data j15; set j1; yr=2015;%ab; run;

proc sort data=j10; by yr code; run;
proc sort data=j11; by yr code; run;
proc sort data=j12; by yr code; run;
proc sort data=j13; by yr code; run;
proc sort data=j14; by yr code; run;
proc sort data=j15; by yr code; run;
data ta; merge j10 j11 j12 j13 j14 j15 ; by yr code; run;
```

사례 2

잔차를 이용한 주요변수 추정

1. 재량적 발생액 추정하기

회계학 연구에서 경영자의 이익조정 측정치로 가장 많이 사용되는 것이 재량적 발생액이다. 이러한 재량발생액은 대부분 아래 Dechow 등(1995)의 수정된 Jones모형 식(1)과 식(2)를 이용하여 구한다.

$$\frac{TA_t}{A_{t-1}} = a_0\left(\frac{1}{A_{t-1}}\right) + a_1\left(\frac{\Delta REV_t - \Delta AR_t}{A_{t-1}}\right) + a_2\left(\frac{PPE_t}{A_{t-1}}\right) + \epsilon_t \qquad \text{식(1)}$$

$$DA_t = \left(\frac{TA_t}{A_{t-1}}\right) - \left[\hat{a_0}\left(\frac{1}{A_{t-1}}\right) + \hat{a_1}\left(\frac{\Delta REV_t - \Delta AR_t}{A_{t-1}}\right) + \hat{a_2}\left(\frac{PPE_t}{A_{t-1}}\right)\right] \qquad \text{식(2)}$$

변수의 정의 :

TA_t=t년도 총발생액(당기순이익(e)－영업활동으로 인한 현금흐름(cfo))
$\triangle REV_t$=t년도 매출액의 변화분
$\triangle AR_t$=t년도 매출채권의 변화분
PPE_t=t년도 설비자산(유형자산(tan)에서 토지(land)와 건설중인 자산(asing) 제외)
A_{t-1}=t－1년도 총자산

재량적 발생액의 추정방식은 먼저, 식(1)을 이용하여, 연도별, 산업별로 회귀계수들을 추정하고, 추정된 회귀계수를 식(2)에 대입하여 각 기업의 재량발생액을 계산한다.

본 사례에서는 [사례자료 2-1] 기업재무자료를 통해 각 기업의 재량적 발생액을 추정하고자 한다. 첫째, 식(1)처럼 잔차를 이용하여 재량적 발생액을 추정하는 방식과

둘째, 식(2)처럼 회귀계수를 이용하여 재량적 발생액을 추정하는 방식을 살펴보자.

	A	B	C	D	E	F
1	yr	code	ind	as	sale	e
2	2015	101	1	1,483,645,323,000	1,665,497,201,000	123,453,816,000
3	2014	101	1	1,328,144,783,000	1,495,947,994,000	83,411,681,000
4	2013	101	1	1,098,706,965,000	1,308,485,598,000	-56,027,166,000
5	2015	102	1	627,995,604,000	341,828,920,000	46,376,168,000
6	2014	102	1	626,863,648,000	369,342,762,000	54,859,644,000
7	2013	102	1	579,921,154,000	348,714,815,000	-13,291,678,000
8	2015	103	1	1,069,088,288,000	1,202,371,572,000	33,492,149,000
9	2014	103	1	990,807,251,000	1,008,987,809,000	-5,799,760,000
10	2013	103	1	926,332,575,000	920,278,510,000	1,427,852,000

[사례자료 2-1] 기업재무자료

1) 잔차를 이용한 재량적 발생액 추정

재량적 발생액을 추정하기 위해서는 먼저, 회귀모형에 필요한 변수들을 설정해야 하는데 과정은 다음과 같다.

1단계 : t-1년도 변수 만들기

재량적 발생액을 구하기 위해 식(1)의 매출채권 및 매출액 변화분과 t−1년도 자산이 필요하다.

[명령문]

```
① data a2; set a1;
   yr=yr+1; sale_1=sale; as_1=as; sa_1=sa;
② keep yr code sale_1 as_1 sa_1; run;
③ proc sort data=a1; by yr code; run;
   proc sort data=a2; by yr code; run;
④ data a3; merge a1 a2; by yr code; run;
```

① 데이터 a1을 이용하여 a2를 만들고, 매출액(sale)과 자산(as), 매출채권(sa)의 전년도 변수를 정의한다.

② keep 문을 이용하여 merge에 필요한 연도(yr), 기업코드(code), 전년도 변수(sale_1, as_1, sa_1)를 선택한다.

③ 데이터 a1과 a2를 연도와 기업을 기준으로 정렬한다.

④ merge를 통해 a1(당해년도)과 a2(전년도)를 결합하여 데이터 a3을 만든다.

[실행결과 : a3]

yr	code	ind	as	as_1	sale	sa_1
2014	101	1	1,328,144,800,000	1,098,707,000,000	1,495,948,000,000	136,422,327,000
2015	101	1	1,483,645,300,000	1,328,144,800,000	1,665,497,200,000	146,701,822,000
2014	102	1	626,863,648,000	579,921,154,000	369,342,762,000	40,081,164,000
2015	102	1	627,995,604,000	626,863,648,000	341,828,920,000	31,573,530,000
2014	103	1	990,807,251,000	926,332,575,000	1,008,987,800,000	14,559,441,000
2015	103	1	1,069,088,300,000	990,807,251,000	1,202,371,600,000	75,641,714,000
2014	104	1	910,820,699,000	899,205,171,000	1,111,543,600,000	122,053,596,000
2015	104	1	941,123,709,000	910,820,699,000	1,167,232,600,000	107,280,500,000
2014	105	1	1,158,438,400,000	1,090,576,100,000	597,792,855,000	96,413,892,000
2015	105	1	1,185,606,000,000	1,158,438,400,000	677,522,243,000	85,939,361,000
2014	106	1	115,938,660,000	96,868,909,000	149,012,291,000	21,212,955,000
2015	106	1	120,877,774,000	115,938,660,000	156,536,954,000	19,275,569,000

2단계 : 변수 생성하기

[명령문]

```
① data a4; set a3;
   ta=(e-cf)/as_1; rev=sale-sale_1;
   ar=sa-sa_1; ppe=tan-land-asing;
② b1=1/as_1; b2=(rev-ar)/as_1; b3=ppe/as_1; run;
```

① 회귀모형에 필요한 ta, rev, ar, ppe 변수를 생성한다.

② 회귀분석에 필요한 변수를 b1, b2, b3로 정의한다.

[실행결과 : a4]

yr	code	ind	....	b1	b2	b3
2014	101	1	....	9.10E-13	0.1613	0.17696
2015	101	1	....	7.53E-13	0.1168	0.14209
2014	102	1	....	1.72E-12	0.0502	0.15363
2015	102	1	....	1.60E-12	-0.047	0.13066
2014	103	1	....	1.08E-12	0.0298	0.31885
2015	103	1	....	1.01E-12	0.1788	0.28
2014	104	1	....	1.11E-12	-0.0582	0.07296

3단계 : 연도 및 산업별 회귀분석 실시

[명령문]

```
① proc sort data=a4; by yr ind; run;
② proc reg data=a4 outest=list1;
③ model ta=b1 b2 b3/noint adjrsq; by yr ind; run;
```

① 연도, 산업별 회귀계수를 구하기 위해 연도와 산업을 기준으로 정렬한다.

② 회귀분석결과를 list1에 저장한다.

③ 앞의 식(1)은 절편이 없는 회귀식이다. 따라서 noint를 통해 절편이 없는 회귀분석을 연도와 산업별로 실행한다. adjrsq는 수정된 설명력을 출력하는 명령문이다.

4단계 : 산업코드 재설정

재량적 발생액의 신뢰성을 높이기 위해 연도, 산업별 기업 수가 10개 이상인 산업만을 선택해야 한다. 따라서 아래 list1의 결과 연도별 표본기업의 수가 10개 미만인 산업들은 제외시키거나, 또는 하나의 산업으로 통합하는 재조정 작업이 필요하다.

[실행결과 : list1]

yr	ind	Label of model	....	Error degrees of freedom	R-squared	Adjusted r-squared
2014	1	MODEL1	....	13	0.42094	0.28731
2014	2	MODEL1	....	4	0.67322	0.42814
2014	3	MODEL1	....	5	0.96674	0.94678
2014	4	MODEL1	....	12	0.17913	-0.02609
2015	1	MODEL1	....	13	0.00463	-0.22507
2015	2	MODEL1	....	4	0.70136	0.47738
2015	3	MODEL1	....	5	0.5655	0.3048
2015	4	MODEL1	....	12	0.99002	0.98753

이를 위해 EDF가 7개 이하(10에서 회귀모형의 계수 수 3을 뺀 7이 기준이 된다)인 산업을 제외하거나, 또는 하나의 통합된 산업으로 지정해 준다.

[명령문]

```
① data a5; set list1; keep yr ind _edf_; run;
② proc sort data=a4; by yr ind; run;
   proc sort data=a5; by yr ind; run;
   data a6; merge a4 a5; by yr ind;
③ if _edf_<7 then ind=100; run;
```

① list1에서 연도, 산업, 자유도 변수만을 a5에 저장한다.

② 데이터 a4와 a5는 연도와 산업을 기준으로 정렬하고, merge를 통해 결합하여 a6에 저장한다.

③ 이때 자유도가 7개 이하인 산업들은 산업코드 100으로 지정해 준다.

5단계 : 최종 회귀모형 실시

[명령문]

```
  proc sort data=a6; by yr ind; run;
① proc reg data=a6; model ta=b1 b2 b3/noint;
  output out=list2 r=da; by yr ind; run;
```

① 연도와 산업별로 절편이 없는 모형의 회귀분석을 실시하고, 각 기업의 잔차(r)를 da(재량적 발생액)로 list2에 저장한다.

[실행결과 : list2]

1	SAS 시스템								
2									
3	yr	code	ind	....	b1	b2	b3	Error degrees of freedom	Residual
4									
5	2014	101	1	....	9.10E-13	0.1613	0.17696	13	0.04433
6	2014	102	1	....	1.72E-12	0.0502	0.15363	13	-0.03804
7	2014	103	1	....	1.08E-12	0.0298	0.31885	13	-0.04753
8	2014	104	1	....	1.11E-12	-0.0582	0.07296	13	-0.05687
9	2014	105	1	....	9.17E-13	0.0457	0.1169	13	-0.00457
10	2014	106	1	....	1.03E-11	0.1431	0.05268	13	-0.07344
11	2014	107	1	....	1.95E-12	0.0865	0.42568	13	-0.01814
12	2014	108	1	....	1.44E-11	0.0536	0.1435	13	-0.12979
13	2014	109	1	....	9.12E-12	-0.0043	0.081	13	0.02878
14	2014	110	1	....	3.58E-11	0.0863	0.39026	13	0.07158

2) 회귀계수를 이용한 재량적 발생액 추정

우리는 앞선 식(1)의 잔차를 통해 재량적 발생액을 손쉽게 구할 수 있었다. 다음으로 식(2)를 이용하여 재량적 발생액을 직접 추정하여 계산하고, 이 값이 식(1)의 잔차와 동일한지를 살펴보자.

1단계부터 4단계까지 모든 과정은 동일하며, 5단계에서는 연도와 산업별로 각각의 회귀계수를 추출하는 과정이 필요하다.

5단계 : 연도, 산업별 회귀계수 추출

[명령문]

```
① proc sort data=a6; by yr ind; run;
② proc reg data=a6 outest=list3; model ta=b1 b2 b3/noint adjrsq; by yr ind; run;
③ data a7; set list3; keep yr ind b1 b2 b3;
④ rename b1=n1; rename b2=n2; rename b3=n3; run;
```

① 데이터 a6을 연도와 산업을 기준으로 정렬한다.

② noint를 통해 절편이 없는 회귀분석을 연도와 산업별로 실행하고, 분석결과는 list3에 저장한다.

③ list3에서 연도와 산업코드, 회귀계수만을 a7에 저장한다.

④ rename 문을 통해 b1, b2, b3의 변수명을 각각 n1, n2, n3로 재지정한다.

[실행결과 : a7]

	yr	ind	n1	n2	n3
1	2014	1	-423595738.9	-0.14791209	-0.105279848
2	2014	4	-1181136581	0.0360933402	0.014587471
3	2014	100	726591904.74	-0.036427046	-0.226755992
4	2015	1	-457193027.8	-0.009357435	0.0302215148
5	2015	4	-22996879080	0.0395093583	1.0848558715
6	2015	100	5611370721.4	0.3135962848	-0.281536664

6단계 : 재량적 발생액 계산하기

[명령문]

```
proc sort data=list2; by yr ind; run;
proc sort data=a7; by yr ind; run;
data a8; merge list2 a7; by yr ind;
① da1=ta-(b1*n1+b2*n2+b3*n3);
② diff=da-da1; run;
```

① 각 회귀계수와 각 변수들을 곱한 후 종속변수에서 차감한다.

② 식(1)의 잔차 값과 식(2)의 재량적 발생액의 값을 비교한다.

[실행결과 : a8]

SAS 시스템

yr	ind	code	n1	n2	n3	b1	b2	b3	Residual	da1	diff
2014	1	101	-423595738.9	-0.14791	-0.10528	9.10E-13	0.1613	0.17696	0.04433	0.04433	0
2014	1	102	-423595738.9	-0.14791	-0.10528	1.72E-12	0.0502	0.15363	-0.03804	-0.03804	0
2014	1	103	-423595738.9	-0.14791	-0.10528	1.08E-12	0.0298	0.31885	-0.04753	-0.04753	0
2014	1	104	-423595738.9	-0.14791	-0.10528	1.11E-12	-0.0582	0.07296	-0.05687	-0.05687	0
2014	1	105	-423595738.9	-0.14791	-0.10528	9.17E-13	0.0457	0.1169	-0.00457	-0.00457	0
2014	1	106	-423595738.9	-0.14791	-0.10528	1.03E-11	0.1431	0.05268	-0.07344	-0.07344	0
2014	1	107	-423595738.9	-0.14791	-0.10528	1.95E-12	0.0865	0.42568	-0.01814	-0.01814	0
2014	1	108	-423595738.9	-0.14791	-0.10528	1.44E-11	0.0536	0.1435	-0.12979	-0.12979	0
2014	1	109	-423595738.9	-0.14791	-0.10528	9.12E-12	-0.0043	0.081	0.02878	0.02878	0

실행결과 식(1)의 잔차(Residual)와 식(2)를 통해 산출된 da1의 값이 각 기업별로 동일하므로, 이들의 차이(diff)는 0을 보인다.

3) 시계열에 의한 재량적 발생액 추정

앞에서 설명한 Dechow 등(1995)이 제안한 수정 Jones모형은 각 기업별 시계열 회귀모형을 통해서도 추정할 수 있으며, 그 방법은 다음과 같다.

사례 2-1 2005년도부터 2014년도까지 10개 연도의 시계열 자료를 이용하여, 2014년도의 각 기업별 재량적 발생액을 추정해 보자.

yr	code	as	sale	e
2003	2	255,943,439,000	141,186,402,000	1,506,903,000
2004	2	268,505,164,000	136,299,365,000	20,891,448,000
2005	2	231,378,084,000	138,230,037,000	−7,583,046,000
2006	2	254,488,830,000	126,423,511,000	4,096,454,000
2007	2	215,747,248,000	134,147,019,000	6,917,796,000
2008	2	201,468,457,000	134,382,520,000	8,683,313,000
2009	2	194,233,925,000	123,012,330,000	5,943,099,000
2010	2	195,293,494,000	137,961,857,000	7,424,207,000
2011	2	192,629,355,000	152,821,587,000	7,661,989,000
2012	2	197,948,382,000	148,738,623,000	8,065,194,000
2013	2	220,422,961,000	175,119,773,000	21,495,381,000
2014	2	314,145,242,000	145,115,173,000	9,038,512,000
2015	2	324,009,899,000	215,279,424,000	5,427,207,000

1단계 : 전년도 변수 만들기

[명령문]

```
data a2; set a1;
 yr=yr+1; sale_1=sale; as_1=as; sa_1=sa;
 keep yr code sale_1 as_1 sa_1; run;
proc sort data=a1; by yr code; run;
proc sort data=a2; by yr code; run;
data a3; merge a1 a2; by yr code; run;
```

2단계 : 회귀모형(식1)을 위한 변수 정의하기

[명령문]

```
data a4; set a3;
 ta=(e-cf)/as_1; rev=sale-sale_1;  ar=sa-sa_1; ppe=tan-land-asing;
 b1=1/as_1; b2=(rev-ar)/as_1; b3=ppe/as_1;
① if yr<2005 then delete; if yr>2014 then delete; run;
```

① 2005년도부터 2014년도까지의 시계열 자료가 필요하여, if 문을 이용하여 해당 연도 이외의 자료는 삭제한다.

3단계 : 기업별 시계열 회귀분석 실시

[명령문]

```
proc sort data=a4; by code; run;
proc reg data=a4 outest=list1;
 model ta=b1 b2 b3/noint adjrsq; by code; run;
```

각 기업별 시계열 회귀분석결과를 list1에 저장한다.

[실행결과 : list1]

code	Label of model	b1	b2	b3	Error degrees of freedom	R-squared	Adjusted r-squared
2	MODEL1	−10072805284	−0.10122	−0.11157	7	0.86822	0.81174
3	MODEL1	−116424725.3	0.03163	0.18693	7	0.01407	−0.40847
5	MODEL1	19523730769	0.55287	−0.08106	4	0.07899	−0.61176

4단계 : 회귀모형 재설정

[명령문]

```
data a5; set list1; keep code _edf_; run;
proc sort data=a4; by code; run;
proc sort data=a5; by code; run;
data a6; merge a4 a5; by code;
 if _edf_<7 then delete; run;
```

시계열 분석의 안정성을 위해 검정기간이 모두 포함된 10개 연도의 자료가 필요하다. 따라서 기업별 시계열 자료가 10개 미만인(_EDF_<7) 기업은 모두 삭제한다.

5단계 : 최종 회귀모형 실시

[명령문]

```
proc sort data=a6; by code; run;
proc reg data=a6; model ta=b1 b2 b3/noint;
 output out=list2 r=da; by code; run;
```

[실행결과 : list2]

yr	code	b1	b2	b3	Error degrees of freedom	Residual
2014	2	4.54E-12	-0.14502	0.5698	7	-0.00015
2014	3	7.45E-12	-0.16188	0.09187	7	-0.05764

분석결과, 2014년도 각 기업별 시계열을 이용한 재량적 발생액이 산출되었다. 여기서 주의해야 할 점은 모든 기업의 자유도가 7 이상인지를 확인하는 것이다. 또한 2014년도를 제외한 나머지 연도는 모두 제거한다.

2. 실질활동에 의한 이익관리 추정하기

경영자 이익조정의 대용변수로 재량적 발생액과 함께 많이 사용되고 있는 실질활동에 의한 이익관리 측정치에 대해 살펴보고자 한다.

Roychowdhury(2006)의 연구에서는 기업의 실제영업활동을 정상적인 변화로 인해 발생하는 부분과 비정상적인 변화로 인해 발생하는 부분, 즉 경영자의 재량적인 조정으로 인해 발생하는 부분으로 구분하여 설명하였다.

구체적으로 이를 설명하자면 이 연구에서는 1) 영업활동현금흐름, 2) 제조원가, 3) 재량적 비용을 정상적으로 발생하는 부분과 비정상적으로 발생하는 부분으로 구분하고자 다음과 같은 모형을 설계하였다.

1) 비정상영업현금흐름(Abcfo : Abnormal cash flow from operation)

$$\frac{CFO_t}{AS_{t-1}} = a_0 + a_1\frac{1}{AS_{t-1}} + a_2\frac{Sale_t}{AS_{t-1}} + a_3\frac{\Delta Sale_t}{AS_{t-1}} + \epsilon_t$$

2) 비정상제조원가(Abpc : Abnormal production cost)

$$\frac{PC_t}{AS_{t-1}} = a_0 + a_1\frac{1}{AS_{t-1}} + a_2\frac{Sale_t}{AS_{t-1}} + a_3\frac{\Delta Sale_t}{AS_{t-1}} + a_4\frac{\Delta Sale_{t-1}}{AS_{t-1}} + \epsilon_t$$

3) 비정상재량적 비용(Abde : Abnormal discretionary expense)

$$\frac{DE_t}{AS_{t-1}} = a_0 + a_1\frac{1}{AS_{t-1}} + a_2\frac{Sale_{t-1}}{AS_{t-1}}$$

변수의 정의 :
CFO_t=t년도 영업활동으로 인한 현금흐름
$Sale_t$=t년도 매출액
$\triangle Sale_t$=t년도 매출액 증가분 7
PC_t=t년도 제조원가(매출원가+재고자산변화분)
DE_t=t년도 재량적 비용(판매비와관리비－세금과공과－감가상각비－임차료－보험료)
AS_{t-1}=t－1년도 총자산

위 3가지 모형을 연도-산업별로 회귀분석을 실행한 후 각 기업의 잔차를 비정상적으로 발생하는 부분, 즉 경영자의 재량적인 조정으로 발생하는 부분으로 인식하여 이를 경영자의 실질활동에 의한 이익조정의 대용치로 정의하였다.

또한 위의 3가지 실질활동에 의한 이익관리의 측정치의 합(REM)을 경영자의 종합적인 실질활동의 이익관리 측정치로 정의하였으며, 이를 계산하기 위해서는 각 모형 측정치에 대해 증가방향을 통일시켜야 하기 때문에 비정상영업현금흐름과 비정상재량적 비용에는 (－1)을 곱한 다음 3가지 실질활동에 의한 이익관리 측정치를 합하였고 이를 식으로 표현하면 아래와 같다.

$$REM_t = AbCFO_t \times (-1) + AbPC_t + AbDE_t \times (-1)$$

사례 2-2 2010년도부터 2018년도까지 각 기업의 아래와 같은 재무자료를 이용하여 실질활동에 의한 이익관리를 추정해 보자.

	A	B	C	D	E	F	G	H	I
1	yr	code	ind	inv	as	sale	cogs	de	cf
2	2010	33780	12	990,333,245,000	5,253,774,634,000	2,499,931,396,000	1,002,185,303,000	350,466,160,000	715,468,314,000
3	2010	23810	30	3,536,089,000	74,822,668,000	115,354,174,000	97,091,246,000	9,189,039,000	9,685,265,000
4	2010	44380	26	10,631,584,000	47,468,817,000	109,478,226,000	90,937,197,000	13,806,115,000	5,696,617,000
5	2010	20000	14	142,568,775,000	627,075,377,000	447,463,159,000	155,532,144,000	173,762,316,000	67,347,476,000
6	2010	71090	24	27,358,846,000	214,707,518,000	127,753,067,000	118,748,323,000	4,333,154,000	-5,080,699,000
7	2010	3960	10	15,558,955,000	213,860,964,000	308,422,357,000	241,737,051,000	46,804,218,000	3,554,138,000
8	2010	6040	3	83,303,765,000	865,703,915,000	572,023,952,000	393,310,556,000	61,053,603,000	83,699,706,000
9	2010	7160	3	56,373,092,000	379,768,179,000	376,296,112,000	326,230,336,000	14,675,504,000	24,100,404,000
10	2010	4970	3	35,237,223,000	345,239,293,000	297,795,333,000	211,475,292,000	27,985,979,000	39,489,591,000
11	2010	3680	10	25,731,796,000	148,041,992,000	253,611,107,000	204,889,094,000	20,708,403,000	22,405,683,000
12	2010	11150	10	7,241,193,000	60,926,000,000	111,082,629,000	87,840,312,000	14,035,596,000	-614,866,000

1단계 : 각 모형에 필요한 전년도 변수 만들기

[명령문]

```
① data a2; set a1;
  yr=yr+1; as_1=as; inv_1=inv; sale_1=sale; keep yr code as_1 inv_1 sale_1;
  data a3; set a1;
  yr=yr+2; sale_2=sale; keep yr code sale_2;
② proc sort data=a1; by yr code; run;
  proc sort data=a2; by yr code; run;
  proc sort data=a3; by yr code; run;
③ data a4; merge a3 a2 a1; by yr code;
④ cfoas=cf/as_1; taas=1/as_1; saleas=sale/as_1; saleas_1=sale_1/as_1;
  dsaleas=(sale-sale_1)/as_1; dsaleas_1=(sale_1-sale_2)/as_1;
  deas=de/as_1; pcas=(cogs+(inv-inv_1))/as_1; run;
```

① 모형에 필요한 변수를 정의하고자 t−1년도와 t−2년도 시차변수를 만든다. (as : 자산, sale : 매출액, inv : 재고자산)

② 데이터 a1과 a2 그리고 a3를 각각 기업-연도별로 정렬한다.

③ 데이터 a1과 a2 그리고 a3를 데이터 a4로 합한다.

④ 각 모형식에 필요한 변수들을 만든다.
(변수의 정의 : cfoas=영업현금흐름/기초자산, taas=1/기초자산, saleas=매출액/기초자산, dsaleas=(t년도 매출액 증가분)/기초자산, dsaleas_1=(t−1년도 매출액 증가분)/기초자산, deas=재량적 비용/기초자산, pcas=제조원가/기초자산)

[실행결과 : a4]

	yr	code	sale_2	as_1	inv_1	sale_1	ind	inv	as
1	2012	4970	297795333000	423603886000	43209387000	321270472000	3	44563017000	500632048000
2	2012	6040	572023952000	879845166000	112088373000	628947658000	3	105366884000	984419310000
3	2012	7160	376296112000	493207689000	68089115000	412535548000	3	64007948000	532755970000
4	2012	30720	104684940000	95892376000	21820765000	113892445000	3	33175154000	94783225000
5	2012	3580	11216611000	53771866000	414770000	10046678000	7	49211000	50876889000
6	2012	1130	341828920000	663321728000	49733332000	349707912000	10	56999935000	709754123000
7	2012	1680	1,2023716E12	1,2391596E12	169709347000	1,3929128E12	10	167809142000	1,2661258E12
8	2012	1790	1,1672326E12	1,0202857E12	211767286000	1,2438204E12	10	207534001000	996785392000
9	2012	2140	156536954000	123414609000	22229677000	176725355000	10	26149215000	143910173000
10	2012	2270	609459787000	856874069000	115279864000	946949476000	10	122907037000	897938089000
11	2012	2600	66698495000	132879902000	24096975000	99010080000	10	21612365000	126574159000
12	2012	3230	273360301000	303746764000	12528284000	294745405000	10	9876898000	274412931000

※ 데이터 a4에서 변수들 중 관측치가 없는(.) 행들은 모두 제거하였다.
이를 위해서는 if sale_2=. then delete; if as_1=. then delete; 등과 명령문을 추가로 설정해 주면 된다.

2단계 : 모형식을 통해 각 기업의 실질활동 이익관리(RM) 추정하기

[명령문]

```
⑤ proc sort data=a4; by yr ind; run;
   proc reg data=a4 outest=j1; model cfoas=taas saleas dsaleas/adjrsq; by yr ind;
   run;
⑥ data j2; set j1; keep yr ind _edf_; run;
   proc sort data=a4; by yr ind; run;
   proc sort data=j2; by yr ind; run;
⑦ data a5; merge a4 j2; by yr ind;
   if _edf_<6 then ind=100; run;
⑧ proc sort data=a5; by yr ind; run;
   proc reg data=a5; model cfoas=taas saleas dsaleas; by yr ind;
   output out=list1 r=rm1; run;
⑨ proc reg data=a5; model pcas=taas saleas dsaleas dsaleas_1; by yr ind;
   output out=list2 r=rm2; run;
⑩ proc reg data=a5; model deas=taas saleas_1; by yr ind;
   output out=list3 r=rm3; run;
```

⑤ 비정상영업현금흐름(Abcfo)을 구하기 위한 모형식 설정하여 연도-산업별로 회귀분석한 후 자유도(_edf_)를 데이터 j1에 구한다.

⑥ 저장된 자유도만을 연도-산업별로 데이터 j2에 저장하고 데이터 a4와 데이터 j2를 연도-산업별로 정렬한다.

⑦ 데이터 a4와 j2를 합하여 데이터 a5를 만드는 데 연도-산업별로 10개 미만의 기업은 산업코드를 100으로 지정해 준다(기존의 산업코드(ind)를 그대로 두고 싶다면 if _edf__<6 then ind1=100; else ind1=ind;라는 명령문으로 교체한 다음 이후 잔차를 구하는 모형식에서는 by yr ind1으로 교체하여 사용한다).

⑧ 비정상영업현금흐름(Abcfo)을 데이터 list1의 rm1으로 저장한다.

⑨ 비정상제조원가(Abpc)를 데이터 list2의 rm2로 저장한다.

⑩ 비정상재량적 비용(Abde)을 데이터 list3의 rm3으로 저장한다.

[실행결과 : a5] 연도별 산업이 10개 미만 산업은 ind가 100으로 지정됨

	yr	ind	Error degrees of freedom	code
1	2012	100	0	4970
2	2012	100	0	6040
3	2012	100	0	7160
4	2012	100	0	30720
5	2012	100	0	3580
6	2012	10	21	1130
7	2012	10	21	1680
8	2012	10	21	1790
9	2012	10	21	2140
10	2012	10	21	2270
11	2012	10	21	2600
12	2012	10	21	3230

3단계 : 종합 REM 구하기

[명령문]

```
⑪ data b1; set list1; keep yr code rm1; run;
   data b2; set list2; keep yr code rm2; run;
   data b3; set list3; keep yr code rm3; run;
⑫ proc sort data=b1; by yr code; run;
   proc sort data=b2; by yr code; run;
   proc sort data=b3; by yr code; run;
⑬ data b4; merge b1 b2 b3; by yr code;
⑭ rem=rm1*(-1)+rm2+rm3*(-1); run;
```

⑪ 데이터 list1과 list2 그리고 list3에서 변수들 중 연도와 기업코드 변수만을 각각의 데이터 b1과 b2 그리고 b3에 저장한다.

⑫ 데이터 b1과 b2 그리고 b3를 연도-기업별로 정렬한다.

⑬ 데이터 b1과 b2 그리고 b3를 하나로 합쳐 데이터 b4를 만들고
⑭ 종합측정치(REM)를 계산한다.

[실행결과 : b4]

	yr	code	Residual	Residual	Residual	rem
1	2012	20	0,0121970267	-0,023933931	-0,009081425	-0,027049533
2	2012	50	-0,013234687	0,0415204081	-0,029285455	0,0840405502
3	2012	80	-0,022151195	-0,117845574	0,079319633	-0,175014012
4	2012	100	0,0041588399	0,0480895523	-0,018306732	0,0622374445
5	2012	220	0,0731002241	-0,100475368	0,0476021174	-0,22117771
6	2012	270	0,0430284066	-0,104278843	0,0813403391	-0,228647589
7	2012	300	-0,080241519	0,1057478381	-0,024604766	0,2105941234
8	2012	390	0,0122027041	-0,061517444	-0,012442133	-0,061278015
9	2012	420	0,0426998761	-0,04466901	0,0164384705	-0,103807357
10	2012	430	-0,013408769	0,0312844684	-0,02654837	0,0712416073
11	2012	480	0,0131340626	-0,028130336	-0,017540821	-0,023723577
12	2012	490	-0,011279073	-0,047299488	0,0909763575	-0,126996772

※ rm1과 rm2 그리고 rm3의 값이 모두 Residual로 보이지만 아래와 같이 변수를 클릭하면 Label의 값만 동일한 뿐 Name의 값은 모두 다르다.

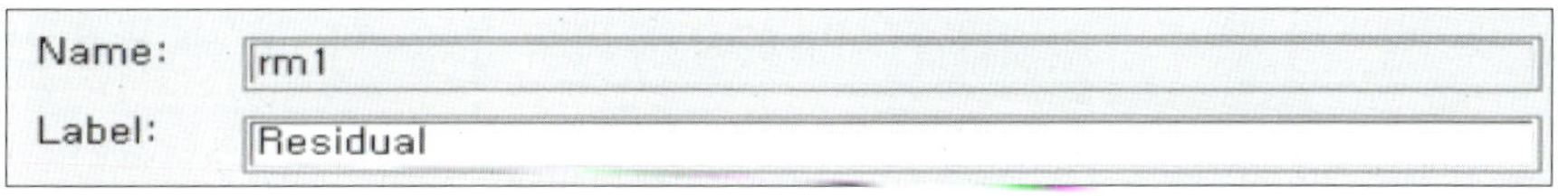

3. 투자성향 측정치 추정하기

투자성향 측정치 또한 회귀모형의 잔차 값이라는 측면에서 재량적 발생액의 측정치와 동일한 방식으로 추정할 수 있다. 본장에서는 투자성향에 관련된 연구들(박진하 · 권대현, 2012; 김현아 외 2인, 2014; 김도윤 외 2인, 2017 등) 중에서 가장 많이 사용되고 있는 McNichols and Stubben(2008)의 모형에 의한 각 기업의 투자성향 측정치를 구해보자.

먼저, 이들 연구에서는 기존 연구에서 발생한 토빈의 Q의 측정오차로부터 오는 문제점을 보완하여 투자모형을 확장하여 설계하였다. 이를 위한 방안으로 Q의 계수값이 산업-연도 내에서 동일하다는 가정을 완화하기 위해 Q 사분위수에 대한 증분계수를 모형에 추가하였다.

또한 기존 연구들에서 발생되는 생략변수의 문제점을 줄이고자 자산성장성과 직

전년도 투자수준을 모형에 포함하여 다음과 같은 모형을 설계하였다.

$$INV_t = a_0 + a_1 Q_{t-1} + a_2 Q2_{t-1} + a_3 Q3_{t-1} + a_4 Q4_{t-1,}$$
$$+ a_5 CFO_t + a_6 AsGr_{t-1} + a_7 INV_{t-1} + \epsilon_t$$

변수의 정의 :

INV_t=t년 자본적 투자(t년 투자활동으로 인한 현금유출액 중 설비자산을 위해 유출된 금액/유형자산$_{t-1}$)

Q_{t-1}=t−1년 Tobin의 Q((보통주 시가총액$_{t-1}$+총부채$_{t-1}$)/총자산$_{t-2}$)

$Q2(3,4)_{t-1}$=t−1년 말 Tobin의 Q가 산업-연도별 2(3,4)분위에 속하면 1 아니면 0

CFO_t=t년 영업현금흐름(영업활동으로 인한 현금흐름$_t$/총자산$_{t-1}$)

$AsGr_{t-1}$=t−1년 말 자산성장성(ln (총자산$_{t-1}$/총자산$_{t-2}$))

INV_{t-1}=t−1년 자본적 투자

위 모형식을 재량적 발생액을 추정하는 방식과 동일하게 산업-연도별로 회귀분석을 실시하여 각 기업의 잔차 값을 구하여 이를 투자성향의 측정치로 정의하였다. 따라서 이 값이 높을수록 과잉투자성향이 높고 이 값이 낮을수록 과소투자성향이 높다고 할 수 있으며 잔차의 절댓값을 이용하여 투자의 효율성을 또한 측정할 수 있다.

사례 2-3 아래 2013년도부터 2018년도까지 자료를 이용하여, 투자성향을 측정하고자 한다.

	A	B	C	D	E	F	G	H	I	J
1	yr	code	ind	taas	as	li	bv	cf	dtaas	mvt
2	2013	40	31	56,382,098,000	116,931,646,000	59,616,987,000	57,314,659,000	886,328,000	3,938,467,000	52,271,524,002
3	2013	50	47	280,675,994,000	1,261,257,414,000	575,688,238,000	685,569,176,000	50,395,794,000	1,380,572,000	271,660,482,000
4	2013	70	71	17,514,126,000	1,122,216,976,000	166,107,434,000	956,109,542,000	-6,518,081,000	683,641,000	619,854,661,000
5	2013	120	49	1,509,972,449,000	3,791,635,826,000	1,554,797,384,000	2,236,838,442,000	-77,889,376,000	160,151,754,000	2,281,234,400,000
6	2013	140	71	2,051,000	1,768,073,953,000	840,515,749,000	927,558,205,000	14,457,423,000	201,332,000	273,120,321,300
7	2013	150	71	424,360,733,000	3,319,134,292,000	1,323,744,041,000	1,995,390,251,000	240,435,304,000	46,699,226,000	3,214,924,869,600
8	2013	180	71	14,175,689,000	87,495,016,000	983,399,000	86,511,617,000	-704,721,000	299,580,000	96,156,414,000
9	2013	210	41	705,420,140,000	9,929,195,687,000	4,976,274,084,000	4,952,921,603,000	63,216,111,000	50,642,060,000	3,390,580,000,000
10	2013	230	71	298,881,176,000	612,257,822,000	290,397,763,000	321,860,060,000	16,459,029,000	61,411,418,000	253,187,456,500
11	2013	240	71	31,180,296,000	2,353,168,061,000	81,836,887,000	2,271,331,174,000	17,581,383,000	2,797,709,000	2,051,094,814,650
12	2013	320	71	8,117,646,000	281,605,639,000	69,041,617,000	212,564,022,000	19,663,524,000	922,046,000	219,315,824,350

1단계 : 모형식에 필요한 전년도 시차변수 만들기

[명령문]

```
① data a2; set a1;
   yr=yr+1; mvt_1=mvt; li_1=li; dtaas_1=dtaas; taas_1=taas; as_1=as;
   keep yr code mvt_1 li_1 dtaas_1 taas_1 as_1; run;
   data a3; set a1;
   yr=yr+2; dtaas_2=dtaas; taas_2=taas; as_2=as;
   keep yr code dtaas_2 taas_2 as_2; run;
② proc sort data=a1; by yr code; run;
   proc sort data=a2; by yr code; run;
   proc sort data=a3; by yr code; run;
   data a4; merge a3 a2 a1; by yr code;
③ inv=(dtaas)/taas_1; inv_1=(dtaas_1)/taas_2;
   q_1=(mvt_1+li_1)/as_2;
   cfo=cf/as_1;   asgr=log((as_1/as_2));
④ keep yr code ind inv inv_1 q_1 cfo asgr inv_1; run;
```

① 회귀식에 필요한 t−1년도와 t−2년도 시차변수를 만든다(mvt : 시가총액, li : 부채총액, dtaas : 설비자산 투자액, taas : 유형자산, as : 자산총액).

② 데이터 a1과 a2 그리고 a3 각각 기업-연도별로 정렬한 후 데이터 a4로 합한다.

③ 모형식의 변수들을 설정해 준다.

(변수의 정의 : INV=설비자산 투자액/t−1년도 유형자산, INV_1=t−1년도 INV, q_1=t−1년도 Tobin의 Q, CFO=t년도 영업활동으로 인한 현금흐름/t−1년도 총자산, AsGr=t−1년도 말의 자산성장성)

④ 모형에 필요한 변수만을 저장한다.

[실행결과 : a4]

	yr	code	ind	inv	inv_1	q_1	cfo	asgr
1	2015	40	31	0,1282452126	0,2518597658	1,8347156959	-0,142422461	0,1560865328
2	2015	50	47	0,0180304944	0,0367531895	0,8899023273	0,0345694692	0,0108436061
3	2015	70	71	0,0515588816	0,0236463983	0,9438358485	0,0142477018	0,1545092393
4	2015	120	49	0,0603810233	0,0470662614	1,5642372261	0,0563199984	-0,021215928
5	2015	140	71	0	0,5236470015	0,6291009594	0,0067711979	0,0051981666
6	2015	150	71	0,1348521507	0,0776423393	1,1812769479	0,0599611749	0,0557975474
7	2015	180	71	0,0059522703	0,0118635503	1,2977399764	0,0202550662	0,0255401522
8	2015	210	41	0,0987803342	0,0910577589	0,8024701384	0,0738107365	0,0124993917
9	2015	230	71	0,1284144438	0,1473985334	1,0676658325	0,0929453859	-0,012237135
10	2015	240	71	0,0371492776	0,051672537	1,0053031694	0,0167155919	0,0630924141
11	2015	320	71	0,1327542993	0,1130408988	1,429438702	0,0460476855	0,0300823467
12	2015	440	46	0,1201864777	0,0004295419	0,7955183043	0,0440406993	0,0550740691

2단계 : 회귀모형을 통해 각 기업별 투자성향 및 효율성 측정

[명령문]

```
⑤ proc sort data=a4; by yr ind; run;
   proc rank data=a4 out=a5 group=4;var q_1; ranks qranks; by yr ind; run;
⑥ data a6; set a5;
   if qranks=0 then qrank1=1; else qrank1=0;
   if qranks=1 then qrank2=1; else qrank2=0;
   if qranks=2 then qrank3=1; else qrank3=0;
   if qranks=3 then qrank4=1; else qrank4=0; run;
⑦ proc sort data=a6; by yr ind; run;
   proc reg data=a6 outest=list1; model inv=q_1 qrank2 qrank3 qrank4
   cfo asgr inv_1/ adjrsq; by yr ind; run;
⑧ data list2; set list1; keep yr ind _edf_; run;
   proc sort data=a6; by yr ind; run;
   proc sort data=list2; by yr ind; run;
   data a7; merge a6 list2; by yr ind;
   if _edf_〈4 then delete; run;
⑨ proc sort data=a7; by yr ind; run;
   proc reg data=a7; model inv=q_1 qrank2 qrank3 qrank4 cfo asgr inv_1;
   output out=list3 r=invest; by yr ind; run;
⑩ data list4; set list3;
   absinvest=abs(invest);
   keep yr code invest absinvest; run;
```

⑤ q_1의 변수에 대해 산업-연도별로 4분위를 구하고자 rank 문을 이용한다. qranks이라는 변수가 각 기업을 산업-연도별로 4분위 그룹으로 분류한다.

⑥ 기업이 산업-연도별로 1분위에 속하면 qrank1의 값을 1로 지정해 주고 그렇지 않으면 0으로 지정한다. 같은 방식으로 각 분위의 소속 여부를 qrank2,(3),(4)를 통해 지정한다.

⑦ 데이터 a6을 산업-연도별로 정렬한 후 모형식에 따라 산업-연도별로 회귀분석을 실시한 후 데이터 list1에 각 산업별 자유도(_edf_)를 저장한다.

⑧ 저장된 산업-연도별로 자유도만을 데이터 list2에 저장한 후에 데이터 a6과 list2를 합하여 자유도가 4개 이하인 산업을 제거한다.

⑨ 데이터 a7에서 산업-연도별로 정렬한 후 모형식에 따라 산업-연도별로 회귀분

석을 실시한 후 각 기업의 잔차 값을 invest라는 이름으로 데이터 list3에 저장한다.

⑩ 투자성향의 측정치(invest)에 절댓값을 취하여 투자효율성(absinvest)을 구한다.

[**실행결과** : list3]

	yr	code	Residual	absinvest
1	2015	40	-0.049479078	0.0494790782
2	2015	9540	-0.171905921	0.1719059213
3	2015	10140	-0.156125875	0.156125875
4	2015	10620	0.0203397804	0.0203397804
5	2015	12450	-0.139879937	0.139879937
6	2015	28300	-0.019824255	0.0198242554
7	2015	42660	-0.072653033	0.0726530329
8	2015	47810	0.0606687009	0.0606687009
9	2015	64350	-0.041761149	0.0417611491
10	2015	64820	-0.016186645	0.0161866448
11	2015	88390	-0.11022147	0.1102214701
12	2015	92460	0.3013595331	0.3013595331

이 장의 SAS 명령문 정리

재량적 발생액 추정을 위한 회귀모형 설정

```
data a2; set a1;
yr=yr+1; sale_1=sale; as_1=as; sa_1=sa;
keep yr code sale_1 as_1 sa_1; run;
proc sort data=a1; by yr code; run;
proc sort data=a2; by yr code; run;
data a3; merge a1 a2; by yr code; run;
data a4; set a3;
ta=(e-cf)/as_1; rev=sale-sale_1;
ar=sa-sa_1; ppe=tan-land-asing;
b1=1/as_1; b2=(rev-ar)/as_1; b3=ppe/as_1; run;
proc sort data=a4; by yr ind; run;
proc reg data=a4 outest=list1;
model ta=b1 b2 b3/noint adjrsq; by yr ind; run;
data a5; set list1; keep yr ind _edf_; run;
proc sort data=a4; by yr ind; run
proc sort data=a5; by yr ind; run
data a6; merge a4 a5; by yr ind;
if _edf_〈7 then ind=100; run;
```

회귀계수를 통한 재량적 발생액 추정

```
proc sort data=a6; by yr ind; run;
proc reg data=a6 outest=list3; model ta=b1 b2 b3/noint adjrsq;
by yr ind; run;
data a7; set list3; keep yr ind b1 b2 b3;
rename b1=n1; rename b2=n2; rename b3=n3; run;
proc sort data=list2; by yr ind; run;
proc sort data=a7; by yr ind; run;
data a8; merge list2 a7; by yr ind;
da1=ta-(b1*n1+b2*n2+b3*n3);
diff=da-da1; run;
```

잔차를 이용한 재량적 발생액 추정

```
proc sort data=a6; by yr ind; run;
proc reg data=a6; model ta=b1 b2 b3/noint;
output out=list2 r=da; by yr ind; run;
```

시계열에 의한 재량적 발생액 추정

```
data a2; set a1;
yr=yr+1; sale_1=sale; as_1=as; sa_1=sa;
keep yr code sale_1 as_1 sa_1; run;
proc sort data=a1; by yr code; run;
proc sort data=a2; by yr code; run;
data a3; merge a1 a2; by yr code; run;
data a4; set a3;
ta=(e-cf)/as_1; rev=sale-sale_1;
ar=sa-sa_1; ppe=tan-land-asing;
b1=1/as_1; b2=(rev-ar)/as_1; b3=ppe/as_1;
if yr〈2005 then delete; if yr〉2014 then delete; run;
proc sort data=a4; by code; run;
proc reg data=a4 outest=list1;
model ta=b1 b2 b3/noint adjrsq; by code; run;
data a5; set list1; keep code _edf_; run;
proc sort data=a4; by code; run;
proc sort data=a5; by code; run;
data a6; merge a4 a5; by code;
if _edf_〈7 then delete; run;
proc sort data=a6; by code; run;
proc reg data=a6; model ta=b1 b2 b3/noint;
output out=list2 r=da; by code; run;
```

실질활동에 의한 이익조정 측정치

```
data a2; set a1;
yr=yr+1; as_1=as; inv_1=inv; sale_1=sale; keep yr code as_1 inv_1 sale_1;
data a3; set a1;
yr=yr+2; sale_2=sale; keep yr code sale_2;
proc sort data=a1; by yr code; run;
proc sort data=a2; by yr code; run;
proc sort data=a3; by yr code; run;
data a4; merge a3 a2 a1; by yr code;
cfoas=cf/as_1; taas=1/as_1; saleas=sale/as_1; saleas_1=sale_1/as_1;
dsaleas=(sale-sale_1)/as_1; dsaleas_1=(sale_1-sale_2)/as_1;
deas=de/as_1; pcas=(cogs+(inv-inv_1))/as_1; run;
proc sort data=a4; by yr ind; run;
proc reg data=a4 outest=j1; model cfoas=taas saleas dsaleas/adjrsq;
by yr ind; run;
data j2; set j1; keep yr ind _edf_; run;
proc sort data=a4; by yr ind; run;
proc sort data=j2; by yr ind; run;
data a5; merge a4 j2; by yr ind;
if _edf_<6 then ind=100; run;
proc sort data=a5; by yr ind; run;
proc reg data=a5; model cfoas=taas saleas dsaleas; by yr ind;
output out=list1 r=rm1; run;
proc reg data=a5; model pcas=taas saleas dsaleas dsaleas_1; by yr ind;
output out=list2 r=rm2; run;
proc reg data=a5; model deas=taas saleas_1; by yr ind;
output out=list3 r=rm3; run;
data b1; set list1; keep yr code rm1; run;
data b2; set list2; keep yr code rm2; run;
data b3; set list3; keep yr code rm3; run;
proc sort data=b1; by yr code; run;
proc sort data=b2; by yr code; run;
proc sort data=b3; by yr code; run;
data b4; merge b1 b2 b3; by yr code;
rem=rm1*(-1)+rm2+rm3*(-1); run;
```

투자성향 측정치

```
data a2; set a1;
yr=yr+1; mvt_1=mvt; li_1=li; dtaas_1=dtaas; taas_1=taas; as_1=as;
keep yr code mvt_1 li_1 dtaas_1 taas_1 as_1; run;
data a3; set a1;
yr=yr+2; dtaas_2=dtaas; taas_2=taas; as_2=as;
keep yr code dtaas_2 taas_2 as_2; run;
proc sort data=a1; by yr code; run;
proc sort data=a2; by yr code; run;
proc sort data=a3; by yr code; run;
data a4; merge a3 a2 a1; by yr code;
inv=(dtaas)/taas_1; inv_1=(dtaas_1)/taas_2;
q_1=(mvt_1+li_1)/as_2;
cfo=cf/as_1;  asgr=log((as_1/as_2));
keep yr code ind inv inv_1 q_1 cfo asgr inv_1; run;
proc sort data=a4; by yr ind; run;
proc rank data=a4 out=a5 group=4;var q_1; ranks qranks; by yr ind; run;
data a6; set a5;
if qranks=0 then qrank1=1; else qrank1=0;
if qranks=1 then qrank2=1; else qrank2=0;
if qranks=2 then qrank3=1; else qrank3=0;
if qranks=3 then qrank4=1; else qrank4=0; run;
proc sort data=a6; by yr ind; run;
proc reg data=a6 outest=list1; model inv=q_1 qrank2 qrank3 qrank4
cfo asgr inv_1/ adjrsq; by yr ind; run;
data list2; set list1; keep yr ind _edf_; run;
proc sort data=a6; by yr ind; run;
proc sort data=list2; by yr ind; run;
data a7; merge a6 list2; by yr ind;
if _edf_〈4 then delete; run;
proc sort data=a7; by yr ind; run;
proc reg data=a7; model inv=q_1 qrank2 qrank3 qrank4 cfo asgr inv_1;
output out=list3 r=invest; by yr ind; run;
data list4; set list3;
absinvest=abs(invest);
keep yr code invest absinvest; run;
```

사례 3

2단계 회귀분석

1. 2단계 회귀분석

일반적인 회귀모형에서는 독립변수들과 잔차 간 상관관계가 없다는 것을 가정한다. 하지만 이러한 가정이 성립되지 않을 경우 회귀계수의 추정은 **2단계 회귀분석**(2SLS)을 실시하게 된다. 즉, 2단계를 통해 회귀계수를 추정하게 되는데 첫 번째 단계에서는 도구변수를 사용하여 **내생변수**를 추정하고, 두 번째 단계에서는 그 내생변수를 첫 번째 단계에서 추정한 값으로 대체하여 회귀식을 추정하게 된다.

이를 예를 들어 설명하면, 다음과 같다. 먼저, 식(1-a)와 식(2-a)가 있다고 가정하자.

$$Y = a_0 + a_1 X1 + a_2 X2 + a_3 X3 + \epsilon \qquad \text{식(1-a)}$$

$$Z = a_0 + a_1 Y + a_1 X4 + a_2 X5 + a_3 X6 + \epsilon \qquad \text{식(2-a)}$$

식(1-a)와 식(2-a)를 통해 2SLS를 실시하게 된다면, 먼저 식(1-a)에서 X1, X2, X3라는 도구변수를 통해 Y의 추정치를 구하게 된다.

$$\hat{Y}(Y - \epsilon) = a_0 + a_1 X1 + a_2 X2 + a_3 X3 \qquad \text{식(3-a)}$$

이후 구해진 Y의 추정치를 식(2-a)에서 Y로 대체하여 회귀식을 추정하게 된다.

$$Z = a_0 + a_1 \hat{Y} + a_1 X4 + a_2 X5 + a_3 X6 + \epsilon \qquad \text{식(4-a)}$$

2. 2단계 회귀분석의 예

다음은 선행연구 "이익의 질과 기업가치에 관한 실증적 연구(최정호, 2008, 증권학회지, 제37권 제5호; 813-839)"를 참조하여 2단계 회귀분석의 고려사항에 대해 살펴보자.

$$EQ = a_0 + a_1 SIZE + a_2 CFO + a_3 SA + \epsilon \qquad \text{식(1-b)}$$

변수의 정의 : EQ=이익의 질, $SIZE$=기업규모, CFO=영업현금흐름, SA=매출액

우선, 연구자는 EQ가 식(1-b)처럼 다른 독립변수들에 의해 예측된다고 가정하였다. 다음으로 식(1-b)를 통해 예측된 EQ를 아래 식(2-b)에 대입하여 기업가치(TOBIN)와 이익의 질(EQ)의 관련성을 살펴보았다.

$$TOBIN = a_0 + a_1 EQCHAT + a_2 SIZE + a_3 ROE + a_4 LEV + a_5 RD + \epsilon \qquad \text{식(2-b)}$$

변수의 정의 : $TOBIN$=토빈의 Q, $EQCHAT$=식(1-b)에 의해 추정된 이익의 질
$SIZE$=기업규모, ROE=총자본이익률, LEV=부채비율, RD=연구개발비

지금까지 설명한 2단계 회귀분석은 다음과 같은 SAS 명령문을 이용하여 분석할 수 있다.

1단계 : 식(1-b)의 회귀분석 실시

[명령문]

```
① proc reg data=a1; model eq=size cfo sa; output out=list1
② p=eqchat; run; quit;
```

① 식(1-b)를 회귀분석하고, 그 결과를 list1에 저장한다.

② eq의 예측치는 eqchat로 저장한다.

[실행결과]

Parameter Estimates

Variable	DF	Parameter Estimate	Standard Error	t Value	Pr > |t|
Intercept	1	17.31863	3.41278	5.07	<.0001
SIZE	1	-0.53701	0.12781	-4.20	<.0001
CFO	1	10.17404	2.76717	3.68	0.0003
SA	1	0.69198	0.38853	1.78	0.0753

2단계 : 식(2-b)의 회귀분석 실시

[명령문]

```
proc reg data=list1; model tobin=eqchat roe size lev rd; run;
```

식(1-b)에서 추정된 이익의 질 예측치(eqchat)를 식(2-b)에 포함하여 2단계 회귀분석을 실시한다.

[실행결과]

Parameter Estimates

Variable	Label	DF	Parameter Estimate	Standard Error	t Value	Pr > |t|
Intercept	Intercept	1	-2.47026	0.48916	-5.05	<.0001
eqchat	Predicted Value of EQ	1	0.09397	0.02167	4.34	<.0001
ROE	ROE	1	3.15937	0.45973	6.87	<.0001
SIZE	SIZE	1	0.09734	0.01630	5.97	<.0001
LEV	LEV	1	0.35707	0.10287	3.47	0.0005
RD	RD	1	8.78558	1.72048	5.11	<.0001

분석결과, 1단계 회귀분석을 통해 추정된 이익의 질 예측치(eqchat)는 기업가치(tobin)에 유의한 영향을 미치는 것으로 나타났다.

다음은 이러한 단계를 거치지 않고, 간단히 명령문을 통해 2SLS를 실행할 수 있는 방법이다.

[명령문]

```
① proc syslin data=a1 2sls;
② endogenous eq;
③ instruments size cfo sa;
④ model tobin=eq roe size lev rd; run;
```

① 2sls를 실시하기 위한 명령문이다.

② 1차 모형에서 내생변수 eq를 지정해 준다.

③ 1차 모형에 내생변수를 추정할 수 있는 도구변수들을 설정한다.

④ 2단계 회귀모형에 1차 모형에서 추정된 eq를 포함한 회귀식을 입력한다.

[실행결과]

```
                              Parameter Estimates

                              Parameter     Standard                              Variable
Variable            DF        Estimate         Error     t Value     Pr > |t|     Label

Intercept            1        -2.47026      0.706792       -3.50       0.0005     Intercept
EQ                   1        0.093967      0.031306        3.00       0.0028     EQ
ROE                  1        3.159374      0.664276        4.76       <.0001     ROE
SIZE                 1        0.097339      0.023559        4.13       <.0001     SIZE
LEV                  1        0.357071      0.148646        2.40       0.0166     LEV
RD                   1        8.785581      2.485955        3.53       0.0004     RD
```

분석결과, 앞서 2단계를 통해 분석한 회귀분석결과와 동일한 결과가 나타났다.

3. 2단계 회귀분석의 다른 예(잔차를 이용하는 방식)

다음은 내생변수를 예측하는 방식과 다르게 잔차를 이용하여, 2단계 회귀분석을 실시하고자 한다. "이사회의 독립성, 공시의 적정성, 그리고 시장반응(손성규 · 정기위 · 고재민, 2010, 회계저널, 제19권 제5호, 33-65)"의 연구방법론과 동일한 방식으로 다음의 모형을 분석해 보자.

먼저, 기업가치(TOBIN)와 이익의 질(EQ)의 관련성을 다음과 같이 정의하였다. 앞선 연구에서는 이익의 질을 예측하였지만, 본 연구에서는 이익의 질을 예측하지 않고, 잔차로 가정한다.

$$EQ = a_0 + a_1 ROE + a_2 CFO + \epsilon \qquad 식(1\text{-}c)$$

변수의 정의 : *ROE*=총자본이익률, *CFO*=영업현금흐름

식(1-c)를 통해 구한 종속변수의 잔차를 식(2-c)의 독립변수로 대입하여 회귀분석을 실시한다.

$$TOBIN = a_0 + a_1 EQR + a_2 SIZE + a_3 ROE + a_4 LEV + a_5 RD + \epsilon \qquad 식(2\text{-}c)$$

변수의 정의 : *EQR*=식(1-c)를 통해 구한 잔차, *LEV*=부채비율
SIZE=기업규모, *RD*=연구개발비

1단계 : 식(1-c)의 회귀분석 실시

[명령문]

```
① proc reg data=a1; model eq=roe cfo; output out=list1
② r=eqr; run; quit;
```

① 식(1-c)를 회귀분석하고, 그 결과를 list1에 저장한다.

② 식(1-c)의 잔차를 eqr로 저장한다.

[실행결과]

Parameter Estimates

Variable	DF	Parameter Estimate	Standard Error	t Value	Pr > |t|
Intercept	1	3.47467	0.36817	9.44	<.0001
ROE	1	16.05743	5.07662	3.16	0.0016
CFO	1	5.49525	3.00402	1.83	0.0678

2단계 : 식(2-c)의 회귀분석 실시

[명령문]

```
proc reg data=list1; model tobin=eqr roe size lev rd; run;
```

식(1-c)에서 추정된 이익의 질(EQ)의 대용치인 잔차(eqr)를 식(2-c)에 포함하여 2단계 회귀분석을 실시한다.

[실행결과]

Parameter Estimates

Variable	Label	DF	Parameter Estimate	Standard Error	t Value	Pr > |t|
Intercept	Intercept	1	-0.84877	0.29031	-2.92	0.0036
eqr	Residual	1	0.00667	0.00322	2.07	0.0388
ROE		1	3.93359	0.42177	9.33	<.0001
SIZE		1	0.05070	0.01151	4.40	<.0001
LEV		1	0.41519	0.10303	4.03	<.0001
RD		1	8.67702	1.73755	4.99	<.0001

이 장의 SAS 명령문 정리

2단계 회귀분석(2SLS) 2가지 예

```
proc reg data=a1; model eq=size cfo sa; output out=list1
 p=eqchat; run; quit;
proc reg data=list1; model tobin=eqchat roe size lev rd; run;

proc syslin data=a1 2sls;
 endogenous eq;
 instruments size cfo sa;
 model tobin=eq roe size lev rd; run;
```

잔차를 이용한 2단계 회귀분석 예

```
proc reg data=a1; model eq=roe cfo; output out=list1
 r=eqr; run; quit;
proc reg data=list1; model tobin=eqr roe size lev rd; run;
```

사례 4

주가붕괴위험 측정치 구하기

기업의 주가가 급격히 하락할(Negative Stock Market Jumps) 확률을 의미하는 주가붕괴위험은 자본시장의 연구자들에 의해 매우 활발하게 연구되고 있는 분야 중 하나이다.

회계학 분야의 연구에서도 회계정보공시, 재무분석가, 대리인 문제, 내부통제 등과 같은 다양한 분야에서 주가붕괴위험에 대한 연구들이 실시되고 있다.

이에 본 사례에서는 선행연구(강나라 외 2인, 2016; 김숙민 · 유승원, 2018 등)들을 참고하여 대표적으로 가장 많이 사용되는 1) 주가붕괴위험의 발생여부 추정, 2) 음(−)의 왜도를 통한 추정, 3) 개별주간수익률 변동성에 의한 추정 등 세 가지 측정방식을 소개하고자 한다.

1. 주가붕괴위험의 발생여부 추정

첫 번째 측정치는 주가붕괴위험의 발생여부를 이용하여 측정하는 것으로 각 기업의 **개별주간수익률**(Firm-Specific Weekly Returns)이 정규분포를 따른다고 가정할 경우에 개별주간수익률이 0.1% 미만의 주가가 하락하는 사건이 연 1회 이상 발생하였다면 이를 주가붕괴위험이 높은 기업으로 정의한다(Hutton *et al*. 2009).

이 측정치를 위해서는 각 기업의 개별주간수익률을 산출해야 하는데 이는 다음과 같은 모형에 의해 계산된다.

$$R_{j,t} = a_0 + a_1 \times r_{m,t-2} + a_2 \times r_{m,t-1} + a_3 \times r_{m,t} + a_4 \times r_{m,t+1} + a_5 \times r_{m,t+2} + \epsilon_t$$

변수의 정의 : R_{it}=i기업의 t주 주가수익률

$rm_{m,t}$=시장 전체 t주 수익률(시장종합주가지수)

위 식에서 종속변수는 i 기업의 t주 개별수익률이며 독립변수에는 t−2주부터 t+2주까지 시장전체 수익률이다. 이 모형식을 기업-연도별로 실행한 후 얻은 잔차의 값에 1을 더한 다음, 자연로그를 취한 값을 각 기업의 개별주간수익률(w)로 정의한다.

이러한 방식으로 52주별로 각 기업의 개별주간수익률이 구해지면 기업별로 52주의 평균과 표준편차를 구한다. 그리고 52주 평균(w_mean)에서 표준편차(w_std)에 3.2를 곱한 값을 차감한 값을 각 주별 개별주간수익률에서 빼 준다(w−(w_mean−(3.2×w_std))).

만약, 이 값이 0보다 작은 주가 1회라도 발생하였다는 것은 개별주간수익률이 0.1% 미만의 주가가 하락하는 사건이 발생한 것이므로 이 기업은 주가붕괴위험이 있는 기업으로 설정한다.

위와 같이 첫 번째 주가붕괴위험측정치를 구하기 위해 다음과 같이 2015년 상장기업의 각 주별 종가와 시장지수를 정리하였다.

	A	B	C	BF
1	yr	code	20141219	20160115
2	2015	33660	6,780.	6,310.
3	2015	71050	51,700.	46,050.
4	2015	37620	48,350.	22,000.
5	2015	39490	47,100.	57,200.
6	2015	55550	48,000.	38,400.
7	2015	88980	7,300.	7,980.
8	2015	86790	32,900.	22,100.
9	2015	94800	4,070.	3,090.
10	2015	96300	720.	539.
11	2015	21960	20,950.	21,950.
12	2015	85620	9,000.	4,750.

	A	B
1	day	index
2	20141205	1986.62
3	20141212	1921.71
4	20141219	1929.98
5	20141226	1948.16
6	20150102	1926.44
54	20151204	1974.4
55	20151211	1948.62
56	20151218	1975.32
57	20151224	1990.65
58	20160108	1917.62
59	20160115	1878.87

[사례자료 4-1] 2015년 개별기업의 주별 종가(a1)와 주별 시장전체지수(a4)

1단계 : 기업별 주간수익률 구하기

[명령문]

```
① proc sort data=a1; by code; run;
② proc transpose data=a1 out=a2; var _all_; by code; run;
③ data a3; set a2;
  if col1=. then delete; if _LABEL_="code" then delete;
  if _LABEL_="yr" then delete;
rename col1=price; rename _LABEL_=day; run;
```

① 데이터 a1을 각 기업별로 정렬한다.

② 데이터 a1의 열의 모든 변수를 각 기업별로 행으로 전치시킨다.

③ 주가가 없거나, 기업코드가 없거나, 변수의 값이 "yr"인 변수는 지우고 col1의 변수 값은 price로 _LABEL_의 변수 값은 day로 재지정한다.

[실행결과 : a3]

	code	NAME OF FORMER VARIABLE	LABEL OF FORMER VARIABLE	price
1	30	_0141205	20141205	10950
2	30	_0141212	20141212	10450
3	30	_0141219	20141219	10350
4	30	_0141226	20141226	10900
5	30	_0150102	20150102	10000
6	30	_0150109	20150109	9630
7	30	_0150116	20150116	8960
8	30	_0150123	20150123	9140
9	30	_0150130	20150130	8860
10	30	_0150206	20150206	9140
11	30	_0150213	20150213	9150
12	30	_0150217	20150217	9360
13	30	_0150227	20150227	9560

[명령문]

```
④ proc sort data=a3; by day; run;
   proc sort data=a4; by day; run;
⑤ data a5; merge a3 a4; by day; run;
```

④ 각 기업별 주가(a3)와 각 날짜별 시장지수(a4)를 날짜별로 정렬한다.

⑤ 데이터 a3과 데이터 a4를 날짜별로 데이터 a5에 합한다.

[실행결과 : a4]

	code	NAME OF FORMER VARIABLE	LABEL OF FORMER VARIABLE	price	index
1	30	_0141205	20141205	10950	1986,62
2	60	_0141205	20141205	12300	1986,62
3	370	_0141205	20141205	4960	1986,62
4	400	_0141205	20141205	2900	1986,62
5	540	_0141205	20141205	3670	1986,62
6	810	_0141205	20141205	311500	1986,62
7	1200	_0141205	20141205	2050	1986,62
8	1270	_0141205	20141205	15300	1986,62
9	1290	_0141205	20141205	837	1986,62
10	1450	_0141205	20141205	26500	1986,62
11	1500	_0141205	20141205	11050	1986,62
12	1510	_0141205	20141205	933	1986,62

[명령문]

```
⑥ proc sort data=a5; by code; run;
⑦ data a6; set a5; by code;
   beforprice=lag(price); beforindex=lag(index);
   if first.code=1 then do; beforprice=. ; beforindex=. ; end;
⑧ ar=(price-beforprice)/beforprice;
   mar=(index-beforindex)/beforindex;
⑨ keep code day price beforprice index beforindex ar mar; run;
```

⑥ 데이터 a5를 기업별로 정렬한다.

⑦ 데이터 a6에서는 lag 변수를 통해 t−1주 주가와 시장지수를 구한다.

⑧ 각 주의 개별주가수익률(ar)과 시장수익률(mar)을 구한다.

⑨ 필요한 변수만 남긴다.

[실행결과 : a6]

	code	LABEL OF FORMER VARIABLE	beforprice	price	ar	beforindex	index	mar
1	30	20141205	.	10950	.	.	1986,62	.
2	30	20141212	10950	10450	-0,04566	1986,62	1921,71	-0,03267
3	30	20141219	10450	10350	-0,00957	1921,71	1929,98	0,004303
4	30	20141226	10350	10900	0,05314	1929,98	1948,16	0,00942
5	30	20150102	10900	10000	-0,08257	1948,16	1926,44	-0,01115
6	30	20150109	10000	9630	-0,037	1926,44	1924,7	-0,0009
7	30	20150116	9630	8960	-0,06957	1924,7	1888,13	-0,019
8	30	20150123	8960	9140	0,020089	1888,13	1936,09	0,025401
9	30	20150130	9140	8860	-0,03063	1936,09	1949,26	0,006802
10	30	20150206	8860	9140	0,031603	1949,26	1955,52	0,003211
11	30	20150213	9140	9150	0,001094	1955,52	1957,5	0,001013
12	30	20150217	9150	9360	0,022951	1957,5	1961,45	0,002018

➋ 2단계 : 개별주간수익률을 구하기 위한 시차변수 만들기

[명령문]

```
⑩ data a7; set a6;
   dday=(day*1); keep code day dday ar mar; run;
⑪ proc sort data=a7; by code; run;
   proc rank data=a7 out=a8; var dday; ranks dayrank; by code; run;
```

⑩ 데이터 a7에 day라는 문자형 변수를 숫자로 전환하는 dday라는 변수를 만들고 기업코드와 날짜 그리고 숫자로 전환된 날짜, 개별수익률, 시장수익률만 남긴다.

⑪ 각 변수별로 dday라는 변수를 통해 순위를 설정한다(모형식의 시차변수 설정을 위함).

[실행결과 : a7]

	code	LABEL OF FORMER VARIABLE	ar	mar	dday	변수 dday의 순위
1	30	20141205	.	.	20141205	1
2	30	20141212	-0.0456621	-0.032673586	20141212	2
3	30	20141219	-0.009569378	0.0043034589	20141219	3
4	30	20141226	0.0531400966	0.0094197867	20141226	4
5	30	20150102	-0.082568807	-0.011148982	20150102	5
6	30	20150109	-0.037	-0.00090322	20150109	6
7	30	20150116	-0.069574247	-0.019000364	20150116	7
8	30	20150123	0.0200892857	0.0254007934	20150123	8
9	30	20150130	-0.030634573	0.0068023697	20150130	9
10	30	20150206	0.0316027088	0.0032114751	20150206	10
11	30	20150213	0.0010940919	0.0010125184	20150213	11
12	30	20150217	0.0229508197	0.0020178799	20150217	12

[명령문]

```
⑫ data b1; set a8; dayrank=dayrank+1; mar_1=mar;
   keep code dayrank mar_1; run;
   data b2; set a8; dayrank=dayrank+2; mar_2=mar;
   keep code dayrank mar_2; run;
   data b3; set a8; dayrank=dayrank-1; mar1=mar;
   keep code dayrank mar1; run;
   data b4; set a8; dayrank=dayrank-2; mar2=mar;
   keep code dayrank mar2; run;
⑬ proc sort data=b1; by code dayrank; run;
   proc sort data=b2; by code dayrank; run;
   proc sort data=b3; by code dayrank; run;
   proc sort data=b4; by code dayrank; run;
   proc sort data=a8; by code dayrank; run;
⑭ data b5; merge a8 b1 b2 b3 b4; by code dayrank;
   if dday<20141231 then delete; if dday>20160101 then delete; run;
```

⑫ 아래와 같은 모형식의 변수를 설정하기 위해 t−2주부터 t+2주까지 시장수익률의 시차변수를 만들어 준다.

$$R_{j,t} = a_0 + a_1 \times r_{m,t-2} + a_2 \times r_{m,t-1} + a_3 \times r_{m,t} + a_4 \times r_{m,t+1} + a_5 \times r_{m,t+2} + \epsilon_t$$

⑬ 각 기업별과 주별로 정렬을 실시한다.

⑭ t−2주부터 t+2주까지 시차변수(mar_2 mar_1 mar mar1 mar2)를 모두 합한 하나의 데이터 b5를 만들고 연도는 2015년으로 제한한다.

[실행결과 : b5]

	code	dday	변수 dday의	ar	mar_2	mar_1	mar	mar1	mar2
1	30	20150102	5	-0,0825688	0,00430346	0,0094197867	-0,011148982	-0,00090322	-0,019000364
2	30	20150109	6	-0,037	0,00941979	-0,011148982	-0,00090322	-0,019000364	0,0254007934
3	30	20150116	7	-0,0695742	-0,011149	-0,00090322	-0,019000364	0,0254007934	0,0068023697
4	30	20150123	8	0,02008929	-0,0009032	-0,019000364	0,0254007934	0,0068023697	0,0032114751
5	30	20150130	9	-0,0306346	-0,0190004	0,0254007934	0,0068023697	0,0032114751	0,0010125184
6	30	20150206	10	0,03160271	0,02540079	0,0068023697	0,0032114751	0,0010125184	0,0020178799
7	30	20150213	11	0,00109409	0,00680237	0,0032114751	0,0010125184	0,0020178799	0,0124142854
8	30	20150217	12	0,02295082	0,00321148	0,0010125184	0,0020178799	0,0124142854	0,013667036
9	30	20150227	13	0,02136752	0,00101252	0,0020178799	0,0124142854	0,013667036	-0,013487734
10	30	20150306	14	-0,0125523	0,00201788	0,0124142854	0,013667036	-0,013487734	0,025909084
11	30	20150313	15	0,00635593	0,01241429	0,013667036	-0,013487734	0,025909084	-0,008560602
12	30	20150320	16	0,03894737	0,01366704	-0,013487734	0,025909084	0,008560602	0,0126844242

3단계 : 모형을 통한 개별기업의 주간수익률 구하기

```
⑮ proc sort data=b5; by code; run;
⑯ proc reg data=b5 outest=list1;
   model ar=mar_2 mar_1 mar mar1 mar2/adjrsq; by code; run;
   data b6; set list1; keep code _edf_; run;
⑰ proc sort data=b6; by code; run;
   proc sort data=b5; by code; run;
   data b7; merge b5 b6; by code; if _edf_<46 then delete; run;
   proc sort data=b7; by code; run;
⑱ proc reg data=b7; model ar=mar_2 mar_1 mar mar1 mar2;
   output out=list3 r=itam; by code; run;
⑲ data b8; set list3;
   w=log((1+itam)); run;
```

⑮ 데이터 b5를 기업별로 정렬한다.

⑯ 기업별 개별주간수익률을 구하기 위한 모형식에 따라 회귀분석을 실행한 후 유도(_edf_)를 list1에 저장한다.

⑰ 개별기업별로 자유도만을 데이터 b6에 저장한 데이터 b5와 합한 후 기업별로 회귀식을 위한 표본의 개수가 52개 이하인 기업들은 제외한다.

⑱ 다시 한 번 모형식을 통해 회귀분석을 실시한 후 기업-주별 잔차의 값을 itam (개별기업의 t기 수익률)으로 저장한다.

⑲ 이 잔차 값에 1을 더해주고 자연로그를 취해 최종 각 기업의 개별기업의 주간 수익률로 정의한다.

※ 자유도가 46개 이하인 것을 제외하면 다음과 같이 기업별 표본의 수가 52개가 된다. 하지만 연도에 따라 주식시장의 주가 50주부터 52주를 보일 수 있기 때문에 자유도의 수를 44부터 46까지 연구자가 연도별 주식시장의 주에 따라 조절해야 한다.

[실행결과 : 회귀분석결과 각 기업의 관측치수 확인]

```
                    Number of Observations Read          52
                    Number of Observations Used          52

                           Analysis of Variance

                                       Sum of           Mean
Source                      DF        Squares         Square    F Value    Pr > F

Model                        5        0.00884        0.00177       4.93    0.0011
Error                       46        0.01650     0.00035878
Corrected Total             51        0.02534

            Root MSE              0.01894    R-Square     0.3487
            Dependent Mean       -0.00239    Adj R-Sq     0.2779
            Coeff Var          -791.84969

                           Parameter Estimates

                          Parameter       Standard
     Variable      DF      Estimate          Error    t Value    Pr > |t|

     Intercept      1      -0.00184        0.00263      -0.70      0.4887
     mar_2          1      -0.09126        0.14117      -0.65      0.5212
     mar_1          1      -0.11552        0.14359      -0.80      0.4252
     mar            1      -0.62613        0.14406      -4.35      <.0001
     mar1           1      -0.00239        0.13841      -0.02      0.9863
     mar2           1       0.24661        0.13408       1.84      0.0723
```

[실행결과 : b8] 각 기업 및 주별 개별주간수익률)

	code	Error degrees of freedom	Residual	w
1	30	46	-0.078746297	-0.082019816
2	30	46	-0.024292007	-0.024591924
3	30	46	-0.04075502	-0.041608783
4	30	46	0.0025611815	0.0025579073
5	30	46	-0.027630974	-0.02801989
6	30	46	0.013475627	0.0133856383
7	30	46	0.0020150466	0.0020130191
8	30	46	0.0243683322	0.0240761613
9	30	46	0.0040668102	0.0040585631
10	30	46	-0.016523686	-0.016661724
11	30	46	0.0047090339	0.0046979811
12	30	46	0.0155147624	0.015395639

4단계 : 주가붕괴위험 첫 번째 측정치 구하기

[명령문]

```
⑳ proc sort data=b8; by code; run;
   proc means data=b8 mean std; var w; output out=list2
   mean=wmean std=wstd; by code; run;
㉑ proc sort data=b8; by code; run;
   proc sort data=list2; by code; run;
   data b9; merge b8 list2; by code;
㉒ chas=w-(wmean-(3.2*wstd));
   if chas<0 then chasdummy=1; else chasdummy=0; run;
㉓ data c1; set b9;
   if chasdummy=0 then delete;
   keep code; run;
```

⑳ 데이터 b8을 기업별로 정렬한 후에 w에 대한 평균과 표준편차를 각 기업별로 list2에 wmean(평균), wstd(표준편차)의 변수명으로 저장한다.

㉑ 데이터 b8과 데이터 list2를 기업별로 정렬한 후 합한다.

㉒ w의 값이 각 기업별 w의 평균에서 표준편차에 3.2를(연구자에 의해 이 값은 변경될 수 있음) 곱한 값을 차감한 값보다 작다면 chasdummy는 1로 지정하고 그렇지 않으면 0으로 지정한다.

㉓ chasdummy의 값이 1인 기업들만 선택하여 c1에 저장한다.
(이들 기업들은 주가붕괴위험이 높은 기업들로 가정한다)

2. 음(−)의 왜도를 통한 추정

두 번째 주가붕괴위험의 측정치는 각 개별주간수익률 분포에 대해 음(−)의 왜도(Skewness)로 측정한 것이다(Chen *et al*. 2001). 이는 앞서 설명한 첫 번째 주가붕괴위험을 이진법에 의한 더미변수로 측정하는 경우 0과 1값의 분포에 불균형이 존재한다.

이에 연구자들은 회귀식에서 계산된 개별주간수익률의 분포에 대한 음(−)의 왜도(NSKEW)를 추가적인 주가붕괴위험의 측정치로 사용하였으며 이를 식으로 표현하면 다음과 같다.

$$NSKEW_{j,t} = -\left[n(n-1)^{\frac{3}{2}}\sum W_{j,\tau}^{3}\right] / \left[(n-1)(n-2)\sum(W_{j,\tau}^{2})^{\frac{3}{2}}\right]$$

이러한 왜도는 SAS에서는 간단한 함수 명령문을 통해 구할 수 있다.

1단계 : 개별주간수익률에 대한 왜도 구하기

[명령문]

```
㉔ proc sort data=b8; by code; run;
㉕ proc means data=b8 skew; var w; output out=list4 skew=wskew;
   by code; run;
㉖ data list5; set list4; ncskew=wskew*(-1); run;
```

㉔ 데이터 b8을 기업별로 정렬한다.

㉕ w변수의 왜도(skew)를 각 기업별로 구한 다음 list4에 wskew라는 이름으로 저장한다.

㉖ wskew에 −1을 곱한 다음 ncskew로 저장한다.

[실행결과 : list5]

	code	_FREQ_	wskew	ncskew
1	30	52	0.3169451525	-0.316945153
2	60	52	-0.07346319	0.0734631904
3	370	52	0.4549637407	-0.454963741
4	400	52	0.5565556505	-0.55655565
5	540	52	1.0144814303	-1.01448143
6	810	52	0.0230035996	-0.0230036
7	1200	52	0.5000362427	-0.500036243
8	1270	52	1.4265326073	-1.426532607
9	1290	52	0.7812030639	-0.781203064
10	1450	52	-0.560689292	0.5606892922
11	1500	52	-0.482915695	0.4829156946
12	1510	52	1.5088760331	-1.508876033

3. 개별주간수익률 변동성에 의한 추정

세 번째의 주가붕괴위험의 측정치로는 개별주간수익률의 초과(up) 대비 미달(down)의 변동성을 측정한다(Chen *et al*. 2001). 이를 위한 구체적인 방법으로는 각 기업의 연도별 개별주간수익률의 평균값 초과의 경우를 상향주간(up week), 평균값 미만의 경우를 하향주간(down week)으로 구분한 다음, 각 그룹의 표준편차를 구한다.

이후 하향주간의 표준편차를 상향주간의 표준편차로 나눈 뒤, 이 값에 로그를 취하여 DUVOL을 산출하며 모형식으로 나타내면 다음과 같다.

$$DUVOL_{j,t} = \log\left\{(n_u - 1)\sum_{down} W_{j,\tau}^2 / (n_d - 1)\sum_{up} W_{j,\tau}^2\right\}$$

1단계 : 개별주간수익률의 초과(up) 대비 미달(down)의 변동성 측정

[명령문]

```
㉗ proc sort data=b8; by code; run;
   proc means data=b8 mean; var w; output out=list6 mean=mw;
   by code; run;
㉘ proc sort data=b8; by code; run;
   proc sort data=list6; by code; run;
   data b9; merge b8 list6; by code;
   if w〉mw then up=1; else up=0; run;
㉙ proc sort data=b9; by code up; run;
   proc means data=b9 std; var w; output out=list7 std=stdwup;
   by code up; run;
㉚ data list8; set list7;
   if up=1 then delete;
   up=up+1; stdwdown=stdwup;
   keep code up stdwdown; run;
```

㉗ 데이터 b8을 기업별로 정렬한 후 w에 대한 평균을 구해 mw라는 변수명으로 데이터 list6에 저장한다.

㉘ 데이터 b8과 list6을 합한 후 각 기업별로 주간수익률이 연간 평균보다 높으면 1, 아니면 0의 집단으로 구분한다.

㉙ 개별주간수익률에 대해 각 기업(code)과 집단(up)별로 표준편차를 구한다.

㉚ 데이터 list8에서는 먼저, up이 1인 집단을 지우고 다시 up이 0인 집단을 1로 설정한 다음 stdwdown 변수를 stdwup와 동일한 값을 갖는 변수로 설정한다. 그리고 기업코드와 집단(up이 0인 집단이나 up은 1이 설정되어 있음), 집단의 표준편차(stdwdown)만을 남긴다.

[명령문]

```
㉛ proc sort data=list7; by code up; run;
   proc sort data=list8; by code up; run;
㉜ data list9; merge list7 list8; by code up;
   duvol=log(stdwdown/stdwup);
   if duvol=. then delete;
   keep code stdwdown stdwup duvol; run;
```

㉛ list7과 데이터 list8을 기업별과 집단별로 합한다.

㉜ up집단의 표준편차로 down집단의 표준편차를 나눈 다음 자연로그를 취하여 세 번째 주가붕괴위험의 측정치를 구한다.

[실행결과 : list7]

	code	up	_FREQ_	stdwup
1	30	0	24	0.0192321077
2	30	1	28	0.0228495442
3	60	0	25	0.0235488433
4	60	1	27	0.0236482256
5	370	0	27	0.0161544075
6	370	1	25	0.026278126
7	400	0	27	0.0342241656
8	400	1	25	0.0436237089
9	540	0	26	0.015353509
10	540	1	26	0.0267938137
11	810	0	28	0.0233325399
12	810	1	24	0.0243111029

[실행결과 : list8]

	code	up	stdwdown
1	30	1	0.0192321077
2	60	1	0.0235488433
3	370	1	0.0161544075
4	400	1	0.0342241656
5	540	1	0.015353509
6	810	1	0.0233325399
7	1200	1	0.0439232156
8	1270	1	0.0228613045
9	1290	1	0.0416967182
10	1450	1	0.0224374551
11	1500	1	0.0211507657
12	1510	1	0.0278345706

[실행결과 : list9]

	code	stdwup	stdwdown	duvol
1	30	0.0228495442	0.0192321077	-0.172350009
2	60	0.0236482256	0.0235488433	-0.00421138
3	370	0.026278126	0.0161544075	-0.486543957
4	400	0.0436237089	0.0342241656	-0.242668795
5	540	0.0267938137	0.015353509	-0.556826983
6	810	0.0243111029	0.0233325399	-0.041084209
7	1200	0.054668002	0.0439232156	-0.218835556
8	1270	0.0353423809	0.0228613045	-0.435637114
9	1290	0.0628492043	0.0416967182	-0.41031585
10	1450	0.0146656709	0.0224374551	0.4252222122
11	1500	0.0157690837	0.0211507657	0.2936248142
12	1510	0.0594643456	0.0278345706	-0.759098106

이 장의 SAS 명령문 정리

개별주간수익률(W) 구하기

```
proc sort data=a1; by code; run;
proc transpose data=a1 out=a2; var _all_; by code; run;
data a3; set a2;
if col1=. then delete; if _LABEL_="code" then delete;
if _LABEL_="yr" then delete;
rename col1=price; rename _LABEL_=day; run;
proc sort data=a3; by day; run;
proc sort data=a4; by day; run;
data a5; merge a3 a4; by day; run;
proc sort data=a5; by code; run;
data a6; set a5; by code;
beforprice=lag(price); beforindex=lag(index);
if first.code=1 then do; beforprice=. ; beforindex=. ; end;
ar=(price-beforprice)/beforprice;
mar=(index-beforindex)/beforindex;
keep code day price beforprice ar mar; run;
data a7; set a6;
dday=(day*1); keep code day dday ar mar; run;
proc sort data=a7; by code; run;
proc rank data=a7 out=a8; var dday; ranks dayrank; by code; run;
data b1; set a8; dayrank=dayrank+1; mar_1=mar;
keep code dayrank mar_1; run;
data b2; set a8; dayrank=dayrank+2; mar_2=mar;
keep code dayrank mar_2; run;
data b3; set a8; dayrank=dayrank-1; mar1=mar;
keep code dayrank mar1; run;
data b4; set a8; dayrank=dayrank-2; mar2=mar;
keep code dayrank mar2; run;
```

개별주간수익률(W) 구하기

```
proc sort data=b1; by code dayrank; run;
proc sort data=b2; by code dayrank; run;
proc sort data=b3; by code dayrank; run;
proc sort data=b4; by code dayrank; run;
proc sort data=a8; by code dayrank; run;
data b5; merge a8 b1 b2 b3 b4; by code dayrank;
if dday〈20141231 then delete; if dday〉20160101 then delete; run;
proc sort data=b5; by code; run;
proc reg data=b5 outest=list1;
model ar=mar_2 mar_1 mar mar1 mar2/adjrsq; by code; run;
data b6; set list1; keep code _edf_; run;
proc sort data=b6; by code; run;
proc sort data=b5; by code; run;
data b7; merge b5 b6; by code; if _edf_〈46 then delete; run;
proc sort data=b7; by code; run;
proc reg data=b7; model ar=mar_2 mar_1 mar mar1 mar2;
output out=list3 r=itam; by code; run;
data b8; set list3;
w=log((1+itam)); run;
```

주가붕괴위험의 발생여부 추정

```
proc sort data=b8; by code; run;
proc means data=b8 mean std; var w; output out=list2
mean=wmean std=wstd; by code; run;
proc sort data=b8; by code; run;
proc sort data=list2; by code; run;
data b9; merge b8 list2; by code;
chas=w-(wmean-(3.2*wstd));
if chas〈0 then chasdummy=1; else chasdummy=0; run;
data c1; set b9;
if chasdummy=0 then delete;
keep code; run;
```

음(−)의 왜도를 통한 추정

```
proc sort data=b8; by code; run;
proc means data=b8 skew; var w; output out=list4 skew=wskew;
by code; run;
data list5; set list4; ncskew=wskew*-1; run;
```

개별주간수익률 변동성에 의한 추정

```
proc sort data=b8; by code; run;
proc means data=b8 mean; var w; output out=list6 mean=mw;
by code; run;
proc sort data=b8; by code; run;
proc sort data=list6; by code; run;
data b9; merge b8 list6; by code;
if w>mw then up=1; else up=0; run;
proc sort data=b9; by code up; run;
proc means data=b9 std; var w; output out=list7 std=stdwup;
by code up; run;
data list8; set list7;
if up=1 then delete;
up=up+1; stdwdown=stdwup;
keep code up stdwdown; run;
proc sort data=list7; by code up; run;
proc sort data=list8; by code up; run;
data list9; merge list7 list8; by code up;
duvol=log(stdwdown/stdwup);
if duvol=. then delete;
keep code stdwdown stdwup duvol; run;
```

사례 5

회계학 논문을 통한 SAS 실습

지금까지 실습한 내용을 바탕으로 회계학 관련 연구방법을 SAS를 이용하여 재연해 보자. 실습을 위해 선택한 연구논문은 "이익지속성이 순자산과 회계이익에 대한 주가배수에 미치는 영향(백원선 · 최관, 1999, 회계학연구, 제24권 제4호, 61-83)"이다.

1. 이익지속계수 구하기

본 연구는 Ohlson(1995)모형에서 정의된 초과이익의 지속성에 따라 순자산과 회귀이익이 주가배수에 미치는 영향을 분석하였다. 실습은 1995년부터 2011년까지의 기업재무자료를 이용하며, 연구에서 가장 중요한 변수에 해당되는 이익지속계수는 "사례 1 : 이익지속계수 구하기"를 참조하여 다음의 식(1)을 통해 추정한다. 추정기간은 12년으로 설정하였다.

$$E_t = a_0 + \omega E_{t-1} + e_t \qquad \text{식(1)}$$

1단계 : 이익지속계수 추정에 필요한 시계열 자료 만들기

[명령문]

```
① data a2; set a1;
   ne=e/n; run;
② data a3; set a2;
   yr=yr+1; ne_1=ne; keep yr code ne_1; run;
③ proc sort data=a2; by yr code; run;
   proc sort data=a3; by yr code; run;
   data a4; merge a3 a2; by yr code; run;
```

① 당기순이익(e)을 발행주식수(n)로 나누어 주당순이익을 구한다.
② 전년도 주당순이익(ne_1)을 만든 후 yr, code, ne_1을 a3에 복사하여 저장한다.
③ 당해연도(a2)와 전년도(a3) 자료를 연도와 기업을 기준으로 정렬하여 결합한다.

2단계 : 각 연도 이익지속계수 구하기

[명령문]

```
data a5; set a4;
① if yr<1997 then delete; if yr>2008 then delete; run;
   proc sort data=a5; by code; run;
② proc reg data=a5 outest=j1; model ne=ne_1/adjrsq; by code; run;
③ data t2008; set j1; yr=2008;
   keep yr code ne_1 _edf_; rename ne_1=w; if _edf_<10 then delete; run;
④ data b1; merge t2008 t2009 t2010 t2011; by yr code; run;
```

① 2008년도 각 기업별 이익지속계수를 구하기 위해 1997년부터 2008년까지의 주당순이익 자료를 선택한다.
② 회귀모형 ne=ne_1을 이용하여 각 기업별 회귀계수를 추정하고, adjrsq 옵션을 이용하여 회귀계수(이익지속계수)를 j1에 저장한다.
③ 12개연도 시계열 자료가 모두 이용가능한 기업들을 선택하기 위해 _edf_(자유도)가 10개 미만인 기업은 모두 삭제한 후 t2008에 저장한다.
④ 2008년부터 2011년까지 각 기업의 지속계수를 b1에 저장한다.

※ ①~③은 2008년도 이익지속계수를 구하기 위한 명령문이다. 2009년부터 2011

년까지의 이익지속계수를 추정하기 위해서는 ①에서 해당연도를 수정하고, ②와 ③에서 데이터 셋의 이름을 각각의 연도별로 수정한 후 ④에서 각 연도별 이익지속계수를 결합하여 b1에 저장한다. 자세한 명령문은 본장의 명령문 정리에 기술하였다.

3단계 : 계속상장기업 선택하기

[명령문]

```
   proc sort data=b1; by code; run;
①  proc means data=b1 n; var yr; by code;
   output out=list1 n=number; run;
   proc sort data=b1; by code; run; proc sort data=list1; by code; run;
②  data b2; merge b1 list1; by code;
   if number^=4 then delete; keep yr code w; run;
```

① 각 기업별 연도변수의 표본수를 list1에 number라는 변수명으로 저장한다.
② number가 4와 같지 않을 때, 계속상장이 아닌 기업으로 간주하여 삭제한다.

2. 주요변수 만들기

실습논문에서 주요변수들은 다음과 같이 정의하였다.

P= t+1년도 3월말 주가	BV= t−1년도 주당순자산	W=이익지속계수
E= t년도 주당순이익	BP= 순자산-주가 비율(BV/P)	ROE 자기자본 이익률(E/BV)
LEV= 부채비율(총부채/순자산)		

SAS 명령문을 이용하여 주요변수들을 구해보자.

1단계 : 변수 만들기

[명령문]

```
data c2; set c1;
① ne=e/n; nbv=bv/n; lev=li/bv; roe=e/bv; bp=nbv/price;
② if nbv<0 then negbv=nbv; else negbv=0; if ne<0 then nege=ne; else nege=0; run;
```

① 주요변수 E(ne), BV(nbv), LEV(lev), ROE(roe), BP(bp)를 생성한다.

② if 문을 이용하여 회귀분석에 사용되는 NEGBV와 NEGE를 생성한다.

2단계 : 주요변수와 이익지속계수 자료 결합하기

[명령문]

```
① proc sort data=c2; by yr code; run; proc sort data=b2; by yr code; run;
② data w1; merge c2 b2; by yr code; run;
```

① 주요변수(c2)와 이익지속계수(b2) 자료를 연도와 기업을 기준으로 정렬한다.

② c2와 b2를 연도와 기업을 기준으로 결합하여 w1에 저장한다.

3단계 : 이익지속계수에 따른 더미변수 만들기

[명령문]

```
① proc sort data=w1; by yr; run;
② proc means data=w1 median; var w; output out=w2
   median=dumy; by yr; run;
   proc sort data=w1; by yr; run; proc sort data=w2; by yr; run;
③ data w3; merge w1 w2; by yr;
   if dumy>=w then dumy1=1; else dumy1=0; run;
```

① 연도를 기준으로 w1을 정렬한다.

② 연도별 이익지속계수의 중위수를 dumy라는 변수명으로 w2에 저장한다.

③ w1과 w2는 연도를 기준으로 결합하고, dumy1(이익지속계수(w)가 중위수보다 크거나 같으면 1, 그렇지 않으면 0)을 생성한다.

3. 실증분석

실습논문에 이용되는 SAS 명령문은 다음과 같다.

1) 기술통계

[명령문]

```
① proc means data=w3 mean std p5 median p95;
   var price nbv ne w bp roe lev; run;
```

① 변수 price nbv ne w bp roe lev의 mean=평균, std=표준편차, p5=제5백분위수, median=중위수, p95=제95백분위수를 구한다.

[실행결과]

MEANS 프로시저

변수	라벨	평균값	표준편차	제5 백분위수	중위수	제95 백분위수
price	price	68751.48	156826.81	1735.00	39720.00	197000.00
nbv	nbv	57165.49	170901.17	779.3718594	19310.39	164862.90
ne	ne	5987.13	14236.37	-1466.43	5013.94	18189.10
w	w	0.3917647	0.2564977	0.0229337	0.3791884	0.8140999
bp	bp	1.7761153	21.9245974	0.0278332	0.7603168	3.6118759
roe	roe	0.8077943	3.5289089	-0.0964453	0.1413325	4.7573275
lev	lev	1.0595341	2.1697932	0.1040808	0.7228794	2.8643252

2) 상관분석

[명령문]

```
① proc corr data=w3; var price nbv ne w lev; run;
```

① proc corr 문을 통해 주요변수 간 상관분석을 실행한다.

[실행결과]

피어슨 상관 계수, N = 1179
H0: Rho=0 검정에 대한 Prob > |r|

	price	nbv	ne	w	lev
price price	1.00000	0.90440 <.0001	0.75942 <.0001	0.04393 0.1317	-0.06853 0.0186
nbv nbv	0.90440 <.0001	1.00000	0.69621 <.0001	0.11540 <.0001	-0.06797 0.0196
ne ne	0.75942 <.0001	0.69621 <.0001	1.00000	0.00631 0.8287	-0.16169 <.0001
w w	0.04393 0.1317	0.11540 <.0001	0.00631 0.8287	1.00000	-0.00299 0.9184
lev lev	-0.06853 0.0186	-0.06797 0.0196	-0.16169 <.0001	-0.00299 0.9184	1.00000

3) 집단별 주요변수의 평균 구하기

이익지속계수 크기에 따른 주요변수 간 평균차이분석을 실시하기 전에 이익지속계수가 높은 집단과 낮은 집단의 평균을 각각 구해보자.

[명령문]

```
① proc sort data=w3; by dumy1; run;
   proc means data=w3 n mean; var w price nbv ne lev; by dumy1; run;
```

① dumy1을 기준으로 정렬한 후 각 집단별 주요변수의 표본수와 평균을 구한다.

[실행결과]

--------------------- dumy1=0 ---------------------

MEANS 프로시저

변수	라벨	N	평균값
w	w	590	0.1766694
price	price	590	72085.72
nbv	nbv	590	44637.06
ne	ne	590	7117.45
lev	lev	590	1.0061902

--------------------- dumy1=1 ---------------------

변수	라벨	N	평균값
w	w	589	0.6072253
price	price	589	65411.57
nbv	nbv	589	69715.19
ne	ne	589	4854.90
lev	lev	589	1.1129687

4) 차이분석

이익지속계수가 연도별 중위수보다 큰 집단과 작은 집단 간의 차이분석을 실시해 보자.

[명령문]

```
① proc ttest data=w3; class dumy1; var w price nbv ne lev; run;
```

① proc ttest를 통해 이익지속계수에 따른 주요변수의 차이분석을 실시한다.

[실행결과 : w값]

dumy1	N	Mean	Std Dev	Std Err	Minimum	Maximum
0	590	0.1767	0.1163	0.00479	0.00104	0.4103
1	589	0.6072	0.1592	0.00656	0.3302	0.9994
Diff (1-2)		-0.4306	0.1394	0.00812		

dumy1	Method	Mean	95% CL Mean		Std Dev	95% CL Std Dev	
0		0.1767	0.1673	0.1861	0.1163	0.1100	0.1233
1		0.6072	0.5943	0.6201	0.1592	0.1506	0.1688
Diff (1-2)	Pooled	-0.4306	-0.4465	-0.4146	0.1394	0.1340	0.1452
Diff (1-2)	Satterthwaite	-0.4306	-0.4465	-0.4146			

Method	Variances	DF	t Value	Pr > |t|
Pooled	Equal	1177	-53.04	<.0001
Satterthwaite	Unequal	1076.3	-53.02	<.0001

Equality of Variances

Method	Num DF	Den DF	F Value	Pr > F
Folded F	588	589	1.87	<.0001

5) 회귀분석

이익지속계수가 순자산과 회계이익에 대한 주가배수에 미치는 영향을 분석하기 위해 다음과 같은 회귀모형을 설정하였다.

$$\text{모형1 : } P_t = b_0 + \sum b_k YR_{kt} + b_1 BV_t + b_2 E_t + b_3 NEGE_t + b_4 NEGBV_t + e_t$$

$$\text{모형2 : } P_t = b_0 + \sum b_k YR_{kt} + b_1 BV_t + b_2 Hi\_\omega_t{}^* BV_t + b_3 E_t + b_4 Hi\_\omega_t{}^* E_t + b_5 NEGE_t + b_6 NEGBV_t + e_t$$

[명령문]

```
data w4; set w3;
① if yr=2008 then yr8=1; else yr8=0;
   if yr=2009 then yr9=1; else yr9=0;
   if yr=2010 then yr10=1; else yr10=0;
   if yr=2011 then yr11=1; else yr11=0;
② hiwbv=dumy1*nbv; hiwe=dumy1*ne; run;
③ proc reg data=w4; model price=yr8 yr9 yr10 ne nbv nege negbv; run;
④ proc reg data=w4;
   model price=yr8 yr9 yr10 ne nbv hiwbv hiwe nege negbv; run;
```

① if 문을 이용하여 연도더미 변수를 생성한다.

② 이익지속계수가 높은 집단의 nbv와 ne를 나타내는 상호작용변수를 생성한다.

③ 모형1에 대한 회귀분석을 실시한다.

④ 모형2에 대한 회귀분석을 실시한다.

[실행결과 : 모형1]

```
                          The REG Procedure
                            Model: MODEL1
                   Dependent Variable: price price

              Number of Observations Read          1179
              Number of Observations Used          1179

                        Analysis of Variance

                                 Sum of           Mean
Source                  DF      Squares         Square    F Value    Pr > F

Model                    7   2.488405E13   3.554864E12    1018.17    <.0001
Error                 1171   4.088448E12    3491416131
Corrected Total       1178   2.897249E13

            Root MSE              59088    R-Square     0.8589
            Dependent Mean        68751    Adj R-Sq     0.8580
            Coeff Var          85.94463

                        Parameter Estimates

                                  Parameter       Standard
Variable    Label         DF       Estimate          Error    t Value    Pr > |t|

Intercept   Intercept      1          16891     3594.58891       4.70      <.0001
yr8                        1         -12780     4870.57219      -2.62      0.0088
yr9                        1    -8330.97226     4922.18301      -1.69      0.0908
yr10                       1    -6621.20174     4870.60881      -1.36      0.1743
ne          ne             1        3.48263        0.19915      17.49      <.0001
nbv         nbv            1        0.62360        0.01571      39.70      <.0001
nege        nege           1       -3.15135        0.52916      -5.96      <.0001
negbv       negbv          1       -1.45765        0.50919      -2.86      0.0043
```

[실행결과 : 모형2]

```
                          The REG Procedure
                            Model: MODEL1
                   Dependent Variable: price price

              Number of Observations Read         1179
              Number of Observations Used         1179


                         Analysis of Variance

                                   Sum of          Mean
Source                  DF        Squares        Square    F Value    Pr > F

Model                    9    2.509535E13   2.788373E12     840.72    <.0001
Error                 1169    3.877141E12    3316630797
Corrected Total       1178    2.897249E13


             Root MSE              57590    R-Square     0.8662
             Dependent Mean        68751    Adj R-Sq     0.8651
             Coeff Var          83.76576


                         Parameter Estimates

                                 Parameter      Standard
Variable     Label        DF      Estimate         Error    t Value    Pr > |t|

Intercept    Intercept     1         19414    3528.36415       5.50      <.0001
yr8                        1        -14617    4752.95802      -3.08      0.0022
yr9                        1   -8513.16108    4800.48358      -1.77      0.0764
yr10                       1   -7253.16111    4747.92117      -1.53      0.1269
ne           ne            1       2.21845       0.26111       8.50      <.0001
nbv          nbv           1       0.71203       0.02441      29.17      <.0001
hiwbv                      1      -0.16022       0.02907      -5.51      <.0001
hiwe                       1       2.62680       0.32959       7.97      <.0001
nege         nege          1      -2.99606       0.53595      -5.59      <.0001
negbv        negbv         1      -1.30097       0.49802      -2.61      0.0091
```

다음으로 순자산 또는 회계이익과 시장가치 간의 연관성을 비교하는 모형은 다음과 같이 설정하였다.

$$\text{모형3}: P_t = b_0 + \sum b_k YR_{kt} + b_1 BV_t(\text{or } E_t) + b_2 NEGE_t + b_3 NEGBV_t + e_t$$

[명령문]

```
① data w5; set w4;
   if dumy1=0 then delete; run;
   proc reg data=w5; model price=yr8 yr9 yr10 nbv nege negbv; run;
   proc reg data=w5; model price=yr8 yr9 yr10 ne nege negbv; run;
```

① 이익지속계수가 낮은 집단(dumy1=0)을 제거한 후 nbv와 ne을 각각 선택하여 회귀분석을 실시한다.

[실행결과 : 모형3]

모형 $P_t = b_0 + \sum b_k YR_{kt} + b_1 BV_t + b_2 NEGE_t + b_3 NEGBV_t + e_t$의 분석결과

```
                   Number of Observations Read          589
                   Number of Observations Used          589

                          Analysis of Variance

                                    Sum of           Mean
Source                    DF       Squares         Square    F Value    Pr > F

Model                      6    1.206998E13    2.011663E12    384.42    <.0001
Error                    582    3.045624E12     5233031348
Corrected Total          588     1.51156E13

              Root MSE              72340    R-Square     0.7985
              Dependent Mean        65412    Adj R-Sq     0.7964
              Coeff Var         110.59158

                          Parameter Estimates

                                 Parameter       Standard
Variable     Label         DF     Estimate          Error    t Value    Pr > |t|

Intercept    Intercept      1        16213     6189.82943       2.62      0.0090
yr8                         1       -16913     8442.83457      -2.00      0.0456
yr9                         1  -8157.06861     8519.19722      -0.96      0.3387
yr10                        1  -2342.90399     8446.57107      -0.28      0.7816
nbv          nbv            1      0.81317        0.01700      47.84      <.0001
nege         nege           1      0.84174        0.72928       1.15      0.2489
negbv        negbv          1     -1.20913        0.91758      -1.32      0.1881
```

모형 $P_t = b_0 + \sum b_k YR_{kt} + b_1 E_t + b_2 NEGE_t + b_3 NEGBV_t + e_t$의 분석결과

```
                           The REG Procedure
                             Model: MODEL1
                   Dependent Variable: price price

                   Number of Observations Read          589
                   Number of Observations Used          589

                          Analysis of Variance

                                    Sum of           Mean
Source                    DF       Squares         Square    F Value    Pr > F

Model                      6    1.066257E13    1.777096E12    232.26    <.0001
Error                    582     4.45303E12     7651254047
Corrected Total          588     1.51156E13

              Root MSE              87471    R-Square     0.7054
              Dependent Mean        65412    Adj R-Sq     0.7024
              Coeff Var         133.72473

                          Parameter Estimates

                                 Parameter       Standard
Variable     Label         DF     Estimate          Error    t Value    Pr > |t|

Intercept    Intercept      1        18810     7491.15241       2.51      0.0123
yr8                         1       -26775          10206      -2.62      0.0089
yr9                         1       -11724          10301      -1.14      0.2555
yr10                        1       -16059          10214      -1.57      0.1164
ne           ne             1     11.02227        0.29655      37.17      <.0001
nege         nege           1    -11.17089        0.94969     -11.76      <.0001
negbv        negbv          1     -0.83810        1.10940      -0.76      0.4503
```

이 두 모형 간 설명력 차이분석은 Vuong's의 Z값으로 확인할 수 있다.

마지막으로 전체표본 중에서 이익지속계수가 높은 집단만을 대상으로 회귀분석을 실시해 보자.

[명령문]

```
data w6; set w4;
① if nbv〉0 and ne〉0 then dumy2=1; else dumy2=0;
   if dumy2=0 then delete;
② if dumy1=0 then delete; run;
   proc reg data=w6; model price=yr8 yr9 yr10 nbv negbv; run;
   proc reg data=w6; model price=yr8 yr9 yr10 ne negbv; run;

data w7; set w4;
③ if ne〈0 then dumy3=1; else dumy3=0;
   if dumy3=0 then delete;
   proc reg data=w7; model price=yr8 yr9 yr10 nbv; run;
   proc reg data=w7; model price=yr8 yr9 yr10 ne; run;
```

① 순자산과 회계이익이 양(+)인 집단을 선택하기 위해 dumy2=0인 집단을 삭제한다.

② 이익지속계수가 높은 집단을 선택하기 위해 dumy1=0(이익지속계수가 낮은 집단)인 집단을 삭제한 후 각각의 회귀분석을 실시한다.

③ 회계이익이 음(−)인 집단만 선택하기 위해 dumy3=0인 집단을 삭제한 후 각각의 회귀분석을 실시한다.

6) 추가분석

다음은 기업의 재무건전성과 회계처리의 보수성을 통제한 후에 이익지속계수가 순자산과 회계이익에 미치는 영향을 분석하기 위해 다음과 같은 회귀모형을 설정하였다.

$$P_t = b_0 + \sum b_k YR_{kt} + b_1 BV_t + b_2 Hi\_\omega_t{}^* BV_t + b_3 Hi\_LEV_t{}^* BV_t + b_4 Hi\_GW_t{}^* BV_t$$
$$+ b_5 E_t + b_4 Hi\_\omega_t{}^* E_t + b_6 Hi\_LEV_t{}^* E_t + b_7 Hi\_GW_t{}^* E_t$$
$$+ b_8 NEGE_t + b_9 NEGBV_t + e_t$$

변수의 정의 :

Hi_LEV=(총부채/자기자본)가 연도별 중위수보다 크면 1, 그렇지 않으면 0

GW=$(P_t - BV_t)/P_t$

Hi_GW=GW가 연도별 중위수보다 크면 1, 그렇지 않으면 0

추가분석을 위해 LEV와 GW(본 연구에서는 간단히 bp로 정의)의 각 연도별 중위수를 구하는 명령문을 실시한다.

[명령문]

```
① proc sort data=w4; by yr; run;
   proc means data=w4 median; var lev bp; output out=d1
   median=levdumy bpdumy; by yr; run;
   proc sort data=w4; by yr; run;
   proc sort data=d1; by yr; run;
② data d2; merge d1 w4; by yr;
   if levdumy>=lev then dumylev=1; else dumylev=0;
   if bpdumy>=bp then dumybp=1; else dumybp=0;
③ hilevbv=nbv*dumylev;
   higwbv=nbv*dumybp;
   hileve=ne*dumylev;
   higwe=ne*dumybp; run;
④ proc reg data=d2; model price=yr8 yr9 yr10 nbv hiwbv
   hilevbv higwbv ne hiwe hileve higwe nege negbv; run;
```

① proc means 문을 통해 각 연도별 lev, bp의 중위수를 구하고, levdumy와 bpdumy라는 변수명으로 d1에 저장한다.

② if 문을 통해 lev와 bp가 중위수보다 큰 집단과 작은 집단의 더미변수 dumylev와 dumybp를 설정한다.

③ lev와 bp가 높은 집단의 nbv와 ne를 나타내는 상호작용변수를 생성한다.

④ 추가모형에 대한 회귀분석을 실시한다.

[실행결과]

```
                          The REG Procedure
                            Model: MODEL1
                    Dependent Variable: price price

                 Number of Observations Read        1179
                 Number of Observations Used        1179


                          Analysis of Variance

                                 Sum of          Mean
Source                 DF       Squares        Square    F Value    Pr > F

Model                  13    2.682182E13   2.063217E12   1117.62    <.0001
Error                1165    2.150676E12    1846073649
Corrected Total      1178    2.897249E13


             Root MSE              42966    R-Square     0.9258
             Dependent Mean        68751    Adj R-Sq     0.9249
             Coeff Var          62.49460


                          Parameter Estimates

                                Parameter      Standard
Variable     Label        DF     Estimate         Error    t Value    Pr > |t|

Intercept    Intercept     1   5817.75731    2789.18526       2.09      0.0372
yr8                        1  -8208.24427    3559.60363      -2.31      0.0213
yr9                        1  -4973.50302    3589.53009      -1.39      0.1661
yr10                       1  -2710.12812    3552.06220      -0.76      0.4456
nbv          nbv           1      0.61272       0.05865      10.45      <.0001
hiwbv                      1     -0.14132       0.02241      -6.31      <.0001
hilevbv                    1      0.13637       0.05493       2.48      0.0132
higwbv                     1      0.73488       0.05026      14.62      <.0001
ne           ne            1      2.93176       0.45769       6.41      <.0001
hiwe                       1      0.61498       0.25869       2.38      0.0176
hileve                     1     -1.23761       0.39753      -3.11      0.0019
higwe                      1      2.05368       0.38443       5.34      <.0001
nege         nege          1     -3.70647       0.49029      -7.56      <.0001
negbv        negbv         1     -2.36203       0.37689      -6.27      <.0001
```

이 장의 SAS 명령문 정리

이익지속계수 추정하기

```
data a2; set a1;
 ne=e/n; run;
data a3; set a2;
 yr=yr+1; ne_1=ne; keep yr code ne_1; run;
 proc sort data=a2; by yr code; run;
 proc sort data=a3; by yr code; run;
 data a4; merge a3 a2; by yr code; run;
data a5; set a4;
 if yr<1997 then delete; if yr>2008 then delete; run;
 proc sort data=a5; by code; run;
 proc reg data=a5 outest=j1; model ne=ne_1/adjrsq; by code; run;
 data t2008; set j1; yr=2008;
 keep yr code ne_1 _edf_; rename ne_1=w; if _edf_<10 then delete; run;

data a5; set a4;
if yr<1998 then delete; if yr>2009 then delete; run;
proc sort data=a5; by code; run;
proc reg data=a5 outest=j1; model ne=ne_1/adjrsq; by code; run;
data t2009; set j1; yr=2009; keep yr code ne_1 _edf_; rename ne_1=w;
if _edf_<10 then delete; run;

data a5; set a4;
if yr<1999 then delete; if yr>2010 then delete; run;
proc sort data=a5; by code; run;
proc reg data=a5 outest=j1; model ne=ne_1/adjrsq; by code;run;
data t2010; set j1; yr=2010 ;keep yr code ne_1 _edf_; rename ne_1=w;
if _edf_<10 then delete; run;

data a5; set a4;
if yr<2000 then delete; if yr>2011 then delete; run;
```

이익지속계수 추정하기

```
proc sort data=a5; by code; run;
proc reg data=a5 outest=j1; model ne=ne_1/adjrsq; by code;run;
data t2011; set j1; yr=2011; keep yr code ne_1 _edf_; rename ne_1=w;
if _edf_〈10 then delete; run;

proc sort data=t2008; by yr code; run;
proc sort data=t2009; by yr code; run;
proc sort data=t2010; by yr code; run;
proc sort data=t2011; by yr code; run;

data b1; merge t2008 t2009 t2010 t2011; by yr code; run;

proc sort data=b1; by code; run;
proc means data=b1 n; var yr; by code;
output out=list1 n=number; run;
proc sort data=b1; by code; run; proc sort data=list1; by code; run;
data b2; merge b1 list1; by code;
if number^=4 then delete; keep yr code w; run;
```

주요변수 만들기

```
data c2; set c1;
 ne=e/n; nbv=bv/n; lev=li/bv; roe=e/bv; bp=nbv/price;
 if nbv〈0 then negbv=nbv; else negbv=0; if ne〈0 then nege=ne; else nege=0; run;
```

실증분석을 위한 자료 만들기

```
proc sort data=c2; by yr code; run;
proc sort data=b2; by yr code; run;
data w1; merge c2 b2; by yr code; run;
```

이익지속계수의 크기에 따른 집단 분류

```
proc sort data=w1; by yr; run;
proc means data=w1 median; var w; output out=w2
median=dumy; by yr; run;
proc sort data=w1; by yr; run; proc sort data=w2; by yr; run;
data w3; merge w1 w2; by yr;
if dumy〉=w then dumy1=1; else dumy1=0; run;
```

실증분석

```
proc means data=w3 mean std p5 median p95;
  var price nbv ne w bp roe lev; run;

proc corr data=w3; var price nbv ne w lev; run;

proc sort data=w3; by dumy1; run;
proc means data=w3 n mean; var w price nbv ne lev; by dumy1; run;
proc ttest data=w3; class dumy1; var w price nbv ne lev; run;

data w6; set w4;
if nbv〉0 and ne〉0 then dumy2=1; else dumy2=0;
if dumy2=0 then delete;
if dumy1=0 then delete; run;
proc reg data=w6; model price=yr8 yr9 yr10 nbv negbv; run;
proc reg data=w6; model price=yr8 yr9 yr10 ne negbv; run;

data w7; set w4;
if ne〈0 then dumy3=1; else dumy3=0;
if dumy3=0 then delete;
proc reg data=w7; model price=yr8 yr9 yr10 nbv; run;
proc reg data=w7; model price=yr8 yr9 yr10 ne; run;
```

추가분석

```
proc sort data=w4; by yr; run;
proc means data=w4 median; var lev bp; output out=d1
median=levdumy bpdumy; by yr; run;
proc sort data=w4; by yr; run;
proc sort data=d1; by yr; run;
data d2; merge d1 w4; by yr;

if levdumy>=lev then dumylev=1; else dumylev=0;
if bpdumy>=bp then dumybp=1; else dumybp=0;
hilevbv=nbv*dumylev; higwbv=nbv*dumybp; hileve=ne*dumylev;
higwe=ne*dumybp; run;
proc reg data=d2; model price=yr8 yr9 yr10 nbv hiwbv
hilevbv higwbv ne hiwe hileve higwe nege negbv; run;
```

사례 6

Excel을 이용한 변수 만들기

사례 6을 통해서는 SAS보다 Excel을 통해 쉽게 가공할 수 있는 변수들을 살펴보고자 한다.

1. 감사인 교체여부 및 계속감사기간 구하기

감사인 연구에서 가장 많이 사용되는 감사인 교체여부와 동일감사인 계속감사기간은 Excel을 통해 쉽게 구할 수 있다(이명곤 외 2인, 2011; 장석진 외 2인, 2018).

아래 자료는 KIS-Value를 통한 연도-기업별 감사법인의 자료이다.

	A	B	C
1	yr	code	감사법인
2	2009	250	세영회계법인
3	2010	250	세영회계법인
4	2011	250	선진회계법인
5	2012	250	선진회계법인
6	2013	250	선진회계법인
7	2014	250	선진회계법인

이 자료를 **데이터 – 정렬**을 통해 code, yr을 기준으로 설정한 후 **오름차순**으로 자료를 다시 한 번 정렬시킨다.

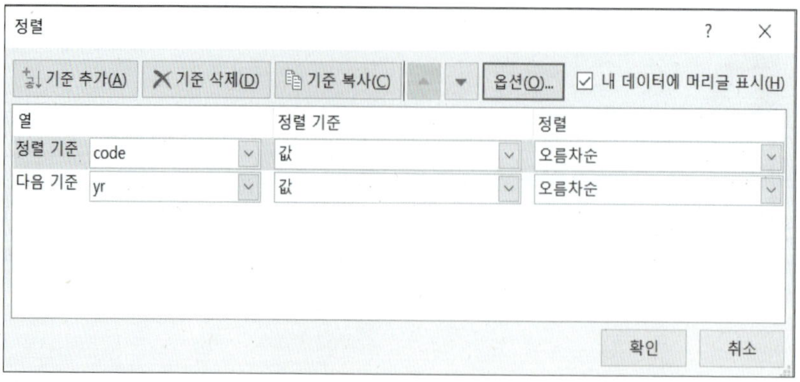

정렬 후 다음과 같이 연도-기업순으로 감사법인들이 정렬된다.

	A	B	C
1	yr	code	감사법인
2	2009	250	세영회계법인
3	2010	250	세영회계법인
4	2011	250	선진회계법인
5	2012	250	선진회계법인
6	2013	250	선진회계법인
7	2014	250	선진회계법인
8	2015	250	선진회계법인
9	2016	250	신한회계법인
10	2017	250	선진회계법인
11	2018	250	선진회계법인
12	2009	440	세현회계법인

다음으로 **D1**에 각 기업별로 감사법인의 기준점(첫 연도)을 만들어 주기 위해 변수 이름에 "**1차년도**"를 기입한 후 D2행에는 "**1**"을 입력하고 D3행에는 다음과 같은 명령문을 작성한다.

	A	B	C	D	E	F	G
1	yr	code	감사법인	1차년도			
2	2009	250	세영회계법인	1			
3	2010	250	세영회계법인	=if(B3=B2, 0, 1)			
4	2011	250	선진회계법인	IF(logical_test, [value_if_true], **[value_if_false]**)			

IF(B3=B2, 0, 1)라는 명령문을 구체적으로 설명하면 (logical_test)로 기업코드가 앞의 행과 동일하면 [value_if_true]를 통해 "**0**"의 값을 지정해 주고 앞의 행과 코드가 다를 경우에는 [value_if_false]를 통해 "**1**"의 값을 지정해 준다.

이 명령문을 통해 기업코드가 앞의 행과 동일하면 "**0**"의 값이 부여되고 기업코드가 동일하지 않으면 "**1**"의 값이 부여되어 각 기업의 첫 연도에는 1차년도의 변수 값이 모두 "**1**"의 값을 갖는다.

	A	B	C	D
1	yr	code	감사법인	1차년도
2	2009	250	세영회계법인	1
12	2009	440	세현회계법인	1
17	2009	1000	서일회계법인	1
27	2009	1540	충정회계법인	1
37	2009	1810	한영회계법인	1
47	2009	1840	선진회계법인	1
57	2009	2230	정동회계법인	1
67	2009	2290	대주회계법인	1
77	2009	2680	이촌회계법인	1
87	2017	2800	한영회계법인	1
89	2009	3100	서일회계법인	1
99	2009	3310	우리회계법인	1

다음으로 **E1**에 "**교체여부**"라는 변수를 기입하고 **E2**에는 "**0**"을 표시하고 **E3**에 아래와 같이 명령문을 작성한다.

COUNTIFS | =IF(AND(B3=B2,C3=C2,A3=A2+1),0,1)

	A	B	C	D	E	F	G	H
1	yr	code	감사법인	1차년도	교체여부			
2	2009	250	세영회계법인	1	0			
3	2010	250	세영회계법인		=IF(AND(B3=B2,C3=C2,A3=A2+1),0,1)			

작성된 명령문을 구체적으로 설명하면 다음과 같다.

```
=IF(AND(B3=B2,C3=C2,A3=A2+1),0,1)
 IF(logical_test, [value_if_true], [value_if_false])
```

IF(AND(B3=B2, C3=C2, A3=A2+1) 문은 (logical_test)로 기업코드와 감사법인이 앞의 행과 동일하고, 연도가 앞의 행보다 1개 연도 더 높다는 조건을 모두 만족하는지를 판단한다.

만약 모든 조건에 만족하면 [value_if_true]를 통해 "**0**"의 값을 지정해 주고 조건 중에 하나라도 충족되지 않는다면 [value_if_false]를 통해 "**1**"의 값을 지정해 준다.

이러한 명령문을 통해 감사법인이 전년도와 동일 감사법인이면 "0"의 값이 부여되고 감사법인이 교체되었다면 "1"의 값이 부여된다.

하지만 이 명령문은 앞 행과 기업코드가 동일한 경우에는 오류가 발생하지 않지만 앞 행과 기업코드가 달라질 경우 아래와 같이 감사법인이 교체된 것으로 인식된다.

	A	B	C	D	E
1	yr	code	감사법인	1차년도	교체여부
2	2009	250	세영회계법인	1	0
3	2010	250	세영회계법인		0
4	2011	250	선진회계법인		1
5	2012	250	선진회계법인		0
6	2013	250	선진회계법인		0
7	2014	250	선진회계법인		0
8	2015	250	선진회계법인		0
9	2016	250	신한회계법인		1
10	2017	250	선진회계법인		1
11	2018	250	선진회계법인		0
12	2009	440	세현회계법인	1	1
13	2015	440	우덕회계법인		1

이러한 오류를 바로잡기 위해서 **데이터 – 필터**를 이용하여 1차년도 변수의 값이 "1"인 행을 선택한다.

	A	B	C	D	E
1	yr	code	감사법인	1차년도	교체여부
2	2009	250	세영회계법인	1	0
12	2009	440	세현회계법인	1	1
17	2009	1000	서일회계법인	1	1
27	2009	1540	충정회계법인	1	1
37	2009	1810	한영회계법인	1	1
47	2009	1840	선진회계법인	1	1
57	2009	2230	정동회계법인	1	1
67	2009	2290	대주회계법인	1	1
77	2009	2680	이촌회계법인	1	1
87	2017	2800	한영회계법인	1	1
89	2009	3100	서일회계법인	1	1
99	2009	3310	우리회계법인	1	1
109	2017	3380	삼정회계법인	1	1
111	2009	3800	신한회계법인	1	1
121	2009	4590	대주회계법인	1	1

선택한 후에 "**교체여부**"의 값을 "1"에서 모두 "0"으로 변경해 준다.

	A	B	C	D	E
1	yr	code	감사법인	1차년도	교체여부
2	2009	250	세영회계법인	1	0
12	2009	440	세현회계법인	1	0
17	2009	1000	서일회계법인	1	0
27	2009	1540	충정회계법인	1	0
37	2009	1810	한영회계법인	1	0
47	2009	1840	선진회계법인	1	0
57	2009	2230	정동회계법인	1	0
67	2009	2290	대주회계법인	1	0
77	2009	2680	이촌회계법인	1	0
87	2017	2800	한영회계법인	1	0
89	2009	3100	서일회계법인	1	0
99	2009	3310	우리회계법인	1	0
109	2017	3380	삼정회계법인	1	0
111	2009	3800	신한회계법인	1	0
121	2009	4590	대주회계법인	1	0

이러한 방법을 통해 기업의 첫 연도 **교체여부**의 값이 "1"인 기업들은 모두 "0"으로 표시되어 기업의 첫 연도에 감사법인이 교체된다는 오류를 수정할 수 있다.

	A	B	C	D	E
1	yr	code	감사법인	1차년도	교체여부
2	2009	250	세영회계법인	1	0
3	2010	250	세영회계법인		0
4	2011	250	선진회계법인		1
5	2012	250	선진회계법인		0
6	2013	250	선진회계법인		0
7	2014	250	선진회계법인		0
8	2015	250	선진회계법인		0
9	2016	250	신한회계법인		1
10	2017	250	선진회계법인		1
11	2018	250	선진회계법인		0
12	2009	440	세현회계법인	1	0
13	2015	440	우덕회계법인		1
14	2016	440	우덕회계법인		0
15	2017	440	우덕회계법인		0
16	2018	440	우덕회계법인		0
17	2009	1000	서일회계법인	1	0
18	2010	1000	서일회계법인		0

다음으로 감사기간의 변수를 산출해 보도록 하자. 먼저, 아래와 같이 **F1**에 "**감사기간**"이라는 변수를 기입한 후에 **F2**에는 "**1**"을 설정한다.

	A	B	C	D	E	F
1	yr	code	감사법인	1차년도	교체여부	감사기간
2	2009	250	세영회계법인	1	0	1
3	2010	250	세영회계법인		0	
4	2011	250	선진회계법인		1	
5	2012	250	선진회계법인		0	
6	2013	250	선진회계법인		0	
7	2014	250	선진회계법인		0	
8	2015	250	선진회계법인		0	
9	2016	250	신한회계법인		1	
10	2017	250	선진회계법인		1	
11	2018	250	선진회계법인		0	

다음 **F3**에는 아래와 같은 명령문을 작성한다.

COUNTIFS | =IF(AND(B3=B2,C3=C2,A3=A2+1),F2+1,1)

	A	B	C	D	E	F	G	H	I
1	yr	code	감사법인	1차년도	교체여부	감사기간			
2	2009	250	세영회계법인	1	0	1			
3	2010	250	세영회계법인		0	=IF(AND(B3=B2,C3=C2,A3=A2+1),F2+1,1)			

작성된 명령문을 구체적으로 설명하면 다음과 같다.

=IF(AND(B3=B2,C3=C2,A3=A2+1),F2+1,1)
IF(logical_test, [value_if_true], **[value_if_false]**)

IF(AND(B3=B2, C3=C2, A3=A2+1) 문은 (logical_test)로 기업코드와 감사법인이 앞의 행과 동일하고 연도가 앞의 행보다 1개 연도 더 높다는 조건을 모두 만족하는지를 판단한다.

만약, 모든 조건에 만족하면 [value_if_true]를 통해 "**F2+1**"의 값을 지정해 주고 조건 중에 하나라도 충족되지 않는다면 [value_if_false]를 통해 "**1**"의 값을 지정해 준다.

즉, 감사법인이 전년도와 동일하다면 전년도 감사기간에 1을 더해 올해 감사기간으로 계산하고 그렇지 않고 감사법인이 교체되었다면 당해 연도 기간에는 "**1**"의 값을 부여해 주는 것이다.

이러한 명령문을 사용하면 각 기업의 감사기간은 다음과 같이 표시된다.

	A	B	C	D	E	F
1	yr	code	감사법인	1차년도	교체여부	감사기간
2	2009	250	세영회계법인	1	0	1
3	2010	250	세영회계법인		0	2
4	2011	250	선진회계법인		1	1
5	2012	250	선진회계법인		0	2
6	2013	250	선진회계법인		0	3
7	2014	250	선진회계법인		0	4
8	2015	250	선진회계법인		0	5
9	2016	250	신한회계법인		1	1
10	2017	250	선진회계법인		1	1
11	2018	250	선진회계법인		0	2
12	2009	440	세현회계법인	1	0	1
13	2015	440	우덕회계법인		1	1
14	2016	440	우덕회계법인		0	2
15	2017	440	우덕회계법인		0	3
16	2018	440	우덕회계법인		0	4
17	2009	1000	서일회계법인	1	0	1
18	2010	1000	서일회계법인		0	2

2. 대표이사의 임기와 연령 구하기

경영자 특성에 관한 연구(선우희연 · 현지원, 2017; 임정대, 2019 등)에서는 경영자 임기와 연령은 매우 유용한 변수로 설정되고 있다. 본장에서는 TS−2000을 통해 얻은 각 기업의 대표이사 성명, 생년월일 자료를 통해 경영자의 임기와 연령을 Excel을 통해 정리하는 방법을 살펴보고자 한다. 먼저, 기초 자료는 다음과 같다.

	A	B	C	D	E
1	거래소코드	연도	성명	생년월일	직명
2	000020	2000	황규언	1942/06/21	대표이사
3	000140	2000	박경복	1922/07/27	대표이사
4	000140	2000	박문덕	1950/10/22	대표이사
5	000140	2000	윤종웅	1950/01/13	대표이사
6	000150	2000	강태순	1949/06/20	대표이사
7	000150	2000	고종진	1937/12/08	대표이사
8	000150	2000	박용만	1955/02/05	대표이사
9	000150	2000	박용오	1937/03/19	대표이사
10	000150	2000	박정원	1962/03/09	대표이사
11	000230	2000	이금기	1933/12/13	대표이사
12	000240	2000	조충환	1942/02/13	대표이사

이 자료를 데이터 정렬에서 **성명 – 거래소코드 – 연도**순으로 **오름차순** 정렬한다.

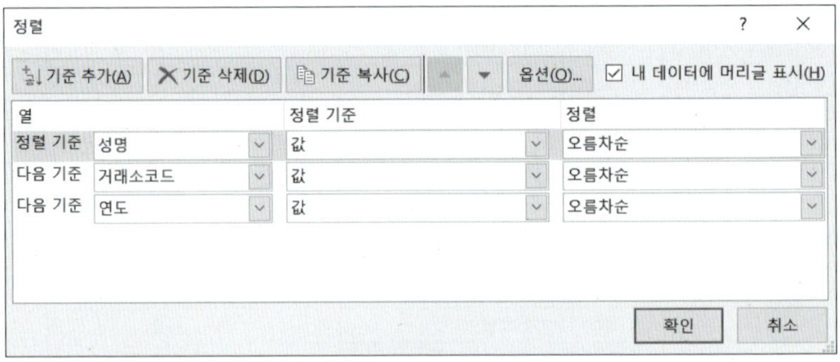

정렬 후 자료를 살펴보면 아래와 같이 **성명 – 거래소코드 – 연도**순으로 정리되었음을 알 수 있다.

	A	B	C	D	E
1	거래소코드	연도	성명	생년월일	직명
2	000150	2000	강태순	1949/06/20	대표이사
3	000150	2002	강태순	1949/06/20	대표이사
4	000150	2003	강태순	1949/06/20	대표이사
5	000150	2004	강태순	1949/06/20	대표이사
6	000150	2005	강태순	1949/06/20	대표이사
7	000150	2006	강태순	1949/06/20	대표이사
8	000150	2007	강태순	1949/06/20	대표이사
9	000150	2000	고종진	1937/12/08	대표이사
10	000150	2001	고종진	1937/12/08	대표이사
11	000150	2002	고종진	1937/12/08	대표이사
12	000270	2001	김뇌명	1942/07/23	대표이사

F1에 "**임기**"라는 변수를 입력하고 **F2**에 다음과 같은 명령문을 작성한다.

COUNTIFS =IF(AND(A3=A2,B3=B2+1,C3=C2),F2+1,1)

	A	B	C	D	E	F	G	H	I
1	거래소코드	연도	성명	생년월일	직명	임기			
2	000150	2000	강태순	1949/06/20	대표이사	1			
3	000150	2002	강태순	1949/06/20	대표이사	=IF(AND(A3=A2,B3=B2+1,C3=C2),F2+1,1)			

IF 명령문의 구체적인 내용은 다음과 같다.

```
=IF(AND(A3=A2,B3=B2+1,C3=C2),F2+1,1)
IF(logical_test, [value_if_true], [value_if_false])
```

IF(AND(A3=A2, B2=B2+1, C3=C2) 문은 (logical_test)로 기업코드와 성명이 앞의 행과 동일하고 연도가 앞의 행보다 1개 연도 더 높다는 조건을 모두 충족하는지를 판단한다.

만약, 조건이 모두 충족되면 [value_if_true]를 통해 "F2+1"의 값을 지정해 주고 조건 중에 하나라도 충족되지 않는다면 [value_if_false]를 통해 "1"의 값을 지정해 준다.

다시 말해 조건이 모두 충족된다면 경영자의 임기가 연장됨을 인식하여 전년도 임기에 1을 더해줘 올해 임기기간으로 표시하고 그렇지 않으면 경영자가 교체된 것으로 판단하여 경영자의 임기에 "1"의 값을 부여해 주며 이러한 결과는 다음과 같다.

	A	B	C	D	E	F
1	거래소코드	연도	성명	생년월일	직명	임기
2	000150	2000	강태순	1949/06/20	대표이사	1
3	000150	2002	강태순	1949/06/20	대표이사	1
4	000150	2003	강태순	1949/06/20	대표이사	2
5	000150	2004	강태순	1949/06/20	대표이사	3
6	000150	2005	강태순	1949/06/20	대표이사	4
7	000150	2006	강태순	1949/06/20	대표이사	5
8	000150	2007	강태순	1949/06/20	대표이사	6
9	000150	2000	고종진	1937/12/08	대표이사	1
10	000150	2001	고종진	1937/12/08	대표이사	2
11	000150	2002	고종진	1937/12/08	대표이사	3
12	000270	2001	김뇌명	1942/07/23	대표이사	1

다음으로 경영자의 연령을 구하기 위해 G1에 "**경영자 연령**" 변수를 만들어 준다. 그리고 G2에 다음과 같은 명령문을 추가한다.

B	C	D	E	F	G	H
연도	성명	생년월일	직명	임기	경영자 연령	
2000	강태순	1949/06/20	대표이사	1	=B2-TEXT(D2,"yyyy")	

G2 칸에 있는 (=B2−TEXT(D2,"yyyy"))라는 명령문은 경영자의 생년월일이 있는 D2 칸의 값 중에서 연도 변수("yyyy")만을 추출하여 B2 칸의 연도에서 이를 차감하라는 명령문이다.

따라서 G2 칸의 값은 D2의 "1949/06/03" 중에서 "1949"를 연도만을 추출하여 B2 칸의 연도인 2000에서 차감시킨다(2000−1949). 그 결과 경영자의 연령이 51로 다음과 같이 나타난다.

	A	B	C	D	E	F	G
1	거래소코드	연도	성명	생년월일	직명	임기	경영자 연령
2	000150	2000	강태순	1949/06/20	대표이사	1	51
3	000150	2002	강태순	1949/06/20	대표이사	1	53
4	000150	2003	강태순	1949/06/20	대표이사	2	54
5	000150	2004	강태순	1949/06/20	대표이사	3	55
6	000150	2005	강태순	1949/06/20	대표이사	4	56
7	000150	2006	강태순	1949/06/20	대표이사	5	57
8	000150	2007	강태순	1949/06/20	대표이사	6	58
9	000150	2000	고종진	1937/12/08	대표이사	1	63
10	000150	2001	고종진	1937/12/08	대표이사	2	64
11	000150	2002	고종진	1937/12/08	대표이사	3	65
12	000270	2001	김뇌명	1942/07/23	대표이사	1	59

※ 실습자료에는 오류가 존재하지 않으나 TS−2000의 자료에서는 정확한 날짜가 아닌 임의의 날짜로 생년월일이 표기되는 경우가 종종 있다.

예를 들어 대표이사의 생년월일이 "1962/00/00"처럼 월과 일자가 "00"으로 표시된 경우에는 "TEXT"라는 함수는 이를 인식하지 못한다. 이는 "00"은 존재하지 않는 월 또는 일자이기 때문이다. 따라서 월이나 일자가 "00"인 경우 연구자가 임의의 월과 일자로 변경해 주어야 연령을 구할 수 있다.

다음으로 한 기업의 경영자가 몇 명인지를 살펴보고자 한다. 이를 Excel에서 간단하게 **삽입 − 피벗 테이블**을 이용하면 쉽게 구할 수 있다.

위의 자료가 있는 Excel 창에서 다음과 같이 **삽입 − 피벗 테이블**을 클릭하면 **피벗 테이블 만들기** 창이 뜬다. 여기서 표 또는 범위는 실습자료 전체($A$1:$G$300)를 선택하고 피벗 테이블 보고서를 넣을 위치는 **새 워크시트**를 클릭한다.

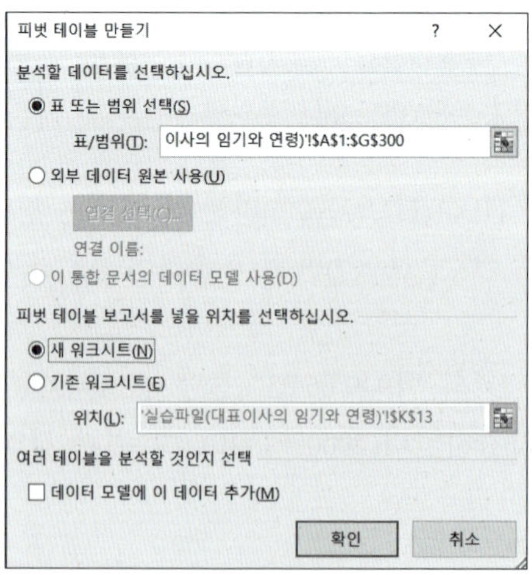

확인을 클릭하면 아래와 같이 새로운 Sheet에 피벗 테이블 필드 창이 맨 오른쪽에 나타나게 되고 이를 표시하면 아래 왼쪽 그림과 같다.

다음으로 아래 오른쪽 그림처럼 **열**에는 **연도** 필드를 끌어놓고 **행**에는 **거래소코드** 필드를 끌어놓으며 **Σ값**에는 **성명** 필드를 끌어놓으면 행에는 자료에 있는 거래소코드가 정렬되고 열에는 연도가 정렬되며 Σ값으로 연도별 · 기업별 경영자의 수가 표시된다.

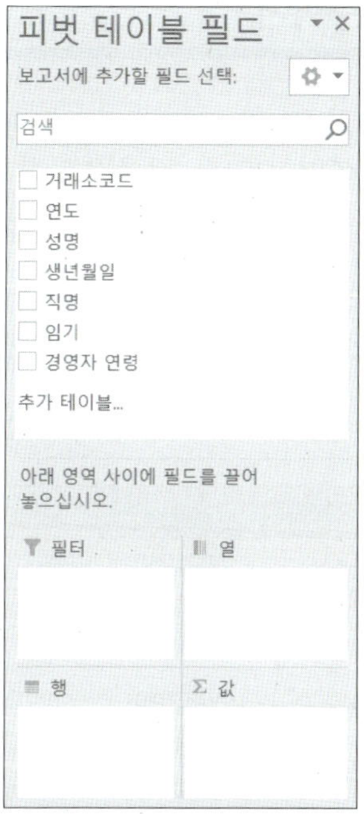

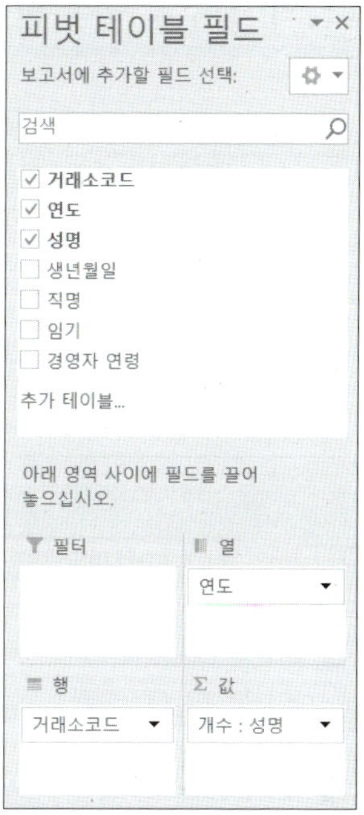

실행결과는 다음과 같다. 이를 통해 각 연도별 · 기업별 경영자의 수를 파악할 수 있다.

3	개수 : 성명	열 레이블																		
4	행 레이블	2000	2001	2002	2003	2004	2005	2006	2007	2008	2009	2010	2011	2012	2013	2014	2015	2016	2017	2018	총합계
5	000020	1	2	2	2	2	2	2	2	2	2	2	2	2	2	2	2	2	2	1	36
6	000140	3	3	3	3	4	3	3	3	2	3	3	3	3	2	2	2	1	1	1	48
7	000150	5	4	5	5	5	3	2	2	3	3	3	2	2	2	2	2	2	3	3	58
8	000230	1	1	2	1	3	3	3	3	3	3	3	2	2	3	3	3	1	1	1	42
9	000240	2	1	1	2	2	1	3	2	2	1	1	1	2	2	2	2	2	1	1	31
10	000270	2	2		1	5	4	3	2	2	2	2	2	1	2	2	2	2	1	2	39
11	000430	2	2	1	1	1	3	3	1	1	3	3	3	3	3	3	3	3	3	3	45
12	**총합계**	**16**	**15**	**14**	**15**	**22**	**19**	**19**	**15**	**15**	**17**	**17**	**15**	**15**	**16**	**16**	**16**	**13**	**12**	**12**	**299**

※ 대표이사가 다수인 기업들도 존재하지만 법정관리 기업들은 “대표이사” 직함이 아닌 대표집행임원 등의 직함을 사용하기 때문에 대표이사의 수가 “0”으로 나

타난다. 또한 원본의 자료에서 대표이사회장, 대표이사사장 등 직함이 정확하게 "대표이사"로 표시되지 않을 경우 오류가 발생할 수 있다. 따라서 연구자들은 이러한 점을 주의해야 한다.

3. 신용등급의 점수부여와 변경여부 구하기

회사채 신용등급에 관한 연구들(정현욱 · 변선영, 2016; 정운오 · 정희선, 2016 등)은 기업의 회사채 신용등급에 대해 각각의 점수를 부여하여 연구를 진행하게 된다. 이때 각 신용등급에 따른 점수부여는 Excel에서 쉽게 할 수 있다.

다음은 FN-Guide에서 2017년부터 2018년까지 회사채를 발행한 기업에 대한 회사채 신용등급의 자료이다.

1	일자	발행주체	거래소코드	회사채
2	2017-01-02	KB캐피탈	A021960	AA-
3	2017-01-02	LG화학	A051910	AA+
4	2017-01-03	동국제강	A001230	BB+
5	2017-01-03	대신증권	A003540	AA-
6	2017-01-03	한솔케미칼	A014680	A-
7	2017-01-03	디비로컬제십차	A256110	AAA
8	2017-01-04	미래에셋대우(구 대우증권)	A006800	AA
9	2017-01-04	한국전력공사	A015760	AAA
10	2017-01-04	키움증권	A039490	AA-
11	2017-01-04	LG화학	A051910	AA+
12	2017-01-04	하이클랜제팔차	A262620	AAA

이 자료를 거래소코드와 연도별로 정렬시키고자 한다. 이를 위해서 **데이터 – 정렬**을 통해 **거래소코드**, **일자**를 선택한 후 **오름차순** 정렬을 한다.

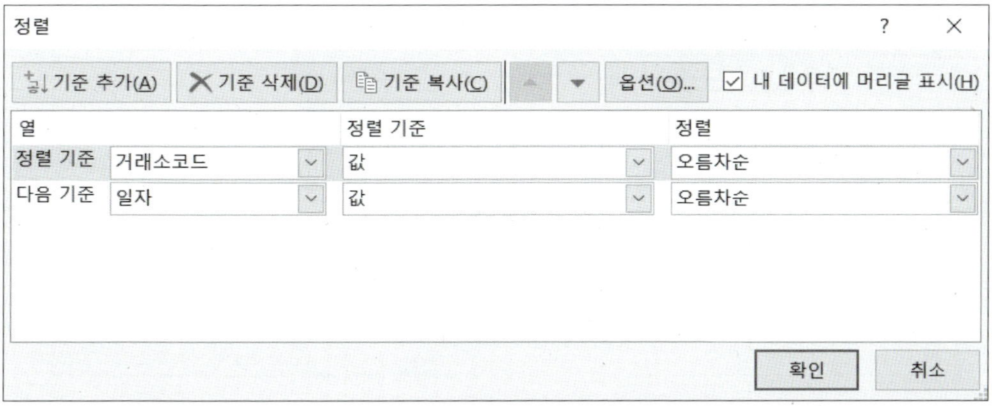

기업의 회사채 신용등급은 여러 일자별로 다수 존재할 수 있다. 이러한 경우 연구자에 따라 평균을 이용하거나 연도의 최종일자 신용등급을 선택하여 사용할 수 있지만 본 사례에서는 한 연도에 여러 번 신용등급이 발표된 경우 최종일자에 발표된 신용등급만을 사용하고자 한다(예로 SK하이닉스의 경우 2017년에는 11월 15일 발행된 신용등급만, 그리고 2018년에는 2월 28일에 발행된 신용등급만 사용하고자 한다).

1	일자	발행주체	거래소코.	회사
45	2017-05-19	SK하이닉스	A000660	AA-
46	2017-06-08	SK하이닉스	A000660	AA-
47	2017-06-30	SK하이닉스	A000660	AA-
48	2017-11-07	SK하이닉스	A000660	AA-
49	2017-11-09	SK하이닉스	A000660	AA-
50	2017-11-15	SK하이닉스	A000660	AA-
51	2018-02-23	SK하이닉스	A000660	AA-
52	2018-02-28	SK하이닉스	A000660	AA-

먼저, 연도가 가장 최근 순으로 맨 위에 정렬될 수 있도록 다음과 같이 정렬을 다시 진행한다. 이를 위해서 **데이터 – 정렬**에서 다음과 같이 **거래소코드**는 동일하게 **오름차순** 정렬하고 **일자**는 **내림차순** 정렬을 한다.

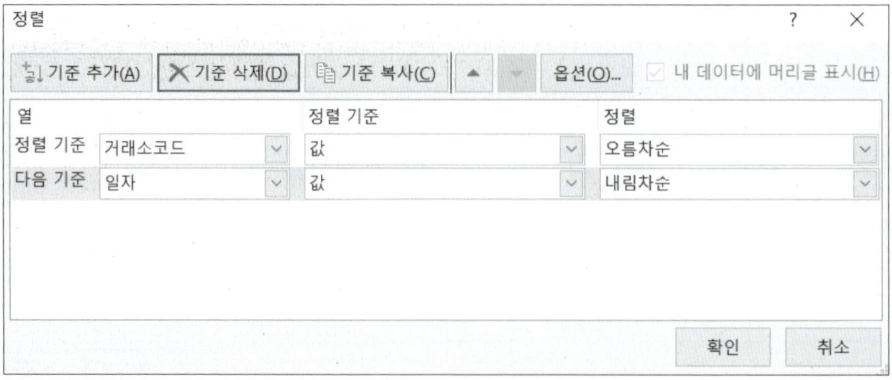

확인을 클릭하면 아래와 같이 각 연도별 가장 최근 날짜가 맨 위 행에 위치되어 있다.

1	일자	발행주체	거래소코드	회사채
45	2018-02-28	SK하이닉스	A000660	AA-
46	2018-02-23	SK하이닉스	A000660	AA-
47	2017-11-15	SK하이닉스	A000660	AA-
48	2017-11-09	SK하이닉스	A000660	AA-
49	2017-11-07	SK하이닉스	A000660	AA-
50	2017-06-30	SK하이닉스	A000660	AA-
51	2017-06-08	SK하이닉스	A000660	AA-
52	2017-05-19	SK하이닉스	A000660	AA-

이제 **E2** 칸에 다음과 같은 =TEXT(A2, "yyyy")라는 명령문을 작성한다. 이를 통해 **A2** 칸에 있는 일자 값 중에서 format_text를 통해 연도만을 표시하여 **E2** 칸에 표시된다.

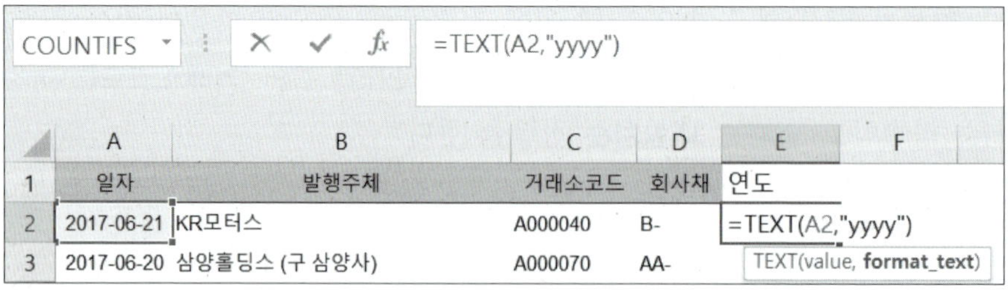

COUNTIFS =TEXT(A2,"yyyy")

	A	B	C	D	E	F
1	일자	발행주체	거래소코드	회사채	연도	
2	2017-06-21	KR모터스	A000040	B-	=TEXT(A2,"yyyy")	
3	2017-06-20	삼양홀딩스 (구 삼양사)	A000070	AA-	TEXT(value, **format_text**)	

여기서는 A2의 값이 "2017-06-21"이기 때문에 E2의 값은 2017이 된다.

1	일자	발행주체	거래소코드	회사채	연도
2	2017-06-21	KR모터스	A000040	B-	2017
3	2017-06-20	삼양홀딩스 (구 삼양사)	A000070	AA-	2017
4	2017-05-25	삼양홀딩스 (구 삼양사)	A000070	AA-	2017
5	2017-05-23	삼양홀딩스 (구 삼양사)	A000070	AA-	2017
6	2017-12-22	씨제이대한통운	A000120	AA-	2017
7	2017-12-21	씨제이대한통운	A000120	AA-	2017
8	2017-12-13	씨제이대한통운	A000120	AA-	2017
9	2017-04-17	씨제이대한통운	A000120	AA-	2017
10	2017-04-14	씨제이대한통운	A000120	AA-	2017
11	2017-12-26	하이트진로홀딩스	A000140	A-	2017
12	2017-12-18	하이트진로홀딩스	A000140	A-	2017

이제 전체 자료를 선택한 후 다음과 같이 **데이터 – 중복된 항목 제거**를 실시하고 **거래소코드**와 **연도**를 선택한 후 확인을 클릭한다.

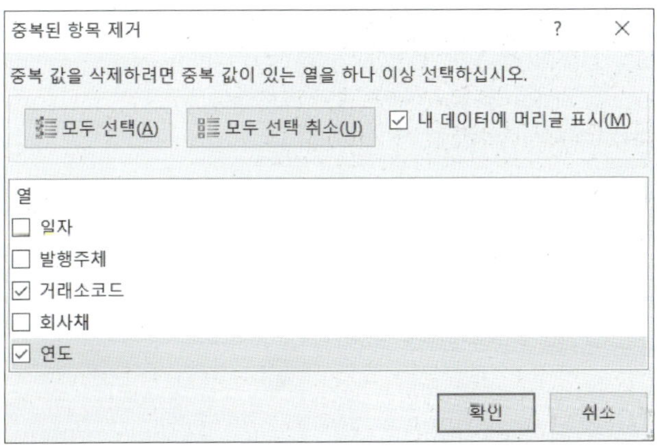

실행 후 다시 자료를 살펴보면 아래와 같이 각 기업별로 연도 중에 가장 최근 날짜의 행들만 남아 있고 나머지 행들은 모두 삭제되었음을 알 수 있다.

1	일자	발행주체	거래소코드	회사채	연도
14	2018-02-28	SK하이닉스	A000660	AA-	2018
15	2017-11-15	SK하이닉스	A000660	AA-	2017

다음으로 각 신용등급별 숫자를 부여하기 위해 D열에 있는 회사채 값을 그대로 복사하여 G열에 붙여넣기를 실시한다.

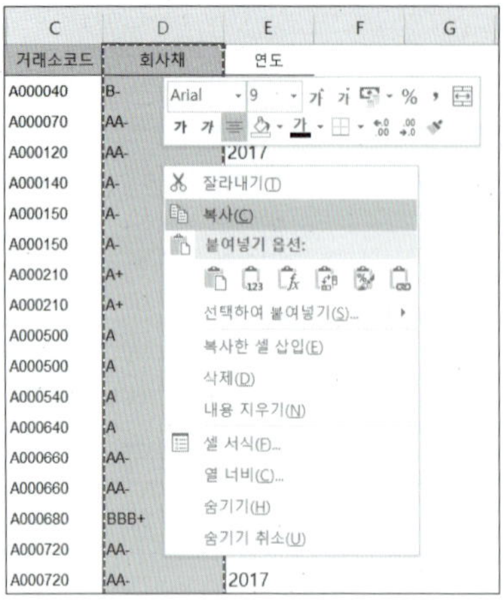

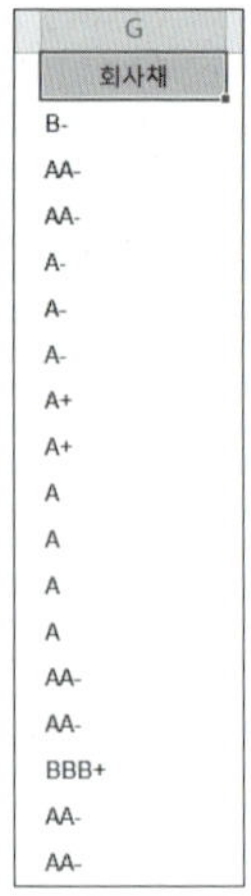

다음으로 G열만을 선택한 후 다음과 같이 **데이터 – 중복된 항목 제거**를 실시하여 **회사채**를 선택한 후 **확인**을 클릭한다.

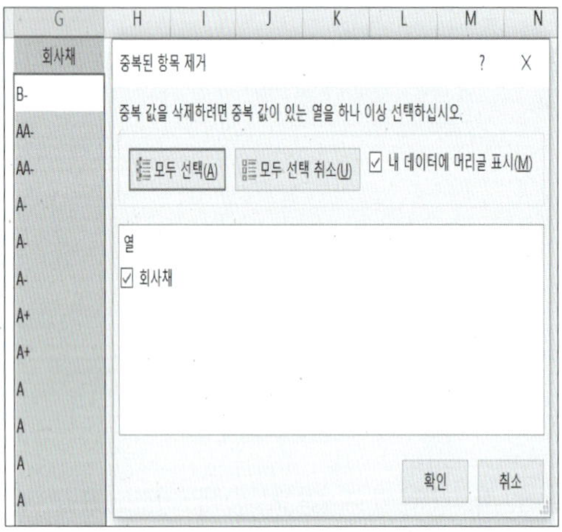

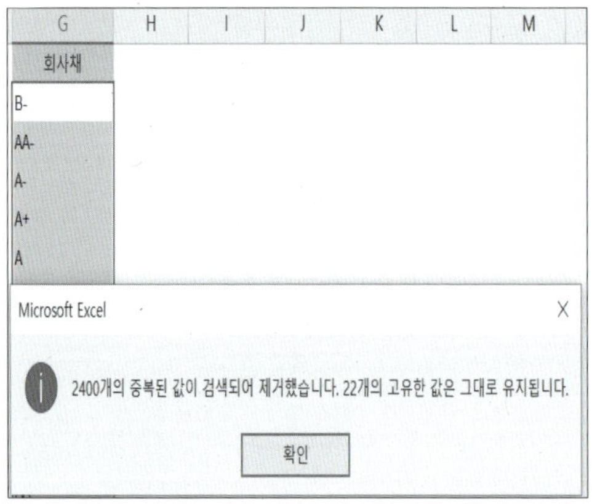

실행결과 총 22개의 고유값(회사채 변수명이 포함되어 있기 때문에 신용등급은 총 21개임)이 있음을 알 수 있다. 이제 신용등급의 고유값을 다음과 같이 등급별로 다시 정렬한 후에 각 등급에 따라 점수를 부여한다.

정렬전	정렬후	점수부여
B-	AAA	21
AA-	AA+	20
A-	AA	19
A+	AA-	18
A	A+	17
BBB+	A	16
AAA	A-	15
B	BBB+	14
BBB	BBB	13
BB+	BBB-	12
AA+	BB+	11
AA	BB	10
BBB-	BB-	9
BB	B+	8
BB-	B	7
D	B-	6
CC	CCC+	5
CCC	CCC	4
CCC+	CC	3
B+	C	2
C	D	1

이제 부여된 점수를 참고하여 원자료에 아래와 같이 각 기업의 신용등급에 맞는 점수를 필터를 통해 부여한다.

1	일자	발행주체	거래소코	회사채	연도	신용점수
19	2017-06-28	서울교통공사	A000730	AAA	2017	21
103	2018-04-05	대구은행	A005270	AAA	2018	21
104	2017-11-30	대구은행	A005270	AAA	2017	21
105	2018-04-18	부산은행	A005280	AAA	2018	21
106	2017-10-26	부산은행	A005280	AAA	2017	21
109	2017-11-13	현대자동차	A005380	AAA	2017	21

1	일자	발행주체	거래소코	회사채	연도	신용점수
171	2017-06-22	현대상선	A011200	D	2017	1
312	2017-02-07	플렉스컴	A065270	D	2017	1

추가적으로 각 연도별로 신용등급의 분포를 알고 싶다면 **삽입 – 피벗 테이블**을 이용하면 된다.

위의 자료가 있는 Excel 창에서 다음과 같이 **삽입 – 피벗 테이블**을 클릭하면 **피벗 테이블 만들기** 창이 뜬다. 여기서 표 또는 범위는 실습자료 전체($A$1:$F$855)를 선택하고 피벗 테이블 보고서를 넣을 위치는 **새 워크시트**를 클릭한다.

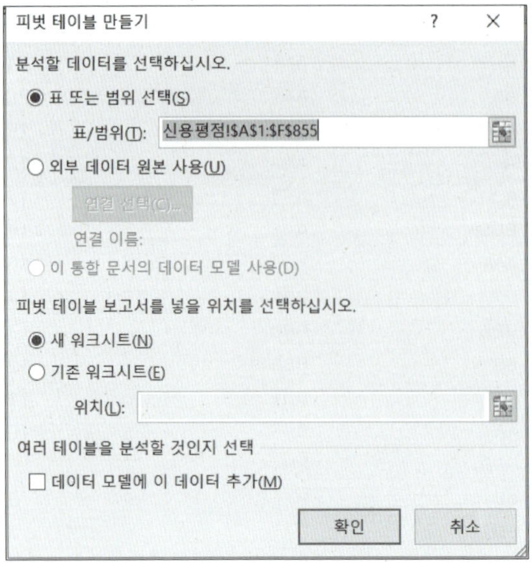

확인을 클릭한 후 오른쪽에 있는 피벗 테이블 필드 **행**에는 **연도** 필드를 끌어놓고 **열**에는 **회사채** 필드를 끌어놓으며 **Σ값**에는 **거래소코드** 필드를 끌어놓는다.

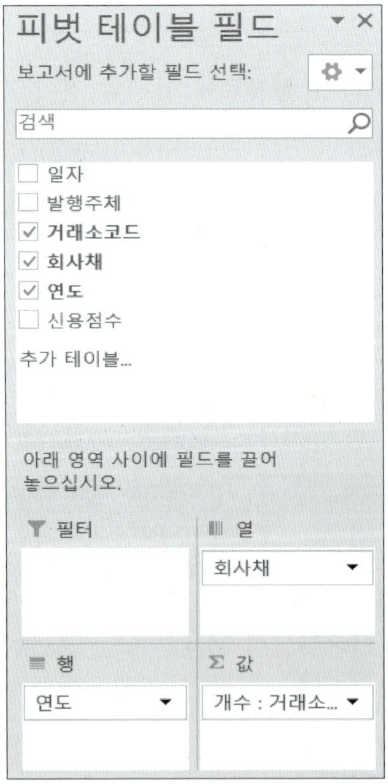

실행결과 자료에 있는 연도가 정렬되고 열에는 회사채가 정렬되며 Σ값으로 연도와 신용등급별 기업의 숫자를 아래와 같이 확인할 수 있다.

3	개수 : 거래소코드	열 레이블																				
4	행 레이블	A	A-	A+	AA	AA-	AA+	AAA	B	B-	B+	BB	BB-	BB+	BBB	BBB-	BBB+	C	CC	CCC	CCC+	D	총합계
5	2017	31	34	30	53	41	41	280	8	10		4	8	12	19	10	20	1	2	2	1	2	609
6	2018	15	13	14	17	22	17	117	5	3	1	2	1	4	3	2	7	1		1			245
7	**총합계**	**46**	**47**	**44**	**70**	**63**	**58**	**397**	**13**	**13**	**1**	**6**	**9**	**16**	**22**	**12**	**27**	**2**	**2**	**3**	**1**	**2**	**854**

다음으로 기업의 신용등급 상승 또는 하락 여부를 살펴보고자 한다. 이를 위해 먼저 자료를 **데이터 – 정렬**에서 **거래소코드**는 **오름차순** 정렬하고 **일자**도 **오름차순** 정렬을 한다.

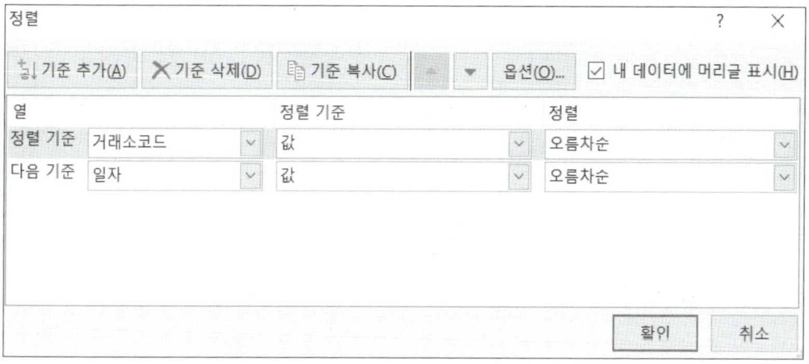

정렬 후에 G1 칸에 "등급교체"라는 변수를 기입하고 G2 칸에는 0을 입력한 후 G3 칸에 아래와 같은 명령문을 입력한다.

	A	B	C	D	E	F	G	H
1	일자	발행주체	거래소코드	회사채	연도	점수부여	등급교체	
2	2017-06-21	KR모터스	A000040	B-	2017	6	0	
3	2017-06-30	메리츠화재	A000060	AA	2017	19	=if(C3=C2,F3-F2,0)	
4	2018-03-23	메리츠화재	A000060	AA	2018	19		

이 명령문은 거래소코드가 앞의 행과 동일하면(C3=C2) 해당 행의 신용점수에서 이전 행의 신용점수를 빼고(F3−F2) 그렇지 않다면 "0"의 값을 부여한다. 이를 실행하면 다음과 같이 신용등급의 상승 또는 하락 여부를 파악할 수 있다.

	A	B	C	D	E	F	G
1	일자	발행주체	거래소코드	회사채	연도	점수부여	등급교체
27	2017-12-20	페이퍼코리아	A001020	B-	2017	6	0
28	2018-01-25	페이퍼코리아	A001020	B	2018	7	1
45	2017-12-28	현대차투자증권	A001500	A	2017	16	0
46	2018-04-09	현대차투자증권	A001500	A+	2018	17	1
175	2017-06-22	현대상선	A011200	D	2017	1	0
176	2018-02-09	현대상선	A011200	BB	2018	10	9
205	2017-12-28	DB금융투자	A016610	A+	2017	17	0
206	2018-03-30	DB금융투자	A016610	A	2018	16	-1
220	2017-06-27	엠벤처투자	A019590	CCC+	2017	5	0
221	2018-03-27	엠벤처투자	A019590	CCC	2018	4	-1
623	2017-07-13	센터쿼즈제일차	A275510	AA+	2017	20	0
624	2018-04-03	센터쿼즈제일차	A275510	AAA	2018	21	1

등급 교체가 "0"이라는 것은 신용등급의 변화가 없는 기업들을, "1" 이상은 신용등급이 상승한 집단을, "−1" 이하는 신용등급이 하락한 집단을 의미한다.

사례 7

KIS-VALUE 이용하기

KIS-VALUE를 설치 후 NewKisValue를 실행하면 다음과 같은 화면이 나타난다.

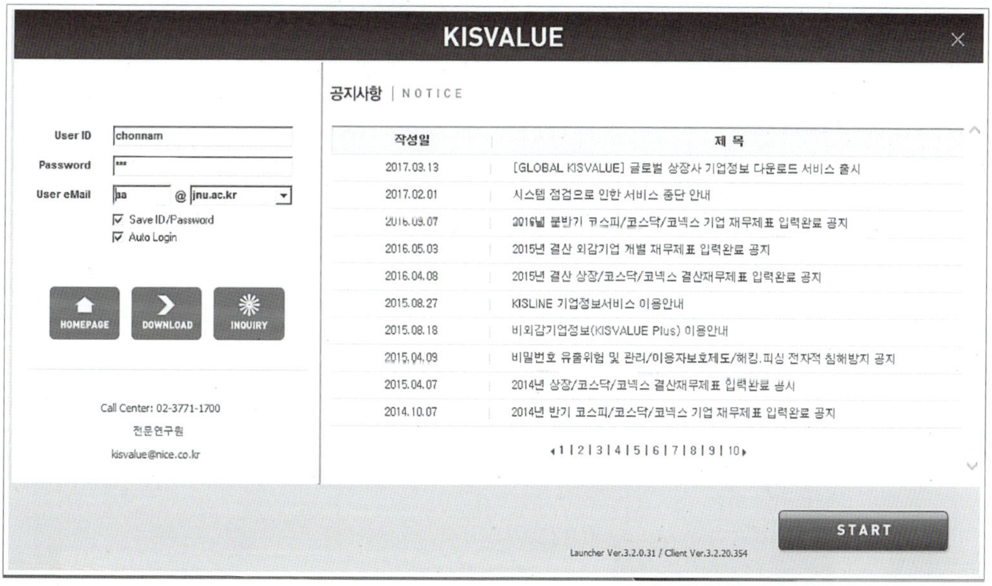

화면에서 START를 클릭하면 다음과 같이 KISVALUE 첫 화면이 나온다.

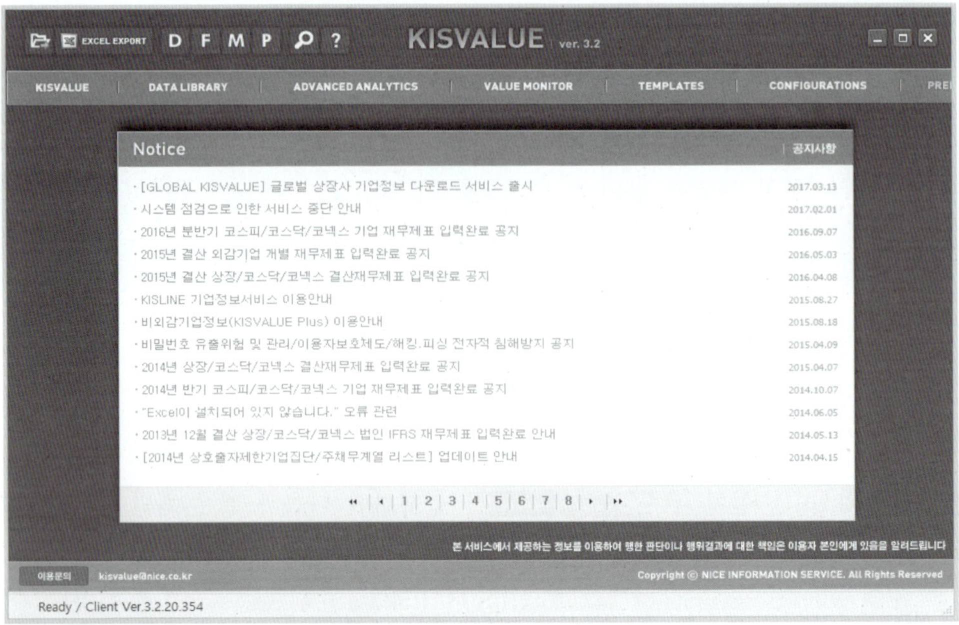

※ 본 예는 2011년부터 2013년까지, 12월 결산법인, 금융업을 제외, 감사적정 기업들의 자산총계, 자본총계, 부채총계, 당기순이익, 영업현금흐름, t+1년도 3월말 주가를 찾는 방법을 기초로 하였다.

먼저, 자료를 찾고자 **DATA LIBRARY**를 선택한 후 **Massive Download**를 선택한다.

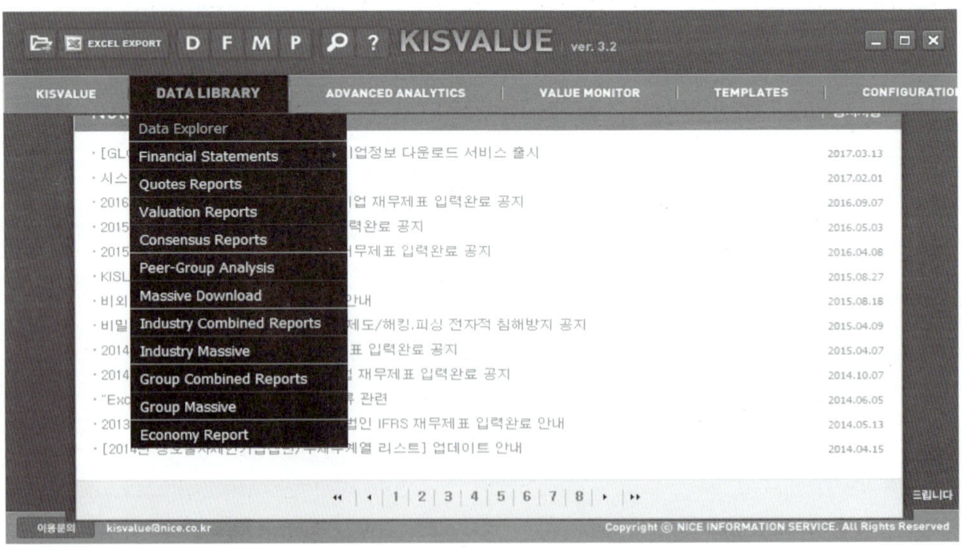

다음으로 Select Identifiers를 선택할 수 있는 화면이 나온다. 이 화면에서는 먼저, **Special**을 선택한 후, **년도별 KOSPI 상장, 2013년**을 선택하고, 최종적으로 **SUBMIT**을 클릭한다.

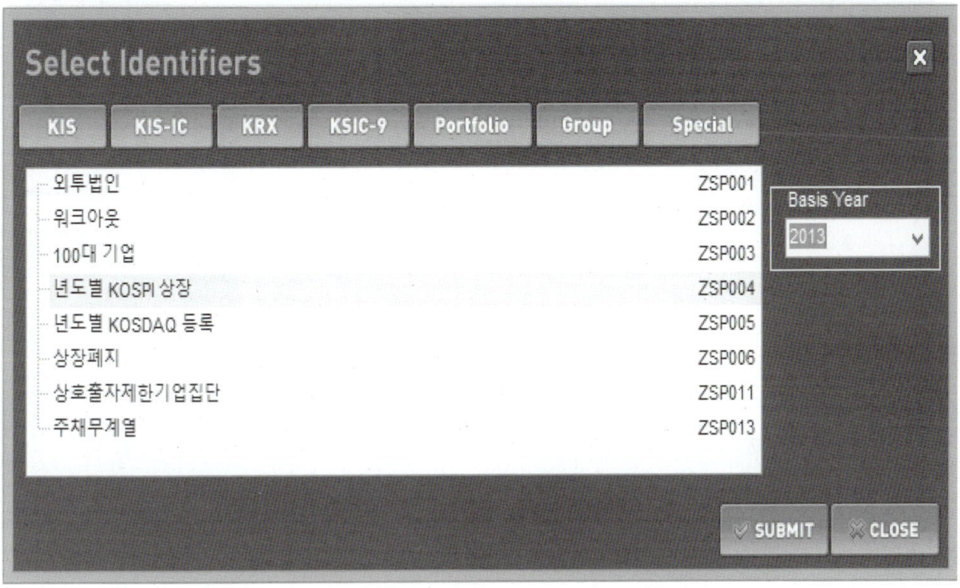

다음 화면에서 2013년도 KOSPI 상장기업의 리스트가 출력된다.

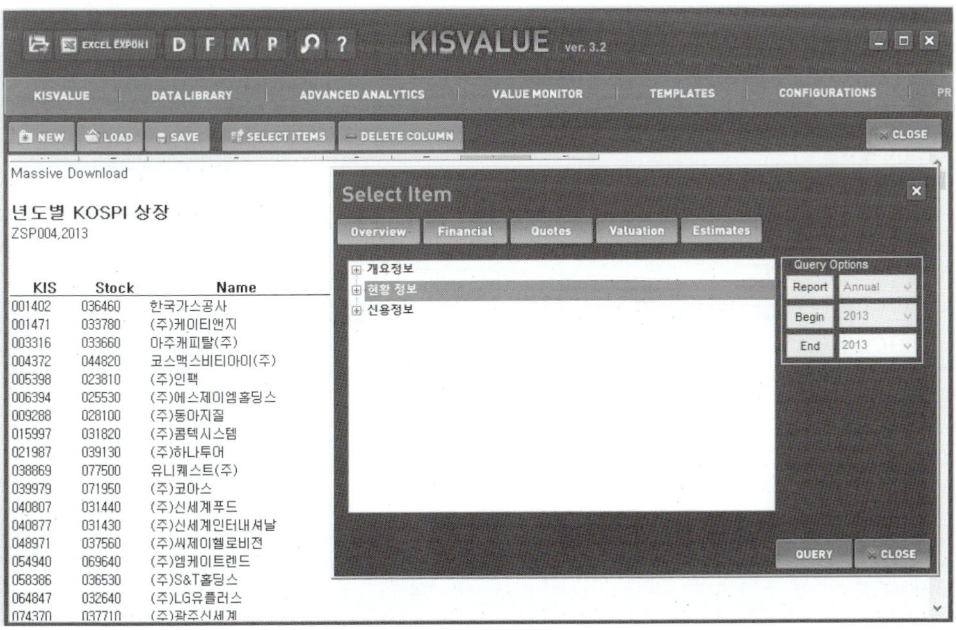

각 기업의 기본정보는 Select Item의 Overview를 통해 찾을 수 있으며, 이제 기업별 결산월/산업분류/감사의견/감사법인을 찾아보자.

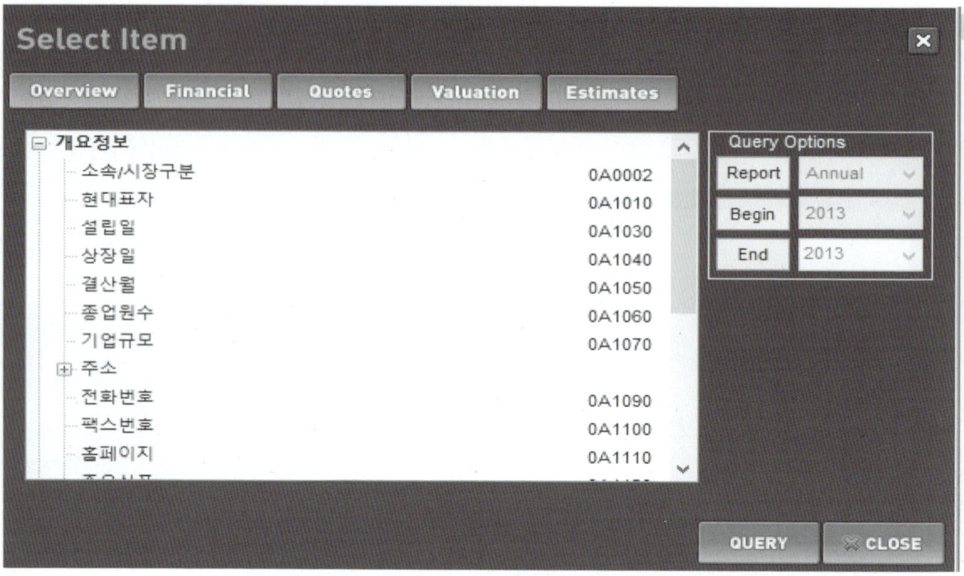

결산월 자료를 얻기 위해 개요정보의 결산월을 선택하고, 그 다음 QUERY를 클릭한다. 기업별 결산월 정보는 기업명 뒤에 출력된다.

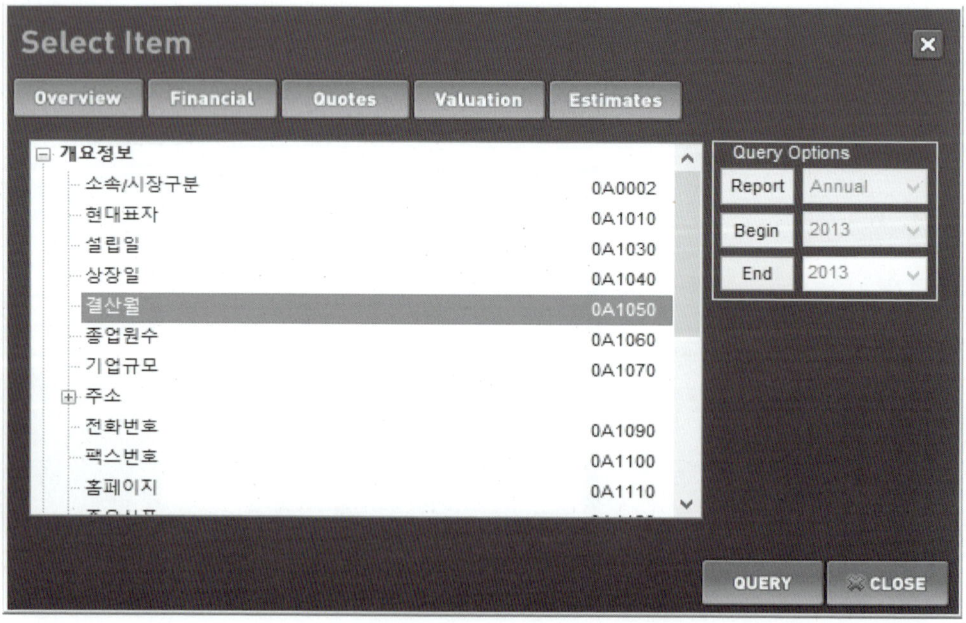

산업분류 자료는 **개요정보**의 **산업분류(KSIC-9)**를 선택한 후 **중분류**를 선택하고, **QUERY**를 클릭한다. 산업분류 정보는 결산월 뒤에 출력된다.

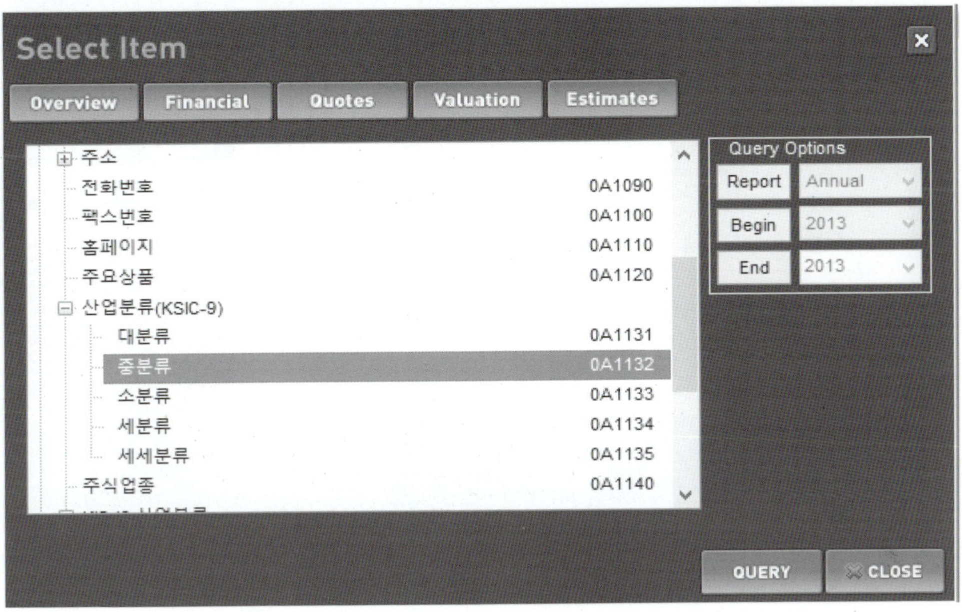

다음으로 각 기업별 감사의견과 감사법인의 정보는 **현황정보**에 **감사의견**과 **감사법인**을 통해 얻을 수 있다. 하지만 이 정보는 **시작 연도와 끝 연도를 입력해야 한다.**

예) 2013년도 자료를 추출할 때 Begin과 End는 모두 2013년으로 설정.

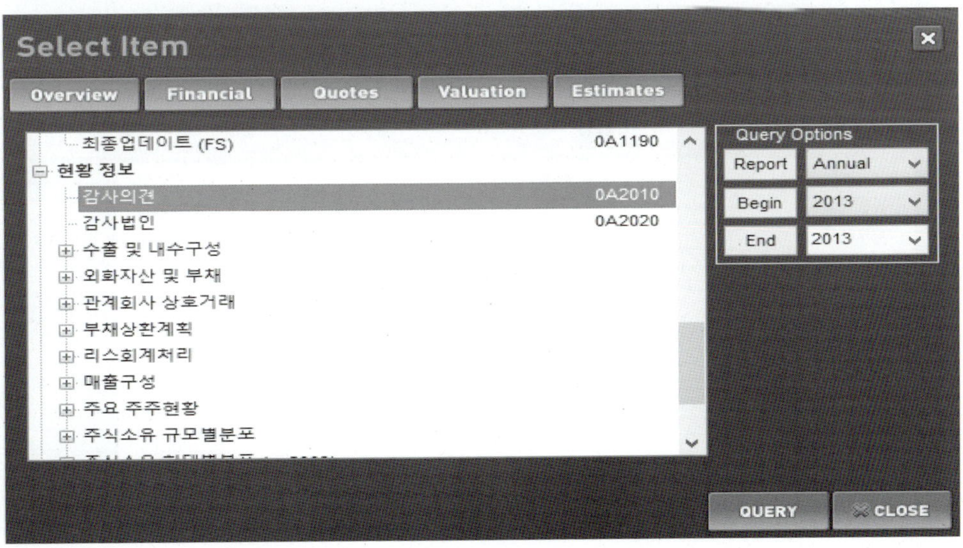

다음으로 재무정보는 **Select Item**에서 **Financial**을 선택한 다음 (+)를 클릭한다.

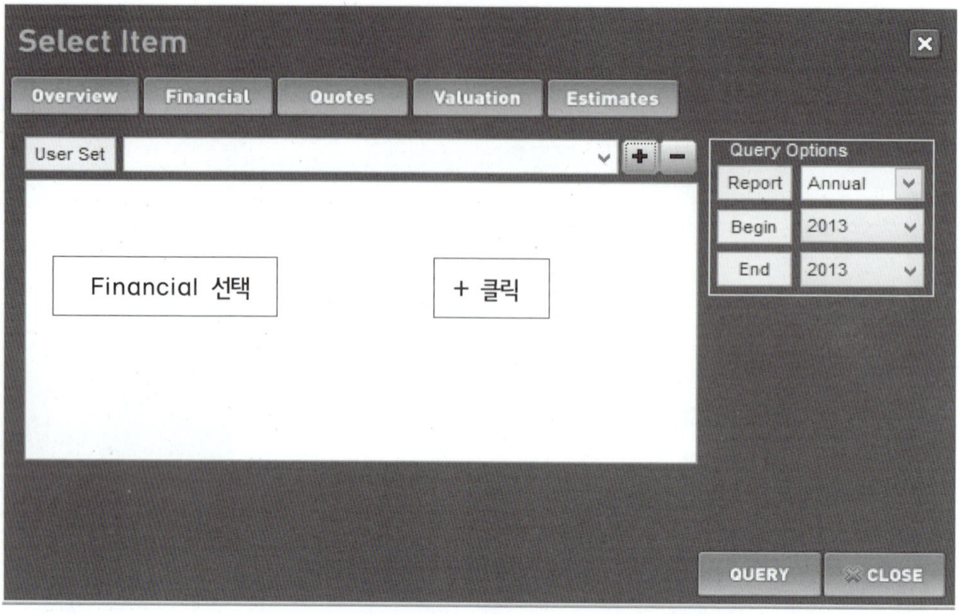

Items 화면이 나오고, 다음과 같이 **Classification**에서는 비금융업, **Data Set**에서는 **LIST**, **View Options**에서는 **FULL LIST**를 선택한다.

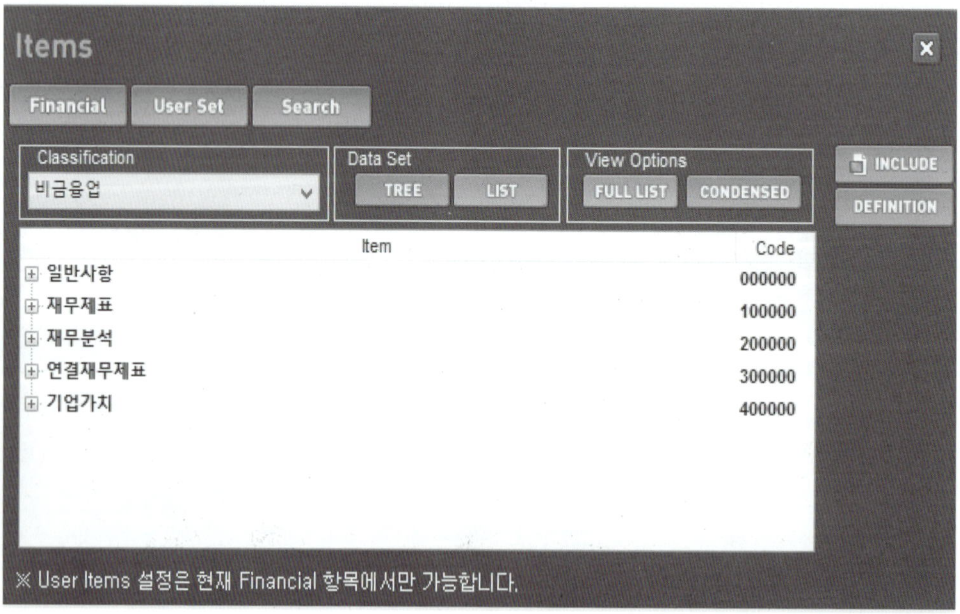

재무제표에서 **재무상태표**를 클릭하면, 다음과 같은 각 구성 계정과목을 찾을 수 있으며, **손익계산서**, **현금흐름표** 등의 각 구성 계정과목도 같은 방법으로 찾을 수 있다.

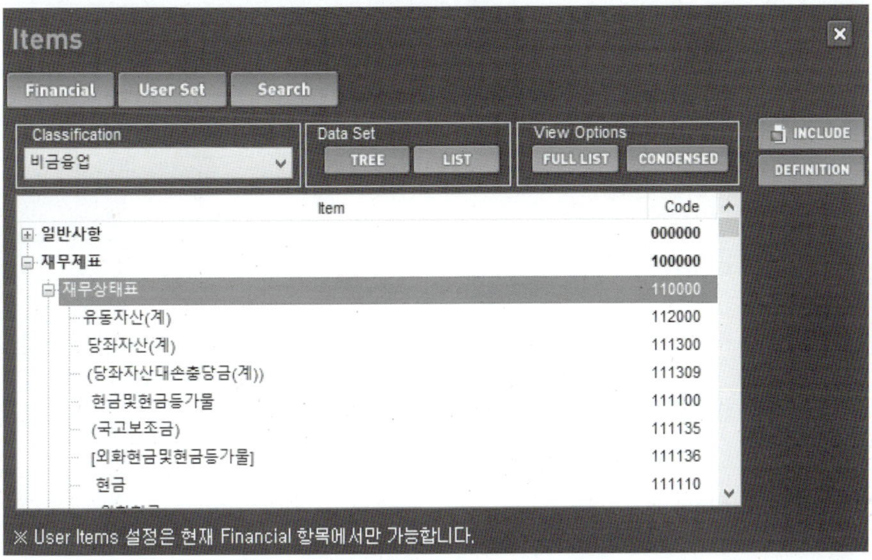

참고사항으로 **Definition**을 클릭하면, 각 계정과목이 어떻게 구성되었는지 알 수 있다. 다음은 **영업외수익**에 대한 **Definition**으로 영업외수익 항목의 구성요소를 알 수 있다.

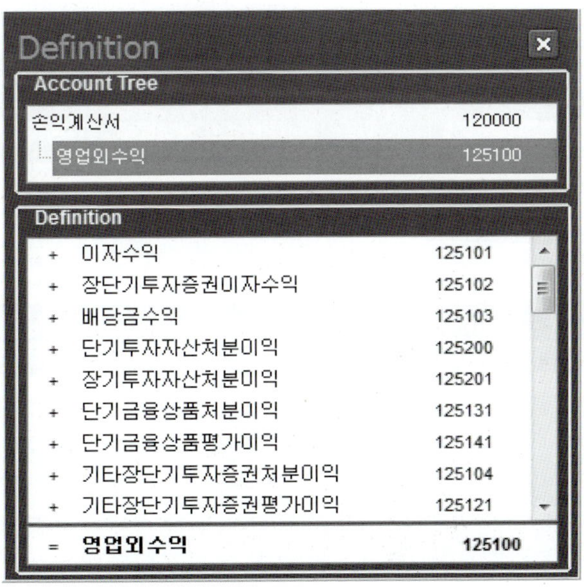

이제 찾고자 하는 계정과목들을 선택하고, INCLUDE를 클릭하면 다음과 같이 Current List로 계정과목들이 이동하게 된다.

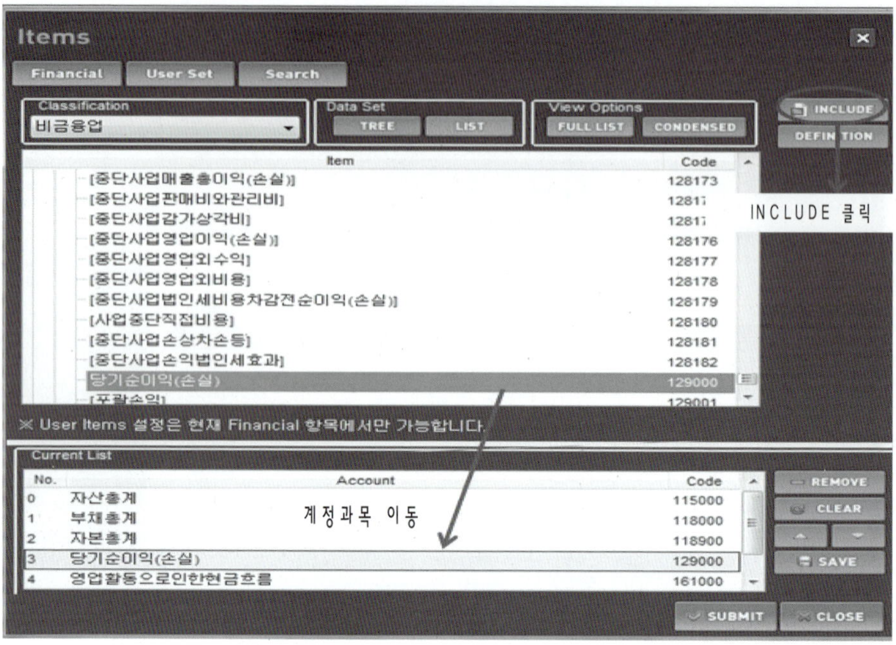

이제 찾고자 하는 계정과목들을 모두 선택하였으며, Current List의 항목들을 모두 선택한 다음 SAVE를 클릭하여 저장한다.

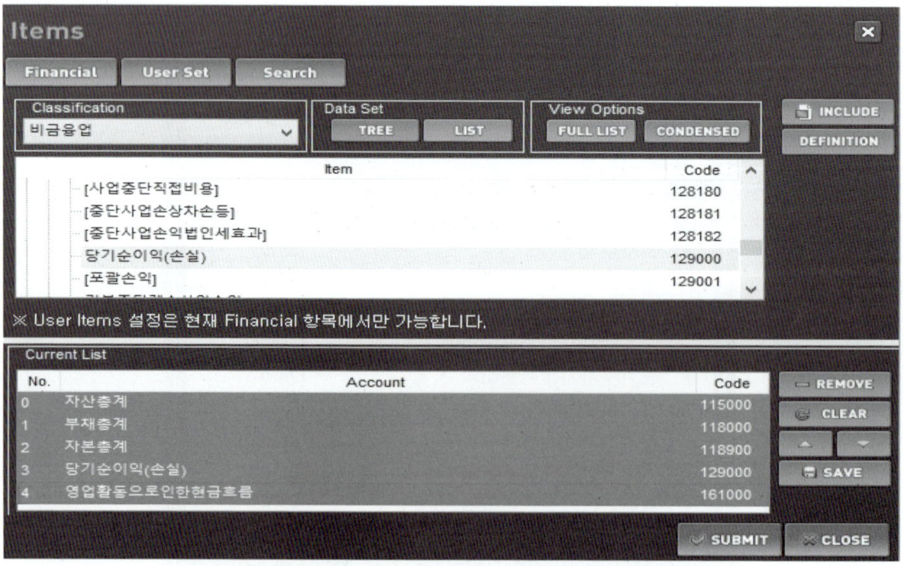

다음으로 User Set Name 화면이 나오고, 파일명을 적어 저장할 수 있다. 여기서는 회계학연구방법론으로 저장하도록 하자.

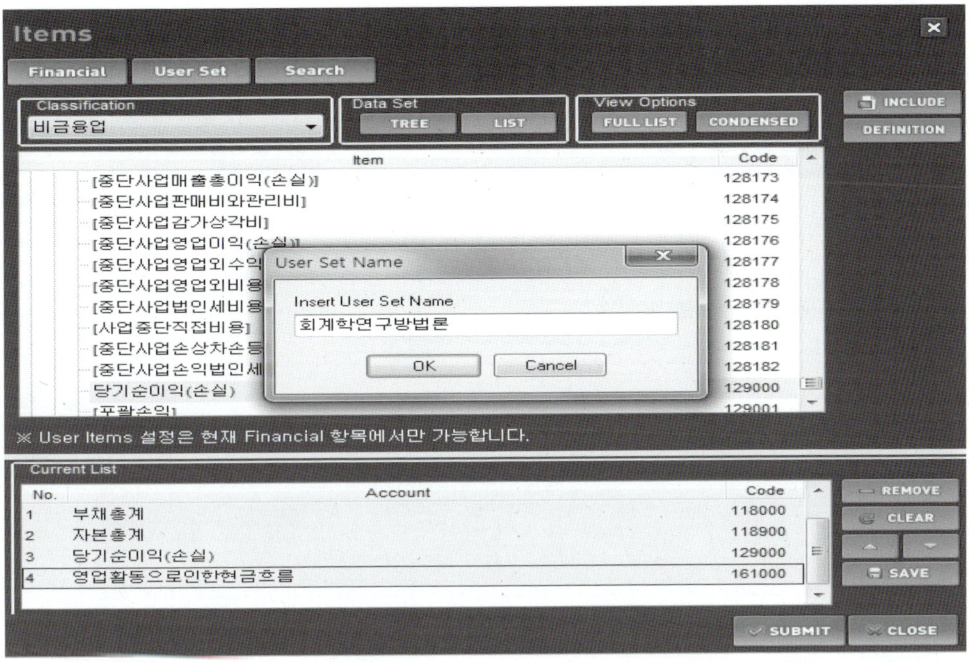

이제, OK를 클릭하면 다음과 같은 화면이 나온다.

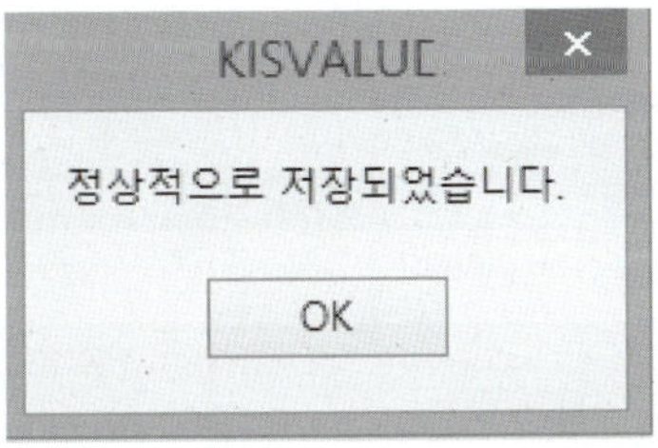

화면상으로는 보이지 않지만 **자산총계, 부채총계, 당기순이익(손실), 영업현금흐름**의 계정과목이 저장되었다.

이제 Financial의 User Set에서 ▼를 클릭하면 회계학연구방법론의 Set를 찾을 수 있다.

※ **새로운 User set을 인식하기 위해서는 Select Identifiers 화면부터 새롭게 시작해야 한다. 따라서 Overview 또한 다시 선택해야 한다.**

이제 **Shift**를 통해 **모든 계정과목들을 선택**한 다음, 보고서 종류, 시작 연도와 끝 연도를 설정한다.

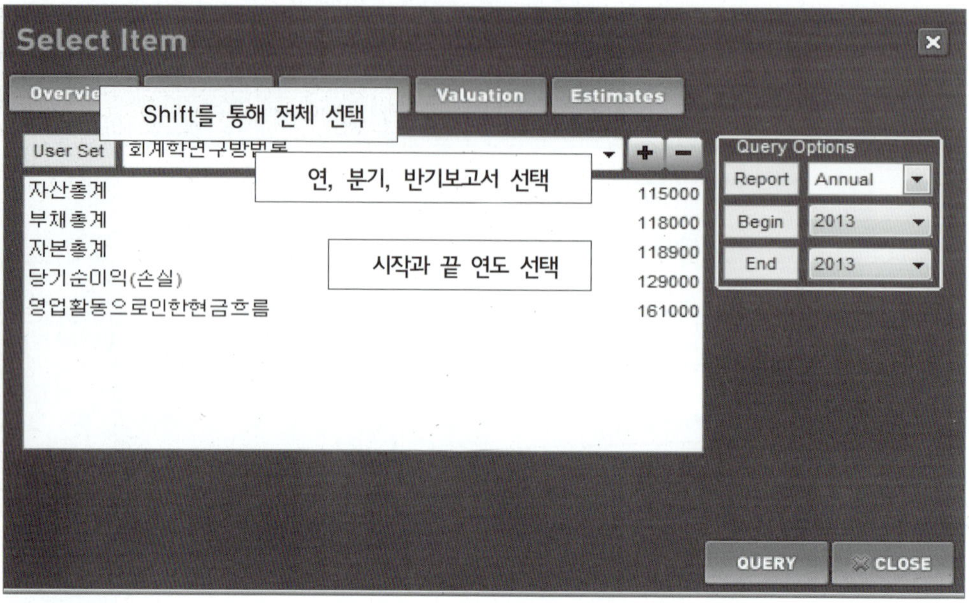

Report와 **Begin**, **End** 설정이 모두 끝나면 **QUERY**를 클릭한다. 다음과 같이 2013년도 각 계정의 재무자료가 나타난다.

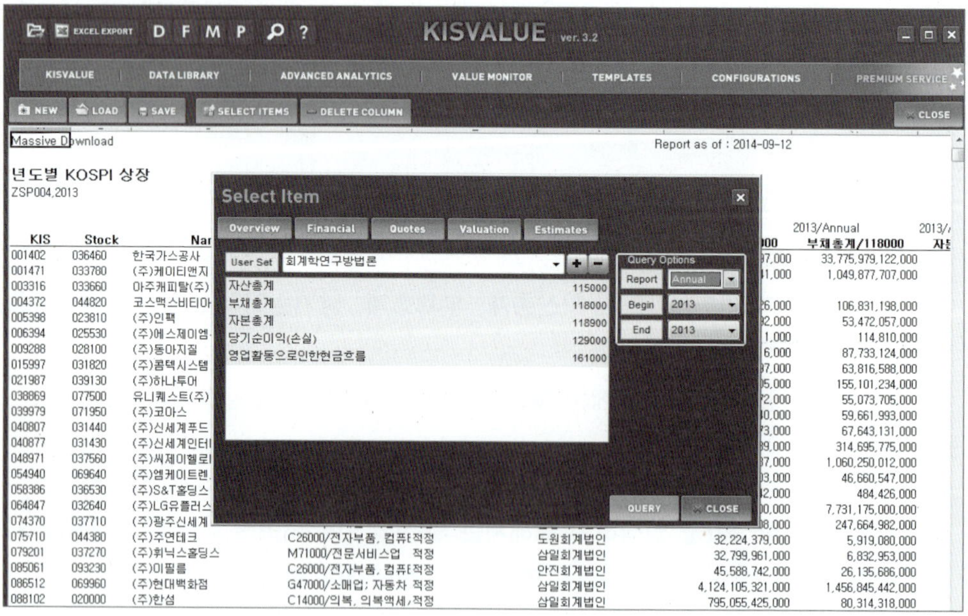

다음으로 **Select Item**의 **Quotes**에서는 각 기업의 주가 관련 자료를 찾을 수 있다.

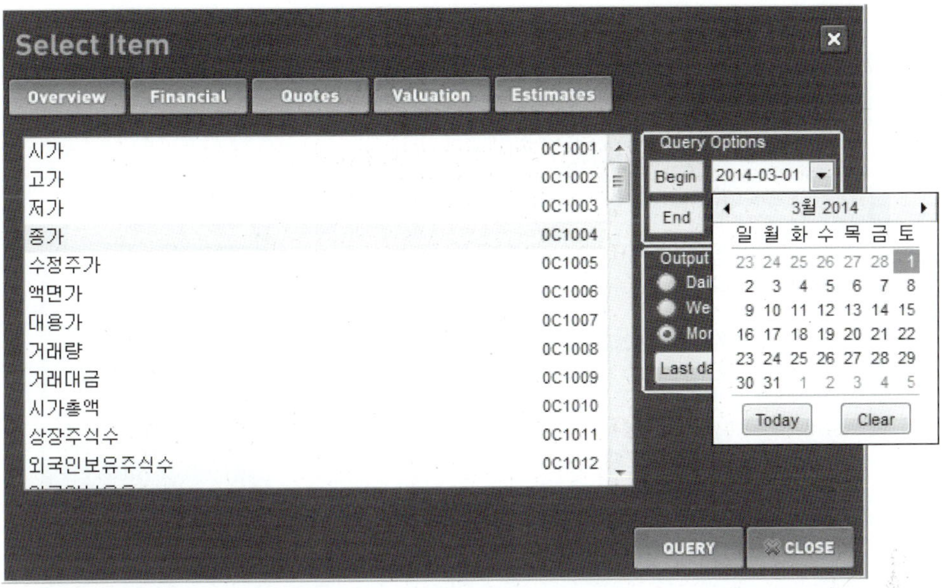

여기서 Options을 자세히 살펴보면, **Query Options**에서는 필요한 자료의 시작일과 끝일을 선택할 수 있으며, **Output Options**에서는 일/주/월별 자료를 선택하고, 마지막으로 Monthy 자료의 경우 First day, Middle day, Last day를 선택할 수 있다.

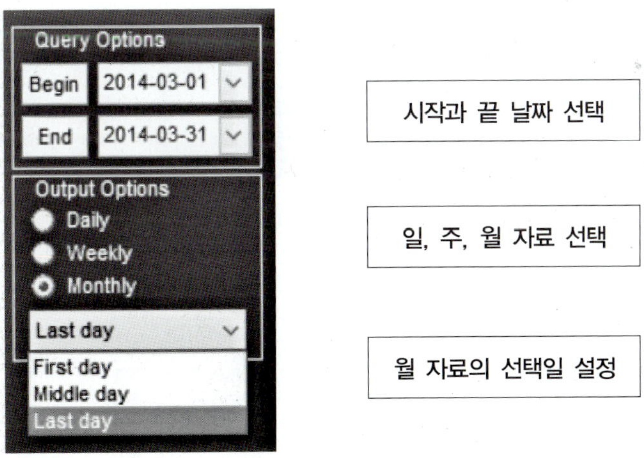

2014년 3월말 주가를 구하기 위해서는 **Query Options**에서 Begin 2014-03-01, End 2014-03-31을 선택하고 **Output Options**에서 각각 **Monthly, Last day**를 선택한다.

참고사항으로 Select Item의 Valuation에서는 각 기업의 연도별 주가 관련 자료를 찾을 수 있다. 여기서는 일별 자료가 아닌 연도와 분기별 자료만 구할 수 있다.

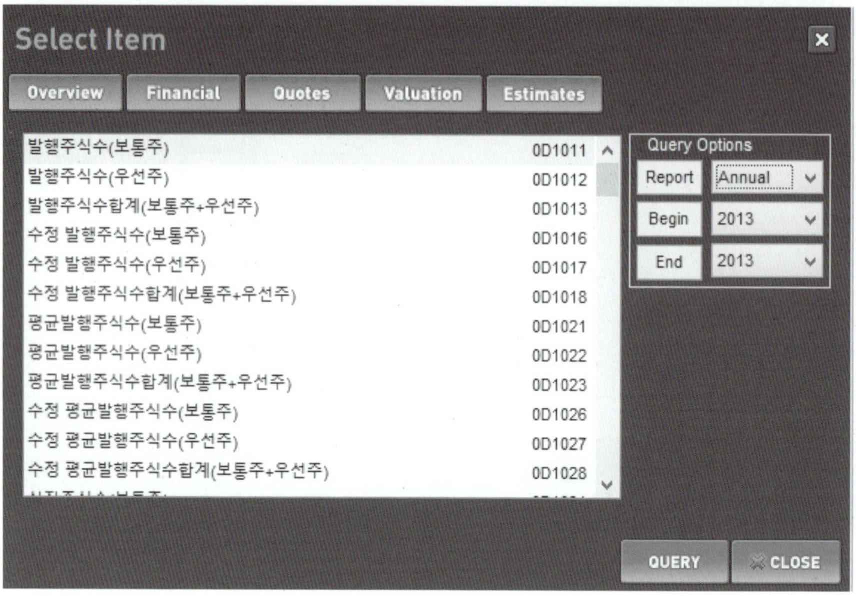

이제 자료를 Excel로 보내는 방법에 대해 알아보자. 다음과 같이 상단에 EXCEL EXPORT를 클릭하면 Excel 자료로 변환할 수 있다.

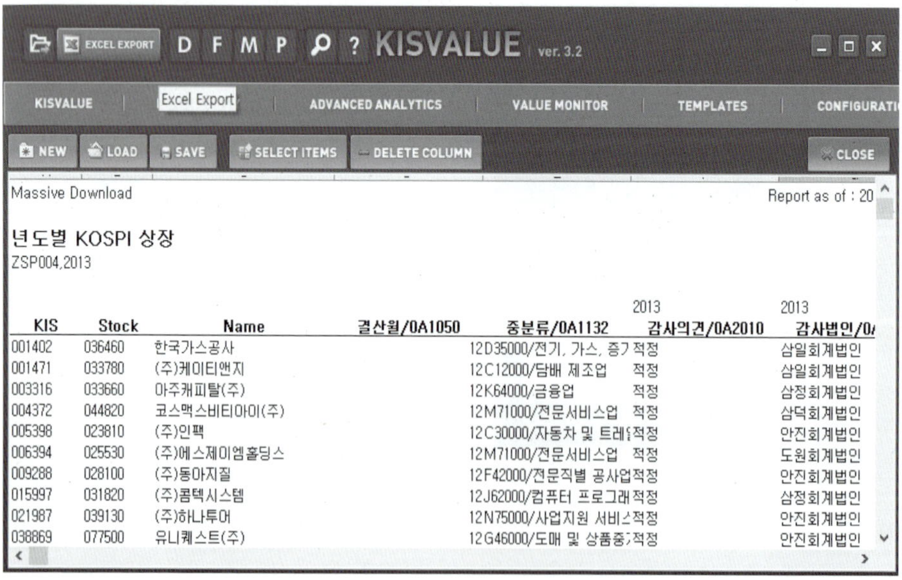

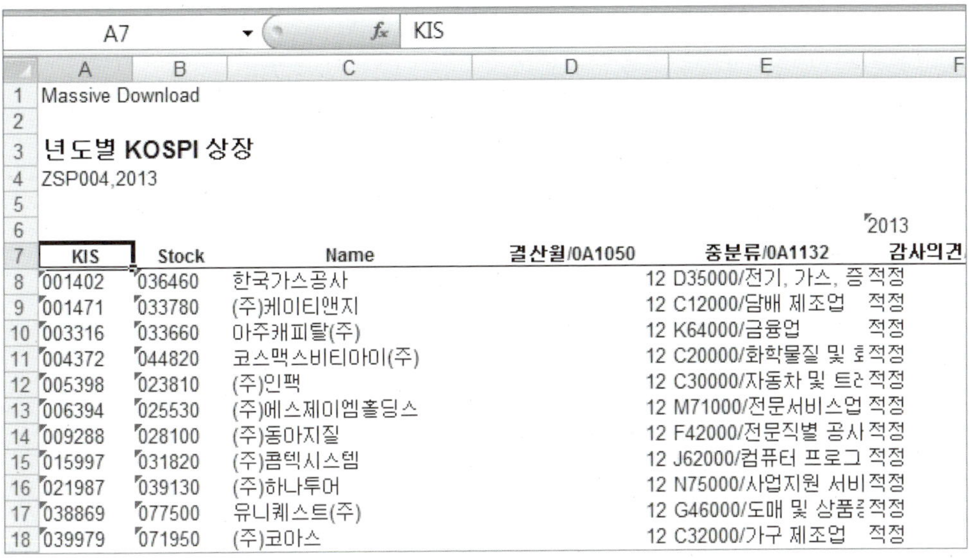

이제 2013년도 자료 외에 다른 연도의 자료를 찾고자 하면, 다음과 같이 상단 화면에 **NEW**를 클릭한 다음, **Select Identifiers**에서 연도를 선택하여, 2013년도 자료를 찾았던 순서대로 재실행한다.

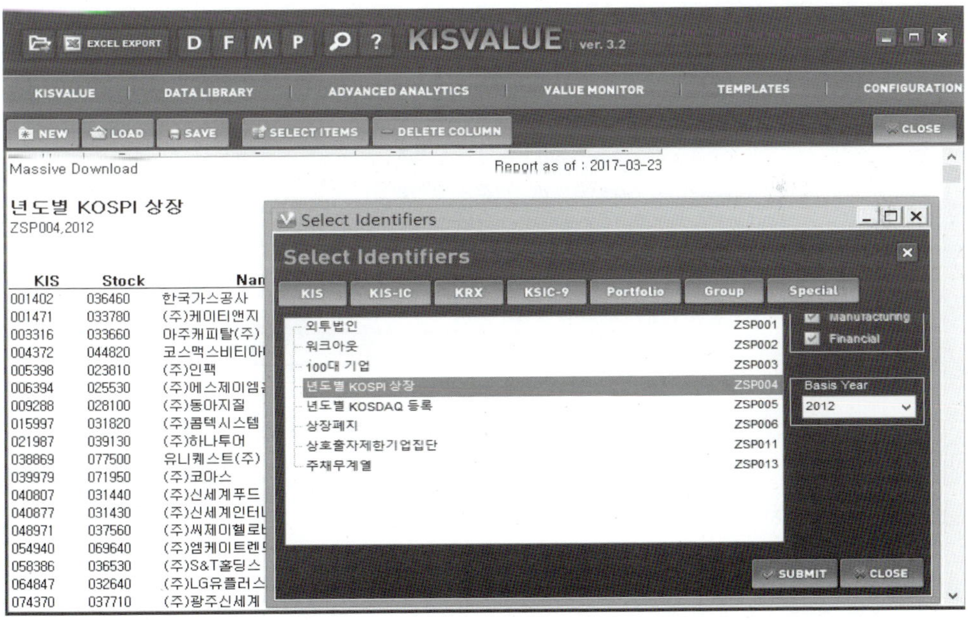

2012년도 자료를 모두 찾으면, Excel 파일로 내보내기 후 다음과 같이 이동/복사를 통해 2013년 자료의 파일로 이동시킨다.

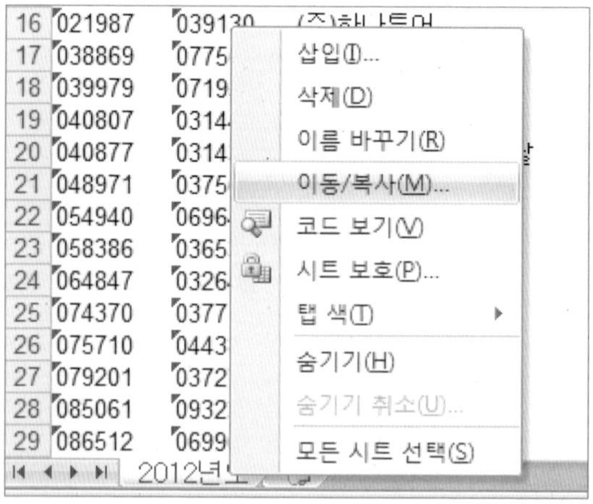

이제 아래와 같이 2011년도부터 2013년도 자료를 Excel 파일에 모두 저장하였다. 이 파일을 SAS에서 사용할 수 있도록 자료의 가공과정이 필요하다. 이제부터 그 과정을 살펴보고자 한다.

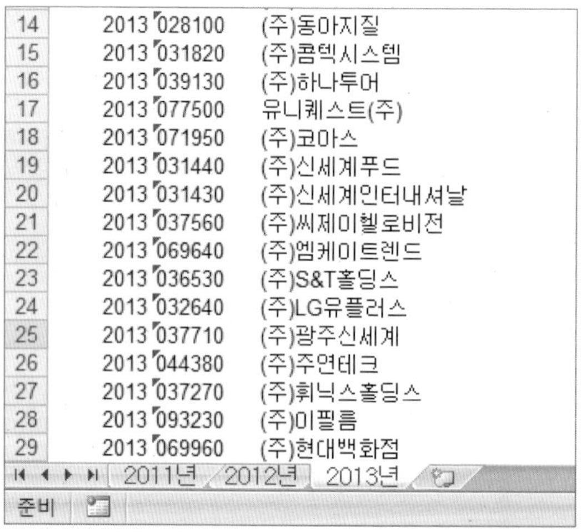

먼저, 각 연도별 Sheet의 KIS라는 변수명을 yr로 수정하고, 그 열의 KIS코드 대신 각 연도변수(2013)를 입력한다. 그 후 각 Sheet의 자료를 복사하여, 한 Sheet(총합)에 자료들을 모두 합한다.

A6 ▾ f_x

	A	B	C	D	E	F
1	Massive Download					
2						
3	**년도별 KOSPI 상장**					
4	ZSP004,2013					
5						
6						2013
7	**yr**	**Stock**	**Name**	**결산월/0A1050**	**중분류/0A1132**	**감사의견/**
8	2013	036460	한국가스공사	12	D35000/전기, 가스, 증	적정
9	2013	033780	(주)케이티앤지	12	C12000/담배 제조업	적정
10	2013	033660	아주캐피탈(주)	12	K64000/금융업	적정
11	2013	044820	코스맥스비티아이(주)	12	C20000/화학물질 및	적정
12	2013	023810	(주)인팩	12	C30000/자동차 및 트	적정
13	2013	025530	(주)에스제이엠홀딩스	12	M71000/전문서비스업	적정
14	2013	028100	(주)동아지질	12	F42000/전문직별 공사	적정
15	2013	031820	(주)콤텍시스템	12	J62000/컴퓨터 프로그	적정
16	2013	039130	(주)하나투어	12	N75000/사업지원 서비	적정
17	2013	077500	유니퀘스트(주)	12	G46000/도매 및 상품	적정
18	2013	071950	(주)코아스	12	C32000/가구 제조업	적정
19	2013	031440	(주)신세계푸드	12	I56000/음식점 및 주점	적정
20	2013	031430	(주)신세계인터내셔날	12	G47000/소매업; 자동	적정
21	2013	037560	(주)씨제이헬로비전	12	J60000/방송업	적정
22	2013	069640	(주)엠케이트렌드	12	G47000/소매업; 자동	적정
23	2013	036530	(주)S&T홀딩스	12	M71000/전문서비스업	적정

이렇게 모은 Sheet(총합)자료를 **데이터 – 정렬**이라는 명령문을 통해 연도별로 정렬하면, 다음과 같이 각 연도별 자료의 순서가 맞는지를 확인할 수 있다.

자료의 순서가 정확하다면, 하단에 있는 변수명은 삭제한 후 첫 번째 행에 있는 변수명만 사용한다.

A	B	C	D	E	F	G
		2013/Annual	2013/Annual	2013/Annual	2013/Annual	2013/Annual
yr	**Stock**	**자산총계/115000**	**부채총계/118000**	**자본총계/118900**	**당기순이익(손실)/129000**	**영업활동으로인한현금흐름/161000**
yr	**Stock**	**자산총계/115000**	**부채총계/118000**	**자본총계/118900**	**당기순이익(손실)/129000**	**영업활동으로인한현금흐름/161000**
yr	**Stock**	**자산총계/115000**	**부채총계/118000**	**자본총계/118900**	**당기순이익(손실)/129000**	**영업활동으로인한현금흐름/161000**

다음으로 **데이터 – 필터**를 통해 특정 행만을 제외하거나 선택하여 자료를 가공해 보자.

회계학연구에서는 주로 12월 결산기업과 산업분류 중 금융업을 제외한 기업을 표본으로 사용하기 때문에 자료의 가공이 필요하다. 자료의 가공방법은 SAS를 이용하는 것보다 Excel을 이용하는 것이 보다 쉽기 때문에 주로 이 방법을 통해 가공한다.

먼저, 12월 결산법인만을 선택하기 위해서는 **데이터 – 필터**를 실행한다. 다음과 같이 **결산월**변수의 필터를 클릭한 후 **12월만 선택하지 않는다**.

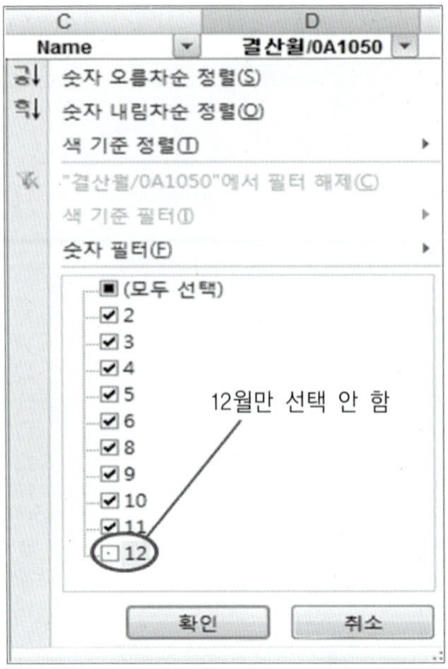

그러면 12월을 제외한 결산기업들이 선택되고 이들 기업만을 선택하여 **행 삭제**를 통해 삭제한다.

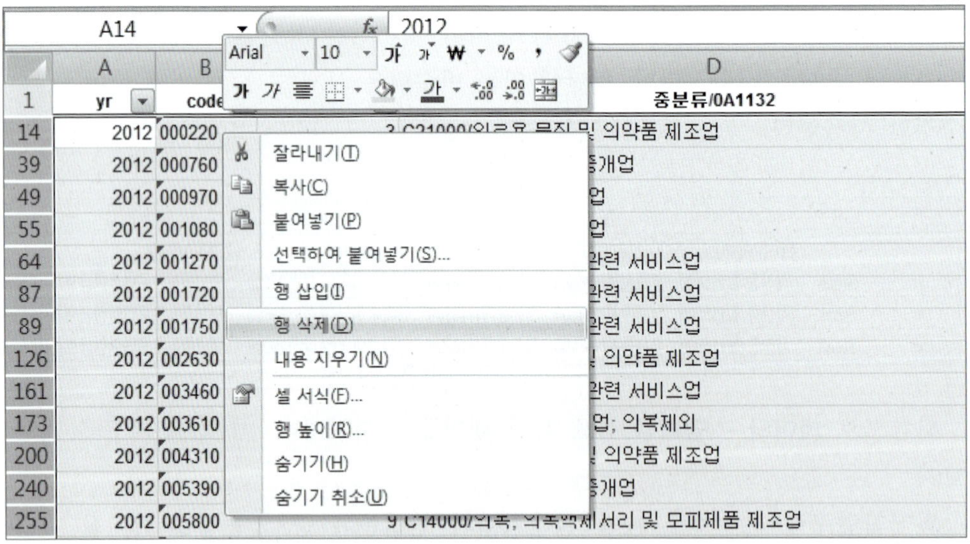

행 삭제 결과 다음과 같이 12월 결산법인만이 남게 된다.

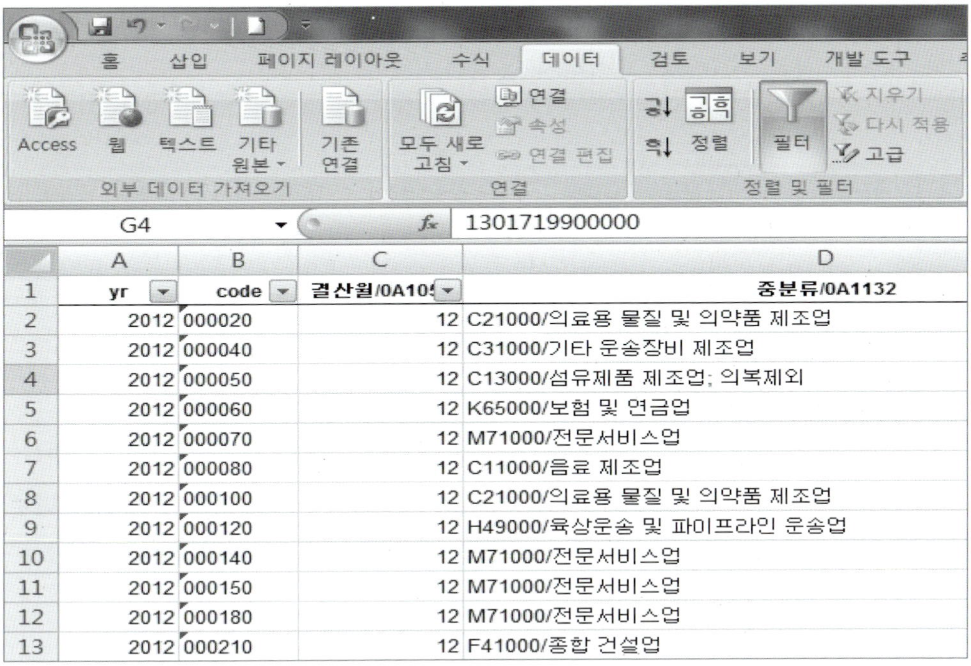

이와 반대로 산업분류에서는 금융업만을 제외해야 되기 때문에 **금융업만을 선택한 뒤 동일하게 행 삭제**를 하면 된다.

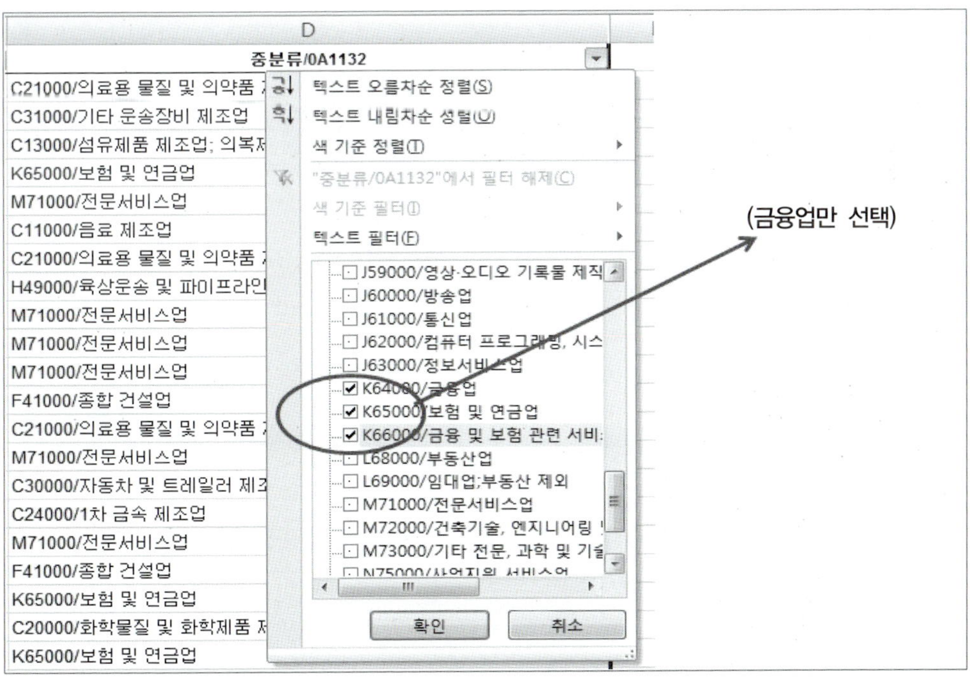

다음으로 재무 및 비재무 자료에 대한 변수명은 모두 영문으로 설정해야 한다.
※ SAS는 한글 변수명을 인식하지 못한다.

	F	G	H	I	J
1	자산총계/115000	부채총계/118000	자본총계/118900	당기순이익(손실)/129000	종가/0C1004
2			⇩		
3	as	li	bv	e	price
4	324,284,672,000.	97,290,002,000.	226,994,670,000.	1,311,241,000.	6,110.
5	126,906,068,000.	58,801,646,000.	68,104,422,000.	-6,103,632,000.	463.
6	1,301,719,900,000.	631,984,460,000.	669,735,441,000.	-7,074,187,000.	92,900.

* 참고사항 : 산업분류도 각 산업별 숫자로 변환해 주어야 한다. 이 방법에 대해 간단히 살펴보기로 하자. 먼저, 중분류 셀을 클릭한 다음 **데이터 – 테스트 나누기**를 선택한다. 그러면 다음과 같은 화면이 나온다. 여기서 **너비가 일정함(W)**을 선택한 후 **다음(N)**을 클릭한다.

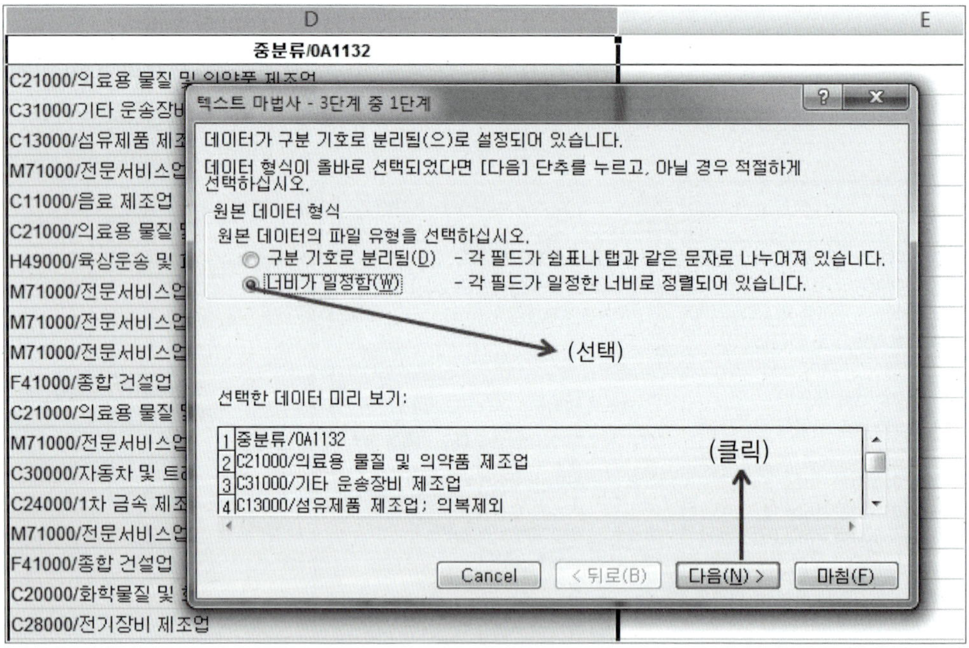

다음으로, 화살표를 이동시켜 숫자 2자리 앞뒤로 화살표를 표시해 둔다.

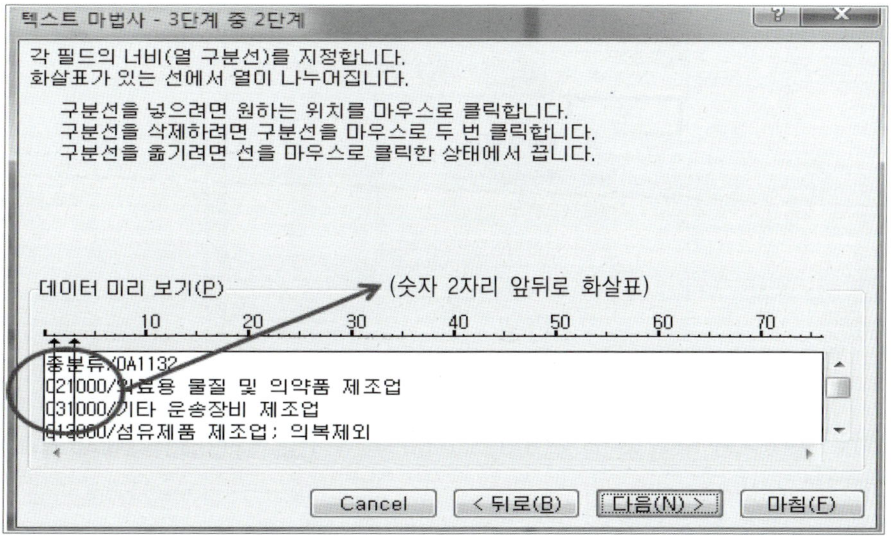

다음(N)을 클릭하면 아래와 같이 텍스트가 분리된다. 이때 **주의할 점은 E와 F 셀에 있는 변수들이 삭제될 수 있으므로 E와 F의 셀은 비워 두어야 한다.**

D	E	F
C	21	000/의료용 물질 및 의약품 제조업
C	31	000/기타 운송장비 제조업
C	13	000/섬유제품 제조업; 의복제외
M	71	000/전문서비스업
C	11	000/음료 제조업
C	21	000/의료용 물질 및 의약품 제조업
H	49	000/육상운송 및 파이프라인 운송업
M	71	000/전문서비스업
M	71	000/전문서비스업
M	71	000/전문서비스업
F	41	000/종합 건설업
C	21	000/의료용 물질 및 의약품 제조업
M	71	000/전문서비스업
C	30	000/자동차 및 트레일러 제조업

이렇게 자료 정리가 모두 끝나면 각 변수들의 값이 SAS에서 숫자로 인식될 수 있도록 추가적인 작업이 필요하다. 먼저, 셀 빈칸에 "1"을 입력한 후 오른쪽 마우스를 통해 **복사**를 선택한다.

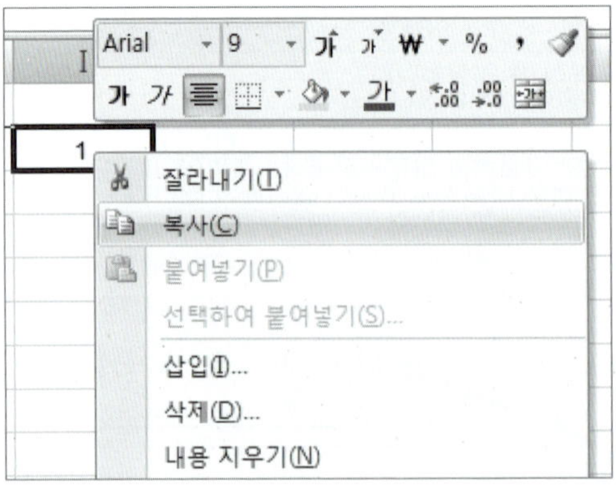

그 다음 변수들의 셀을 모두 선택한 후 다음과 같이 오른쪽 마우스에 선택하여 **붙여넣기**를 클릭한다.

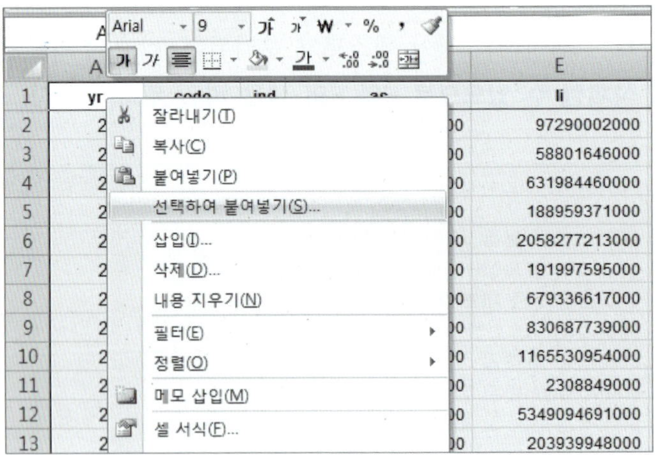

그 후 붙여넣기에서는 **모두(A)**를, 연산에서는 **곱하기(M)**를 선택한다.

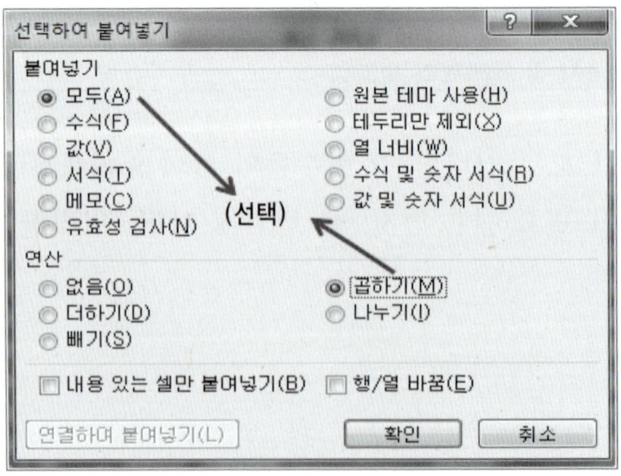

다음으로 셀 서식에서는 **범주(C)**에서는 **숫자**를, **음수(N)**에서는 **−1234**를 선택한다.

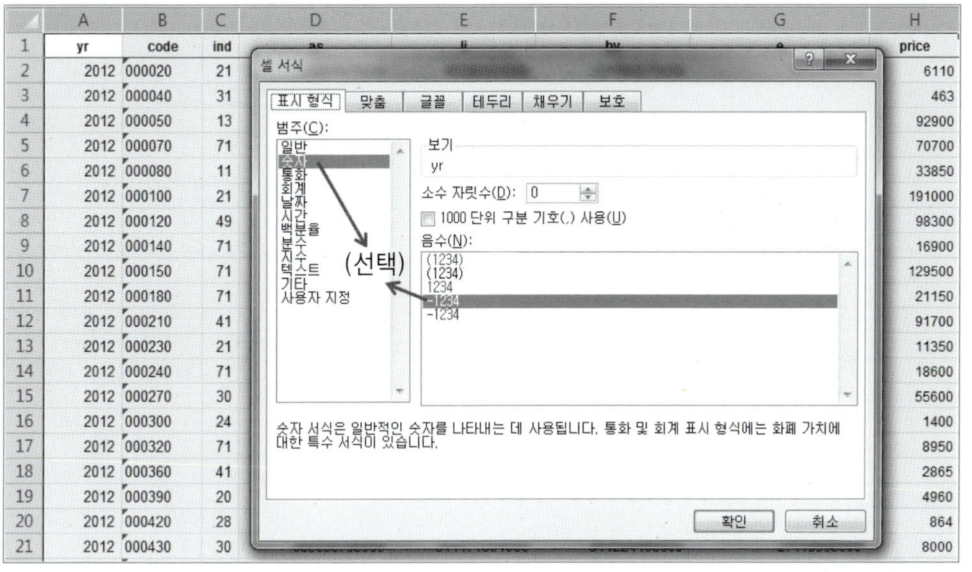

이러한 작업을 모두 마치면 이제 SAS에서 변수들을 모두 숫자로 인식하게 된다(확인을 위해 code의 앞자리 숫자 000이 모두 사라지고, 각 변수의 빈칸도 모두 0으로 표시되어 있는지를 살펴보면 된다).

	A	B	C	D	E	F	G	H
1	yr	code	ind	as	li	bv	e	price
2	2012	20	21	324284072000	97290002000	226994670000	1311241000	6110
3	2012	40	31	126906068000	58801646000	68104422000	-6103632000	463
4	2012	50	13	1301719900000	631984460000	669735441000	-7074187000	92900
5	2012	70	71	1061522053000	188959371000	872562682000	45873649000	70700
6	2012	80	11	3464862523000	2058277213000	1406585310000	127731388000	33850
7	2012	100	21	1344865199000	191997595000	1152867604000	69573279000	191000
8	2012	120	49	2970388011000	679336617000	2291051393000	71864394000	98300
9	2012	140	71	1780971764000	830687739000	950284025000	196096558000	16900
10	2012	150	71	3149139071000	1165530954000	1983608118000	85407214000	129500

부록 1

표준정규분포표

Standard Normal Distribution Table

z_0	0.00	0.01	0.02	0.03	0.04	0.05	0.06	0.07	0.08	0.09
0.0	0.0000	0.004	0.008	0.012	0.016	0.0199	0.0239	0.0279	0.0319	0.0359
0.1	0.0398	0.0438	0.0478	0.0517	0.0557	0.0596	0.0636	0.0675	0.0714	0.0753
0.2	0.0793	0.0832	0.0871	0.091	0.0948	0.0987	0.1026	0.1064	0.1103	0.1141
0.3	0.1179	0.1217	0.1255	0.1293	0.1331	0.1368	0.1406	0.1443	0.148	0.1517
0.4	0.1554	0.1591	0.1628	0.1664	0.17	0.1736	0.1772	0.1808	0.1844	0.1879
0.5	0.1915	0.195	0.1985	0.2019	0.2054	0.2088	0.2123	0.2157	0.219	0.2224
0.6	0.2257	0.2291	0.2324	0.2357	0.2389	0.2422	0.2454	0.2486	0.2517	0.2549
0.7	0.258	0.2611	0.2642	0.2673	0.2704	0.2734	0.2764	0.2794	0.2823	0.2852
0.8	0.2881	0.291	0.2939	0.2967	0.2995	0.3023	0.3051	0.3078	0.3106	0.3133
0.9	0.3159	0.3186	0.3212	0.3238	0.3264	0.3289	0.3315	0.334	0.3365	0.3389
1	0.3413	0.3438	0.3461	0.3485	0.3508	0.3531	0.3554	0.3577	0.3599	0.3621
1.1	0.3643	0.3665	0.3686	0.3708	0.3729	0.3749	0.377	0.379	0.381	0.383
1.2	0.3849	0.3869	0.3888	0.3907	0.3925	0.3944	0.3962	0.398	0.3997	0.4015
1.3	0.4032	0.4049	0.4066	0.4082	0.4099	0.4115	0.4131	0.4147	0.4162	0.4177
1.4	0.4192	0.4207	0.4222	0.4236	0.4251	0.4265	0.4279	0.4292	0.4306	0.4319
1.5	0.4332	0.4345	0.4357	0.437	0.4382	0.4394	0.4406	0.4418	0.4429	0.4441
1.6	0.4452	0.4463	0.4474	0.4484	0.4495	0.4505	0.4515	0.4525	0.4535	0.4545
1.7	0.4554	0.4564	0.4573	0.4582	0.4591	0.4599	0.4608	0.4616	0.4625	0.4633
1.8	0.4641	0.4649	0.4656	0.4664	0.4671	0.4678	0.4686	0.4693	0.4699	0.4706
1.9	0.4713	0.4719	0.4726	0.4732	0.4738	0.4744	0.475	0.4756	0.4761	0.4767
2	0.4772	0.4778	0.4783	0.4788	0.4793	0.4798	0.4803	0.4808	0.4812	0.4817
2.1	0.4821	0.4826	0.483	0.4834	0.4838	0.4842	0.4846	0.485	0.4854	0.4857
2.2	0.4861	0.4864	0.4868	0.4871	0.4875	0.4878	0.4881	0.4884	0.4887	0.489
2.3	0.4893	0.4896	0.4898	0.4901	0.4904	0.4906	0.4909	0.4911	0.4913	0.4916
2.4	0.4918	0.492	0.4922	0.4925	0.4927	0.4929	0.4931	0.4932	0.4934	0.4936
2.5	0.4938	0.494	0.4941	0.4943	0.4945	0.4946	0.4948	0.4949	0.4951	0.4952
2.6	0.4953	0.4955	0.4956	0.4957	0.4959	0.496	0.4961	0.4962	0.4963	0.4964
2.7	0.4965	0.4966	0.4967	0.4968	0.4969	0.497	0.4971	0.4972	0.4973	0.4974
2.8	0.4974	0.4975	0.4976	0.4977	0.4977	0.4978	0.4979	0.4979	0.498	0.4981
2.9	0.4981	0.4982	0.4982	0.4983	0.4984	0.4984	0.4985	0.4985	0.4986	0.4986
3	0.4987	0.4987	0.4987	0.4988	0.4988	0.4989	0.4989	0.4989	0.4990	0.4990

부록 2

t-분포표

t-Distribution Table

자유도	0.4	0.25	0.1	0.05	0.025	0.01	0.005
1	0.3249	1.0000	3.0777	6.3138	12.7062	31.8205	63.6567
2	0.2887	0.8165	1.8856	2.9200	4.3027	6.9646	9.9248
3	0.2767	0.7649	1.6377	2.3534	3.1825	4.5407	5.8409
4	0.2707	0.7407	1.5332	2.1318	2.7765	3.7470	4.6041
5	0.2672	0.7267	1.4759	2.0150	2.5706	3.3649	4.0321
6	0.2648	0.7176	1.4398	1.9432	2.4469	3.1427	3.7074
7	0.2632	0.7111	1.4149	1.8946	2.3646	2.9980	3.4995
8	0.2619	0.7064	1.3968	1.8595	2.3060	2.8965	3.3554
9	0.2610	0.7027	1.3830	1.8331	2.2622	2.8214	3.2498
10	0.2602	0.6998	1.3722	1.8125	2.2281	2.7638	3.1693
11	0.2596	0.6974	1.3634	1.7959	2.2010	2.7181	3.1058
12	0.2590	0.6955	1.3562	1.7823	2.1788	2.6810	3.0545
13	0.2586	0.6938	1.3502	1.7709	2.1604	2.6503	3.0123
14	0.2582	0.6924	1.3450	1.7613	2.1448	2.6245	2.9768
15	0.2579	0.6912	1.3406	1.7531	2.1315	2.6025	2.9467
16	0.2576	0.6901	1.3368	1.7459	2.1199	2.5835	2.9208
17	0.2573	0.6892	1.3334	1.7396	2.1098	2.5669	2.8982
18	0.2571	0.6884	1.3304	1.7341	2.1009	2.5524	2.8784
19	0.2569	0.6876	1.3277	1.7291	2.0930	2.5395	2.8609
20	0.2567	0.6870	1.3253	1.7247	2.0860	2.5280	2.8453
21	0.2566	0.6864	1.3232	1.7207	2.0796	2.5177	2.8314
22	0.2564	0.6858	1.3212	1.7171	2.0739	2.5083	2.8188
23	0.2563	0.6853	1.3195	1.7139	2.0687	2.4999	2.8073
24	0.2562	0.6849	1.3178	1.7109	2.0639	2.4922	2.7969
25	0.2561	0.6844	1.3163	1.7081	2.0595	2.4851	2.7874
26	0.2560	0.6840	1.3150	1.7056	2.0555	2.4786	2.7787
27	0.2559	0.6837	1.3137	1.7033	2.0518	2.4727	2.7707
28	0.2558	0.6834	1.3125	1.7011	2.0484	2.4671	2.7633
29	0.2557	0.6830	1.3114	1.6991	2.0452	2.4620	2.7564
30	0.2556	0.6828	1.3104	1.6973	2.0423	2.4573	2.7500
inf	0.2533	0.6745	1.2816	1.6449	1.9600	2.3264	2.5758

부록 3

카이제곱(χ^2) 분포표

Chi-square Distribution Table

자유도	0.995	0.99	0.975	0.95	0.9	0.1	0.05	0.025	0.01	0.005
1	0.0000	0.0002	0.0010	0.0039	0.0158	2.7055	3.8415	5.0239	6.6349	7.8794
2	0.0100	0.0201	0.0506	0.1026	0.2107	4.6052	5.9915	7.3778	9.2103	10.5966
3	0.0717	0.1148	0.2158	0.3519	0.5844	6.2514	7.8147	9.3484	11.3449	12.8382
4	0.2070	0.2971	0.4844	0.7107	1.0636	7.7794	9.4877	11.1433	13.2767	14.8603
5	0.4117	0.5543	0.8312	1.1455	1.6103	9.2364	11.0705	12.8325	15.0863	16.7496
6	0.6757	0.8721	1.2373	1.6354	2.2041	10.6446	12.5916	14.4494	16.8119	18.5476
7	0.9893	1.2390	1.6899	2.1674	2.8331	12.0170	14.0671	16.0128	18.4753	20.2777
8	1.3444	1.6465	2.1797	2.7326	3.4895	13.3616	15.5073	17.5346	20.0902	21.9550
9	1.7349	2.0879	2.7004	3.3251	4.1682	14.6837	16.9190	19.0228	21.6660	23.5894
10	2.1559	2.5582	3.2470	3.9403	4.8652	15.9872	18.3070	20.4832	23.2093	25.1882
11	2.6032	3.0535	3.8158	4.5748	5.5778	17.2750	19.6751	21.9201	24.7250	26.7569
12	3.0738	3.5706	4.4038	5.2260	6.3038	18.5494	21.0261	23.3367	26.2170	28.2995
13	3.5650	4.1069	5.0088	5.8919	7.0415	19.8119	22.3620	24.7356	27.6883	29.8195
14	4.0747	4.6604	5.6287	6.5706	7.7895	21.0641	23.6848	26.1190	29.1412	31.3194
15	4.6009	5.2294	6.2621	7.2609	8.5468	22.3071	24.9958	27.4884	30.5779	32.8013
16	5.1422	5.8122	6.9077	7.9617	9.3122	23.5418	26.2962	28.8454	31.9999	34.2672
17	5.6972	6.4078	7.5642	8.6718	10.0852	24.7690	27.5871	30.1910	33.4087	35.7185
18	6.2648	7.0149	8.2308	9.3905	10.8649	25.9894	28.8693	31.5264	34.8053	37.1565
19	6.8440	7.6327	8.9065	10.1170	11.6509	27.2036	30.1435	32.8523	36.1909	38.5823
20	7.4338	8.2604	9.5908	10.8508	12.4426	28.4120	31.4104	34.1696	37.5662	39.9969
21	8.0337	8.8972	10.2829	11.5913	13.2396	29.6151	32.6706	35.4789	38.9322	41.4011
22	8.6427	9.5425	10.9823	12.3380	14.0415	30.8133	33.9244	36.7807	40.2894	42.7957
23	9.2604	10.1957	11.6886	13.0905	14.8480	32.0069	35.1725	38.0756	41.6384	44.1813
24	9.8862	10.8564	12.4012	13.8484	15.6587	33.1962	36.4150	39.3641	42.9798	45.5585
25	10.5197	11.5240	13.1197	14.6114	16.4734	34.3816	37.6525	40.6465	44.3141	46.9279
26	11.1602	12.1982	13.8439	15.3792	17.2919	35.5632	38.8851	41.9232	45.6417	48.2899
27	11.8076	12.8785	14.5734	16.1514	18.1139	36.7412	40.1133	43.1945	46.9629	49.6449
28	12.4613	13.5647	15.3079	16.9279	18.9392	37.9159	41.3371	44.4608	48.2782	50.9934
29	13.1212	14.2565	16.0471	17.7084	19.7677	39.0875	42.5570	45.7223	49.5879	52.3356
30	13.7867	14.9535	16.7908	18.4927	20.5992	40.2560	43.7730	46.9792	50.8922	53.6720

부록 4-1

F-분포표(α=0.10)

F-Distribution Table

자유도	1	2	3	4	5	6	7	8	9	10
1	39.8635	49.5000	53.5932	55.8330	57.2401	58.2044	58.9060	59.4390	59.8576	60.1950
2	8.5263	9.0000	9.1618	9.2434	9.2926	9.3255	9.3491	9.3668	9.3805	9.3916
3	5.5383	5.4624	5.3908	5.3426	5.3092	5.2847	5.2662	5.2517	5.2400	5.2304
4	4.5448	4.3246	4.1909	4.1073	4.0506	4.0098	3.9790	3.9549	3.9357	3.9199
5	4.0604	3.7797	3.6195	3.5202	3.4530	3.4045	3.3679	3.3393	3.3163	3.2974
6	3.7760	3.4633	3.2888	3.1808	3.1075	3.0546	3.0145	2.9830	2.9577	2.9369
7	3.5894	3.2574	3.0741	2.9605	2.8833	2.8274	2.7849	2.7516	2.7247	2.7025
8	3.4579	3.1131	2.9238	2.8064	2.7265	2.6683	2.6241	2.5894	2.5612	2.5380
9	3.3603	3.0065	2.8129	2.6927	2.6106	2.5509	2.5053	2.4694	2.4403	2.4163
10	3.2850	2.9245	2.7277	2.6053	2.5216	2.4606	2.4140	2.3772	2.3473	2.3226
11	3.2252	2.8595	2.6602	2.5362	2.4512	2.3891	2.3416	2.3040	2.2735	2.2482
12	3.1766	2.8068	2.6055	2.4801	2.3940	2.3310	2.2828	2.2446	2.2135	2.1878
13	3.1362	2.7632	2.5603	2.4337	2.3467	2.2830	2.2341	2.1954	2.1638	2.1376
14	3.1022	2.7265	2.5222	2.3947	2.3069	2.2426	2.1931	2.1539	2.1220	2.0954
15	3.0732	2.6952	2.4898	2.3614	2.2730	2.2081	2.1582	2.1185	2.0862	2.0593
16	3.0481	2.6682	2.4618	2.3327	2.2438	2.1783	2.1280	2.0880	2.0553	2.0282
17	3.0262	2.6446	2.4374	2.3078	2.2183	2.1524	2.1017	2.0613	2.0284	2.0009
18	3.0070	2.6240	2.4160	2.2858	2.1958	2.1296	2.0785	2.0379	2.0047	1.9770
19	2.9899	2.6056	2.3970	2.2663	2.1760	2.1094	2.0580	2.0171	1.9836	1.9557
20	2.9747	2.5893	2.3801	2.2489	2.1582	2.0913	2.0397	1.9985	1.9649	1.9367
21	2.9610	2.5746	2.3649	2.2333	2.1423	2.0751	2.0233	1.9819	1.9480	1.9197
22	2.9486	2.5613	2.3512	2.2193	2.1279	2.0605	2.0084	1.9668	1.9327	1.9043
23	2.9374	2.5493	2.3387	2.2065	2.1149	2.0472	1.9949	1.9531	1.9189	1.8903
24	2.9271	2.5383	2.3274	2.1949	2.1030	2.0351	1.9826	1.9407	1.9063	1.8775
25	2.9177	2.5283	2.3170	2.1842	2.0922	2.0241	1.9714	1.9293	1.8947	1.8658
26	2.9091	2.5191	2.3075	2.1745	2.0822	2.0139	1.9610	1.9188	1.8841	1.8550
27	2.9012	2.5106	2.2987	2.1655	2.0730	2.0045	1.9515	1.9091	1.8743	1.8451
28	2.8939	2.5028	2.2906	2.1571	2.0645	1.9959	1.9427	1.9001	1.8652	1.8359
29	2.8870	2.4955	2.2831	2.1494	2.0566	1.9878	1.9345	1.8918	1.8568	1.8274
30	2.8807	2.4887	2.2761	2.1422	2.0493	1.9803	1.9269	1.8841	1.8490	1.8195
∞	2.7055	2.3026	2.0838	1.9449	1.8473	1.7741	1.7167	1.6702	1.6315	1.5987

부록 4-2

F-분포표(α=0.10)

F-Distribution Table

자유도	12	15	20	24	30	40	60	120	∞
1	60.7052	61.2203	61.7403	62.0021	62.2650	62.5291	62.7943	63.0606	63.3281
2	9.4081	9.4247	9.4413	9.4496	9.4579	9.4662	9.4746	9.4829	9.4912
3	5.2156	5.2003	5.1845	5.1764	5.1681	5.1597	5.1512	5.1425	5.1337
4	3.8955	3.8704	3.8443	3.8310	3.8174	3.8036	3.7896	3.7753	3.7607
5	3.2682	3.2380	3.2067	3.1905	3.1741	3.1573	3.1402	3.1228	3.1050
6	2.9047	2.8712	2.8363	2.8183	2.8000	2.7812	2.7620	2.7423	2.7222
7	2.6681	2.6322	2.5947	2.5753	2.5555	2.5351	2.5142	2.4928	2.4708
8	2.5020	2.4642	2.4246	2.4041	2.3830	2.3614	2.3391	2.3162	2.2926
9	2.3789	2.3396	2.2983	2.2768	2.2547	2.2320	2.2085	2.1843	2.1592
10	2.2841	2.2435	2.2007	2.1784	2.1554	2.1317	2.1072	2.0818	2.0554
11	2.2087	2.1671	2.1231	2.1000	2.0762	2.0516	2.0261	1.9997	1.9721
12	2.1474	2.1049	2.0597	2.0360	2.0115	1.9861	1.9597	1.9323	1.9036
13	2.0966	2.0532	2.0070	1.9827	1.9576	1.9315	1.9043	1.8759	1.8462
14	2.0537	2.0095	1.9625	1.9377	1.9119	1.8852	1.8572	1.8280	1.7973
15	2.0171	1.9722	1.9243	1.8990	1.8728	1.8454	1.8168	1.7867	1.7551
16	1.9854	1.9399	1.8913	1.8656	1.8388	1.8108	1.7816	1.7508	1.7182
17	1.9577	1.9117	1.8624	1.8362	1.8090	1.7805	1.7506	1.7191	1.6856
18	1.9333	1.8868	1.8369	1.8104	1.7827	1.7537	1.7232	1.6910	1.6567
19	1.9117	1.8647	1.8142	1.7873	1.7592	1.7298	1.6988	1.6659	1.6308
20	1.8924	1.8449	1.7938	1.7667	1.7382	1.7083	1.6768	1.6433	1.6074
21	1.8750	1.8272	1.7756	1.7481	1.7193	1.6890	1.6569	1.6228	1.5862
22	1.8593	1.8111	1.7590	1.7312	1.7021	1.6714	1.6389	1.6042	1.5668
23	1.8450	1.7964	1.7439	1.7159	1.6864	1.6554	1.6224	1.5871	1.5490
24	1.8319	1.7831	1.7302	1.7019	1.6721	1.6407	1.6073	1.5715	1.5327
25	1.8200	1.7708	1.7175	1.6890	1.6590	1.6272	1.5934	1.5570	1.5176
26	1.8090	1.7596	1.7059	1.6771	1.6468	1.6147	1.5805	1.5437	1.5036
27	1.7989	1.7492	1.6951	1.6662	1.6356	1.6032	1.5686	1.5313	1.4906
28	1.7895	1.7395	1.6852	1.6560	1.6252	1.5925	1.5575	1.5198	1.4784
29	1.7808	1.7306	1.6759	1.6466	1.6155	1.5825	1.5472	1.5090	1.4670
30	1.7727	1.7223	1.6673	1.6377	1.6065	1.5732	1.5376	1.4989	1.4564
∞	1.5458	1.4871	1.4206	1.3832	1.3419	1.2951	1.2400	1.1686	1.0000

부록 5-1

F-분포표(α=0.01)

F-Distribution Table

자유도	1	2	3	4	5	6	7	8	9	10
1	4052.18	4999.50	5403.35	5624.58	5763.65	5858.99	5928.36	5981.07	6022.47	6055.85
2	98.503	99.000	99.166	99.249	99.299	99.333	99.356	99.374	99.388	99.399
3	34.116	30.817	29.457	28.710	28.237	27.911	27.672	27.489	27.345	27.229
4	21.198	18.000	16.694	15.977	15.522	15.207	14.976	14.799	14.659	14.546
5	16.258	13.274	12.060	11.392	10.967	10.672	10.456	10.289	10.158	10.051
6	13.745	10.925	9.780	9.148	8.746	8.466	8.260	8.102	7.976	7.874
7	12.246	9.547	8.451	7.847	7.460	7.191	6.993	6.840	6.719	6.620
8	11.259	8.649	7.591	7.006	6.632	6.371	6.178	6.029	5.911	5.814
9	10.561	8.022	6.992	6.422	6.057	5.802	5.613	5.467	5.351	5.257
10	10.044	7.559	6.552	5.994	5.636	5.386	5.200	5.057	4.942	4.849
11	9.646	7.206	6.217	5.668	5.316	5.069	4.886	4.744	4.632	4.539
12	9.330	6.927	5.953	5.412	5.064	4.821	4.640	4.499	4.388	4.296
13	9.074	6.701	5.739	5.205	4.862	4.620	4.441	4.302	4.191	4.100
14	8.862	6.515	5.564	5.035	4.695	4.456	4.278	4.140	4.030	3.939
15	8.683	6.359	5.417	4.893	4.556	4.318	4.142	4.004	3.895	3.805
16	8.531	6.226	5.292	4.773	4.437	4.202	4.026	3.890	3.780	3.691
17	8.400	6.112	5.185	4.669	4.336	4.102	3.927	3.791	3.682	3.593
18	8.285	6.013	5.092	4.579	4.248	4.015	3.841	3.705	3.597	3.508
19	8.185	5.926	5.010	4.500	4.171	3.939	3.765	3.631	3.523	3.434
20	8.096	5.849	4.938	4.431	4.103	3.871	3.699	3.564	3.457	3.368
21	8.017	5.780	4.874	4.369	4.042	3.812	3.640	3.506	3.398	3.310
22	7.945	5.719	4.817	4.313	3.988	3.758	3.587	3.453	3.346	3.258
23	7.881	5.664	4.765	4.264	3.939	3.710	3.539	3.406	3.299	3.211
24	7.823	5.614	4.718	4.218	3.895	3.667	3.496	3.363	3.256	3.168
25	7.770	5.568	4.675	4.177	3.855	3.627	3.457	3.324	3.217	3.129
26	7.721	5.526	4.637	4.140	3.818	3.591	3.421	3.288	3.182	3.094
27	7.677	5.488	4.601	4.106	3.785	3.558	3.388	3.256	3.149	3.062
28	7.636	5.453	4.568	4.074	3.754	3.528	3.358	3.226	3.120	3.032
29	7.598	5.420	4.538	4.045	3.725	3.499	3.330	3.198	3.092	3.005
30	7.562	5.390	4.510	4.018	3.699	3.473	3.304	3.173	3.067	2.979
∞	7.314	5.179	4.313	3.828	3.514	3.291	3.124	2.993	2.888	2.801

부록 5-2

F-분포표(α=0.01)

F-Distribution Table

자유도	12	15	20	24	30	40	60	120	∞
1	6106.32	6157.29	6208.73	6234.63	6260.65	6286.78	6313.03	6339.39	6365.86
2	99.416	99.433	99.449	99.458	99.466	99.474	99.482	99.491	99.499
3	27.052	26.872	26.690	26.598	26.505	26.411	26.316	26.221	26.125
4	14.374	14.198	14.020	13.929	13.838	13.745	13.652	13.558	13.463
5	9.888	9.722	9.553	9.466	9.379	9.291	9.202	9.112	9.020
6	7.718	7.559	7.396	7.313	7.229	7.143	7.057	6.969	6.880
7	6.469	6.314	6.155	6.074	5.992	5.908	5.824	5.737	5.650
8	5.667	5.515	5.359	5.279	5.198	5.116	5.032	4.946	4.859
9	5.111	4.962	4.808	4.729	4.649	4.567	4.483	4.398	4.311
10	4.706	4.558	4.405	4.327	4.247	4.165	4.082	3.996	3.909
11	4.397	4.251	4.099	4.021	3.941	3.860	3.776	3.690	3.602
12	4.155	4.010	3.858	3.780	3.701	3.619	3.535	3.449	3.361
13	3.960	3.815	3.665	3.587	3.507	3.425	3.341	3.255	3.165
14	3.800	3.656	3.505	3.427	3.348	3.266	3.181	3.094	3.004
15	3.666	3.522	3.372	3.294	3.214	3.132	3.047	2.959	2.868
16	3.553	3.409	3.259	3.181	3.101	3.018	2.933	2.845	2.753
17	3.455	3.312	3.162	3.084	3.003	2.920	2.835	2.746	2.653
18	3.371	3.227	3.077	2.999	2.919	2.835	2.749	2.660	2.566
19	3.297	3.153	3.003	2.925	2.844	2.761	2.674	2.584	2.489
20	3.231	3.088	2.938	2.859	2.778	2.695	2.608	2.517	2.421
21	3.173	3.030	2.880	2.801	2.720	2.636	2.548	2.457	2.360
22	3.121	2.978	2.827	2.749	2.667	2.583	2.495	2.403	2.305
23	3.074	2.931	2.781	2.702	2.620	2.535	2.447	2.354	2.256
24	3.032	2.889	2.738	2.659	2.577	2.492	2.403	2.310	2.211
25	2.993	2.850	2.699	2.620	2.538	2.453	2.364	2.270	2.169
26	2.958	2.815	2.664	2.585	2.503	2.417	2.327	2.233	2.131
27	2.926	2.783	2.632	2.552	2.470	2.384	2.294	2.198	2.097
28	2.896	2.753	2.602	2.522	2.440	2.354	2.263	2.167	2.064
29	2.868	2.726	2.574	2.495	2.412	2.325	2.234	2.138	2.034
30	2.843	2.700	2.549	2.469	2.386	2.299	2.208	2.111	2.006
∞	2.665	2.522	2.369	2.288	2.203	2.114	2.019	1.917	1.805

부록 6

윌콕슨 순위합 검정 임계치

Wilcoxon Rank-Sum Table

		Lower Tail					Upper Tail				
N1	N2	0.005	0.01	0.025	0.05	0.1	0.1	0.05	0.025	0.01	0.005
4	4	10	11	13	14		23	25	26		
5		10	11	12	14	15	26	28	29	30	
6		10	11	12	13	15	29	31	32	33	34
7		10	11	13	14	16	32	34	35	37	38
8		11	12	14	15	17	35	37	38	40	41
9		11	13	14	16	19	37	40	42	43	45
10		12	13	15	17	20	40	43	45	47	48
5	5	15	16	17	19	20	35	36	38	39	40
6		16	17	18	20	22	38	40	42	43	44
7		16	18	20	21	23	42	44	45	47	49
8		17	19	21	23	25	45	47	49	51	53
9		18	20	22	24	27	48	51	53	55	57
10		19	21	23	26	28	52	54	57	59	61
6	6	23	24	26	28	30	48	50	52	54	55
7		24	25	27	29	32	52	55	57	59	60
8		25	27	29	31	34	56	59	61	63	65
9		26	28	31	33	36	60	63	65	68	70
10		27	29	32	35	38	64	67	70	73	75
7	7	32	34	36	39	41	64	66	69	71	73
8		34	35	38	41	44	68	71	74	77	78
9		35	37	40	43	46	73	76	79	82	84
10		37	39	42	45	49	77	81	84	87	89
8	8	43	45	49	51	55	81	85	87	91	93
9		45	47	51	54	58	86	90	93	97	99
10		47	49	53	56	60	92	96	99	103	105
9	9	56	59	62	66	70	101	105	109	112	115
10		58	61	65	69	73	107	111	115	119	122
10	10	71	74	78	82	87	123	128	132	136	139

부록 7

윌콕슨 부호순위 검정 임계치

Wilcoxon Signed-Rank Table

N	0.1	0.05	0.02	0.01	0.005	0.001
6	2	0				
7	3	2	0			
8	5	3	1	0		
9	8	5	3	1	0	
10	10	8	5	3	1	
11	13	10	7	5	3	0
12	17	13	9	7	5	1
13	21	17	12	9	7	2
14	25	21	15	12	9	4
15	30	25	19	15	12	6
16	35	29	23	19	15	8
17	41	34	27	23	19	11
18	47	40	32	27	23	14
19	53	46	37	32	27	18
20	60	52	43	37	32	21
21	67	58	49	42	37	25
22	75	65	55	48	42	30
23	83	73	62	54	48	35
24	91	81	69	61	54	40
25	100	89	76	68	60	45
26	110	98	84	75	67	51
27	119	107	92	83	74	57
28	130	116	101	91	82	64
29	140	126	110	100	90	71
30	151	137	120	109	98	78
40	286	264	238	220	204	172
50	466	434	397	373	350	304
60	690	648	600	567	537	476
70	960	907	846	805	767	689
80	1276	1211	1136	1086	1039	943
90	1638	1560	1471	1410	1355	1240
100	2045	1955	1850	1779	1714	1578

부록 8

스피어만 상관계수표

Spearman's Rank Order Correlation Coefficient Table

N	0.2	0.1	0.05	0.02	0.01	0.001
2	1.000	1.000				
3	0.800	0.900	1.000	1.000		
4	0.657	0.829	0.886	0.943	1.000	
5	0.571	0.714	0.786	0.893	0.929	1.000
6	0.524	0.643	0.738	0.833	0.881	0.976
7	0.483	0.600	0.700	0.783	0.833	0.933
8	0.455	0.564	0.648	0.745	0.794	0.903
9	0.427	0.536	0.618	0.709	0.755	0.873
10	0.406	0.503	0.587	0.678	0.727	0.846
11	0.385	0.484	0.560	0.648	0.703	0.824
12	0.367	0.464	0.538	0.626	0.679	0.802
13	0.354	0.446	0.521	0.604	0.654	0.779
14	0.341	0.429	0.503	0.582	0.635	0.762
15	0.328	0.414	0.485	0.566	0.615	0.748
16	0.317	0.401	0.472	0.550	0.600	0.728
17	0.309	0.391	0.460	0.535	0.584	0.712
18	0.299	0.380	0.447	0.520	0.570	0.696
19	0.292	0.370	0.435	0.508	0.556	0.681
20	0.284	0.361	0.425	0.496	0.544	0.667
21	0.278	0.353	0.415	0.486	0.532	0.654
22	0.271	0.344	0.406	0.476	0.521	0.642
23	0.265	0.337	0.398	0.466	0.511	0.630
24	0.259	0.331	0.390	0.457	0.501	0.619
25	0.255	0.324	0.382	0.448	0.491	0.608
26	0.250	0.317	0.375	0.440	0.483	0.598
27	0.245	0.312	0.368	0.433	0.475	0.589
28	0.240	0.306	0.362	0.425	0.467	0.580
29	0.236	0.301	0.356	0.418	0.459	0.571
30	0.232	0.296	0.350	0.412	0.452	0.563

참고문헌

■ 국내문헌

강나라, 최권일, 최관. 2015. 이익공시의 적시성과 주가붕괴위험. 회계학연구. 제40권 제6호 : 1-40.

김도윤, 백원선, 이보미. 2017. 부채비율과 과잉투자성향이 수익비용대응에 미치는 영향. 회계학연구. 제42권 제3호 : 1-36.

김숙민, 유승원. 2018. 주가붕괴와 경영자 이익예측 공시 의사결정 및 특성. 회계학연구. 제43권 제5호 : 117-158.

김현아, 최우석, 최승욱. 2014. 이사회의 독립성 및 전문성과 투자효율성. 경영학연구. 제32권 제4호 : 1343-1378.

박진하, 권대현. 2012. 외국인주주의 지분율이 기업의 투자효율성에 미치는 영향. 회계학연구. 제37권 제3호 : 277-307.

배길수, 김정택, 최승옥. 2019. 산업전문감사인과 비전문감사인의 차별적 직급별 감사시간 투입 : 감사법인과 감사파트너의 효과. 회계학연구. 제44권 제5호 : 43-74.

백원선, 최관. 1999. 이익지속성이 순자산과 회계이익에 대한 주가배수에 미치는 영향. 회계학연구. 제24권 제4호 : 61-83.

선우희연, 현지원. 2017. 최고경영자 연령과 조세회피수준의 관계. 회계정보연구. 제35권 제3호 : 213-241.

손성규, 신일항, 이명건. 2014. 상품시장 경쟁과 감사보수. 회계학연구. 제39권 제6호 : 229-265.

손성규, 정기위, 고재민. 2010. 이사회의 독립성, 공시의 적정성, 그리고 시장 반응. 회계저널. 제19권 제5호 : 33-65.

신유진, 김정옥. 2017. 감사인의 특성이 기업의 고유변동성에 미치는 영향 : 감사인 규모와 산업전문성을 중심으로. 회계학연구. 제42권 제6호 : 81-116.

신유진, 노준화. 2015. 산업전문감사인의 감사효율성 분석 : 자료포락(DEA)분석을 통한 투입과 산출의 동시 고려. 회계 · 세무와 감사 연구. 제57권 제4호 : 63-109.

신일항, 이명건, 이은철. 2014. 산업 내 경쟁정도와 실제이익조정—기업지배구조와의 상호작용을 중심으로. 회계학연구. 제39권 제3호 : 57-90.

이명곤, 장석진, 조한석. 2011. 계속감사기간이 감사시간과 감사보수에 미치는 영향. 회계・세무와 감사 연구. 제53권 제1호 : 333-362.
임정대. 2019. 젊은 CEO가 기업혁신을 주도하는가? 경영학연구. 제48권 제5호 : 1331-1362.
장석진, 정도진, 김종현. 2018. 동일 감사인 6년 강제교체제도는 실패한 제도인가? : 강제교체 직전연도의 감사품질을 중심으로. 회계・세무와 감사 연구. 제60권 제1호 : 97-125.
정운오, 정희선. 2016. K-IFRS 도입 이후 활동분류를 이용한 영업현금흐름 조정 : 유인 및 회사채 신용등급에 미친 영향. 회계학연구. 제41권 제1호 : 163-193.
정현욱. 2016. 산업 내 경쟁정도와 미래이익반응계수. 회계・세무와 감사 연구. 제58권 제2호 : 167-192.
정현욱, 변선영. 2016. 조세혜택이 회사채 신용등급에 미치는 영향. 세무학 연구. 제33권 제3호 : 9-34.
최정호. 2008. 이익의 질과 기업가치에 관한 실증적 연구. 증권학회지. 제37권 제5호 : 813-839.

강병서, 조철호. 2013. 의사결정을 위한 현대통계학. 무역경영사.
강현곤, 김선민. 2013. 비계량인을 위한 경영통계. 한경사.
고길곤. 2014. 통계학의 이해와 활용. 문우사.
권수영, 김문철, 손성규, 최관, 한봉희. 2010. 자본시장에서의 회계정보유용성 분석・평가・활용. 신영사.
김동욱, 남궁평, 박종선, 허문열, 홍종선. 2004. 통계학계론. 박영사.
나명환, 서성채. 2016. 엑셀로 통계 따라잡기. 전남대학교출판부.
노형진. 2014. SPSS를 활용한 회귀분석과 일반선형모형. 한올출판사.
노형진, 정한열. 2010. 경영통계학. 한올출판사.
박유성, 김기환. 2016. SAS/ETS를 이용한 계량경제・금융자료 분석. 자유아카데미.
성웅현. 2009. 응용로지스틱 회귀분석-이론, 방법론, SAS활용. 탐진.
송문섭, 조신섭. 2015. SAS/Enterprise Guide를 이용한 통계자료분석. 자유아카데미.
오웅락. 2016. SAS를 활용한 논문쓰기. 탐진.
이성우. 2015. 로짓・프라빗모형 응용. 박영사.
이원우. 2004. 알기쉽게 풀어쓴 통계학. 박영사.
이종원. 2004. 경영경제통계학. 박영사.
이종원. 2009. 계량경제학. 박영사.
이종원, 최현집. 2008. SAS를 이용한 통계분석. 박영사.
이훈영. 2012. 이훈영교수의 통계학. 청람.
조인호. 2004. SAS강좌와 통계컨설팅. 영진닷컴.
홍종선. 2012. SAS와 통계자료분석. 탐진.

■ 해외문헌

Bentley, K. A., T. C. Omer, and N. Y. Sharp. 2013. Business Strategy, Financial Reporting Irregularities, and Audit Effort. Contemporary Accounting Research. 30(2) : 780-817.

Cohen, D. A., A. Dey, and T. Z. Thomas. 2008. Real and Accrual-based Earnings Management in the Pre- and Post-Sarbanes-Oxley Periods. The Accounting Review 83(3) : 757-787.

Dechow, P. M. 1994. Accounting Earnings and Cash Flows as Measures of Firm Performance: The Role of Accounting Accruals. Journal of Accounting and Economics. 18(1) : 3-42.

Hutton, A. P., A. J. Marcus, and H. Tehranian. 2009. Opaque Financial Reports, R2, and Crash Risk. Journal of Financial Economics 94(1) : 67-86.

Miles, R. E., and C. C. Snow. 1978. Organizational Strategy, Structure and Process. Academy of Management Review. 3 : 546-562.

Ohlson, J. A. 1995. Earnings, Book Values and Dividends in Security Valuation. Contem- porary Accounting Research 11(2) : 661-687.

Roychowdhury, S. 2006. Earnings Management through Real Activities Manipulation. Journal of Accounting and Economics 42(3) : 335-370.

Anderson, D. R., D. J. Sweeney, and T. A. Williams. 2016. Essentials of Modern Business Statistics with Microsoft Office Excel. Cengage Learning.

Berenson, M. L., D. M. Levine, and T. C. Krehbiel. 2012. Basic Business Statistics: Concepts and Applications. Pearson.

Boehmer, E., J. P. Broussard, and J. P. Kallunki. 2008. Using SAS in Financial Research. SAS Institute Inc.

Chatterjee, S. and A. S. Hadi. 2012. Regression Analysis by Example. Wiley.

Gujarati, D. and D. Porter. 2009. Basic Econometrics. McGraw-Hill.

Miles, R. E. and C. C. Snow. 2003. Organizational Strategy, Structure, and Process. Stanford University Press.

찾아보기

[용어]

[SAS 명령문]

■ 저자약력

전성일 경희대학교(경영학석사), 경희대학교(경영학박사)
Nagoya University 파견교수, Delaware State University 교환교수
한국국제회계학회 부회장 겸 IFRS저널 편집위원장 역임
현, 전남대학교 경영대학 교수
저서 『IFRS 중급회계 스터디가이드』(탐진, 2020), 『IFRS 회계원리』(신영사, 2018), 『경영교육 뉴 패러다임』(매일경제신문사, 공저, 2018)
논문 "The Effect of Investor Relations on Corporate Bond Credit Rating", "The Role of R&D on the Valuation of IPO firms", "특수관계자 거래가 타인자본비용에 미치는 영향", "정치적 관계가 회계이익의 질과 주가붕괴 위험의 관련성에 미치는 영향"

이기세 전남대학교(경영학석사), 전남대학교(경영학박사)
현, 경북대학교 경영학부 BK21플러스 사업단 박사후 연구원
논문 "보수주의 회계처리가 KIS신용평점에 미치는 영향", "기업지배구조에 따른 감사인 강제교체와 감사품질: 코스닥 시장을 중심으로", "특허권 취득과 기업가치"

김정은 전남대학교(경영학석사), 전남대학교(경영학박사 수료)
논문 "발생액의 질에 따른 회계이익과 영업현금흐름의 상대적 유용성", "손상차손의 인식이 회사채 신용등급에 미치는 영향", "법인세율 인하 정책의 유효성 평가"

SAS를 통한 회계학연구방법론의 이해와 활용

2020년 3월 25일 제 1 판 1쇄 인쇄
2020년 3월 30일 제 1 판 1쇄 발행

저　　자 전성일 · 이기세 · 김정은
발 행 인 권　영　섭
발 행 처 (주)신　영　사
경기도 파주시 심학산로 12(출판문화단지)
등　　록 : 1988. 5. 2 / 제406-1988-000020호
전　　화 : 031-946-2894(代)
F A X : 031-946-0799
e - mail : sys28945@naver.com
홈페이지 : http://www.shinyoungsa.co.kr

㈜신영사

정가 17,000원　　ISBN 978-89-5501-732-8

이 책의 실습에서 사용되는 예제파일은 신영사 홈페이지 자료실에서 다운로드할 수 있습니다.